首屆向全國推薦優秀古籍整理圖書

〔五代〕韋莊著
聶安福箋注

韋莊集箋注

上海古籍出版社

圖書在版編目(CIP)數據

韋莊集箋注/[五代]韋莊著；聶安福箋注．—上海：上海古籍出版社，2002.4（2025.6重印）
(中國古典文學叢書)
ISBN 978-7-5325-3100-4

Ⅰ.①韋… Ⅱ.①韋… ②聶… Ⅲ.①詩詞—注釋—中國—五代(907~960) ②古典散文—注釋—中國—五代(907~960) Ⅳ.①I214.312

中國版本圖書館CIP數據核字(2002)第007554號

中國古典文學叢書

韋莊集箋注

[五代]韋　莊　著
聶安福　箋注

上海古籍出版社出版、發行
(上海市閔行區號景路159弄1-5號A座5F　郵政編碼201101)
(1)網址：www.guji.com.cn
(2)E-mail：gujil@guji.com.cn
(3)易文網網址：www.ewen.co
上海展强印刷有限公司印刷
開本 850×1168　1/32　印張 17.5　插頁 5　字數 313,000
2002年4月第1版　2025年6月第10次印刷
印數：9,601—10,200
ISBN 978-7-5325-3100-4

I·1510　平裝定價：62.00元

如發生質量問題，請與承印公司聯繫
電話：021-66366565

前言

一

韋莊（約八三六—九一〇）[一]，字端己，謚文靖。京兆杜陵（今陝西西安市東南）人。韋氏爲唐世顯族。據新唐書宰相世系表，韋莊出韋氏逍遥公房，七世祖待價相武后，四世祖應物官蘇州刺史，但曾祖履復、祖徹、父韞均無顯宦，正史無傳[二]。韋莊少年時居長安、下邽兩地，生活過得無憂無慮，任性放浪：「御溝西面朱門宅，記得當時好弟兄。曉傍柳陰騎竹馬，夜隈燈影弄先生。」（塗次逢李氏兄弟感舊）「昔爲童稚不知愁，竹馬閑乘遶縣遊。曾爲看花偷出郭，也因逃學暫登樓。招他邑客來還醉，儳得先生去始休。」（下邽感舊）。但這段無拘無束的少年生活一結束，就開始了他大半生顛沛流離、坎坷困頓的人生道路。

韋莊成年之後、廣明元年（八八〇）之前的情况可考者不多。大概二、三十歲時曾在虢州村居約十年，或因科舉受挫而潛心力學以應舉。咸通二年（八六一）入京應舉再次下第，失意而歸。後辭家泛瀟湘，游江南。

廣明元年十二月，黄巢軍攻入長安，時韋莊在京應舉，被困。中和二、三年間逃至洛陽，旋赴潤州入鎮海軍節度使周寶幕府，開始了爲期十年的江南避亂生涯。光啓初，唐僖宗爲李克用所逼出奔興元（今陝西漢中市）。韋莊自江南經汴宋往陳倉迎駕，未入關輔而爲兵亂所阻，折道山西還金陵。光啓三年，鎮海軍亂，周寶被逐。韋莊南下客居越州、婺州，屢發異鄉流落之悲：「天涯方嘆異鄉身，又向天涯別故人」（東陽酒家贈別二絶句其二）、「若見青雲舊相識，爲言流落在天涯」（送人歸上國）、「避世移家遠，天涯歲已周」（避地越中）。

大順二年（八九一），韋莊辭越游江西、湖南，次年入京應舉未中。乾寧元年（八九四）再試及第，雖已年近六旬，仍難抑其興奮得意之情：「街鼓動，禁城開，天上探人回。鳳銜金榜出雲來，平地一聲雷。鶯已遷，龍已化，一夜滿城車馬。家家樓上簇神仙，争看鶴衝天。」（喜遷鶯）及第後，韋莊歷任拾遺、補闕等職。

韋莊初及第時所作與東吴生相遇云「且對一樽開口笑，未衰應見泰階平」，意謂唐王朝仍有望復興。然而藩將割據争雄，朝廷形同虚設的現實，使韋莊對唐王朝失去信心。乾寧四年，西川王建攻打東川，韋莊隨諫議大夫李洵奉詔入川和解未成，親身感受到藩將對唐王朝的輕視，但其本人則頗爲王建所賞識。三年後，即天復元年（九〇一），韋莊應聘入蜀任王建掌書記。此後直到去世，韋莊仕蜀十年間，爲王建擴展勢力，建立大蜀政權出謀劃策，外交内政，多爲所制，官至門下侍郎兼吏部尚書同平章事。武成三年（九一〇）死于成都，享年約七十五歲。

韋莊家世顯赫，「才敏過人」（唐才子傳語），具有强烈的功業名位思想。在其艱辛曲折的人生經歷中，韋莊始終未泯經世濟時之志，以志匡堯舜自許：「莫怪苦吟鞭拂地，有誰傾蓋待王孫。」（柳谷道中作却寄)「平生志業匡堯舜，又擬滄浪學釣翁。」(關河道中)「大盜不將爐冶去，有心重築太平基。」(長年)「閑衝暮雨騎牛去，肯問中興社稷臣。」(贈野童)表達出平定戰亂、中興唐室的志向。韋莊志懷遠大，但家道衰落，「要路無媒」，早年下第即唱嘆：「千蹄萬轂一枝芳，要路無媒果自傷。題柱未期歸蜀國，曳裾何處謁吴王。馬嘶春陌金羈鬧，鳥睡華林繡羽香。酒薄恨濃消不得，却將惆悵問支郎。」(下第題青龍寺僧房)繼而又逢衰亂之世，流離避難，雖曾有過「能詩豈是經時策，愛酒元非命世才」(對雨獨酌)一類真情獨白，但其大半生也只能在詩酒自遣中度過：「爲儒逢世亂，吾道欲何之。」(寓言)「不是對華長酩酊，永嘉時代不如閑。」(江上題所居)他時時徘徊在進退出處之間。

終其一生，韋莊雖志在功業名位，但除晚年短期間頗稱亨達外，實無多建樹，留給後世的主要是他傑出的詩詞創作。

二

韋莊存詩三百二十餘首，大多寫于唐僖宗廣明元年(八八〇)至唐昭宗天復三年(九〇三)的二十餘年間，在唐末詩壇上占有重要地位。明唐汝洵認爲「韋莊于晚唐中最超」(彙編唐詩十集癸集三)，清翁方綱稱他「勝于咸通十哲多矣」(石洲詩話卷二)，推崇備至，鄭方坤則把他與韓偓、羅隱并稱爲「華岳三峰」(五代詩話例言)。他前逢黄巢軍大起義，後遇藩鎮割據大混戰，憂時傷亂爲他詩歌的重要題材，誠如其弟韋藹所説：「子期懷舊之辭，王粲傷時之制。或離群軫慮，或反袂興悲。」(浣花集序)從一已之所見所聞、所感所思出發，較爲廣闊地反映了唐末動蕩的社會面貌。憫耕者、汴堤行對戰亂中人民所遭受的苦難深表同情。睹軍回戈、喻東軍、重圍中逢蕭校書對當時屯居洛陽的唐軍殘害人民、擄掠婦女的醜惡行徑作了譴責，同時又對他們擁兵自重、未能積極鎮壓黄巢軍表示不滿。而銅儀、洛北村居、北原閑眺、辛丑年等詩，則反映了對唐室「中興」的熱切期待；聞再幸梁洋、江南送李明府入關等詩，表示了他對離亂中的君主、皇族多所眷念；咸通、夜景、憶昔等作，更撫今追昔，爲唐王朝的衰微唱出深沉的挽歌。他又有一些出色的懷古詩，如臺城、金陵圖、上元縣等，在對南朝史跡的憑弔中，寄寓着對唐末社會動亂的哀嘆，情調淒婉。此外，他還有一些詩如思歸、江外思鄉、古離別、多情等，反映了長期四處飄泊、求官求食的境遇和心情。他的寫景詩，如題盤豆驛水館後軒、登咸陽縣樓望雨、秋日早行等，取景疏淡，思致清婉，也有特色。

韋莊以近體詩見長。律詩圓穩整贍，音調響亮，絶句包蘊豐滿，耐人咀嚼，明許學夷評爲「絶句在唐末諸人之上」（詩源辯體卷三十二），而清詞麗句，情致婉曲，則爲其近體詩的共同風格。

韋莊不多的詩評言論中明確表達出對清新詩格、淡遠詩境的崇尚。光化三年（九〇〇）所作又玄集序云：「但掇其清詞麗句，録在西齋。」同年所作乞追賜李賀皇甫松等進士及第奏稱李賀、皇甫松等「麗句清詞，徧在詞人之口」。題許渾詩卷謂許詩「字字清新句句奇」，題蕭必先卷稱蕭詩「滿軸編新句」、「吟終意未終」、「信逢曹與謝，烟雨思何窮」。桐廬縣作云：「潭心倒影時開合，谷口閑雲自卷舒。此境只應詞客愛，投文空弔木玄虛。」而對雕琢刻苦之作則不以爲然，如贈峨嵋山彈琴李處士云：「後生常建彼何人，贈我詩篇苦雕刻。」他的詩歌審美理想和自己的近體詩風格是完全一致的。

韋莊的代表作是長篇叙事詩秦婦吟。此詩長達一千六百六十六字，爲現存唐詩中最長的一首（敦煌出土的季布駡陣詞文，長達四千四百多字，但與一般唐詩不屬同一系統）。詩中通過一位從長安逃出來的女子即「秦婦」的叙説，正面描寫黄巢軍攻占長安、稱帝建國，與唐軍反覆爭奪長安以及最後城中被圍絶糧等情形。反映歷史巨變的重大題材，宏偉嚴整的叙事結構，在我國詩史中都是從未有過的；而内容的複雜性和思想的矛盾性更屬罕見。一方面對黄巢軍的原始性復仇破壞行爲多所暴露，誇飾渲染之中也不乏某種真實，對揭竿而起的歷史合理性的嚴重衝撞中，又不自覺地反映出黄巢軍掀天揭地的聲威及官僚集團的倉皇失措和腐敗無能；一方面又無情地揭露了唐軍殘民以逞的罪惡，但又夾雜着對他們「剿賊」不力的譴責，表現出對唐室的忠忱。舊時民謡所謂「賊來如梳，兵來如篦」，表達了深重災難中黎民百姓的真切感受；韋莊既揭露黄巢軍又斥責唐軍的雙重態度，固然還未達到同樣的認識水平，但也具有超越文學以外的歷史、社會意義。這首長詩選擇典型的情節和場面，運用鋪叙而有層次的手法，布局起伏，脈絡分明，標誌着我國詩歌叙事藝術的重大發展。

與詩大多寫于入蜀之前不同，韋莊詞則大都作于晚年仕蜀期間，成爲前蜀詞壇的領袖人物。韋莊也是「花間派」中成就較大的詞人，與温庭筠并稱「温韋」。温、韋詞在内容上相類，多寫男歡女愛，離愁別恨，流連光景。但温詞主要是供歌伎演唱的歌詞，創作個性不鮮明；而韋詞却注重于作者一己感情的抒發，如菩薩蠻（人人盡説江南好）五首，學習白居易、劉禹錫憶江南的寫法，追憶往昔在江南、洛陽的游歷，把平生漂泊之感、飽經亂離之痛和思鄉懷舊之情融注在一起，情藴深至。風格上，韋詞不像温詞那樣濃艷華美，而善于用清新流暢的白描筆調，表達頗爲真摯深沉的感情，如浣溪沙（夜夜相思更漏殘）、女冠子（四月十七）、（昨夜夜半）等。他有些詞還接受民間詞的影響，用直截決絶之語，或寫一往情深，或寫一腔愁緒。如思帝鄉（春日游）的「妾擬將身嫁與，一生休。縱被無情棄，不能羞」，于直率中見鬱結；菩薩蠻（如今却憶江南樂）的「此度見花枝，白頭誓不歸」，以終老異鄉之「誓」，更深一層地抒發思鄉之苦。陳廷焯白雨齋詞話卷一説「韋端己詞，似直而紆，似達而鬱，最爲詞中勝境」，許昂霄詞綜偶評評韋詞「語淡而悲，不堪多讀」，都指明這一特點。王國維人間詞話認爲韋詞高于温詞，指出「端己詞，情深語秀」，「要在飛卿之上」；「温飛卿之詞，句秀也。韋端己之詞，骨秀也」，也是從這點着眼的。

韋莊集的整理、校注，前人已有不少成果。聶安福君在充分吸納這些成果的基礎上，蒐討更廣，考辯更細，在詞語訓釋、典故引述、史事釋證、作品背景與主旨闡發上，用力頗勤，取得了一些切實可喜的收獲。聶君爲人沉潛誠篤，謙虚向學，此書當仍有未臻圓滿之處，佇心以待教言。

王水照

二〇〇二年春

【注】

〔一〕韋莊生年不詳，此姑依夏承燾韋端己年譜之説。參見附録六韋莊年譜簡編附注〔一〕。

〔二〕蜀檮杌、資治通鑑、唐詩紀事、十國春秋等均稱莊爲玄宗天寶末宰相韋見素之後，蓋指裔孫。據新表，見素出南皮公房。參見附録六韋莊年譜簡編「唐文宗開成元年」條。

目錄

卷第二　今體詩凡二十七首

卷第三　今體詩凡三十九首

卷第四 今體詩凡四十首

卷第五　今體詩凡二十八首

卷第八　今體詩凡九首

卷第九 今體詩凡十二首

卷第十 今體詩凡六首

浣花集補遺 古今體詩凡七十三首

浣花詞　凡五十四首

韋莊遺文

浣花集

卷第一　今體詩凡四十八首（實爲四十五首）

章臺夜思〔一〕

清瑟怨遥夜，遶絃風雨哀〔二〕。孤燈聞楚角〔三〕，殘月下章臺。芳草已云暮，故人殊未來〔四〕。鄉書不可寄，秋雁又南回〔五〕。

【箋注】

〔一〕此詩首聯暗用「湘靈鼓瑟」典事（補遺歲晏同左生作有云「寶瑟湘靈怨」），又云「孤燈聞楚角」，當作於客游楚地時，故云「鄉書不可寄」。又按同卷三用韻疑作於咸通三年（八六二）秋，有云「瀟湘期釣侶，鄠杜别家林」，本詩蓋作於此次游荆湘時。章臺，指章華臺，春秋時楚靈王所建，故址在今湖北監利縣西北。沈括夢溪筆談卷四辨證二：「據左傳，楚靈王七年，『成章華之臺，與諸侯落之。』杜預注：『章華臺，在華容城中。』華容，即今之監利縣，非岳州之華容也。至今有章華故臺在縣郭中，與杜預之説相符。」

〔二〕「清瑟」兩句：楚辭遠游：「使湘靈鼓瑟兮，令海若舞馮夷。」許渾早秋：「遥夜泛清瑟，西風生翠寒。」錢起歸雁：「二十五弦彈夜月，不勝清怨却飛來。」瑟，古樂器。應劭風俗通義卷六聲音瑟：「世本：宓羲作。八尺一寸，四十五弦。黄帝書：泰帝使素女鼓瑟而悲，帝禁不止，故破其瑟爲二十五弦。」

〔三〕楚角：楚地角聲。鄭巢送魏校書赴夏口從事：「夜燈分楚塞，秋角滿湘船。」

〔四〕「芳草」兩句：云，爲。殊，猶。曹丕秋胡行：「朝與佳人期，日夕殊不來。」江淹擬休上人：「日暮碧雲合，佳人殊未來。」謝靈運南樓中望所遲客：「園景早已滿，佳人猶未適。」

〔五〕「鄉書」兩句：漢書卷五四蘇建傳載：蘇武與副使常惠等出使匈奴被拘十九年。昭帝即位，「求武等，匈奴詭言武死。後漢使復至匈奴，常惠等……教使臣謂單于，言天子射上林中，得雁，足有繫帛書，言武等在某澤中。使臣大喜，如惠語以讓單于。單于視左右而驚，謝漢使曰：『武等實在。』」後以雁喻信使。王灣次北固山下：「鄉書何處達，歸雁洛陽邊。」按雁爲候鳥，春分後北飛，秋分後南返。

【集評】

鍾惺、譚元春唐詩歸卷三六：（鍾評）悲艷動人。（譚評）苦調柔情。

陸時雍唐詩境卷五四：二句佳，三、四盛唐氣格。

邢昉唐風定卷一五：音韻忽超，但「芳草」一聯太沿「日暮碧雲」耳。

王士禛帶經堂詩話卷三真訣類：律詩貴工於發端，承接二句尤貴得勢。……如「萬壑樹參天，千山響杜鵑」，下即云：「山中一夜雨，樹杪百重泉」。「昔聞洞庭水，今上岳陽樓」，下云：「吳楚東南坼，乾坤日夜浮。」「古戍落黄葉，浩然離故關」，下云：「高風漢陽渡，初日郢門山。」「錦瑟泛遥夜，繞弦風雨哀。」下云：「孤燈聞楚角，殘月下章臺。」此皆轉石萬仞手也。（又見分甘餘話）

黄生唐詩摘鈔卷一：句調堅老，晚唐所罕。

管世銘讀雪山房唐詩鈔卷一四五律凡例：温庭筠「古戍黄葉落」，劉綺莊「桂楫木蘭舟」，韋莊「錦瑟怨遥夜」，便覺開寶去人不遠。可見文章雖限於時代，豪傑之士終不爲風氣所囿也。

紀昀删正二馮評閲才調集卷三：高調，晚唐所少。

周咏棠唐賢小三昧續集：起得有情，接得有力，所謂萬鈞石在手中轉也。此詩與飛卿「古戍落黄葉」之作，皆晚唐之絶品也。

朱庭珍筱園詩話卷四：凡五、七律詩，最爭起句。凡起處最宜經營，貴用陡峭之筆，灑然而來，突然涌出，若天處奇峰，壁立千仞，則入手勢便緊健，氣自雄壯，格自高，意自奇，不但起調之響也。起筆得勢，入手即不同人，以下迎刃而解矣。……温飛卿之「古戍黄葉落，浩然離故關」，韋端己之「清瑟泛遥夜，繞弦風雨哀」，李玉溪之「高閣客竟去，小園花亂飛」，……以上諸聯，或雄厚，或緊遒，或生峭，或恣逸，或高老，或沉著，或飄脱，或秀拔，佳處不一，皆高格響調，起句之極有力、最得勢者，可爲後學法式。作詩宜效此種起筆，自不患平矣。

俞陛雲詩境淺説甲編：五律中有高唱入雲、風華掩映而見意不多者，韋詩其上選也。前半首借清瑟以寫懷。泠泠二十五弦，每一發聲，若凄風苦雨繞弦雜還而來。况殘月孤燈，益以角聲悲奏，楚江行客，其何以堪勝！誦此四句，如聞雍門之琴、桓伊之笛也。下半首言草木變衰，所思不見，雁行空過，天遠書沉，與李白之「鴻雁幾時到，江湖秋水多」相似，皆一片空靈，含情無際。初學宜知此詩之佳處，前半在神韻悠長，後半在筆勢老健。如筆力尚弱而强學之，則寬廓無當矣。

延興門外作〔一〕

芳草五陵道〔二〕，美人金犢車〔三〕。緑奔穿内水，紅落過牆華〔四〕。馬足倦遊客，鳥聲歡酒家。
王孫歸去晚〔五〕，宮樹欲棲鴉〔六〕。

【箋注】

〔一〕此詩乃早年京城游賞之作，卷二憶昔有云：「昔年曾向五陵遊，子夜歌清月滿樓。」延興門：唐京城東面最南門，故址在今西安市東南隅。宋敏求長安志卷七：「唐京城……東面三門，北曰通化門，中曰春明門，南曰延興門。」

〔二〕五陵：指漢高帝長陵、惠帝安陵、景帝陽陵、武帝茂陵、昭帝平陵，在渭水北岸，今陝西咸陽市附近。水經注卷一九渭水：「秦名天子冢曰山，漢曰陵，故通曰山陵矣。風俗通曰：陵者，天生自然者也，今王公墳壠稱陵。」漢元帝之前，皇帝陵墓各置一縣供奉園陵，稱「奉陵邑」。五陵地近長安，富家貴戚多遷居於此，風俗豪縱。班固西都賦：「若乃觀其四郊，浮游近縣，則南望杜霸，北眺五陵。名都對郭，邑居相承。英俊之域，紱冕所興。冠蓋如雲，七相五公。」李白少年行：「五陵年少金市東，銀鞍白馬度春風。」

〔三〕金犢車：華麗的牛車。古時貴族女子多乘此類車。温庭筠春曉曲：「油壁車輕金犢肥，流蘇帳暖春鷄早。」陸游老學庵筆記卷一：「京師承平時，宗室戚里歲時入禁中，婦女上犢車。」卷二：「成都諸名族婦女出入皆乘犢車。」

〔四〕「緑奔」兩句：爲「緑水穿内奔，紅華過牆落」之倒裝。内，指宫城。舊唐書卷三八地理志一：「皇城在西北隅，謂之西内，……東内曰大明宫，在西内之東北，……南内曰興慶宫，在東内之南隆慶坊。」

〔五〕王孫：王侯子孫，泛指貴家子弟。文選招隱士：「王孫游兮不歸，春草生兮萋萋。」五臣注：「原與楚同姓，故云王孫。」

〔六〕「宫樹」句：元稹生春：「宫樹棲鴉亂，城樓帶雪融。」

【集評】

周珽唐詩選脉會通評林：此見五陵豪俠之家當春游之日，極其奢華妖艷，往來馳逐，因自嘆倦游之客，惟有乘興一過酒家而已。……言外有無限感慨。（轉録自陳伯海主編唐詩彙評，浙江教育出版社一九九五年）

邢昉唐風定卷一五：從纖細中出，自是佳語，第單尋此一路不得。

黄生唐詩摘鈔卷一：全首直叙。全首寫景潤而不枯，艷而不俗，聲格在中唐之間。

屈復唐詩成法卷五：五陵道，即延興門外，美人金車多貴遊也。三、四，其景如此，此貴遊之賞也；五、六自傷。王孫，即金車之人。貴遊歸盡，宫樹栖鴉，已尚徘徊門外也，意在言外。五，自傷流落，全篇因此而作。

胡本淵唐詩近體卷一：奔字、過字、倦字、歡字，於此得煉字法，言因倦而憩酒家也。

王堯衢古唐詩合解卷八：前解是春色，後解是春遊。起以美人，合以王孫，則遊人中最出色者也。

劉得仁墓〔一〕

至公遺至藝〔二〕，終抱至冤沈〔三〕。名有詩家業〔四〕，身無戚里心〔五〕。桂和秋露滴，松帶夜風吟。冥寞知春否〔六〕，墳蒿日已深。

【箋注】

〔一〕劉得仁，亦作劉德仁，唐代長慶至大中年間詩人，居長安城東南通濟坊，有詩夏日通濟里居酬諸先輩見訪（徐松唐西京城坊考卷三載通濟坊有劉得仁宅）。唐摭言卷一〇：「劉得仁者，貴主之子。自開成至大中三朝，昆弟皆歷貴仕，而得仁苦於詩，出入舉場三十年，竟無所成。」又載「韋莊奏請追贈不及第人近代者」有劉得仁。按，「三十年」當爲「二十年」。郡齋讀書志卷四下劉得仁詩集注云「舉進士二十年」，是。文宗開成、武宗會昌、宣宗大中三朝共歷時二十五年（八三六——八五九），又劉詩有云「如病如痴二十秋，求名難得又難休」、「自嗟辜負平生眼，不見春光二十年」（省試日上崔侍郎四首）。按，劉得仁若卒於大中末，莊詩云「墳蒿日已深」，當數年之後，蓋咸通初應舉下第時有感而作，與下一首下第題青龍寺僧房約爲一時之作。

〔二〕「至公」句：至公，指科舉考試。黃滔潁川陳先生集序：「唐設進士科垂三百年，有司之取士也，喻之明鏡，喻之平衡，未嘗不以至公爲之主。」劉虛白獻主文：「不知歲月能多少，猶著麻衣待至公。」南部新書卷三：「每歲十一月，天下貢舉人於含元殿前引見四方館舍人，當直者宣曰：『卿等學富雄詞，遠隨鄉薦，跋山涉水，當甚勞苦。

有司至公，必無遺逸。』」按，劉得仁陳情上知己云：「刻骨搜新句，無人憫白頭。」郡齋讀書志卷一八稱劉得仁「長慶中以詩名，五言清瑩，獨步文場」。

〔三〕至冤：劉得仁省試日上崔侍郎其一：「衣上年年血淚痕，只將懷抱訴乾坤。如今主聖臣賢日，豈致人間一物冤。」其二：「如病如痴二十秋，求名難得又難休。回看骨肉須堪耻，一著麻衣便白頭。」唐摭言卷十載劉得仁「既終，詩人爭爲詩以弔之，唯供奉僧棲白擅名，詩曰：『忍苦爲詩身到此，冰魂雪魄已難招。直教桂子落墳上，生得一枝冤始銷。』」按，韋莊又玄集卷下録有僧棲白此詩，題爲哭劉德仁，前兩句作：「爲愛詩名吟到此，風魂雪魄去難招。」

〔四〕詩家業：杜甫宗武生日：「詩是吾家事，人傳世上情。」劉得仁和鄭先輩謝秩閑居寓書所懷：「把筆還詩債，將琴當酒資。」

〔五〕戚里：漢長安城中外戚聚居處。劉得仁上翰林丁學士其二：「外族帝王是，中朝親舊稀。翻令浮議者，不許九霄飛。」陳情上李景讓大夫：「辛苦文場久，因緣戚里深。」

〔六〕冥寞：指墓穴中。謝惠連祭古冢文：「銘誌不存，世代不可得而知也。公命城者改埋於東岡，祭之以豚酒。既不知其名字遠近，故假爲之號曰冥漠君云爾。」

下第題青龍寺僧房〔一〕

千蹄萬轂一枝芳，要路無媒果自傷〔二〕。題柱未期歸蜀國〔三〕，曳裾何處謁吳王〔四〕。馬嘶春陌金羈鬧，鳥睡華林繡羽香〔五〕。酒薄恨濃消不得，却將惆悵問支郎〔六〕。

【箋注】

〔一〕按同卷冬日長安感志寄獻虢州崔郎中二十韻疑作於咸通二年（八六一）冬（參見該詩注〔一〕），其中「郄詵丹桂無人指」與本詩「要路無媒果自傷」相呼應，則本詩蓋作於咸通三年春。　青龍寺：在長安城東南新昌坊（今西安市東南），近延興門。唐會要卷四八：「青龍寺，本隋廢靈感寺。龍朔二年，新城公主奏立爲觀音寺。景雲二年改名。」

〔二〕轂（gǔ）：車輪中心套接車輻的圓木。此代指車。　一枝：喻科舉登第。晉書卷五二郤詵傳載詵以對策上第，累遷雍州刺史。「武帝於東堂會送，問詵曰：『卿自以爲何如？』詵對曰：『臣舉賢良對策，爲天下第一，猶桂林之一枝，昆山之片玉。』帝笑。」司空曙送喬廣下第歸淮南：「東堂一枝在，爲子惜華年。」羅隱送秦州從事：「一枝何足解人愁，拋却還隨定遠侯。」　要路：喻顯要的職位。文選卷二九古詩十九首今日良宴會：「何不策高足，先據要路津。」杜甫暮秋枉裴道州手札率爾遣興寄遞呈蘇渙侍郎：「致君堯舜付公等，早據要路思捐軀。」

〔三〕題柱：亦稱「題橋」，喻誓取功名。華陽國志卷三蜀志：蜀郡治少城，「城北有昇仙橋，橋有送客觀。司馬相如初入長安，題市門曰：『不乘赤馬駟車，不過當下也。』」杜甫投贈哥舒開府二十韻：「壯志初題柱，生涯獨轉蓬。」

未期：未能如願。

〔四〕曳裾：牽引衣襟，引申爲行禮拜見。漢書卷五一鄒陽傳載鄒陽諫吳王劉濞書有云：「飾固陋之心，則何王之門不可曳長裾乎？」杜甫追酬故高蜀州人日見寄：「鼓瑟至今悲帝子，曳裾何處覓王門。」

〔五〕金羈：曹植白馬篇：「白馬飾金羈，連翩西北馳。」　華林：泛指佛教園林。彌勒下生成佛經：「爾時彌勒佛於華林園。」　繡羽：杜甫清明二首之一：「繡羽銜花他自得，紅顔騎竹我無緣。」

〔六〕支郎：本爲漢魏時月支僧人支謙，後用作僧人雅稱。高僧傳卷一：支謙「博覽經籍，莫不精究。世間伎藝，多所綜習。遍學異書，通六國語。其爲人細長黑瘦，眼多白而睛黃，時人爲之語曰：『支郎眼中黃，形軀雖細是智囊。』」鄭谷重訪黃神谷策禪者：「初塵芸閣辭禪閣，却訪支郎是老郎。」

【集評】

胡以梅唐詩貫珠卷二〇：千蹄萬轂止爭一枝丹桂之芳，予因無要路之媒，果然不中而自傷也。題橋之願未遂，蜀國難歸，欲作客而曳裾又無王可謁，但見得意者馬嘶金勒而喧鬧，如鳥睡華林園中，繡羽皆香，羨之至也。酒薄恨濃，不能消愁，惟惆悵而問上人耳。

虢州澗東村居作〔一〕

東南騎馬出郊坰〔二〕，回首寒煙隔郡城。清澗漲時翹鷺喜〔三〕，緑桑疎處哺牛鳴。兒童見少生於客〔四〕，奴僕驕多倨似兄。試望家田還自適，滿畦秋水稻苗平。

【箋注】

〔一〕按同卷冬日長安感志寄獻虢州崔郎中二十韻疑作於咸通二年（八六一）冬，有云「霧雨十年同隱遁」，則詩人遷居虢州約在大中四、五年（八五〇、八五一）間。本詩云「兒童見少生於客」，蓋作於初居虢州時。虢州：元和郡縣圖志卷六河南道二虢州：武德元年（六一八）改隋虢郡置，治盧氏縣（今屬河南）。貞觀八年（六三四）移治弘農（今河南靈寶南）。

〔二〕郊坰：郊野。爾雅釋地：「邑外謂之郊，郊外謂之牧，牧外謂之野，野外謂之林，林外謂之坰。」

〔三〕翹鷺：白鷺。爾雅釋鳥：「鷺，舂鉏。」郭璞注：「白鷺也，頭翹，背上皆有長翰毛。」本草綱目卷四七禽部鷺集解謂鷺「頭細而長，脚青善翹」。毛文錫應天長（平江波暖鴛鴦語）：「蘆洲一夜風和雨，飛起淺沙翹雪鷺。」

〔四〕「兒童」句：杜甫南鄰：「慣看賓客兒童喜。」按，韋莊又玄集卷上選録此詩。

送日本國僧敬龍歸〔一〕

扶桑已在渺茫中〔二〕，家在扶桑東更東。此去與師誰共到〔三〕，一船明月一帆風。

【箋注】

〔一〕按同卷漁塘十六韻有云「名留域外僧」，知莊虢州村居時與「域外僧」有交往，本詩蓋作於虢州村居期間。日本國：唐東夷國名，今日本本州島。舊唐書卷一九九上東夷列傳：「日本國者，倭國之別種也。以其國在日邊，故以日本爲名。或曰倭國自惡其名不雅，改爲日本。」

〔二〕扶桑：古時傳説爲東方神木和國名。山海經海外東經：「湯谷上有扶桑，十日所浴，在黑齒北。居水中，有大木，九日居下枝，一日居上枝。」淮南子天文訓：「日出於暘谷，浴於咸池，拂於扶桑，是謂晨明。」海内十洲記：「扶桑在東海之東岸，……地方萬里，上有太帝宫，太真東王父所治處，地多林木，葉皆如桑，又有椹樹，長者數千丈，大二千餘圍，兩兩同根偶生，更相依倚，是以名爲扶桑。」南史卷七九東夷傳：「扶桑國者，齊永元元年（四九九），其國有沙門慧深來至荆州，説云扶桑在大漢國東二萬餘里，地在中國之東。其上多扶桑木，故以爲名。」

〔三〕師：對僧人的尊稱。此指敬龍。

對　酒[一]

何用巖棲隱姓名[二]，一壺春酎可忘形[三]。伯倫若有長生術[四]，直到如今醉未醒。

【校記】

［酎］向校：「胡本作酌。」按，萬首唐人絶句作酹。［直］向校：「全唐詩注：『一作應。』」

【箋注】

〔一〕按此詩前後均虢州村居時所作，又首句與同卷冬日長安感志寄獻虢州崔郎中二十韻中「霧雨十年同隱遁」意趣相同，非「巖棲」而「同隱遁」，蓋亦作於虢州村居期間。

〔二〕巖棲：指隱居山林。文選卷四三嵇康與山巨源絶交書「許由之巖棲」李善注：「吕氏春秋曰：昔堯朝許由於霈澤之中，曰：『請屬天下於夫子。』許由遂之箕山之下。張升反論曰：『黄綺引身，巖棲南岳。』」宋書卷六七謝靈運傳載靈運山居賦：「古巢居穴處曰巖棲，棟宇居山曰山居。」宋之問入瀧州江：「余本巖棲客，悠哉慕玉京。」

〔三〕酎（zhòu）：重釀之酒。禮記月令：「孟夏之月，……天子飲酎，用禮樂。」鄭玄注：「酎之言醇也，謂重釀之酒也。」

〔四〕伯倫：西晉劉伶，字伯倫，沛（今安徽宿縣）人，「竹林七賢」之一，嗜酒放曠。世説新語文學：「劉伶著酒德頌，意氣所寄。」劉孝標注引名士傳載劉伶「肆意放蕩，以宇宙爲狹。常乘鹿車，携一壺酒，使人荷鍤隨之，云：『死便掘地以埋。』土木形骸，遨游一世。」

尹喜宅〔一〕

荒原秋殿柏蕭蕭，何代風煙占寂寥。紫氣已隨仙仗去，白雲空向帝鄉消〔二〕。濛濛暮雨春鷄唱，漠漠寒蕪雪兔跳〔三〕。欲問靈踪無處所，十洲空闊閬山遥〔四〕。

【箋注】

〔一〕尹喜宅在故函谷關，近虢州，此詩蓋作於虢州村居時。　尹喜宅：傳説爲春秋時函谷關令尹喜故宅，又名尹喜臺、望氣臺，故址在今河南靈寶南。元和郡縣圖志卷六陝州靈寶縣：本漢弘農縣，隋置桃林縣。「天寶元年，於縣南古函谷關尹真人宅掘得天寶靈符，遂改縣爲靈寶。」尹真人即尹喜，又稱關尹，字公度，秦國人。

〔二〕紫氣：祥瑞的光氣。藝文類聚卷七八靈異部上仙道引關尹内傳曰：「關令尹喜，……少好學墳素，善於天文祕緯，仰看俯察，莫不洞徹，雖鬼神無以匿其真狀。老子感焉，未至九十日，關令登樓四望，見東極有紫氣西邁。喜曰：『夫陽氣盡九，星宿值合，歲月並王。復九十日之外，法應有聖人經過京邑。』至期，乃齋戒，其日果見老子。」杜甫秋興八首之五：「西望瑶池降王母，東來紫氣滿函關。」　仙仗：仙人儀仗。岑參奉和中書賈至舍人早朝大明宫：「金闕曉鐘開萬户，玉階仙仗擁千官。」　帝鄉：神話中天帝居所。莊子天地篇：「千歲厭世，去而上仙，乘彼白雲，至於帝鄉。」成玄英疏：「精靈上升，與太一而冥合。乘雲御氣，屆於天地之鄉。」

〔三〕跳，原注：「音條。」

〔四〕靈踪：仙人踪迹。　十洲：海内十洲記：「漢武帝既聞西王母説八方巨海之中有祖洲、瀛洲、玄洲、炎洲、長洲、元洲、流洲、生洲、鳳麟洲、聚窟洲。有此十洲，乃人迹所稀絶處。」　閬山：即閬風山，傳説爲昆侖山頂仙人居所。屈原離騷：「朝吾將濟於白水兮，登閬風而緤馬。」王逸注：「閬風，山名，在崑崙之上。」海內十洲記：「（崑崙山）三角，其一角正北，干星辰之輝，名曰閬風巔。」

途中望雨懷歸

滿空寒雨慢霏霏，去路雲深鎖翠微〔一〕。牧豎遠當煙草立〔二〕，饑禽閑傍渚田飛〔三〕。誰家樹壓紅榴折，幾處籬懸白菌肥〔四〕。對此不堪鄉外思，荷蓑遥羨釣人歸〔五〕。

【箋注】

〔一〕翠微：指半山腰。山色青翠朦朧，故稱。爾雅釋山：「山脊，岡。未及上，翠微。山頂，冢。」郭璞注：「近上旁陂。」邢昺疏：「謂未及頂上，在旁陂陀之處名翠微。一説山氣青縹色，故曰翠微也。」杜甫重經昭陵：「陵寢盤空曲，熊羆守翠微。」重題鄭氏東亭：「華亭入翠微，秋日亂清輝。」

〔二〕牧豎：牧童。漢書卷六五東方朔傳：「朔之詼諧，逢占射覆，其事浮淺，行於衆庶，童兒牧豎莫不眩耀。」

〔三〕渚田：島上田地。盧綸春日題杜叟山下別業：「白鳥群飛山半晴，渚田相接有泉聲。」

〔四〕「誰家」兩句：王維田家：「多雨紅榴折，新秋緑芋肥。」

〔五〕荷蓑：肩披蓑衣。詩小雅無羊：「何蓑何笠，或負其餱。」何，通荷。

古離別〔一〕

晴煙漠漠柳毿毿〔二〕，不那離情酒半酣。更把馬鞭雲外指〔三〕，斷腸春色在江南。

【校記】

〔古離別〕向校：「全唐詩注：『一作多情。』」〔馬〕向校：「席刻本、胡本、全唐詩本作玉。」按，緑君亭本作玉。

【箋注】

〔一〕此詩蓋早年下第游江南時所作。古離別，樂府曲辭，即古別離，亦名生別離、長別離、遠別離等。按，樂府詩集卷七二録此詩入雜曲歌辭，同書卷七一古別離題解云：「楚辭：『悲莫悲兮生別離。』古詩：『行行重行行，與君生別離。相去萬餘里，各在天一涯。』後蘇武使匈奴，李陵與之詩曰：『良時不可再，離別在須臾。』故後人擬之爲古別離。梁簡文帝又爲生別離，宋吳邁遠有長別離，唐李白有遠別離，亦皆類此。」

〔二〕鬖（sān）鬖：同毿毿，下垂貌。温庭筠和周繇：「神交花冉冉，眉語柳毿毿。」

〔三〕「更把」句：卷七東陽贈別「送我摇鞭入翠微」與本句相類。

【集評】

李攀龍選、蔣一葵箋唐詩選卷七：結有餘恨。又引高廷禮語：「晚唐絶句之盛不下數千篇，雖興象不同，而聲律亦未遠。如韋莊後出，其贈別（者）〔諸〕篇尚有盛唐時餘韻。」

邢昉唐風定卷二二：絶不似晚唐。

唐汝詢唐詩解卷三〇：對煙柳而生離情，則以酒消之。第江南春色更是斷腸，誰復相慰耶？

黄周星唐詩快卷一六：（末句）若身在江南，又不知何如。

周珽唐詩選脉會通評林：楊慎曰：妙品。周珽曰：古色古貌，雜諸王、李何辨。後二句正是第二句意，與陸魯望有別後聯語意相同；（按陸龜蒙有別其一：「且將絲絆繫蘭舟，醉下煙汀減去愁。江上有樓君莫上，落花隨浪正東流。」）陸以留別者言，居人登樓所望，有不堪增愁處；韋莊以送别者言，行人玉鞭所指，有不勝斷腸處。（轉録自陳伯海主編唐詩彙評）

吴昌祺刪訂唐詩解卷一五：詩意蓋云若在江南煙柳間，離情當更甚矣，即今江北猶如此。兩句而煉得雋永。

黄生唐詩摘鈔卷四：讀此益知王昌齡「更吹羌笛關山月，無那金閨萬里愁」倒叙之妙。首句指目前春色而言，春色本佳，但離人對之自是無那，況別後睹江南春色，其腸斷更何如！常建云「即今江北還如此，愁殺江南離別情」，與此同意，此作較饒風韻。

黄叔燦唐詩箋注卷一〇：昔人云：詩情如畫。此其是矣，却欲下一轉語云：斷腸春色無人會，一片離情畫不成。詩之妙如此。然否？

柳谷道中作却寄〔一〕

馬前紅葉正紛紛，馬上離情斷殺魂。曉發獨辭殘月店，暮程遥宿隔雲村。心如嶽色留秦地〔二〕，夢逐河聲出禹門〔三〕。莫怪苦吟鞭拂地，有誰傾蓋待王孫〔四〕。

【校記】

〔殺〕向校：「胡本作煞。」

【箋注】

〔一〕詩云「紅葉正紛紛」，知爲秋季；又云「心如嶽色留秦地」、「有誰傾蓋待王孫」，與同卷下第題青龍寺僧房「要路無媒果自傷」相通，蓋咸通三年下第後，秋日離京游瀟湘過柳谷時所作。參見同卷秋日早行注〔一〕。柳谷：讀史方輿紀要卷四一山西三解州「夏縣」（今屬山西）：「柳谷，縣北五里中條山中。唐貞觀十一年幸柳谷、觀鹽池也。」按，舊唐書卷三太宗本紀、資治通鑑卷一九五均載唐太宗貞觀十二年二月幸柳谷、觀鹽池。却寄：還寄。

〔二〕「心如嶽色」句：杜甫通泉驛南去通泉縣十五里山水作：「山色遠寂寞，江光夕滋漫。傷時愧孔父，去國同王粲。」

〔三〕禹門：即龍門關，今山西河津縣西北與陝西韓城東北黄河夾岸。傳説爲夏禹治水時所鑿，因稱禹門。書禹貢：「導河積石，至於龍門。」元和郡縣圖志卷一二河東道一絳州「龍門縣」：「龍門關在縣西北二十二里。大禹祠在縣西二十五里龍門山上。」

〔四〕傾蓋：謂行道相遇，車蓋相傾而語。借指初識相得，一見如故。史記卷八三魯仲連鄒陽列傳載鄒陽獄中上梁王書引諺曰：「有白頭如新，傾蓋如故。」索隱：「家語：『孔子遇程子於途，傾蓋而語。』又志林云：『傾蓋者，道行相遇，軿車對語，兩蓋相傾，小欹之，故曰傾也。』」今本孔子家語卷二：「孔子之郯，遭程子於途，傾蓋而語，終日甚相親。」　王孫：此爲作者自稱。按，蜀檮杌卷上、資治通鑑卷二六六、唐詩紀事卷六八等謂莊爲玄宗天寶末宰相韋見素之後。新唐書宰相世系表載莊爲武后相待價之七世孫。

【集評】

趙臣瑗山滿樓箋注唐詩七言律卷六：一、二不重在馬前馬上，紅葉青袍，巧相掩映，蓋特以葉之正紛紛興起客之欲斷魂也；三、四承寫早行則如此其急，暮宿則如此其遥，倉皇彳亍，即己亦不自解其何故，可悲也！下半乃直抒胸臆。五，身雖去而心終未去；六，心雖留而身已難留；七、八，及問其去將誰依？則究竟茫無所主。噫！人生若此，豈非詩所云「我瞻四方，蹙蹙靡所（聘）［騁］」者乎？可哀也！

胡以梅唐詩貫珠卷三〇：三、四佳，四更仙靈。二之「離情」，題是却寄，寄與所知，而五之心留秦地，亦戀所知耳。

楊逢春唐詩繹卷二三：首提道中之景，次提道中之情。三、四頂一説，由曉至暮，道中之景凄涼；五、六頂二説，心留夢逐，道中之情惝恍。七，情景雙收，八，結出向後愁心。

胡本淵唐近體詩卷三：（五、六句）悲壯。

灞陵道中作〔一〕

春橋南望水溶溶，一桁晴山倒碧峰〔二〕。秦苑落華零露濕，灞陵新酒撥醅濃〔三〕。青龍天矯盤雙闕，丹鳳褵褷隔九重〔四〕。萬古行人離别地，不堪吟罷夕陽鐘〔五〕。

【箋注】

〔一〕灞陵：亦作霸陵，漢文帝陵墓及其所在縣名。故址在今陝西西安東北。

〔二〕春橋：指霸橋。一桁（háng）：猶一列。劉得仁和鄭先輩謝秩閑居寓書所懷：「藍衫懸竹桁，烏帽挂松枝。」

〔三〕秦苑：指上林苑，本秦舊苑，漢武帝擴建爲游獵名苑。元和郡縣圖志卷一關内道一京兆府「長安縣」：「上林苑，在縣西北一十四里，周匝二百四十里，相如所賦也。」撥醅（pōpēi）：亦作醱醅，重釀未濾之酒。李白襄陽歌：「遥看漢水鴨頭緑，恰似葡萄初醱醅。」王琦注：「廣韻：醱醅，酘酒也。醅，酒未漉也。韻會：酘謂之醱。又云：酘，重釀酒也。然則醱醅者，其重釀之酒而未漉者歟。」

〔四〕「青龍」兩句：青龍、丹鳳，爲宮闕圖飾。崔豹古今注卷上都邑：「闕，觀也。古每門樹兩觀於其前，所以標表宮門也。其上可居，登之則可遠觀，故謂之觀。人臣將朝，至此則思其所闕多少，故謂之闕。其上皆丹堊，其下皆畫雲氣仙靈奇禽怪獸以昭示四方焉。蒼龍闕畫蒼龍，白虎闕畫白虎，玄武闕畫玄武，朱雀闕上有朱雀二枚。」青龍即蒼龍，丹鳳即朱雀。　天矯：屈伸縱恣貌。淮南子修務訓：「木熙者，……好茂葉，龍天矯。」　襹褷（shī shī）：亦作離褷。文選卷一二木華海賦：「鳧雛離褷，鶴子淋滲。」李善注：「離褷、淋滲，毛羽始生之貌。」　九重：本指天之九層，後借指天子居所。楚辭天問：「圜則九重，孰營度之？」禮記月令：「毋出九門。」鄭玄注：「天子九門者，路門也、應門也、雉門也、庫門也、皋門也、城門也、近郊門也、遠郊門也、關門也。」錢起和李員外扈駕幸温泉宮：「未央月曉度疏鐘，鳳輦時巡出九重。」

〔五〕「萬古」兩句：三輔黄圖卷六橋：「霸橋，在長安東，跨水作橋。漢人送客至此橋，折柳贈别。」開元天寶遺事卷三：「長安東灞陵有橋，來迎去送皆至此橋，爲離别之地，故人呼之爲銷魂橋。」

【集評】

郝天挺注、廖文炳解唐詩鼓吹注解卷一〇：（廖文炳解）首言灞水溶溶，青山倒映，而秦苑落花因零露而濕，灞陵新酒以撥醅而濃，皆道中所見之景也。若回首長安，天矯青龍盤旋於雙闕之内，襹褫丹鳳遥隔於九重之中。是灞陵乃萬古送行之處，當晚鐘初動，斜日將傾，猶復對此長吟也。悠悠道路，其將何以堪此哉！

朱三錫東喦草堂評訂唐詩鼓吹卷一〇：春橋灞水，青山倒映，灞陵之勝景也；春花爛發，客舍新醅，灞陵之勝事也。此地奔走賢愚，顛倒豪杰，生出無數離別、無數煩惱，只爲雙闕盤龍、九重隔鳳，尊榮安富盡出於斯，我今不免亦爲是人也。

金聖嘆選批唐才子詩卷八下：前解，寫霸橋上人，望霸橋下水，窺見晴山倒映，其影如衣一桁。時又正值春花爛發，地又饒有客舍新醅。斯誠上國之壯觀，豪人之快矚也。後解，然此地所以自來招致普天下人俱來集會，因而無端生出無數離別者，只爲雙闕盤龍，九重隔鳳，尊榮豪富，盡出於斯。於是奔走賢愚，顛倒老少，如我今日即爲不免之人，固不可以一一致詰也。

譚宗近體秋陽卷八：（五、六句）痴肥不貫筋絡。（七、八句）虛浩高潔。

趙臣瑗山滿樓箋注唐詩七言律卷六：晴水溶溶，不興波也，故碧峰倒映如一桁衣然。其景已自妙絶，况名園錯繡，花落猶紅，客舍逢春，酒香初熟，游子於此似亦可以無恨矣。此四句是泛寫霸陵道中之況。五、六換筆，極寫帝都之佳麗、宫闕之高華，以逼起下文。萬古行人來來往往，無不畢萃於兹，但見以爲名利之場，不知乃是離别之地也，而吾何爲亦不免於役役乎？玩「夕陽鐘」三字，有「人壽幾何，河清難俟」意見於言外，其所謂「不堪吟罷」者正以此。此四句是自表霸陵道中之人之情。

秋日早行〔一〕

上馬蕭蕭襟袖涼，路穿禾黍繞宮牆。半山殘月露華冷〔二〕，一岸野風蓮萼香。煙外驛樓紅隱隱，渚邊雲樹暗蒼蒼〔三〕。行人自是心如火，兔走烏飛不覺長〔四〕。

【校記】

〔上馬〕向校：「全唐詩注：『一作馬上。』」

【箋注】

〔一〕本詩乃秋日離京之作，有云「行人自是心如火」，參讀同卷三用韻「瀟湘期釣侶，鄠杜別家林」、「入夜愁難遣，逢秋恨莫任」、愁「夜作心中火，朝爲鬢上霜」、卷二宿泊孟津寄三堂友人「只恐愁苗生兩鬢，不堪離恨入雙眉」等詩句，疑諸詩均作於咸通三年（八六二）秋別鄠杜游瀟湘前後。

〔二〕「半山」句：王褒始發宿亭：「落星侵曉没，殘月半山底。」

〔三〕「煙外」兩句：白居易游湓水：「城雉映水見，隱隱如蜃樓。」又，將之饒州江浦夜泊：「雲樹藹蒼蒼。」

〔四〕兔走烏飛：指光陰飛逝。古神話傳説月中有兔、日中有烏。楚辭天問：「夜光何德，死則又育？厥利維何，而顧菟在腹？」王逸注：「言月中有菟，何所貪利，居月之腹，而顧望乎？菟，一作兔。」太平御覽卷四天部四月引傅玄擬天問：「月中何有？白兔擣藥。」史記卷一二八龜策傳：「孔子聞之曰：神龜知吉凶，而骨直空枯。日爲德而君於天下，辱於三足之烏。」後因以烏、兔代指日月。莊南杰傷歌行：「兔走烏飛不相見，人事依稀速如電。」杜荀鶴與友人話別：「月兔走入海，日烏飛出山。」

【集評】

郝天挺注、廖文炳解唐詩鼓吹注解卷一〇：（廖文炳解）此言秋時馬上襟袖生凉，路穿禾黍之中，遶於宫牆而去。其時尚早，故見半山殘月而露華清冷，一岸野風而蓮萼飄香也。若夫驛樓隱隱倚於雲煙之外，宫樹蒼蒼暗於洲渚之間，此皆早行所見者。要之，景色雖佳而我歸心甚迫，是以光陰易邁自不覺其悠長耳，此形汲汲遑征意。

朱三錫東喦草堂評訂唐詩鼓吹卷一〇：通首只寫一早字耳。半山殘月，一岸野風，是早行而天未明之色；驛樓隱隱，宫樹蒼蒼，是早行而天將明之景。如此曉發夜行，只爲歸心甚急故耳。

趙臣瑗山滿樓箋注唐詩七言律卷六：此詩前六俱寫馬上早景；七、八結出行人心事。一是初上馬，二是已登程。要知宫牆外便是禾黍亂離景象，觸目不堪，行人之所以心如火者端爲此也。三、四寫近，五、六寫遠，字字輕倩，他人正莫能及。七「自是」、八「不覺」寫盡當時一番碌碌忙忙，而流光如箭，不肯少留，真爲千古勞人志士同嘆！

紀昀墨評唐詩鼓吹卷一〇：三、四實佳，惜二句太鄙。　飴山老人（趙執信）評曰：第四句便欲繪風。

殷元勛注、宋邦綏補才調集補注卷三引程湘蘅云：「一氣寫六句，字字切秋日早行，絶佳。結始見早行之苦，便見野風蓮萼，殘月露華都非佳境。制格遣詞，彌加工妙。」

嘆落華〔一〕

一夜霏微露濕煙，曉來和淚喪嬋娟〔二〕。不隨殘雪埋芳草，盡逐香風上舞筵〔三〕。西子去時遺笑靨〔四〕，謝娥行處落金鈿〔五〕。飄紅墮白堪惆悵，少別穠華又隔年。

【校記】

〔盡逐春風〕向校：「全唐詩注：『一作又逐春風。』」

【箋注】

〔一〕按詩淵録此詩外又録殘花，文字稍異：「芳草」作「行徑」；「盡逐」作「又逐」；「笑靨」作「翠靨」；「隔年」作「一年」。

〔二〕霏微：朦朧貌。杜甫曲江對酒：「苑外江頭坐不歸，水精春殿轉霏微。」　嬋娟：柔婉美好貌。孟郊嬋娟篇：「花嬋娟，泛清泉。竹嬋娟，籠曉煙。妓嬋娟，不長妍。月嬋娟，真可憐。」

〔三〕「盡逐」句：杜甫城西陂泛舟：「魚吹細浪摇歌扇，燕蹴飛花落舞筵。」

〔四〕西子：西施，春秋時越國美女。　笑靨：女子面飾，與下句「金鈿」對偶。段成式杜陽雜俎卷八：「近代妝尚靨，如射月，曰黃星靨。靨鈿之名，蓋自吳孫和鄧夫人也。和寵夫人，嘗醉舞如意，誤傷鄧頰，血流，嬌婉彌苦。命太醫合藥醫，……乃痕不滅，左頰有赤點如意，視之更益甚妍也。諸嬖欲要寵者皆以丹點頰而後進幸焉。」

〔五〕謝娥：本指東晉謝安家妓。後亦泛指歌妓。　金鈿：金花鈿。

【集評】

郝天挺注、廖文炳解唐詩鼓吹注解卷一〇：（廖文炳解）此言煙露霏微，皆所以速花之凋謝，故曉見露滴煙濡，若和淚而喪此嬋娟之美也，乃若花亦有情，不隨殘雪埋没乎荒草之内，又逐春風飄蕩於舞筵之間，於以擬其形容如西施去時而遺其笑靨，謝氏行處而落其金鈿。吾見摧殘無已，飄紅墮白，往往令人惆悵者。穠華滿眼，少焉相别又復一歲，人生有盡，能逢幾度看花耶？

朱三錫東喦草堂評訂唐詩鼓吹卷一〇：詠落花，不過寫其隨殘雪，埋芳草，霏微露滴，飄紅墮白等辭耳。不隨殘雪，又逐春風，反將落花寫得異樣有情；又以擬之西子遺笑靨，謝女落金鈿，更將落花寫得異樣可愛。然寫得愈有情愈覺傷心，寫得愈可愛愈覺可憐。此皆唐人妙法，不可不學也。

胡以梅唐詩貫珠卷五七：霏微，言花落紛飛而輕也。向來露濕於花，昨夜花落，露惟濕於煙，故曉起爲之悽愴耳。幸而不同殘雪埋芳草，隨香風而上舞筵，庶幾不致十分敗興。從來美人一笑足以傾城，詩人特舉巧倩，則笑靨實有媚人處，今落花好似西子遺之笑靨，結想奇幻，比物精工，無情遽成有情。「落金鈿」誠與落花相似，然反不若「遺笑靨」之出神入化矣。結則猶望其來年相會。按此詩敗興事而有覆局，亦出名人靈府中本有，所以韋復入蜀爲相，則其詩讖不特「重築太平基」一首矣。

黄叔燦唐詩箋注卷六：通首有嘆字意，不是止賦落花。次聯言不隨殘雪則盡逐香風。參活看，「遺笑靨」是想像，「落金鈿」是比擬，雖少味，而韻致却好，故昔人傳誦。

紀昀墨評唐詩鼓吹卷一〇：俗格凡艷，宜懸之戒律者。

吳汝綸桐城先生評點唐詩鼓吹卷一五：三、四殆自喻唐亡仕蜀也。

宫　怨

一辭同輦閉昭陽，耿耿寒宵禁漏長〔一〕。釵上翠禽應不返，鏡中紅艷豈重芳〔二〕。螢低夜色棲瑤草〔三〕，水咽秋聲傍粉牆。展轉令人思蜀賦，解將惆悵感君王〔四〕。

【箋注】

〔一〕「一辭」兩句：同輦，指與皇帝同車。漢書卷九七下外戚傳：「成帝游於後庭，嘗欲與（班）婕妤同輦載，婕妤辭曰：『觀古圖畫，賢聖之君皆有名臣在側，三代末主乃有嬖女。今欲同輦，得無近似之乎？』上善其言而止。」後以「同輦」指妃嬪受寵。輦，帝王車乘。通典卷六六禮嘉禮「輦輿」：「夏氏末代制輦，……秦以輦爲人君之乘，漢因之。」昭陽，漢代後宮殿名。三輔黄圖卷三未央宮：「武帝時後宮八區，有昭陽、飛翔、增成、合歡、蘭林、披香、鳳凰、鴛鴦等殿，……成帝趙皇后居昭陽殿。」漢書卷九七下外戚傳載趙飛燕「皇后既立，後寵少衰，而弟絶幸，爲昭儀，居昭陽舍」。杜甫哀江頭：「昭陽殿裏第一人，同輦隨君侍君側。」耿耿，憂愁不安貌。詩邶風柏舟：「耿耿不寐，如有隱憂。」禁漏，宫漏。三輔黄圖卷六雜録：「漢宫中謂之禁中，謂宫中門閣有禁，非侍御通籍之臣不得妄入。」

〔二〕「釵上」兩句：翠禽，指鳳釵。馬縞中華古今注卷中：「釵子，蓋古笄之遺象也，至秦穆公以象牙爲之，敬王以玳瑁爲之，始皇又金銀作鳳頭，以玳瑁爲脚，號曰鳳釵。」李商隱蝶：「爲問翠釵釵上鳳，不知香頸爲誰回。」紅艷，即芳顔。李白清平調：「一枝紅艷露凝香，雲雨巫山枉斷腸。」

〔三〕瑤草：亦作䔄草，又名靈芝草。本爲神話傳説之仙草，後亦用作芳草之美稱。山海經中山經：姑媱之山，「帝女死焉，其名曰女尸，化爲䔄草。」文選卷一六江淹別賦：「君結綬兮千里，惜瑤草之徒芳。」李善注引宋玉高唐賦（今本無）：「我帝之季女，名瑤姬，未行而亡，封於巫山之臺，精魂爲草，實曰靈芝。」

〔四〕「展轉」兩句：用漢武帝時司馬相如爲陳皇后作長門賦典事。長門賦序云：「孝武皇帝陳皇后時得幸，頗妒，別在長門宮，愁悶悲思，聞蜀郡成都司馬相如，天下工爲文，奉黄金百斤爲相如、文君取酒，因於解悲愁之辭。而相如爲文以悟主上，陳皇后復得親幸。」漢書卷九七上外戚傳：「孝武陳皇后，長公主嫖女也。……擅寵驕貴，十餘年而無子，聞衛子夫得幸，幾死者數焉。上愈怒。后又挾婦人媚道，頗覺。元光五年，上遂窮治之，……使有司賜皇后策曰：『皇后失序，惑於巫祝，不可以承天命。其上璽綬，罷退居長門宮。』」

闕河道中〔一〕

槐陌蟬聲柳市風〔二〕，驛樓高倚夕陽東。往來千里路長在，聚散十年人不同〔三〕。但見時光流似箭，豈知天道曲如弓〔四〕。平生志業匡堯舜〔五〕，又擬滄浪學釣翁〔六〕。

【校記】

〔學釣翁〕原注：「學，一作許。」向校：「今按各本俱無作『許』字注。」

【箋注】

〔一〕此詩蓋咸通二年（八六一）秋自虢州入京應舉途中所作。詩中「聚散」句及末聯與同卷冬日長安感志寄獻虢州崔郎中二十韻中「霧雨十年同隱遁，風雷何日振沈潛」相通。「聚散十年」指從長安遷居虢州已約十年。又，「往來千里」雖爲泛言，却亦屬實，據元和郡縣圖志卷六河南道二虢州注云「西北至上都四百三十里」，即往返近千里。闕河道，即自陝虢經潼關入京之道。史記卷六九蘇秦列傳載蘇秦説秦惠王云：「秦四塞之國，被山帶渭，東有闕河，西有漢中。」正義曰：「東有黄河，有函谷、蒲津、合河等關。」

〔二〕「槐陌」句：尉遲偓中朝故事：「天街兩畔槐樹，俗號爲槐衙。曲池江畔多柳，亦號爲柳衙，謂其成行如排衙也。」

唐會要卷八六街巷：「(貞元)十二年，官街樹缺，所司植榆以補之。京兆尹吳湊曰：『榆非九衢之玩。』亟命易之以槐。」

〔三〕「往來」兩句：白居易南山路有感：「萬里路長在，六年今始歸。」

〔四〕天道曲如弓：謂天道不平。紀昀謂「此用老子之語，而意則不同」。(墨評唐詩鼓吹卷一〇)老子第七七章：「天之道，其如張弓乎？高者抑之，下者舉之，有餘者損之，不足者與之。天之道，損有餘而補不足。人之道則不然，損不足以奉有餘。」王弼注：「與天地合德，乃能包之如天之道。如人之量則各有其身，不得相均，如惟無身無私乎自然，然後乃能與天地合德。」

〔五〕匡：輔佐。堯舜：唐堯、虞舜，傳説爲遠古聖德之君。

〔六〕「又擬」句：楚辭漁父：「漁父莞爾而笑，鼓枻而去，歌曰：『滄浪之水清兮，可以濯吾纓；滄浪之水濁兮，可以濯吾足。』」滄浪，古水名，即漢水下游。洪興祖補注：「地説曰：水出荆山，東南流爲滄浪之水。是近楚都，故漁父歌云云。余案：尚書禹貢言導漾水東流爲漢，又東爲滄浪之水。不言過而言爲者，明非它水。蓋漢、沔水自下有滄浪通稱耳。」按，尚書禹貢：「嶓冢導漾，東流爲漢，又東爲滄浪之水。」

【集評】　郝天挺注、廖文炳解唐詩鼓吹注解卷一〇：(廖文炳解)此因志業不遂，悵然思歸而作也。首言關河道中，蟬噪槐陰，風來柳畔，而驛樓則倚於夕陽之外焉。是地也，往來有千里之遥而路長在，聚散經十年之久而人不同，但見時光日去如箭之忙，而天道多私如弓之曲，有不勝其慨嘆者已！以我循念生平嘗欲致君於堯舜而乃負其初願，擬向滄浪長作漁翁以没世也，外此將復何求哉！

朱三錫東嵒草堂評訂唐詩鼓吹卷一〇：槐陰柳畔，驛樓高倚，忽襯出「夕陽東」三字，言此關河道中，每日瞥眼有一夕陽，人生不過有數夕陽。往來聚散，草草過去，遂將平生匡堯佐舜志業淹没無聞，大可慨也！時光似箭，天道如弓，是反言以寫其不平之氣，所以欲作歸計耳。

胡以梅唐詩貫珠卷三〇：一、二道中之景；三、四言往來不改，而人之聚散遷化不同；五、六嘆年華易過，世道不可問；結明其初志，今則已矣。

題盤豆驛水館後軒〔一〕

極目晴川展畫屏，地從桃塞接蒲城〔二〕。灘上鷺占清波立，原上人侵落照耕。去雁數行天際没，孤雲一點淨中生。憑軒盡日不迴首，楚水吴山無限情〔三〕。

【箋注】

〔一〕盤豆驛在虢州閿鄉，此詩蓋作於虢州村居期間。盤豆驛：今河南靈寶西北黄河南岸。隋書卷四八楊素傳：「西至閿鄉，上盤豆。」讀史方輿紀要卷四八河南三陝州「閿鄉縣」：「盤豆城，在縣西南二十里。」後軒：後廊。

〔二〕桃塞：即桃林塞。今河南靈寶至陝西潼關。元和郡縣圖志卷六河南道二陝州「靈寶縣」：「桃林塞，自縣以西至潼關皆是也。」蒲城：唐縣名，治所在今陝西蒲城。元和郡縣圖志卷一八河北道三易州「蒲城縣」：「本漢北平縣，屬中山國。……後魏於此置永樂縣，天寶元年改爲蒲城縣，以縣北故蒲城爲名。」

〔三〕楚水吴山：泛指長江中下游一帶山水。楚、吴爲周代諸侯國，楚都郢（今湖北江陵西北紀南城），吴都吴（今蘇州）。

【集評】

金聖嘆選批唐才子詩卷八下：前解寫景，後解敘懷。（評前四句）「極目」，言在驛館後軒極目也。「展畫屏」，言其日天晴，川光如練，自此至彼，一望迤邐，如曲屏初展也。灘頭鷺立，原上人耕，雖寫極目所見，然言外實見鷺亦有占，人亦有耕，而已獨漂摇道塗，不得休息，遂生出後一解詩來也。（評後四句）五、六，要知其直從雁未没、雲未生前，早已憑軒不迴首；直至雁已没、雲亦生後，只是憑軒不迴首，謂之「盡日憑軒不迴首」也。不知其不迴首，凡經多少時，始有去雁？又不迴首，凡經多少時，去雁始没？又不迴首，凡經多少時，始又雲生？總之，只要想此雁没雲生之處，則爲何處，而爲其「盡日不迴首」處，便嘆此五、六，又另是全唐人所未道也。

胡以梅唐詩貫珠卷三八：此驛後軒面臨大川，曠望如開畫屏之幽致，而地則直連關内，所以極目開爽。下四句皆承如畫屏之景，由近至遠，琢句清膩。四、六更佳，静觀中覺景物如吴楚之山水爲可戀。韋本杜陵人，非思鄉也，大抵北地難得山水清幽，偶見可起人旅思，故李義山出關宿此驛對蘆叢有感詩曰：「昔年曾是江南客，此日初爲關外心。」亦起江南之憶，與今結處一轍。第二句桃與蒲，以草木相串有脈，不寂寞，妙！

梁氏水齋〔一〕

獨醉任騰騰〔二〕，琴棋亦自能。卷簾山對客，開户犬迎僧。看蟻移苔穴，聞蛙落石層〔三〕。

夜窗風雨急，松外一庵燈。

【箋注】

〔一〕此詩蓋作於虢州村居期間。梁氏：不詳。

〔二〕騰騰：迷糊貌。羅隱途中寄懷：「不知何處是前程，合眼騰騰信馬行。」

〔三〕石層：石崖。皮日休釣侣二章其二：「嚴陵灘勢似雲崩，釣具歸來放石層。」

曲江作〔一〕

細雨曲池濱，青袍草色新〔二〕。詠詩行信馬〔三〕，載酒喜逢人。性爲無機率〔四〕，家因守道貧〔五〕。若無詩自遣，誰奈寂寥春。

【校記】

〔曲江〕向校：「席本、全唐詩俱作曲池。」按，緑君亭本作曲池。

【箋注】

〔一〕曲江：即曲江池，故址在今陝西西安市東南隅。康駢劇談録卷下：「曲江池，本秦世隑洲。開元中疏鑿，遂爲勝境。其南有紫雲樓、芙蓉苑。其西有杏園、慈恩寺。花卉環周，煙水明媚。都人游玩，盛於中和、上巳節。」

〔二〕「青袍」句：庾信哀江南賦：「青袍如草，白馬如練。」杜甫渡江：「渚花張素錦，汀草亂青袍。」

〔三〕行信馬：任馬前行。白居易城東閑游：「獨尋秋景城東去，白鹿原頭信馬行。」

〔四〕無機率：真率無機巧。

〔五〕家因守道貧：論語衛靈公：「子曰：君子謀道不謀食。耕也，餒在其中矣；學也，祿在其中矣。君子憂道不憂貧。」許渾題官舍：「簞瓢貧守道，書劍病忘機。」

嘉會里閑居〔一〕

豈知城闕内〔二〕，有地出紅塵。草占一坊綠〔三〕，樹藏千古春。馬嘶遊寺客，犬吠探花人〔四〕。

寂寂無鐘鼓，槐行接紫宸〔五〕。

【校記】

〔一〕坊：向校：「席本、全唐詩俱作一方。」按，綠君亭本作一方。

【箋注】

〔一〕嘉會里：即嘉會坊，唐京城坊名，在朱雀街西第四街。故址在今陝西西安市西南。

〔二〕城闕：京城，此指長安。闕，本爲宫殿門觀，後以城闕指京城。紅塵：鬧市飛塵，代指繁華熱鬧之所。班固西都賦：「闐城溢郭，旁流百廛。紅塵四合，煙雲相連。」徐陵洛陽道：「綠楊三春暗，紅塵百戲多。」

〔三〕「草占」句：白居易渭村退居寄禮部崔侍郎翰林錢舍人一百韻：「薙草通三徑，開田占一坊。」

〔四〕探花人：探春賞花之人。開元天寶遺事卷四：「都人士女每至正月半後，各乘車跨馬，供帳於園圃或郊野中，爲探春之宴。」皮日休春雨：「野客正閑移竹遠，幽人多病探花稀。」又，唐進士及第有「探花宴」，李淖秦中歲時記：「進士杏園初宴謂之探花宴，差少俊二人爲探花使，遍游名園，若它人先折花，二使皆被罰。」

〔五〕槐行：見同卷關河道中注〔二〕。紫宸：即紫宸殿，在東内大明宫中，爲内朝正殿。唐會要卷三〇大明宫：「二十五日，始御紫宸殿聽政，百僚奉賀，新宮成也。」宋敏求長安志卷六：「東内大明宮在禁苑之東南，……龍朔二年造蓬萊宮、含元殿，又造宣政、紫宸、蓬萊三殿。殿東南有翔鸞閣，西南有棲鳳閣，與殿飛廊相接，又有鐘樓、鼓樓。」

夏　夜〔一〕

傍水遷書榻，開襟納夜涼。星繁愁晝熱，露重覺荷香。蛙吹鳴還息〔二〕，蛛羅滅又光。正吟秋興賦〔三〕，桐影下西牆。

【箋注】

〔一〕此詩與同卷梁氏水齋相類，蓋亦作於虢州村居時。

〔二〕蛙吹：蛙聲。南齊書卷四八孔稚珪傳：「稚珪風韻清疏，好文詠，飲酒七八斗。……不樂世務，居宅盛營山水，憑机獨酌，傍無雜事。門庭之内，草萊不剪，中有蛙鳴，或問之曰：『欲爲陳蕃乎？』稚珪笑曰：『我以此當兩部鼓吹，何必期效仲舉。』」

〔三〕秋興賦：西晉潘岳作。其序曰：「僕野人也，偃息不過茅屋茂林之下，談話不過農夫田父之客。攝官承乏，猥厠朝列。夙興晏寢，匪遑底寧。譬猶池魚籠鳥，有江湖山藪之思。於是染翰操紙，慨然而賦。於時秋也，故以秋興命篇。」賦末云：「逍遥乎山川之阿，放曠乎人間之世。優哉游哉，聊以卒歲。」

早　發

早霧濃於雨，田深黍稻低。出門鷄未唱，過客馬頻嘶〔一〕。樹色遥藏店，泉聲暗傍畦。獨吟三十里，城月尚如珪〔二〕。

【箋注】

〔一〕「過客」句：温庭筠錢塘曲：「江南游客馬頻嘶，碧草迷人歸不得。」

〔二〕珪：一種璧玉。文選卷一六江淹別賦：「至乃秋露如珠，秋月如珪。」李善注：「遁甲開山圖曰：禹游於東海，得玉珪，碧色，圓如日月，以自照，目達幽冥。」

寓言

黄金日日銷還鑄，仙桂年年折又生〔一〕。兔走烏飛如未息〔二〕，路塵終見泰山平〔三〕。

【箋注】

〔一〕「黄金」兩句：寓意即李白將進酒「天生我材必有用，千金散盡還復來」。折桂，喻科舉及第。參見同卷下第題青龍寺僧房注〔二〕。

〔二〕兔走烏飛：指日月光陰飛逝。見同卷秋日早行注〔四〕。

〔三〕泰山平：疑爲「泰階平」之訛，按卷九與東吴生相遇云：「且對一罇開口笑，未衰應見泰階平。」參見該詩注〔五〕。

對雪獻薛常侍〔一〕

璚林瑶樹忽珊珊〔二〕，急帶西風下晚天。皓鶴褵褷飛不辨〔三〕，玉山重疊凍相連。松裝粉穗臨窗亞，水結冰錐簇溜懸〔四〕。門外寒光利如劍，莫推紅袖訴金船〔五〕。

【箋注】

〔一〕據吳汝煜主編唐五代人交往詩索引，薛常侍指薛能。按舊唐書卷一九上懿宗紀：咸通十一年（八七〇），「十月，以給事中薛能爲京兆尹。」鄭谷有詩獻大京兆薛常侍能（全唐詩注：「一本無『能』字」）又據譚優學薛能行年考（唐詩人行年考續編，巴蜀書社一九八七年）考證，薛於咸通十年遷給事中。韋詩僅稱薛常侍，蓋作於咸通十年（八六九）冬。　常侍，指給事中。新唐書百官志二：「門下省，……給事中四人，正五品上，掌侍左右，分判省事，察弘文館繕寫校讎之課。」

〔二〕璚林瑶樹：本爲神話中仙境之樹，此狀積雪之樹。璚，同瓊。謝惠連雪賦：「庭列瑶階，林挺瓊樹。」　珊珊：本指玉器聲，此狀風吹積雪樹林之聲。文選卷一九宋玉神女賦：「拂墀聲之珊珊。」李善注：「珊珊，聲也。」

〔三〕皓鶴：謝惠連雪賦：「皓鶴奪鮮，白鷴失素。」　襹褷：見同卷灞陵道中作注〔四〕。

〔四〕亞：低垂。　溜：通霤，屋檐滴水之處。謝惠連雪賦：「爾其流滴垂冰，緣霤承隅。」

〔五〕金船：酒器。張祜少年游：「醉把金船擲，閑敲玉鐙游。」

題裴端公郊居〔一〕

暫隨紅旆佐藩方〔二〕，高跡終期卧故鄉。已近水聲開澗户〔三〕，更侵山色架書堂。蒲生岸脚青刀利，柳拂波心緑帶長。莫奪野人樵牧興，白雲不識繡衣郎〔四〕。

【箋注】

〔一〕裴端公：不詳。端公，即侍御史。通典卷二四職官六：「侍御史之職有四，謂推、彈、公廨、雜事，定殿中監察以下職事及進名改轉臺内之事悉主之，號爲臺端，他人稱之曰端公。其知雜事者謂之雜端，最爲雄劇。」李肇國史補卷下：「宰相相呼爲元老或堂老，兩省相呼爲閣老，……唯侍御史相呼爲端公。」

〔二〕藩方：即方鎮，又稱藩鎮。原爲邊境軍鎮，安史之亂平定後延及内地。新唐書卷五〇兵志：「夫所爲方鎮者，節度使之兵也。原其始，起於邊將之屯防者。」安史之亂平定後，「而武夫戰卒以功起行陣，列爲侯王者皆除節度使，由是方鎮相望於内地，大者連州十餘，小者猶兼三四。」

〔三〕澗户：山澗屋舍。孔稚珪北山移文：「澗户摧絶無與歸，石徑荒涼徒延佇。」

〔四〕繡衣郎：即繡衣直指，又稱繡衣御史，本爲漢代官名，此借指侍御史。漢書卷一九上百官公卿表上：「侍御史有繡衣直指，出討奸猾，治大獄。武帝所制，不常置。」服虔曰：「指事而行，無私阿也。」師古曰：「衣以繡者，尊寵之也。」

【集評】

胡以梅唐詩貫珠卷三七：裴必先曾佐幕，今歸郊居。中二聯平叙，結佳。奪樵牧已似實事，妙在白雲不識，化爲雅韻。

登咸陽縣樓望雨〔一〕

亂雲如獸出山前〔二〕，細雨和風滿渭川。盡日空濛無所見，雁行斜去字聯聯〔三〕。

【箋注】

〔一〕咸陽縣：治所在今陝西咸陽東。元和郡縣圖志卷一關内道一京兆府「咸陽縣」：「山南曰陽，水北曰陽。縣在北山之南，渭水之北，故曰咸陽。」

〔二〕亂雲如獸：藝文類聚卷一天部上雲引兵書曰：「韓雲如布，楚雲如牛，宋雲如車，魯雲如馬，衛雲如犬，周雲如輪，秦雲如行人，魏雲如鼠，齊雲如絳衣，越雲如龍，蜀雲如囷。」初學記卷一天部上雲〔事對〕注引魏武兵書摭要：「孫子稱司雲氣，非雲非煙，非塵非霧，形似禽獸。」渭川：即渭水。源自甘肅渭源縣西北鳥鼠山，東南流經陝西至潼關入黄河。潘岳關中記：「涇與渭、洛爲關中三川。」

〔三〕聯聯：連接不斷貌。韓愈庭楸：「濯濯晨露香，明珠何聯聯。」

貴公子〔一〕

大道青樓御苑東〔二〕，玉欄仙杏壓枝紅。金鈴犬吠梧桐院〔三〕，朱鬣馬嘶楊柳風〔四〕。流水帶花穿巷陌，夕陽和樹入簾櫳。瑶池宴罷歸來醉，笑説君王在月宫〔五〕。

【箋注】

〔一〕按卷二咸通云「咸通時代物情奢」，史載咸通中後期驕奢之風漸盛（參見咸通注〔一〕），此詩疑作於咸通末年。

〔二〕青樓：豪門宅樓。曹植美女篇：「青樓臨大路，高門結重關。」御苑：即禁苑。仙杏：杏之美稱。西京雜記卷一：「初修上林苑，群臣遠方各獻名果異樹，……杏二：文杏，材有文采；蓬萊杏，東郭都尉于吉所獻，一株，花雜五色，六出，云是仙人所食。」

〔三〕金鈴犬：詩齊風盧令：「盧令令，其人美且仁。」傳：「盧，田犬。令令，纓環聲。」初學記卷二九獸部狗〔賦〕引傅玄走狗賦：「舒節急筋，豹耳龍形。蹄如結鈴，五魚體成。」

〔四〕朱鬣馬：後漢書志第二九輿服上：「白馬者，朱其髦尾爲朱鬣云。」

〔五〕「瑶池」兩句：借西王母宴周穆王於瑶池、唐玄宗夜游月宫聽樂二傳説指君王公子宴樂。穆天子傳卷三：「吉日甲子，天子賓於西王母。……乙丑，天子觴西王母於瑶池之上。」太平廣記卷七七引廣德神異録：「（葉）法善又嘗引上游於月宫，因聆其天樂。上自曉音律，默記其曲，而歸傳之，遂爲霓裳羽衣曲。」王灼碧鷄漫志卷三引鹿革事類亦載此傳説。

【集評】

郝天挺注、廖文炳解唐詩鼓吹注解卷一〇：（廖文炳解）首言青樓臨於大道，乃在御苑之東，其闌則以玉爲飾；杏如仙杏，花正壓枝而紅也。爾其犬帶金鈴，時吠於梧桐之院；馬依朱芾，常嘶於楊柳之風。所居之宅，流水既帶落花而穿巷陌，斜陽又移樹影以入簾櫳，景色已極其清華已。至於身臨貴顯，常得待宴宫中，如在瑶池之上，既醉而歸，笑説君王在深宫之内，不異廣寒清虚之府，蓋由其出入禁中，得親君側，故能仿佛道之耳。

黄周星唐詩快卷一二：「流水」、「夕陽」一聯，乃絶妙詩料也，貴公子恐未必知。

陸時雍唐詩鏡卷五四：三、四物色意象自覺嬌寵。

朱三錫東喦草堂評訂唐詩鼓吹卷一〇：曰青樓而當大道，又近接御苑，何等冠冕！玉闌仙杏，紅白相間，何等艷麗！金鈴犬吠，朱芾馬嘶，何等豪俠！花穿巷陌，樹影簾櫳，何等貴顯！然貴公子自此之外，别無他事。句句是揚貴公子，却句句是諷貴公子，隱而不露，有體之作。

紀昀墨評唐詩鼓吹卷一〇：五、六佳句，所謂不着一富貴字而寫得富貴氣象出。「梨花院落」一聯、「樓臺側畔」一聯，世所傳誦，而不及此，何也？ 飴山老人評曰：陋謬。

聽趙秀才彈琴〔一〕

滿匣冰泉咽又鳴〔二〕，玉音閑澹入神清。巫山夜雨絃中起，湘水青波指下生〔三〕。蜂簇野花吟細韻，蟬移高柳迸殘聲。不須更奏幽蘭曲〔四〕，卓氏門前月正明〔五〕。

【校記】

〔迸〕向校：「各本同。胡本獨作送。」

【箋注】

〔一〕趙秀才：不詳。秀才，本指優異之才。管子小匡：「是故農之子常爲農，樸野而不慝，其秀才之能爲士者則足賴也。」漢魏六朝時爲察舉科目，又避東漢光武帝劉秀諱而改稱茂才。隋唐時爲科舉之目，高宗時停廢。時人通稱進士爲秀才。新唐書卷四四選舉上：「高宗永徽二年始停秀才科。」李肇唐國史補卷下：「進士爲時所尚久矣。……其都會謂之舉場，通稱謂之秀才。」

〔二〕冰泉咽又鳴：狀琴聲之起伏低昂。白居易琵琶行：「幽咽泉流冰下難」、「冰泉冷澀弦凝絶」。 玉音：狀琴聲之清潤和婉。

〔三〕「巫山」兩句：按琴曲有三峽流泉，傳爲阮咸所作。

〔四〕幽蘭曲：古琴曲。文選卷一三謝惠連雪賦：「楚謡以幽蘭儷曲。」李善注引宋玉諷賦曰：「臣嘗行至，主人獨有一女，置臣蘭房之中。臣授琴而鼓之，爲幽蘭白雪之曲。」白居易聽幽蘭：「琴中古曲是幽蘭，爲我殷勤更弄看。」

〔五〕「卓氏」句：史記卷一一七司馬相如傳載：臨邛卓王孫之女文君新寡，好音，「相如之臨邛，從車騎，雍容閑雅甚都。及飲卓氏，弄琴，文君竊從户窺之，心悦而好之，恐不得當也。既罷，相如乃使人重賜文君侍者通殷勤。文君夜亡奔相如，相如乃與馳歸成都。」

【集評】

胡以梅唐詩貫珠卷五八：琴有匣，言開琴匣而幽澗泉鳴，巫山夜雨如起絃中，湘水清波生於指下。此雖擬其音之幽，然正用琴曲中所有，恍疑見之耳。五比聲之低促；六比其揚曳聲長，凡驚蟬移樹，則遽高其聲，遠曳而去，「迸」字妙，此句擬琴聲餘韻可爲入神。結言聞此聲已如相如之鼓琴，不必更學宋玉奏幽蘭曲，恐卓氏門前月正明而感動文君也。此必當時有所指。

觀　獵〔一〕

苑牆東畔欲斜暉，傍苑穿華兔正肥。公子喜逢朝罷日，將軍誇换戰時衣。鶻翻錦翅雲中落〔二〕，犬帶金鈴草上飛〔三〕。直到四郊高鳥盡，掉鞍齊向國門歸〔四〕。

【箋注】

〔一〕此詩疑與同卷貴公子爲一時之作。

〔二〕鶻（hú）：鷙鳥。　雲中落：杜甫哀江頭：「翻身向天仰射雲，一箭正墜雙飛翼。」

〔三〕犬帶金鈴：見同卷貴公子注〔二〕。

〔四〕高鳥盡：指飛鳥被殺盡。史記卷九二淮陰侯列傳：「高鳥盡，良弓藏。」　國門：國都城門。

三堂東湖作〔一〕

滿塘秋水碧泓澄〔二〕，十畝菱花晚鏡清。影動新橋橫蝃蝀，岸鋪芳草睡鵁鶄〔三〕。蟾投夜魄當湖落〔四〕，嶽倒秋蓮入浪生。何處最添詩客興，黃昏煙雨亂蛙聲。

【箋注】

〔一〕此詩蓋作於虢州村居時。　三堂：在虢州（治所在今河南靈寶）。韓愈奉和虢州劉給事使君伯芻三堂新題二十一詠序云：「虢州刺史宅連水池竹林，往往爲亭臺島渚，目其爲三堂。」吕温虢州三堂記：「虢州三堂者，君子宴息之境也。開元初，天子思二南之風，并選宗英，共持理柄。虢大而近，匪親不居。時惟五王，出入相授，承平易理，逸政多暇，考卜惟勝，作爲三堂。三者，明臣子在三之節；堂者，勵宗室克構之義。豈徒造適，實亦垂訓。居德樂善，何其盛哉！」

〔二〕碧泓澄：白居易春池閑泛：「淺憐清演漾，深愛緑泓澄。」

〔三〕蝃蝀（dì dòng）：虹。詩鄘風蝃蝀：「蝃蝀在東，莫之敢指。」傳：「蝃蝀，虹也。」　鵁鶄：即池鷺，水鳥。

〔四〕蟾投夜魄：指月光。淮南子精神訓：「日中有踆烏，而月中有蟾蜍。」陸龜蒙寄懷華陽道士：「蟾魄幾應臨蕙帳，漁杆猶尚枕楓汀。」

放榜日作〔一〕

一聲天鼓闢金扉〔二〕，三十仙材上翠微〔三〕。葛水霧中龍乍變〔四〕，緱山煙外鶴初飛〔五〕。鄒陽暖艷催華發，太皞春光簇馬歸〔六〕。迴首便辭塵土世，彩雲新換六銖衣〔七〕。

【箋注】

〔一〕詩中「葛水」兩句與同卷贈薛先輩中「龍翻瀚海波濤壯，鶴出金籠燕雀驚」、和薛先輩見寄初秋寓懷即事之作二十韻中「水深龍易失，天遠鶴難尋」同以龍、鶴喻新進士，蓋亦咸通三年春所作。

〔二〕天鼓：指朝廷鐘鼓。李白梁甫吟：「我欲攀龍見明主，雷公砰訇震天鼓。」

〔三〕三十仙材：指三十名進士及第者。舊唐書卷一六八高鍇傳：「鍇開成元年（八三六）遷禮部侍郎，「凡掌貢部三年，每歲登第者四十人。（開成）三年榜出後，敕曰：『進士每歲四十人，其數過多，則乖精選。官途填委，要窒其源，宜改每年限放三十人。如不登其數，亦聽。』」上翠微：喻登第。

〔四〕「葛水」句：此句及下句均喻新及第。後漢書卷八二下方術列傳載汝南費長房從一賣藥仙翁學道，辭歸，「翁與一竹杖，曰：『騎此任所之則自至矣。既至，可以杖投葛陂中也。』又爲作一符，曰：『以此主地上鬼神。』長房乘杖，須臾來歸。自謂去家適經旬日，而已十餘年矣。即以杖投陂，顧視則龍也。」葛水，即葛陂，故址在今河南新蔡縣北。

〔五〕「緱山」句：列仙傳卷上：「王子喬者，周靈王太子晉也，好吹笙作鳳凰鳴。游伊洛之間，道士浮丘公接以上嵩高山。三十餘年後，求之於山上，見桓良曰：『告我家，七月七日待我於緱氏山之巔。』至時，果乘白鶴駐山頭，望之不得到。舉手謝時人，數日而去。」元和郡縣圖志卷五河南道一河南府「緱氏縣」：「緱氏山在縣東南二十九里。王子晉得仙處。」緱氏縣，治所在今河南偃師緱氏鎮。

〔六〕「鄒陽」兩句：鄒陽、太皞，指春季。列子湯問：「師襄乃撫心高蹈曰：『微矣子之彈也！雖師曠之清角、鄒衍之吹律，亡以加之。彼將挾琴執管而從子之後耳。』」張湛注：「北方有地，美而寒，不生五穀。鄒子吹律暖之，而禾黍滋也。」禮記月令：「孟春之月，……其帝太皞，其神句芒。」

〔七〕六銖衣：佛經稱忉利天衣重六銖，言其輕而薄。淮南子天文訓：「十二粟而當一分，十二分而當一銖，十二銖而當半兩。」蕭綱望同泰寺浮圖：「帝馬咸千轡，天衣盡六銖。」世亦稱仙衣爲六銖衣。唐稱及第爲登仙，故云「新換六銖衣」。

【集評】

黄周星唐詩快卷一二：此樂何異登仙！觀唐人下第詩其苦如彼，放榜詩其樂如此，可見一第之難，難於登天，彼高才淪落者安得無孤魂及第之感？

胡以梅唐詩貫珠卷二〇：金扉，指禁門。終南山遥俯闕前，榜懸高處，映於山色，故云「上翠微」，即掛榜耳。用得幻而旁襯色麗。唐時進士取額三十三名，亦有三十一、三十名，今詩是或舉其成數也。三、四比於化龍登仙，用得精妙。五、六盡佳，本來士子皆寒微，一登第，如鄒衍暖律之回春，其餘艷猶足催花發，而太皞之春光，似乎來簇馬以歸者。人情意氣，想當然耳。迴首已辭落第之苦如塵土中而已，如登雲換仙人六銖之衣。蓋已脱去青袍皆换品服矣。全篇豐潤圓膩，神妙之品。

〔「鄒陽」句〕按暖律，諸書皆載鄒衍，今稱鄒陽，豈因漢有鄒陽，而暖律乃陽氣，故兩借用之歟？

寄薛先輩〔一〕

懸知迴日綵衣榮〔二〕，仙籍高標第一名〔三〕。瑶樹帶風侵物冷，玉山和雨射人清〔四〕。龍翻瀚海波濤壯，鶴出金籠燕雀驚〔五〕。不説文章與門地，自然毛骨是公卿〔六〕。

【箋注】

〔一〕此詩蓋作於咸通三年（八六二）春。詳見同卷和薛先輩見寄初秋寓懷即事之作二十韻注〔一〕。薛先輩蓋指薛邁，咸通三年狀元及第，歷司勛員外郎、兵部侍郎等。　先輩，唐世舉人對先及第者的敬稱。李肇唐國史補卷下：「進士爲時所尚久矣。……得第謂之前進士，互相推敬謂之先輩，俱捷謂之同年，有司謂之座主。」程大昌演繁露卷一：「唐世呼舉人，呼已第者爲先輩，其自目則曰前進士。案，魏文帝黄初五年立太學，初詣學者爲門人，滿一歲試通一經者補弟子，不通一經罷遣。弟子滿二歲試通二經者補文學掌故，不通經者聽須後試。故後世稱先試而得第者爲先輩由此也。前進士者云亦放此也，猶曰早第進士，而其輩行在先也。」

〔二〕懸知：料知。　綵衣榮：梁書卷九柳慶遠傳載柳仕宦顯達，爲雍州刺史，「高祖餞於新亭，謂曰：『卿衣錦還鄉，朕無西顧之憂矣。』」

〔三〕「仙籍」句：謂薛狀元及第。仙籍，喻中第者名册。

〔四〕瑶樹：神話中昆侖山上仙樹。淮南子墬形訓：「掘昆侖虚以下地，中有增城九重。……碧樹、瑶樹在其北。」

玉山：神話中西王母居所。山海經西山經：「西水行四百里曰流沙，二百里至於嬴母之山，又西三百五十里曰玉山，是西王母所居也。」郭璞注：「此山多玉石，因以名云。穆天子傳謂之群玉之山。」李白清平調：「若非群玉山頭見，會向瑶臺月下逢。」

〔五〕「龍翻」兩句：以化龍、化鶴喻科舉及第。太平廣記卷四六六水族三龍門引辛氏三秦記：「龍門之下，每歲季春有黄鯉魚自海及渚川爭來赴之。一歲中登龍門者不過七十二。初登龍門，即有雲雨隨之，天火自後燒其尾，乃化爲龍矣。」又，舊題陶潛搜神後記卷一：「丁令威，本遼東人，學道於靈虚山，後化鶴歸遼，集城門華表柱時，有少年舉弓欲射之，鶴乃飛，徘徊空中而曰：『有鳥有鳥丁令威，去家千年今始歸。城郭如故人民非，何不學仙冢纍纍。』遂高上衝天。」

〔六〕門地：門第。晉書卷七五王述傳：述「年三十尚未知名，人或謂之痴，司徒王導以門地辟爲中兵屬。」毛骨：相貌。

【集評】

黄周星唐詩快卷一二：骨是公卿矣，毛亦公卿，於端已想别有風鑒。

胡以梅唐詩貫珠卷一三：詳此詩起處雖平，中二聯是在廷有一種讜論直言氣概，或與當路不合，有所爲而歸里，故第二即以「第一名」承之。「侵物冷」、「射人清」，皆有作用之語。「龍翻翰海」，尤有轟雷舉動；「鶴出金籠」，謂其去任而歸。不必論文章與門地，即其氣品毛骨自然是公卿，將必大用也。中二聯精綻沉雄。

訪含弘山僧不遇留題精舍〔一〕

滿院桐華鳥雀喧，寂寥芳草茂芊芊〔二〕。吾師正遇歸山日〔三〕，閑客空題到寺年。池竹閉門教鶴守，琴書開篋任僧傳。人間不自尋行跡，一片孤雲在碧天〔四〕。

【箋注】

〔一〕據詩意，疑作於虢州村居時。含弘山僧：不詳。精舍：僧人或道士修煉居住之所。

〔二〕芊（qiān）芊：草木茂盛貌。

〔三〕歸山：指游山。

〔四〕一片孤雲：喻山僧雲游。李益贈毛仙翁：「長愁忽作鶴飛去，一片孤雲何處尋？」

寄從兄遵〔一〕

江上秋風正釣鱸〔二〕，九重天子夢翹車〔三〕。不將高卧邀劉主，自吐清談護漢儲〔四〕。滄海十年龍影斷，碧雲千里雁行疎〔五〕。相逢莫話歸山計，明日東封待直廬〔六〕。

【箋注】

〔一〕詩中「滄海十年龍影斷」與同卷冬日長安感志寄獻虢州崔郎中二十韻中「霧雨十年同隱遁，風雷何日振沈潛」相類，疑作於咸通二年（八六一）秋。按莊秋月別虢州入京，故冬日長安感志云「別家三度見新蟾」。又細品「護漢儲」、「莫話歸山計」等語，似對新皇帝寄以重望，此與懿宗即位改元情形亦相稱。舊唐書懿宗紀載，懿宗爲宣宗長子，「姿貌雄傑，有異稠人」。居藩邸時，有黄龍出入。大中十三年八月七日，宣遺詔立爲皇太子。十三日即位，年二十七。次年十一月，取宣宗所制泰邊陲樂曲詞中「海岳晏咸通」語改元咸通。　從兄遵：韋莊堂兄韋遵，生平無考。

〔二〕「江上」句：晉書卷九二張翰傳：「齊王冏辟爲大司馬東曹掾。冏時執權，翰謂同郡顧榮曰：『天下紛紛，禍難未已。夫有四海之名者，求退良難。吾本山林間人，無望於時。子善以明防前，以智慮後。』榮執其手，愴然曰：『吾亦與子採南山蕨，飲三江水耳。』翰因見秋風起，乃思吴中菰菜、蓴羹、鱸魚膾，曰：『人生貴得適志，何能羈宦數千里以要名爵乎！』遂命駕而歸。」張翰，字季鷹，西晉吴郡（治所在今江蘇蘇州）人。

〔三〕翹車：指朝廷禮聘才士之車。左傳莊公二十二年：「詩云：『翹翹車乘，招我以弓。豈不欲往，畏我友朋。』」杜預注：「翹翹，遠貌。古者聘士以弓。」陸機演連珠五十首之四：「是以俊乂之藪，希蒙翹車之招。」

〔四〕「不將」兩句：反用劉備三顧茅廬見卧龍諸葛亮典事，託寓佐君之志。三國志卷三五蜀書諸葛亮傳載徐庶向劉備薦諸葛亮曰：「諸葛孔明者，卧龍也。將軍豈願見之乎？」劉備「凡三往，乃見」。諸葛亮爲劉備謀劃「跨有荆、益，保其巖阻，西和諸戎，南撫夷越，外結孫權，内修政理」之策。清談，清雅之談。此指諸葛亮向劉備提出的策略。漢儲，漢朝儲君。此指劉備。

〔五〕龍影斷：蓋指未及第。雁行疎：蓋謂兄弟間音信少。禮記王制：「父之齒隨行，兄之齒雁行，朋友不相逾。」羅隱寄京闕陸郎中昆仲：「柏臺蘭署四周旋，賓榻何妨雁影連。」

〔六〕東封：封禪於東嶽泰山。史記封禪書正義曰：「此泰山上築土爲壇以祭天，報天之功，故曰封。」庾信陪駕幸終南山：「且欣陪北上，方欲待東封。」直廬：宮中直宿之所。文選卷二四陸機贈尚書郎顧彦先二首其二：「朝遊遊層城，夕息旋直廬。」李善注引張晏漢書注：「直宿曰廬也。」

【集評】

胡以梅唐詩貫珠卷八：此叙其原已退隱，被徵召而出，如四皓之能護儲君。必其職在太子官屬。上半首是出處；五、六言蟠龍已起，以致弟兄疏違；結言不必再作歸山之計，將見天子東行封禪，須君直承明廬，草封禪文，以相如擬之也。

漁溏十六韻 在朱陽縣石嵓下，古老云，洛水一派流出此山〔一〕。

洛水分餘脈，穿巖出石稜。碧經嵐氣重〔二〕，清帶露華澄。瑩澈通三島〔三〕，巖梧積萬層。巢由應共到〔四〕，劉阮想同登〔五〕。壁峻苔如畫，山昏霧似蒸。撼松衣有雪，題石硯生冰。路熟雲中客，名留域外僧。饑猿尋落橡〔六〕，鬬鼠墮高藤。嶮樹臨溪亞〔七〕，殘莎帶岸崩。持竿聊藉草，待月好垂罾〔八〕。對景思任父〔九〕，開圖想不興〔一〇〕。晚風輕浪疊，暮雨濕煙凝。似泛靈查出〔一一〕，如迎羽客昇〔一二〕。仙源終不測，勝概自相仍〔一三〕。欲別誠堪戀，長歸又未能。他時操史筆，爲爾著良稱。

【校記】

〔脈〕向校：「全唐詩注：『一作派。』」〔巖梧〕向校：「全唐詩注：『一作巖峿。』」〔不〕向校：「全唐詩注：『一作弗。』」〔查〕綠君亭本作楂。

【箋注】

〔一〕詩云「欲別誠堪戀，長歸又未能」，疑作於咸通二年（八六一）臨別虢州之時。參見下一首冬日長安感志寄獻虢州崔郎中二十韻注〔一〕。　漁溏：漁池。　朱陽縣：治所在今河南靈寶西南。

〔二〕嵐氣：山間霧氣。

〔三〕三島：傳説爲海中三神山方丈、蓬萊、瀛洲。

〔四〕巢由：巢父、許由。傳説爲堯帝時隱士。　皇甫謐高士傳卷上：「巢父者，堯時隱人也。山居不營世利，年老，以樹爲巢而寢其上，故時人號曰『巢父』。……許由，字武仲，陽城槐里人，據義履方，邪席不坐，邪膳不食。後隱於沛澤之中，堯讓天下於許由……由不受而逃去。……由於是遁耕於中岳潁水之陽箕山之下，終身無輕天下色。堯又召爲九州長，由不欲聞之，洗耳於潁水濱。」按，箕山，在陽城（治所在今河南登封縣東南）。

〔五〕劉阮：東漢劉晨、阮肇，剡縣（治所在今浙江嵊縣西南）人。太平御覽卷四一地部六天台山引幽明録載二人於漢明帝永平五年曾入天台山取穀皮，迷不得返，遇二仙女，留半年而歸，人間已歷七世。

〔六〕橡：櫟樹果實。　皮日休橡媼嘆：「秋深橡實熟，散落榛蕪岡。」

〔七〕嶮：同險。　亞：低俯。　白居易晚桃花：「一樹紅桃亞拂池，竹遮松蔭晚開時。」

〔八〕藉草：坐在草地上。文選卷一一孫綽游天台山賦：「藉萋萋之纖草，蔭落落之長松。」李善注：「以草薦地而曰藉。」　罾：魚網。漢書卷三一陳勝傳：「乃丹書帛曰『陳勝王』，置人所罾魚腹中。」師古曰：「罾，魚網也，形如仰傘蓋，四維而舉之。」

〔九〕任父：即任公子。　莊子外物篇：「任公子爲大鈎巨緇，五十犗以爲餌，蹲於會稽，投竿東海，旦旦而釣，期年不得魚。已而大魚食之，牽巨鈎，錎没而下鶩，揚而奮鬐，白波若山，海水震蕩，聲侔鬼神，憚赫千里。任公子得若魚，離而腊之，自制河以東，蒼梧以北，莫不厭若魚者。」文選卷五左思吳都賦：「術兼詹公，巧傾任父。」劉淵林注：「任父，任公子也。」

〔一〇〕不興：三國時畫家曹不興，或作曹弗興，吳興人。三國志卷六三吳書趙達傳注引吳録曰：「曹不興善畫，權使畫屏風，誤落筆點素，因就以作蠅。既進御，權以爲生蠅，舉手彈之。」謝赫古畫品録列爲第一品，云：「不興之迹殆莫復傳，唯秘閣之内一龍而已。觀其風骨，名豈虚成？」張彦遠歷代名畫記卷四列爲中品上，并載「吳赤烏中，不興之青溪，見赤龍出水上，寫獻孫皓，皓送秘府，至宋朝陸探微見畫嘆其妙。」

〔一一〕靈查：仙槎。查，通槎，竹木筏。張華博物志卷一〇載海濱「年年八月有浮槎去來，不失期」，曾有人乘槎游牽牛織女星。

〔一二〕羽客：仙人。楚辭遠遊：「仍羽人於丹丘兮，留不死之舊鄉。」王逸注：「因就衆仙於明光也。……或曰人得道，身生毛羽也。」世因稱登仙爲羽化，稱仙人或道士爲羽客。晉書卷八〇許邁傳載邁好仙術，後莫知所終，「好道者皆謂之羽化矣」。

〔一三〕仙源：道教所稱神仙居所。亦借指山水清境。雲笈七籤卷二七載「七十二福地」中，「第四曰東仙源，第五曰西仙源」。王維桃源行：「春來遍是桃花水，不辨仙源何處尋。」勝概：美景。杜甫入宅三首之一：「衰年不敢恨，勝概欲相兼。」相仍：相連。

冬日長安感志寄獻虢州崔郎中二十韻〔一〕

帝里無成久滯淹，別家三度見新蟾〔二〕。郄詵丹桂無人指〔三〕，阮籍青襟有淚霑〔四〕。溪上却思雲滿屋，鏡中唯怕雪生髯。病如原憲誰能療〔五〕，蹇似劉禎豈用占〔六〕。霧雨十年同隱遁〔七〕，風雷何日振沈潛〔八〕。吁嗟每被更聲引，歌詠還因酒思添。客舍正甘愁寂寂，郡樓遥想醉厭厭〔九〕。已聞鈴閣懸新詔〔一〇〕，即向綸闈副具瞻〔一一〕。濟物便同川上楫〔一二〕，慰心還似邑中黔〔一三〕。觀星始覺中郎貴〔一四〕，問俗方知太守廉。宅後緑波棲畫鷁〔一五〕，馬前紅袖簇丹襜〔一六〕。閑招好客斟香蟻〔一七〕，悶對瓊華詠散鹽〔一八〕。積凍慢封寒霤細，暮雲高拔遠峯尖。訟堂無事冰生印，水榭高吟月透簾〔一九〕。松下圍棋期褚胤〔二〇〕，筆頭飛箭薦陶謙〔二一〕。未知匣劍何時躍〔二二〕，但恐鉛刀不再銛〔二三〕。雖有遠心長擁篲，耻將新劍學編苫〔二四〕。纔驚素節移銅律〔二五〕，又見玄冥變玉籤〔二六〕。百口似萍依廣岸〔二七〕，一身如燕戀高簷。如今正困風波力，更向人中問宋纖〔二八〕。

【校記】

〔劉禎〕向校：「明鈔本作劉楨，胡刻本作劉禎。」〔丹〕向校：「明鈔、胡刻俱作彤。」〔生〕向校：「胡刻本作封。」

〔恐〕向校：「胡刻本作看。」

【箋注】

〔一〕夏承燾韋端己年譜據卷一〇過渼陂懷舊作於乾寧四年（八九七），有云「一別雲溪二十年」，逆數二十年，遂繫莊自鄠杜移虢州在乾符四年（八七七）左右；又據本詩「別家三度見新蟾」句，謂「獻崔詩至遲作於乾符六年」。此説似欠妥。其一，乾符四年左右別鄠杜無疑，但別後是否移虢州則無確證。其二，本詩乃別虢州家人入京應舉時所作，亦無疑。詩云「霧雨十年同隱遁」，知虢州村居已近十年。若依乾符四年左右移虢論，則本詩亦非「至遲作於乾符六年」。其三，「三度見新蟾」，似當指三月，非三年。今按詩題「長安感志」而未及黄巢克京事，當爲廣明之前所作。又題云「寄虢州崔郎中」，詩云「已聞鈴閣懸新詔，即向綸闈副具瞻」，知崔郎中時任虢州刺史，即將奉詔入中書省任職。今檢勞格、趙鉞唐尚書省郎官石柱題名考、岑仲勉郎官石柱題名新考訂及兩唐書等，大中、咸通、乾符間崔姓郎官未見有出任虢州刺史者，但其中崔彦昭生平政績與本詩所言相符。舊唐書卷一七八崔彦昭傳謂彦昭「大中三年進士擢第，釋褐諸侯府。咸通初累遷兵部員外郎，轉郎中、知制誥，拜中書舍人，再遷户部侍郎，判本司事。彦昭長於經濟，儒學優深，精於吏事，前治數郡，所莅有聲，動多遺愛」。卷一九上懿宗紀載，咸通三年十一月，「以吏部尚書鄭處誨、蕭仿、吏部員外郎楊儼、户部員外郎崔彦昭等試宏詞選人。」中朝故事卷上云：「咸通中，輔相崔彦昭、兵部侍郎王凝乃外表兄也。」「輔相」、「精於吏事」云云與本詩「副具瞻」語、「濟物」兩聯相吻合，疑崔彦昭咸通初曾以兵部郎中出任虢州刺史，咸通二、三年間遷中書舍人，再轉户部員外郎。崔彦昭虢州刺史任期甚短，兩唐書等失載，故無考。本詩「崔郎中」疑指崔彦昭，詩蓋作於咸通二年（八六一）冬。此與同卷贈薛先輩、和薛先輩見寄初秋寓懷即事之作二十韻、同舊韻、三用韻等詩作亦相參證（見和薛先輩見寄初秋寓懷二十韻注〔一〕）。　郎中，官名。唐代尚書省各部皆置郎中，爲尚書之屬官。

〔二〕帝里：指長安。　滯淹：滯留。　新蟾：新月。

〔三〕「郄詵」句：見同卷下第題青龍寺僧房注〔二〕。

〔四〕「阮籍」句：阮籍，字嗣宗，陳留尉氏（今屬河南）人。三國志卷二一魏書阮籍傳注引魏氏春秋載：「籍嘗登廣武，觀楚、漢戰處，乃嘆曰：『時無英才，使豎子成名乎！』時率意獨駕，不由徑路，車迹所窮，輒慟哭而反。」青襟，同青衿。詩鄭風子衿：「青青子衿，悠悠我心。」傳：「青衿，青領也，學子之所服。」

〔五〕「病如原憲」句：原憲，字子思，春秋時魯國（一説宋國）人，孔子弟子。史記卷六七仲尼弟子列傳：「孔子卒，原憲遂亡在草澤中。子貢相衛，而結駟連騎，排藜藿入窮閻，過謝原憲。憲攝敝衣冠見子貢。子貢耻之，曰：『夫子豈病乎？』原憲曰：『吾聞之，無財者謂之貧，學道而不能行者謂之病。若憲，貧也，非病也。』子貢慚，不懌而去，終身耻其言之過也。」

〔六〕「蹇似劉禎」句：劉禎，即劉楨，字公幹，漢末東平（今屬山東）人。蹇，艱難困頓。占，指占夢。三國志卷二一魏書劉楨傳：「楨以不敬被刑，刑竟署吏。」注引典略稱劉楨言辭巧妙，爲諸公子所親愛，「其後太子嘗請諸文學，酒酣坐歡，命夫人甄氏出拜。坐中衆人咸伏，而楨獨平視。太祖聞之，乃收楨，減死輸作。」世説新語言語：「劉公幹以失敬罹罪。」劉孝標注：「文士傳曰：楨性辯捷，所問應聲而答。坐平視甄夫人，配輸作部，使磨石。武帝至尚方觀作者，見楨匡坐正色磨石。武帝問曰：『石何如？』楨因得喻己自理，跪而對曰：『石出荆山懸崖之巔，外有五色之章，内含卞氏之珍。磨之不加瑩，雕之不增文，禀氣堅貞，受之自然。顧其理，枉屈紆繞而不得申。』帝顧左右大笑，即日赦之。」又，三國志卷二九魏書周宣傳載宣善占夢，「後東平劉楨夢蛇生四足，穴居門中。使宣占之，宣曰：『此爲國夢，非君家之事也。當殺女子而作賊者。』頃之，女賊鄭、姜遂俱夷討，以蛇女子之祥，足非蛇之宜故也。」

〔七〕隱遁：隱退。易遁：「遁，亨，小利貞。」正義曰：「遁者，隱退逃避之名。陰長之卦，小人方用，君子日消。君子當此之時若不隱遁避世，即受其害，須遁而後得通。」

〔八〕「風雷」句：易説卦：「動萬物者莫疾乎雷，橈萬物者莫疾乎風。」易乾：「初九，潛龍勿用。」正義曰：「潛者，隱伏之名；龍者，變化之物。……潛龍之時，小人道盛，聖人雖有龍德，於此時唯宜潛藏勿可施用，故言勿用。」

〔九〕厭厭：詩小雅湛露：「厭厭夜飲，不醉無歸。」傳：「厭厭，安也。」

〔一〇〕鈴閣：將帥或州郡長官居所。有警則門卒掣鈴以聞，故名。晉書卷三四羊祜傳載祜「在軍常輕裘緩帶，身不被甲。鈴閣之下，侍衛者不過十數人。而頗以畋漁廢政。」白居易郡齋暇日：「衙門排曉戟，鈴閣開朝鎖。」

〔一一〕綸闈：即綸閣，指中書省，掌草擬皇帝詔書制誥等。初學記卷一一職官部上中書令〔事對〕注：「又中書職掌綸誥，前代詞人因謂綸閣。」按，禮記緇衣：「王言如絲，其出如綸；王言如綸，其出如綍。」南唐近事：「張洎謁韓熙載，韓一見待之如故，謂曰：『子好中書舍人。』頃之，韓主文，洎擢第，不十年，果主綸闈之任。」具瞻：衆所瞻仰。詩小雅節南山：「赫赫師尹，民具爾瞻。」箋：「此言尹氏，女居三公之位，天下之民俱視女之所爲。」三國志卷一〇魏書賈詡傳注引荀勗別傳曰：「晉司徒闕，武帝問其人於勗。答曰：『三公，具瞻所歸，不可用非其人。昔魏武帝用賈詡爲三公，孫權笑之。』」

〔一二〕「濟物」句：借殷高宗相傳説喻崔郎中。尚書説命上載殷高宗立傳説爲相，命之曰：「朝夕納誨，以輔台德。若金，用汝作礪；若濟巨川，用汝作舟楫。」

〔一三〕「慰心」句：借春秋時宋大夫子罕喻崔郎中。左傳襄公十七年：「宋皇國父爲大宰，爲平公築臺，妨於農功。子罕請俟農功之畢。公弗許。築者謳曰：『澤門之晳，實興我役。邑中之黔，實慰我心。』」注：「澤門，宋東城南門也。皇國父白晳而居近澤門。」「子罕黑色而居邑中。」

〔一四〕「觀星」句：古星術謂地域之分、百官之設等均有其星象，故可觀星而知人事。後漢書志第一〇天文上云：「三階九列，二十七大夫，八十一元士，斗、衡、太微、攝提之屬百二十官，二十八宿各布列，下應十二子。天地設位，星辰之象備矣。」卷八二上李郃傳載郃「善河洛星術」。和帝遣使者微服觀采風謡，郃觀星象而知之。

〔一五〕「宅後」句：同卷三堂早春有云「溪送緑波穿郡宅」。畫鷁（yì），指船頭畫有鷁鳥的大船，又稱文鷁、鷁首。鷁，一種水鳥。淮南子本經訓：「龍舟鷁首，浮吹以娛。」高誘注：「龍舟，大舟也，刻爲龍文。鷁，大鳥也，畫其像著船頭，故曰鷁首。」司馬相如子虛賦：「浮文鷁，揚旌栧。」張衡西京賦：「浮鷁首，翳雲芝。」沈佺期三日梨園侍宴：「畫鷁中流動，青龍上苑來。」

〔一六〕丹襜（chān）：紅色車帷。後漢書卷一一劉盆子傳：「乘軒車大馬，赤屏泥，絳襜絡。」注：「襜，帷也，車上施帷以屏蔽者。」

〔一七〕香蟻：喻酒。白居易花酒：「香醅淺酌浮如蟻，雪鬢新梳薄似蟬。」

〔一八〕瓊華：本指仙境中玉樹花。此喻雪花。散鹽：喻下雪。世説新語言語：「謝太傅（安）寒雪日内集，與兒女講論文義。俄而雪驟，公欣然曰：『白雪紛紛何所似？』兄子胡兒曰：『撒鹽空中差可擬。』兄女曰：『未若柳絮因風起。』公大笑樂。」

〔一九〕訟堂：官署廳堂。水榭：水邊亭臺。榭，臺上所築房屋。

〔二〇〕褚胤：南朝宋吴郡（治所在今蘇州）人，棋藝冠絶當時。宋書卷五四羊玄保傳載何尚之謂「胤弈棋之妙，超古冠今」。按莊亦擅棋藝，故以褚胤自喻。同卷梁氏水齋云：「獨醉任騰騰，琴棋亦自能。」卷三和友人云：「靜閲王維畫，閑翻褚允棋。」

〔二一〕陶謙：漢末丹陽（今湖北秭歸東）人，字恭祖。少爲諸生，歷車騎將軍張温司馬、徐州刺史等。後漢書卷七三陶謙傳注引吴書曰：「謙少孤，始以不羈聞於縣中。……故倉梧太守同縣甘公出遇之，見其容貌，異而呼之，與語甚悦，許妻以女。甘夫人怒曰：『陶家兒遨戲無度，於何以女許之？』甘公曰：『彼有奇表，長必大成。』遂與之。」按莊性情有似陶謙，故以自擬。太平廣記卷一七五載：「韋莊幼時，常在華州下邽縣僑居，多與鄰巷諸兒會戲。」唐詩紀事卷六八稱「莊疏曠不拘小節」，唐才子傳卷一〇謂莊「少孤貧力學，才敏過人」。

〔二二〕「未知」句：拾遺記卷一載帝顓頊高陽氏「有曳影之劍，騰空而舒。若四方有兵，此劍則飛起指其方，則克伐，未用之時，常於匣裏如龍虎之吟。」

〔二三〕「但恐」句：史記卷八四屈原賈生列傳載賈誼弔屈原賦曰：「莫邪爲頓兮，鉛刀爲銛。」索隱曰：「吳越春秋曰：『吳王使干將造劍二枚，一曰干將，一曰莫邪。』莫邪、干將，劍名也。」又曰：「鉛者，錫也。銛，利也。」

〔二四〕擁篲(huì)：執帚，爲古人迎候貴客之禮。史記卷七四孟子荀卿列傳：「(鄒衍)如燕，昭王擁彗先驅。」彗，通篲。　學編苦：喻身處貧賤。苦，茅草所織的遮蓋物。左傳襄公十四年：范宣子數戎子駒支曰：「乃祖吾離被苦蓋，蒙荆棘，以來歸我先君。」文選卷五五劉峻廣絶交書：「斯則斷金由於湫隘，刎頸起於苦蓋。」劉良注：「湫隘、苦蓋，謂貧賤。」

〔二五〕素節：秋季。初學記卷三歲時部秋「叙事」引梁元帝纂要曰：「秋日白藏，亦曰收成，亦曰三秋、九秋、素秋、素商、高商。……節曰素節、商節。」銅律：銅製候氣之管。禮記月令：「孟春之月，……律中大簇。」鄭玄注：「律，候氣之管，以銅爲之。中，猶應也。」

〔二六〕玄冥：冬季之神，亦指代冬季。禮記月令：「孟冬之月，……其神玄冥。」玉籥：即玉律，玉製候氣之管。後漢書志第一律曆上：「候氣之法，爲室三重，户閉，塗釁必周，密布緹縵。室中以木爲案，每律各一，内庳外高，從其方位，加律其上，以葭莩灰抑其内端，案曆而候之。氣至者灰動。其爲氣所動者其灰散，人及風所動者其灰聚。殿中候，用玉律十二。惟二至乃候靈臺，用竹律六十。」

〔二七〕百口：指家口。列子説符：「人有濱河而居者，習於水，勇於泅，操舟鬻渡，利供百口。」韓愈此日足可惜贈張籍：「誰云經艱難，百口無夭殤。」

〔二八〕宋纖：字令艾，敦煌效穀(今甘肅敦煌西)人，東晉高士，謚曰玄虚先生。晉書卷六四隱逸傳載纖「少有遠操，沈靖不與世交，隱居於酒泉南山。……酒泉太守馬岌，高尚之士也，具威儀，鳴鐃鼓造焉。纖高樓重閣，距而不見。岌嘆曰：『名可聞而身不可見，德可仰而形不可睹，吾而今而後知先生人中之龍也。』」

和薛先輩見寄初秋寓懷即事之作二十韻〔一〕

玉律初移候〔二〕，清風乍遠襟。一聲蟬到耳，千炬火燃心。嶽靜雲堆翠，樓高日半沈。引愁憎暮角，驚夢怯殘碪〔三〕。露白凝湘簟，風篁韻蜀琴〔四〕。鳥喧從果爛，階淨任苔侵。柿葉添紅影〔五〕，槐柯減緑陰〔六〕。採珠逢寶窟，閲石見瑶林。魯殿鏗寒玉〔七〕，苔山激碎金〔八〕。郄堂流桂影〔九〕，陳巷集車音〔一〇〕。名自張華顯〔一一〕，詞因葛亮吟〔一二〕。水深龍易失，天遠鶴難尋。鑒貌寧慚樂〔一三〕，論才豈謝任〔一四〕。義心孤劍直，學海怒濤深〔一五〕。既覩文兼質〔一六〕，翻疑古在今。慚聞紆緑綬〔一七〕，即候挂朝簪〔一八〕。晚樹連秋塢，斜陽暎暮岑。夜蟲方唧唧，疲馬正駸駸〔一九〕。託跡同吴燕，依仁似越禽〔二〇〕。會隨仙羽化，香蟻且同斟〔二一〕。

【校記】

〔即候〕向校：「胡刻本作既候。明鈔、席刻、全唐詩俱作即候。」

【箋注】

〔一〕按本詩及其後同舊韻、三用韻當爲同時之作。同舊韻云「方愁丹桂遠，已怯二毛侵」，與冬日長安感志中「郄詵丹桂無人指」、「鏡中唯怕雪生髯」同一聲口，約作於咸通二年前後。又同卷寄薛先輩與本詩「採珠逢寶窟」以下數聯寫薛先輩，意趣相類，如彼云「自然毛骨是公卿」，此云「鑒貌寧慚樂」。二詩中「薛先輩」當同指一人。寄薛先輩云「仙籍高標第一名」，則薛當爲狀元及第。檢徐松登科記考，唐武宗開成元年（八三六）至僖宗廣明元年間可考薛姓狀元僅卷二十三所載咸通三年（八六二）狀元薛邁一人，此外大中六年（八五二）、九年、十一年、咸通五年、六年、乾符四年（八七七）、五年狀元無考。參照冬日長安感志繫年考，薛先輩蓋指薛邁。本詩云「郄堂流桂影，陳巷集車音」，當在薛邁新及第時，蓋作於咸通三年秋。又據三用韻云「瀟湘期釣侶，鄠杜別家林」，知莊時家居鄠杜，將辭家游湘。

〔二〕「玉律」句：見前詩注〔二六〕。

〔三〕殘碪（zhēn）：殘餘的擣衣聲。碪，同砧，擣衣石。

〔四〕「風篁」句：文選卷一三謝莊月賦：「若乃涼夜自凄，風篁成韻。」李善注：「篁，竹叢生也。風篁，風吹篁也。」蜀琴，蜀桐琴。或指蜀人司馬相如綠綺琴。異苑卷二：「晉武帝時，吳郡臨平岸崩，出一石鼓，打之無聲。以問張華，華云：『可取蜀中桐材，刻作魚形，打之，則鳴矣。』於是如言，音聞數十里。」李賀李憑箜篌引：「吳絲蜀桐張高秋，空山凝雲頽不流。」

〔五〕紅影：指紅葉。李紳憶登棲霞寺峰：「林葉脱紅影，竹烟含綺疏。」

〔六〕「槐柯」句：周書卷三一韋孝寬傳載孝寬爲雍州刺史，「先是，路側一里置一土候，經雨頽毁，每須修之。自孝寬臨州，乃勒部内當候處植槐樹代之，既免修復，行旅又得庇蔭。周文後見，怪問知之，曰：『豈得一州獨爾，當令天下同之。』於是令諸州夾道一里種一樹，十里種三樹，百里種五樹。」

〔七〕「魯殿」句：魯殿，魯靈光殿，漢景帝之子魯恭王所建，故址在今山東曲阜。文選卷一一王延壽魯靈光殿賦序云：「魯靈光殿者，蓋景帝程姬之子恭王餘之所立也。初恭王始都下國，好治宮室，遂因魯僖基兆而營焉。」賦曰：「駢密石與琅玕，齊玉瑺與璧英。」張載注：「琅玕，珠也，似玉。」李善注：「璧英，璧玉之英也。」

〔八〕「苔山」句：郭璞贈温嶠：「人亦有言，松竹有林，及爾臭味，異苔同岑。」苔山，即苔岑，喻摯友。碎金，蓋喻薛先輩原詩。晉書卷四九謝安傳：「(桓)温嘗以安所作簡文帝謚議以示坐賓，曰：『此謝安石碎金也。』」

〔九〕「郄堂」句：見同卷下第題青龍寺僧房注〔一二〕。

〔一〇〕「陳巷」句：史記卷五六陳丞相世家：「陳丞相平者，陽武户牖鄉人也。少時家貧，好讀書，有田三十畝，獨與兄伯居。……家乃負郭窮巷，以弊席爲門，然門外多有長者車轍。」

〔一一〕張華：字茂先，范陽方城(今河北固安南)人。晉書卷三六張華傳：「華名重一世，衆所推服，晉史及儀禮憲章并屬於華，多所損益，當時詔誥皆所草定，聲譽益盛，有臺輔之望焉。……華性好人物，誘進不倦，至於窮賤候門之士有一介之善者，便咨嗟稱詠，爲之延譽。」世説新語賞譽載：「張華見褚陶，語陸平原曰：『君兄弟龍躍雲津，顧彦先鳳鳴朝陽，謂東南之寶已盡，不意復見褚生。』」

〔一二〕葛亮：即諸葛亮，字孔明，琅邪陽都(今山東沂南南)人。三國志卷三五蜀書諸葛亮傳：「亮躬耕隴畝，好爲梁父吟。身長八尺，每自比管仲、樂毅。」

〔一三〕「鑒貌」句：鑒，鏡也。樂，指樂廣，字彦輔，晉南陽淯陽(今屬河南)人。官太子舍人、尚書令。尚清談。世説新語賞譽載衛玠稱樂廣：「此人，人之鏡也，見之若披雲霧睹青天。」

〔一四〕任：指任昉，字彦升，南朝齊博昌(今山東壽光)人。以文才顯於世，擅長表、狀、書、啓等，與沈約并稱「任筆沈詩」。南史卷五九任昉傳載：「時琅邪王融有才俊，自謂無對當時，見昉之文，怳然自失。……昉尤長爲筆，頗慕傅亮才思無窮，當日王公表奏無不請焉。昉起草即成，不加點竄。沈約一代辭宗，深所推挹。」

〔一五〕學海：喻淵博學識。拾遺記卷六載東漢何休、鄭玄皆博學而相互攻難，時人謂鄭玄爲「經神」，稱何休爲「學海」。

〔一六〕文兼質：論語雍也：「子曰：質勝文則野，文勝質則史。文質彬彬，然後君子。」

〔一七〕緑綬：緑色印綬，又稱盭綬、艾綬。漢書卷一九上百官公卿表上：「高帝即位，置一丞相。十一年，更名相國，緑綬。」又載：「諸侯王，高帝初置，金璽盭綬，掌治其國。」晉灼曰：「盭，草名也，出琅邪平昌縣，似艾，可染緑，因以爲綬名。」後漢書志第三〇輿服下：「諸國貴人、相國皆緑綬。」

〔一八〕挂朝簪：即挂冠，指辭官歸隱。朝簪，官員冠簪。後漢書卷八三逸民列傳載：「逢萌，字子康，北海都昌人也。家貧，給事縣爲亭長。時尉行過亭，萌候迎拜謁，既而擲楯嘆曰：『大丈夫安能爲人役哉！』遂去之長安學，通春秋經。時王莽殺其子宇，萌謂友人曰：『三綱絶矣！不去，禍將及人。』即解冠挂東都城門，歸，將家屬浮海，客於遼東。」

〔一九〕駸（qīn）駸：馬疾行貌。詩小雅四牡：「駕彼四駱，載驟駸駸。」

〔二〇〕吴燕：與下句「越禽」互文同義。依仁：論語述而：「子曰：志於道，據於德，依於仁，游於藝。」越禽：文選卷二九古詩十九首行行重行行：「胡馬依北風，越鳥巢南枝。」李善注引韓詩外傳曰：「詩曰：『代馬依北風，飛鳥棲故巢。』皆不忘本之謂也。」

〔二一〕羽化：指登仙。見同卷漁塘十六韻注〔一四〕。李白過彭蠡湖：「余將振衣去，羽化出囂煩。」香蟻：指酒。見前詩注〔一七〕。

同舊韻

大火收殘暑〔一〕，清光漸惹襟。謝莊千里思〔二〕，張翰五湖心〔三〕。暮角迎風急，孤鐘向暝沈。

露滋三徑草〔四〕，日動四隣砧。簟委班姬扇〔五〕，蟬悲蔡琰琴〔六〕。方愁丹桂遠〔七〕，已怯二毛侵〔八〕。甃石迴泉脈〔九〕，移棋就竹陰。觸絲蛛墮網，避隼鳥投林〔一〇〕。貌愧潘郎璧〔一一〕，文慚呂相金〔一二〕。但埋酆獄氣，未發爨桐音〔一三〕。靜笑劉琨舞〔一四〕，閑思阮籍吟〔一五〕。野華和雨斸〔一六〕，怪石入雲尋。跡竟終非切，幽閑且自任。趨時慚藝薄，託質仰恩深。美價方稀古，清名已絶今。既聞留縞帶〔一七〕，詎肯擲蓍簪〔一八〕。遲客虚高閣〔一九〕，迎僧出亂岑。壯心徒戚戚，逸足自駸駸〔二〇〕。安羡倉中鼠〔二一〕，危同幕上禽〔二二〕。期君調鼎鼐〔二三〕，他日俟羊斟〔二四〕。

【校記】

〔跡竟終非切〕竟，向校：「全唐詩注：『一作競。』」切，向校：「全唐詩注：『一作幻。』」〔幽閑〕原作幽間，據全唐詩校改。〔仰恩〕向校：「全唐詩注：『一作負恩。』」胡刻同。

【箋注】

〔一〕大火：即心宿。杜甫立秋日雨院中有作：「山雲行絶塞，大火復西流。」

〔二〕謝莊：字希逸，陳郡陽夏（今河南太康）人。南朝宋辭賦家，其名作月賦有云：「情紆軫其何託，愬皓月而長歌。歌曰：美人邁兮音塵闕，隔千里兮共明月。臨風嘆兮將焉歇，川路長兮不可越。」

〔三〕張翰：見卷一寄從兄遵注〔二〕。五湖心：歸隱五湖之志。國語卷二一越語下載范蠡佐越王勾踐滅吳後，功成身退，「遂乘輕舟以浮於五湖，莫知其所終極。」李白留別王司馬嵩：「陶朱雖相越，本有五湖心。」五湖，即太湖。一説指太湖等五大湖泊。吴越春秋卷五夫差内傳「入五湖之中」，徐天祐注引韋昭曰：「胥湖、蠡湖、洮湖、滆湖，就太湖而爲五。」又引虞翻曰：「太湖之水通五道，謂之五湖。」補注引張勃吴録曰：「五湖者，太湖之别名，以其周行五百里，故以五湖爲名。」史記卷二九河渠書：「於吴，則通渠三江、五湖。」索隱：「五湖者，郭璞江賦云具區、洮滆、彭蠡、青草、洞庭是也。」

〔四〕三徑：指隱居之所。文選卷四五陶淵明歸去來：「三徑就荒，松菊猶存。」李善注引三輔決録曰：「蔣詡，字元卿。舍中三徑，唯羊仲、求仲從之遊，皆挫廉逃名不出。」漢書卷七二薛方傳稱蔣詡「以廉直爲名」、「好遁不汙」。劉長卿鄖上送韋司士歸上都舊業：「蒼苔白露生三徑，古木寒蟬滿四鄰。」

〔五〕班姬扇：班姬，漢成帝婕妤，班固祖姑，名不詳。文選卷二七録班婕妤怨歌行：「新裂齊紈素，皎潔如霜雪。裁爲合歡扇，團團似明月。出入君懷袖，動摇微風發。常恐秋節至，涼風奪炎熱。棄捐篋笥中，恩情中道絶。」

〔六〕蔡琰琴：蔡琰，字文姬，東漢陳留圉（今河南杞縣西南）人，蔡邕之女。後漢書卷八四列女傳稱琰「博學有才辯，又妙於音律」。注引劉昭幼童傳曰：「邕夜鼓琴，弦絶。琰曰：『第二弦。』邕曰：『偶得之耳。』故斷一弦問之，琰曰：『第四弦。』並不差謬。」又卷六〇下蔡邕列傳載蔡邕曾應邀赴鄰人酒宴，聞屏後琴聲有殺心，不悦而返。彈琴者釋曰：「我向鼓琴，見螳螂方向鳴蟬，蟬將去而未飛，螳螂爲之一前一却。吾心聳然，唯恐螳螂之失之也。此豈爲殺心而形於聲者乎？」

〔七〕丹桂：喻科第。見同卷下第題青龍寺僧房注〔二〕。

〔八〕二毛：指老者頭髮黑白二色間雜。左傳僖公二十二年：「公曰：『君子不重傷，不禽二毛。』」杜預注：「二毛，頭白有二色。」

〔九〕甃石：砌石井。易井：「六四，井甃无咎。」象曰：「井甃无咎，修井也。」李鼎祚集解引虞翻曰：「修，治也。以瓦䂵壘井稱甃。」

〔一〇〕隼：鳥名，即鶚，凶猛善飛。

〔一一〕潘郎璧：潘郎，指潘岳，字安仁，西晉滎陽中牟（今屬河南）人。世説新語容止：「潘安仁、夏侯湛并有美容，喜同行，時人謂之『連璧』。」

〔一二〕呂相金：呂相，指呂不韋，戰國末衛國濮陽（今河南濮陽西南）人。秦莊襄公、秦王政時任丞相。史記卷八五呂不韋列傳載呂不韋「使其客人人著所聞，集論以爲八覽、六論、十二紀，二十餘萬言。以爲備天地萬物古今之事，號曰呂氏春秋。布咸陽市門，懸千金其上，延諸侯游士賓客有能增損一字者予千金。」

〔一三〕酆（fēng）獄氣：指豐城劍氣。晉書卷三六張華傳載豫章人雷焕妙達緯象，時斗牛間常有紫氣，焕謂乃豐城寶劍之精上徹於天。張華遂補焕爲豐城令，密令尋之。「焕到縣，掘獄屋基，入地四丈餘，得一石函，光氣非常，中有雙劍，并刻題，一曰龍泉，一曰太阿。其夕，斗牛間氣不復見焉。」豐城，今屬江西。爨（cuàn）桐音：後漢書卷六〇下蔡邕列傳：「吳人有燒桐以爨者，邕聞火烈之聲，知其良木，因請而裁爲琴，果有美音，而其尾猶焦，故時人名曰『焦尾琴』焉。」爨，炊。

〔一四〕劉琨舞：劉琨，字越石，中山魏昌（今河北無極）人。晉書卷六二祖逖傳載逖「與司空劉琨俱爲司州主簿，情好綢繆，共被同寢。中夜聞荒鷄鳴，蹴琨覺曰：『此非惡聲也。』因起舞。逖、琨并有英氣，每語世事，或中宵起坐，相謂曰：『若四海鼎沸，豪傑并起，吾與足下當相避於中原耳。』」

〔一五〕阮籍吟：阮籍，字嗣宗，陳留尉氏（今屬河南）人。著有詠懷詩八十餘首。三國志卷二一魏書阮籍傳裴松之注引魏氏春秋載籍嘗借蘇門山隱者之論以寄所懷，其歌曰：「日没不周西，月出丹淵中。陽精蔽不見，陰光代爲雄。亭亭在須臾，厭厭將復隆。富貴俯仰間，貧賤何必終。」又嘆曰：「天地解兮六合開，星辰隕兮日月頽，我騰而上將何懷！」

〔一六〕劚（zhǔ）：掘取。李賀牡丹種曲：「蓮枝未長秦蘅老，走馬馱金劚春草。」

〔一七〕縞帶：白色絹帶，借指友情。左傳襄公二十九年：吳公子季札「聘於鄭，見子産，如舊相識，與之縞帶，子産獻紵衣焉。」

〔一八〕著簪：著草簪子，喻故舊。韓詩外傳卷九：「孔子出游少源之野，有婦人中澤而哭，其音甚哀。孔子使弟子問焉，曰：『夫人何哭之哀？』婦人曰：『鄉者刈蓍薪亡吾蓍簪，吾是以哀也。』弟子曰：『刈蓍薪而亡蓍簪，有何悲焉？』婦人曰：『非傷亡簪也，吾所以悲者，不忘故也。』」

〔一九〕遲：等待。原注：「音滯。」向校：「胡刻本注：『作去聲。』」

〔二〇〕戚戚：憂慮貌。　逸足：本指駿馬，此喻卓越之才。駸駸，馬急馳貌。杜甫風疾舟中伏枕書懷三十六韻奉呈湖南親友：「披顔爭倩倩，逸足競駸駸。」

〔二一〕倉中鼠：史記卷八七李斯列傳：「李斯者，楚上蔡人也。年少時，爲郡小吏，見吏舍厠中鼠食不潔，近人犬，數驚恐之。斯入倉，觀倉中鼠，食積粟，居大廡之下，不見人犬之憂。於是李斯乃嘆曰：『人之賢不肖譬如鼠矣，在所自處耳！』」

〔二二〕幕上禽：喻險境。左傳襄公二十九年：吳公子季札「自衛如晉，將宿於戚，聞鐘聲焉，曰：『異哉！吾聞之也，辯而不德，必加於戮。夫子獲罪於君以在此。懼猶不足，而又何樂？夫子之在此也，猶燕之巢於幕上。君又在殯，而可以樂乎？』遂去之。」杜預注：「言至危。」

〔二三〕調鼎鼐：喻輔佐君王。鼎，調羹炊具，常爲三足兩耳。大鼎曰鼐。尚書説命下：殷高宗任傅説爲相，命之曰：「爾惟訓於朕志。……若作和羹，爾惟鹽梅。」孔安國傳曰：「鹽鹹梅醋，羹須鹹醋以和之。」此以和羹喻治國。杜甫上韋左相二十韻：「沙汰江河濁，調和鼎鼐新。」

〔二四〕「他日」句：羊斟，戰國時宋人。左傳宣公二年：「鄭公子歸生受命於楚伐宋，宋華元、樂呂禦之。……將戰，華元殺羊食士，其御羊斟不與。及戰，曰：『疇昔之羊，子爲政；今日之事，我爲政。』與入鄭師，故敗。君子謂羊斟非人也，以其私憾敗國殄民。」此取羊斟「今日之事，我爲政」之意，願薛氏他日執掌政事。

三用韻

素律初回馭〔一〕，商飆暗觸襟〔二〕。乍傷詩客思，還動旅人心。蟬噪因風斷，鱗遊見鷺沈。笛聲隨晚吹，松韻激遥砧〔三〕。地覆青袍草〔四〕，窗横緑綺琴〔五〕。煙霄難自致，歲月易相侵。澗柳横孤彴〔六〕，巖藤架密陰。瀟湘期釣侶，鄠杜别家林〔七〕。遺愧虞卿璧〔八〕，言依季布金〔九〕。錚鏦聞郢唱，次第發巴音〔一〇〕。蝸遊苔徑滑，鶴步翠塘深。莫問榮兼辱，寧論古與今。固尋。入夜愁難遣，逢秋恨莫任。螢影衝簾落，蟲聲擁砌吟。樓高思共釣，寺遠想同窮憐甕牖，感舊惜蒿簪〔一一〕。晚日舒霞綺，遥天倚黛岑。鴛鸞方翩翩，騂驥整駸駸〔一二〕。未化投陂竹，空思出谷禽〔一三〕。感多聊自遣，桑落且閑斟〔一四〕。

【箋注】

〔一〕「素律」句：謂秋季初至。素律，指秋季。律，指月律，古以十二樂律配十二月爲十二月律。馭，指日御。

〔二〕商飆：秋風。禮記月令：「孟秋之月，……其音商，律中夷則。」

〔三〕松韻：風吹松林聲。南史卷六六隱逸下載陶弘景「特愛松風，庭院皆植松，每聞其響，欣然爲樂。」劉得仁宿韋津山居：「窗颯松篁韻，庭兼雪月光。」

〔四〕青袍草：庾信哀江南賦：「青袍如草，白馬如練。」

〔五〕綠綺琴：文選卷三〇張載擬四愁詩：「佳人遺我綠綺琴，何以贈之雙南金。」李善注引傅玄琴賦序曰：「齊桓公有鳴琴曰號鐘，楚莊有鳴琴曰繞梁，中世司馬相如有綠綺，蔡邕有焦尾，皆名琴也。」

〔六〕孤彴(zhuó)：獨木橋。初學記卷七地部下橋引廣志云：「獨木之橋曰榷，亦曰彴。」

〔七〕鄠(hù)杜：指鄠縣、杜陵，漢置縣名，今陝西戶縣、長安一帶。三輔黃圖卷六陵墓漢十五陵：「宣帝杜陵在長安城南。帝在民間時好游鄠杜間，故葬此。」

〔八〕虞卿璧：虞卿，戰國時人。史記卷七六平原君虞卿列傳：「虞卿者，游説士也。躡蹻檐簦説趙孝成王。一見，賜黃金百鎰，白璧一雙；再見，爲趙上卿，故號虞卿。」

〔九〕季布金：季布，戰國時楚人。任俠重諾。史記卷一〇〇季布欒布列傳載楚人諺曰：「得黃金百(斤)，不如得季布一諾。」

〔一〇〕「錚鏦」兩句：錚鏦，金屬撞擊聲，此狀管弦樂。白居易江樓宴別：「縹緲楚風羅綺薄，錚鏦越調管弦高。」郢唱，巴音，宋玉對楚王問：「客有歌於郢中者，其始曰下里巴人，國中屬而和者數千人；其爲陽阿薤露，國中屬而和者數百人；其爲陽春白雪，國中屬而和者不過數十人；引商刻羽，雜以流徵，國中屬而和者不過數人而已。」郢，楚國都城，今湖北江陵西北。按，「郢唱」喻薛詩；「巴音」自喻。和詩三首，故曰「次第」。

〔一一〕固窮：論語衛靈公：「子曰：君子固窮，小人斯濫矣。」劉寶楠正義曰：「固窮者，言窮當固守也。」尸子曰：守道固窮。」甕牖：淮南子原道訓：「蓬戶甕牖。」高誘注：「編蓬爲戶，以破甕蔽牖。」牖，窗戶。　蒿簪：

即著簪。見前詩注〔十八〕。

〔一二〕翽（huì）翽：展翅飛翔聲。詩大雅卷阿：「鳳凰于飛，翽翽其羽。」箋云：「翽翽，羽聲也。」 騂驥：騂騮、騏驥，駿馬名。莊子秋水：「騏驥騂騮，一日而馳千里。」

〔一三〕投陂竹：見同卷放榜日作注〔四〕。 出谷禽：喻登第。詩小雅伐木：「伐木丁丁，鳥鳴嚶嚶。出自幽谷，遷于喬木。」

〔一四〕桑落：酒名。水經注卷四河水：「河東郡（治所在今山西永濟西南）多徙民，「民有姓劉名墮者，宿擅工釀，采挹河流，醞成芳酎。懸食同枯枝之年，排於桑落之辰，故酒得其名矣。」杜甫九日楊奉先會白水崔明府：「坐開桑落酒，來把菊花枝。」

驚秋〔一〕

不向煙波狎釣舟，强親文墨事傌丘〔二〕。長安十二槐華陌〔三〕，曾負秋風多少愁。

【箋注】

〔一〕據詩意，似當京城應舉未成，感秋而賦，蓋亦咸通三年秋所作。

〔二〕强親：勉强親近。莊子漁父：「不精不誠，不能動人。故强哭者雖悲不哀，强怒者雖嚴不威，强親者雖笑不和。」傌丘：指孔儒之學。傌，同儒。緑君亭本作儒。

〔三〕「長安」句：見同卷關河道中注〔二〕。長安志卷七唐京城一唐皇城：皇城「南北七街，東西五街，其間并列臺省寺衛。」白居易登樂遊園望：「下視十二街，緑樹間紅塵。」

登漢高廟閑眺〔一〕

獨尋仙徑上高原，雲雨深藏古帝壇〔二〕。天畔晚峰青簇簇，檻前春樹碧團團〔三〕。參差郭外樓臺小，斷續風中鼓角殘。一帶遠光何處水，釣舟閑繫夕陽灘。

【箋注】

〔一〕漢高廟：漢高祖劉邦神廟，故址在今西安西北。三輔黄圖卷五宗廟：「高祖廟在長安西北故城中。」

〔二〕古帝壇：指漢高祖祭壇，即高祖廟。

〔三〕簇簇：聳立排列貌。韓愈祖席前字：「野晴山簇簇，霜曉菊鮮鮮。」團團：凝聚渾融貌。

耒陽縣浮山神廟〔一〕

一郡皆傳此廟靈，廟前松桂古今青。山曾堯代浮洪水〔二〕，地有唐臣奠緑醽〔三〕。遶坐香風吹寶蓋〔四〕，傍簷煙雨濕巖扃〔五〕。爲霖自可成農歲，何用興師遠伐邢〔六〕。

【箋注】

〔一〕按同卷三用韻疑作於咸通三年（八六二）秋，云：「瀟湘期釣侶，鄠杜别家林。」本詩蓋此次游瀟湘時所作，約在咸通四年前後。耒陽縣：唐屬衡州，治所在今湖南耒陽。元和郡縣圖志卷二九江南道五衡州「耒陽縣」：「本秦縣，因耒水在縣東爲名。」「雨瀨，在故縣西南，每旱賽之則雨降。」（賀次君校記：「荆州記作『雨瀨灘』，云『壅塞之則雨』。」浮山神廟，不詳。據詩意，疑近雨瀨。按劉長卿湘中紀行十首有浮石瀨，不知是否即雨瀨。

〔二〕堯代浮洪水：孟子滕文公上：「當堯之時，天下猶未平，洪水橫流，氾濫天下。」

〔三〕緑醽（lín）：酒名。亦作緑酃。文選卷五左思吳都賦：「飛輕軒而酌緑酃，方雙轡而賦珍羞。」李善注引湘州記曰：「湘州臨水縣有酃湖，取水爲酒，名曰酃酒。」又水經注卷三九耒水「又北過酃縣東」注：「縣有酃湖，湖中有洲，洲上民居。彼人資以給釀，酒甚醇美，謂之酃酒，歲常貢之。」元和郡縣圖志卷二九江南道五衡州「衡陽縣」：「酃湖，在縣東二十里。可釀爲酒，晉紀武帝平吳，薦酃酒於太廟是也。」

〔四〕寶蓋：珍寶裝飾的華蓋。洛陽伽藍記卷二：「有金像輦，去地三丈，上施寶蓋，四面垂金鈴，七寶珠，飛天伎樂，望之雲表。」

〔五〕巖扃（jiōng）：山門。孔稚珪北山移文：「雖情投魏闕，或假步於山扃。」

〔六〕興師遠伐邢：左傳僖公十九年：「秋，衛人伐邢，以報菟圃之役。於是衛大旱，卜有事於山川，不吉。甯莊子曰：『昔周饑，克殷而年豐。今邢方無道，諸侯無伯，天其或者欲使衛討邢乎？』從之，師興而雨。」

愁〔一〕

避愁愁又至〔二〕，愁至事難忘。夜作心中火，朝爲鬢上霜。不經公子夢，偏入旅人腸。借問高軒客〔三〕，何鄉是醉鄉〔四〕。

【箋注】

〔一〕同卷秋日早行「行人自是心如火」、卷二宿泊孟津寄三堂友人「只恐愁苗生兩鬢」，與本詩「夜作心中火，朝爲鬢上霜」情緒相同，蓋咸通三年所作。

〔二〕避愁：海録碎事卷九下「愁樂門」録庾信愁賦：「深愁欲避愁，愁已知人處。」

〔三〕高軒客：指高貴之客。唐摭言卷十載李賀七歲即以長短之制名動京華，韓愈、皇甫湜奇之，連騎造門訪之，賀承命作高軒過。

〔四〕醉鄉：王績醉鄉記：「醉之鄉，去中國不知其幾千里也。」

村居書事〔一〕

年年耕與釣，鷗鳥已相依〔二〕。砌長蒼苔厚，藤抽紫蔓肥。風鶯移樹囀，雨燕入樓飛。不覺春光暮，遶籬紅杏稀。

【箋注】

〔一〕此詩及後面三堂早春蓋作於虢州村居時。

〔二〕「鷗鳥」句：列子黄帝：「海上之人有好漚鳥者，每旦之海上，從漚鳥游，漚鳥之至者百住（張湛注：住當作數）而不止。」漚，通鷗。

三堂早春〔一〕

獨倚危樓四望遥，杏華春陌馬聲驕。池邊冰刃暖初落，山上雪棱寒未銷。溪送緑波穿郡宅，日移紅影度村橋。主人年少多情味，笑换金龜解珥貂〔二〕。

【箋注】

〔一〕三堂：見同卷三堂東湖作注〔一〕。

〔二〕金龜：原爲漢代王侯將相所佩龜紐金印，唐武后時爲三品以上官員佩飾。此蓋指一般佩飾。李白對酒憶賀監二首序曰：「太子賓客賀公於長安紫極宫一見余，呼余爲謫仙人，因解金龜换酒爲樂。」王琦注：「金龜蓋是所佩雜玩之類，非武后朝内外官所佩之金龜也。」珥貂：所佩金貂。潘岳秋興賦：「登春臺之熙熙兮，珥金貂之炯炯。」珥，佩戴。金貂，漢代侍中、中常侍之冠飾，佩黄金璫，附蟬爲文，貂尾爲飾。晉書卷四九阮籍傳附傳阮孚「遷黄門侍郎、散騎常侍。嘗以金貂换酒，復爲所司彈劾，帝宥之。」

卷第二　今體詩凡二十七首

雨霽晚眺 庚子年冬大駕幸蜀後作〔一〕

入谷路縈紆，巖巔日欲晡〔二〕。嶺雲寒掃蓋，溪雪凍黏鬚。卧草踡如兔，聽冰怯似狐〔三〕。仍聞關外火，昨夜徹皇都。

【箋注】

〔一〕據題注及詩意，此詩當作於唐僖宗廣明元年庚子（八八〇）十二月黄巢軍入長安後避難山中之時。據資治通鑒卷二五四：廣明元年十二月二日，黄巢軍破潼關。五日，田令孜聞黄巢軍已入潼關，「帥神策兵五百奉帝自金光門出，惟福穆澤壽四王及妃嬪數人從行，百官皆莫知之。上奔馳晝夜不息，從官多不能及。」晡時，「黄巢前鋒將柴存入長安，金吾大將軍張直方帥文武數十人迎巢於霸上。巢乘金裝肩輿，其徒皆被髮，約以紅繒，衣錦繡執兵以從，甲騎如流，輜重塞塗，千里絡繹不絶。」

〔二〕晡：申時，即下午三時至五時。亦指日暮。杜甫徐步：「整履步青蕪，荒庭日欲晡。」

〔三〕踡（quán）：蜷伏。　聽冰：水經注卷一河水引晉郭緣生述征記曰：「盟津、河津恒濁，方江爲狹，比淮、濟爲闊。寒則冰厚數丈。冰始合，車馬不敢過，要須狐行，云此物善聽，冰下無水乃過。人見狐行方渡。」

立春日作〔一〕

九重天子去蒙塵，御柳無情依舊春〔二〕。今日不關妃妾事，始知辜負馬嵬人〔三〕。

【箋注】

〔一〕細品「今日」兩句，時當僖宗西幸不久，蓋作於中和元年立春日。

〔二〕蒙塵：蒙受風塵，指帝王或大臣出奔。左傳僖公二十四年：「臧文仲對曰：『天子蒙塵在外，敢不奔問守官。』」御柳：御溝楊柳。御溝，流入宫内之河。三輔黄圖卷六雜録：「長安御溝，謂之楊溝，謂值（植）高楊於其上也。」

〔三〕馬嵬人：指楊貴妃，小字玉環，號太真，蒲州永樂（今山西芮城西南永樂鎮）人。舊唐書卷五一后妃列傳上載安史亂發，楊貴妃「從幸至馬嵬，禁軍大將陳玄禮密啓太子，誅國忠父子。既而四軍不散，玄宗遣力士宣問，對曰『賊本尚在』，蓋指貴妃也。力士復奏，帝不獲已，與妃訣。遂縊死於佛室。時年三十八，瘞於驛西道側。」

贈雲陽縣裴明府〔一〕

南北三年一解攜〔二〕，海爲深谷岸爲蹊。已聞陳勝心降漢〔三〕，誰爲田横國號齊〔四〕。暴客至今猶戰鶴〔五〕，故人何處尚驅鷄〔六〕。歸來能作煙波伴，我有魚舟在五溪〔七〕。

【校記】

〔魚〕向校：「全唐詩注：『一作漁。』胡刻同。」

【箋注】

〔一〕考莊中和二年（八八二）秋尚在長安城中（見同卷重圍中逢蕭校書、卷三聞官軍繼至未睹凱旋注〔一〕），本詩乃自長安逃至雲陽縣時所作，當在中和二年秋後。又據資治通鑑卷二五四、二五五載，中和二年四月，京西、渭北、興平、渭橋、武功等地皆屯駐官軍，「黄巢勢已蹙，號令不出同、華。」時朱温據同州、李詳據華州。九月，朱温舉州降河中王重榮。「李詳以重榮待温厚，亦欲歸之，爲監軍所告。黄巢殺之，以其弟思鄴爲華州刺史。」十一月，「李詳舊卒共逐黄思鄴，推華陰鎮使王遇爲主，以華州降於王重榮。王鐸承制以遇爲刺史。」莊蓋因華州尚爲巢軍所據，故繞道雲陽，則本詩約作於中和二年九、十月間。雲陽縣，在長安東北百二十里（參見元和郡縣圖志卷一），治所在今陝西涇陽北。裴明府：不詳。明府，本指官府，後亦指郡牧、縣令。漢魏六朝稱太守牧尹爲明府，唐人稱縣令爲明府。容齋隨筆卷一「贊公少公」：「唐人呼縣令爲明府，丞爲贊府，尉爲少府。」

〔二〕「南北」句：裴明府蓋於廣明元年（八八〇）與韋莊長安別後赴任雲陽縣令。是年十二月，黄巢軍克長安，莊被困，中和二年秋後北逃至雲陽。解攜，分離。杜甫水宿遣興奉呈群公：「異縣驚虚往，同人惜解攜。」

〔三〕陳勝心降漢：陳勝，字涉，陽城（今河南登封縣東南）人，秦末農民起義領袖。史記卷四八陳涉世家：「陳勝雖已死，其所置遣侯王將相竟亡秦，由涉首事也。高祖時爲陳涉置守冢三十家碭，至今血食。」此蓋借指王仙芝心欲降唐之事。舊唐書卷一九下僖宗紀載乾符五年（八七八）二月，「王仙芝餘黨攻江西，招討使宋威出軍屢敗之，仍宣詔書諭仙芝。仙芝致書於威，求節鉞。威僞許之。仙芝令其大將尚君長、蔡温玉奉表入朝，威乃斬君長、温玉以徇。仙芝怒，急攻洪州，陷其郛。宋威赴援，與賊戰，大敗之，殺仙芝，傳首京師。尚君長弟尚讓爲黄巢黨，以兄遇害，乃大驅河南、山南之民，其衆十萬，大掠淮南，其鋒甚鋭。」僖宗以宋威失策殺君長，罷之，以王鐸充諸道兵馬都統。資治通鑑卷二五三載宋威殺尚君長在乾符四年十一月，謂「招討副使、都監楊復光遣人説諭王仙芝，仙芝遣尚君長等請降於復光，宋威遣兵於道中劫取君長等。十二月，威奏與君長戰於潁州西南，生擒以獻。復光奏君長等實降，非威所擒。詔侍御史歸仁紹等鞫之，竟不能明，斬君長等於狗脊嶺。」

〔四〕田横：秦末狄縣（治所在今山東高青東南）人。本齊國貴族，隨從兄田儋、兄田榮起兵重建齊國。儋、榮死後，横領兵收復齊國城邑，立田榮子廣爲齊王，自爲相，專國政。韓信平齊，殺齊王廣。横自立爲齊王，歸彭越。漢王立，横與其徒五百餘人入海島，後奉詔歸漢，途中自殺。（見史記田儋列傳）此借指黄巢所立大齊政權。舊唐書卷二〇〇下黄巢列傳：廣明元年十二月十三日，「賊巢僭位，國號大齊，年稱金統。」

〔五〕「暴客」句：謂巢軍尚據京城抵抗官軍。資治通鑑卷二五五載，中和二年九月，朱温降王重榮。十月，「黄巢兵勢尚强，王重榮患之。」戰鶴：指陳兵交戰。鶴喻兵陣。莊子徐無鬼：「君亦必無盛鶴列於麗譙之間。」王先謙集解：「李云：鶴列，謂兵如鶴之列。」

〔六〕驅鷄：喻治民。荀悦申鑒卷一政體：「睹孺子之驅鷄也，而見御民之方。孺子驅鷄者，急則驚，緩則滯。方其北也，遽要之則折而過南；方其南也，遽要之則折而過北。迫則飛，疏則放。志閑則比之，流緩而不安則食之。不驅之驅，驅之至者也。志安則循路而入門。」許渾送上元王明府赴任：「莫言名重懶驅鷄，六代江山碧海西。」

〔七〕五溪：水經注卷三七沅水：「武陵有五溪，謂雄溪、樠溪、無溪、酉溪，辰溪其一也。」武陵，漢置郡名，治所在今湖南溆浦南。唐曾置五溪經略使，資治通鑑卷二一八：至德元年（七五六）七月，「升五溪經略使爲黔中節度使，領黔中等諸郡。」按，韋莊咸通年間曾游荆湘。

賊中與蕭韋二秀才同卧重疾二君尋愈余獨加焉恍惚之中因有題〔一〕

與君同卧疾，獨我漸彌留〔二〕。弟妹不知處，兵戈殊未休〔三〕。胸中疑晉豎〔四〕，耳下鬬殷牛〔五〕。縱有秦醫在〔六〕，懷鄉亦淚流。

【箋注】

〔一〕孫光憲北夢瑣言卷六：「蜀相韋莊應舉時，遇黃寇犯闕。」黃巢於廣明元年（八八〇）十二月五日攻占長安，莊陷「賊中」。按同卷辛丑年作於中和元年（八八一）四月黃巢軍復入長安之後（詳見該詩注〔一〕），有云「弟妹相逢白刃間」，而本詩云「弟妹不知處」，蓋作於中和元年初。

〔二〕漸彌留：指病情加重，久留不去。尚書顧命：「王曰：『嗚呼，疾大漸，惟幾。病日臻，既彌留，恐不獲誓言嗣。……』」孔安國傳：「自嘆其疾大進篤，惟危殆。」又云：「病日至，言困甚；已久留，言無瘳。」

〔三〕「弟妹」兩句：杜甫遣興：「干戈猶未定，弟妹各何之。」按，韋莊又玄集卷上選録杜甫此詩。

〔四〕晉豎：指病魔。左傳成公十年：「公（晉景公）疾病，求醫於秦。秦伯使醫緩爲之。未至，公夢疾爲二豎子，曰：『彼良醫也，懼傷我，焉逃之？』其一曰：『居肓之上，膏之下，若我何。』醫至，曰：『疾不可爲也，在肓之上，膏之下，攻之不可，達之不及，藥不至焉。不可爲也。』公曰：『良醫也。』厚爲之禮而歸之。」

〔五〕「耳下」句：指病重。世説新語紕漏：「殷仲堪父病虚悸，聞床下蟻動，謂是牛鬥。」

〔六〕秦醫：即秦醫緩。見注〔四〕。

重圍中逢蕭校書〔一〕

相逢俱此地，此地是何鄉。側目不成語〔二〕，撫心空自傷。劍高無鳥度〔三〕，樹暗有兵藏。底事征西將，年年戍洛陽〔四〕。

【箋注】

〔一〕據資治通鑑卷二五四載，廣明元年（八八〇）十一月，巢軍入東都，「留守劉允章奉百官迎謁」。十二月，巢軍入京，僖宗西幸，至興元，「詔諸道各出全軍收復京師」。故本詩所言征西將「戍洛陽」當始自中和元年（如崔致遠桂苑筆耕集卷十一答襄陽郄將軍書作於中和二年七月四日，淮南節度使、諸道行營兵馬都統高駢自述「某自去年春知寇侵秦甸，帝幸蜀川，欲會兵於大梁，遂傳檄於外鎮，練成軍伍，選定行期」），而曰「年年」，當非中和元年所作。考莊中和三年初已逃出長安，本詩題云「重圍中」，當作於中和二年，又卷三聞官軍繼至未睹凱旋作於中和二年（八八二）秋，有云「嫖姚何日破重圍」，似亦可與本詩相參證。蕭校書：不詳。校書，即校書郎，官名，唐設八人，正九品上，屬秘書省。大唐六典卷一〇秘書省云：「校書郎、正字掌讎校典籍，刊正文字。」

〔二〕側目：畏懼而不敢正視。史記卷六九蘇秦列傳載蘇秦初「出游數歲，大困而歸。兄弟嫂妹妻妾竊皆笑之」。後說楚威王成，「蘇秦爲從約長，并相六國。北報趙王，乃行過雒陽，車騎輜重，諸侯各發使送之甚衆，……蘇秦之昆弟妻嫂側目不敢仰視，俯伏侍取食。」

〔三〕劍高：狀巢軍戒備森嚴。藝文類聚卷六〇軍器部劍引列子曰：「宋王有蘭子者，以技干宋元君，弄七劍，迭躍之，五劍常在空中。元君大驚，立賜金帛。」

〔四〕「底事」兩句：譏刺征西官軍在東都附近久留不前。按卷三贈戍兵云「止竟有征須有戰，洛陽何用久屯軍」、補遺秦婦吟云「自從洛下屯師旅，日夜巡兵入村塢」，均同一旨趣。但當時洛下官軍具體所指則難以確考，據有關史料揣度，疑爲時溥武寧軍。資治通鑑卷二五四載，中和元年八月，「武寧軍節度使支詳遣牙將時溥、陳璠將兵五千入關討黃巢，二人皆詳所獎拔也。溥至東都，矯稱詳命，召師還與璠合兵，屠河陰，掠鄭州而東。」二年正月，王鐸爲諸道行營都都統，以時溥爲催遣綱運租賦防遏使。新唐書卷一八八時溥傳載，時溥剽河陰後還徐州，被推爲留後,「別遣將引鋭兵三千入關,僖宗因以武寧節度命之。」而檢兩唐書及通鑑所載中和年間關中官軍與黄巢戰事,未見有武寧軍行迹。中和三年四月,官軍復長安,楊復光告捷書亦未提及武寧軍(見舊唐書僖宗紀),蓋時溥所遣征西軍并未入關,則很可能滯留洛下。又秦婦吟中述洛下師旅劫掠民財:「自從洛下屯師旅,日夜巡兵入村塢。匣中秋水拔青蛇,旗上高風吹白虎。入門下馬若旋風,罄室傾囊如卷土。」此與史稱「徐卒素名凶悖」(通鑑卷二五三「廣明元年九月」條,「徐卒」即武寧軍)亦相吻合。

咸通

咸通時代物情奢〔一〕,歡殺金張許史家〔二〕。破産競留天上樂〔三〕,鑄山爭買洞中花〔四〕。諸郎宴罷銀燈合,仙子遊迴璧月斜。人意似知今日事,急催絃管送年華〔五〕。

【箋注】

〔一〕此詩與同卷憶昔均爲撫今追昔之作,細揣「人意似知今日事」及憶昔「今日亂離俱是夢」,當爲避難之初時心情,二詩蓋作於中和三年初避難洛陽時。咸通:唐懿宗年號,公元八六〇—八七四。物情奢:世俗奢華。舊唐書卷一九上懿宗本紀:「史臣曰:臣常接咸通耆老,言恭惠皇帝(懿宗)故事。……恭惠始承丕構,頗亦勵精,延納讜言,尊崇耆德,數稔之内,洋洋頌聲。然器本中庸,流於近習,所親者巷伯,所昵者桑門,以蠱惑之侈言,亂驕淫之方寸。欲無怠忽,其可得乎?」贊曰:「邦家治亂,在君聽斷。恭惠驕奢,賢良貶竄。凶豎當國,憸人滿朝。奸雄乘釁,貽謀道消。」資治通鑑卷二五〇「唐懿宗咸通七年」條載:「上好音樂宴游,殿前供奉樂工常近五百人,每月宴設不減十餘,水陸皆備,聽樂觀優,不知厭倦,賜與動及千緡。……每行幸,内外諸司扈從者十餘萬人，所費不可勝紀。」

〔二〕金張許史家：本指西漢金日磾、張安世、許廣漢、史高之家。此借指豪門貴戚。金日磾，字翁叔。本匈奴休屠王太子，武帝時歸漢，後遷侍中，昭帝時封秺侯。卒謚敬侯。漢書卷六八霍光金日磾傳贊曰：「金日磾夷狄亡國，羈虜漢庭，而以篤敬寤主，忠信自著，勒功上將，傳國後嗣，世名忠孝，七世内侍，何其盛也！」張安世，御史大夫張湯之子，字子孺，以父任爲郎，昭帝時封富平侯，宣帝時任車騎將軍。卒謚敬侯。漢書卷五九張湯傳稱「安世子孫相繼，自宣、元以來爲侍中、中常侍、諸曹散騎、列校尉者凡十餘人。功臣之世，唯有金氏、張氏，親近寵貴，比於外戚。」許廣漢，漢宣帝許皇后之父，封平恩侯。謚曰戴侯。弟舜爲博望侯。弟延壽爲樂成侯，官大司馬車騎將軍。史高，漢宣帝祖母之侄，封樂陵侯，宣帝時爲大司馬車騎將軍，元帝時輔政五年，乞歸，賜安車駟馬黄金，謚曰安侯。弟曾封將陵侯。弟玄封平臺侯。子丹元帝時任駙馬都尉侍中。漢書卷八二史丹傳贊曰：「自宣、元、成、哀外戚興者，許、史、三王、丁、傅之家，皆重侯累將，窮貴極富。……史丹父子相繼，高以重厚，位至三公。丹之輔道副主，掩惡揚美，傅會善意，雖宿儒達士無以加焉。」

〔三〕破産：揮霍錢財。天上樂：山海經大荒西經載夏后啓「上三嬪於天，得九辯與九歌以下」。郭璞注：「皆天帝樂名也，開（當作啓，避漢景帝劉啓諱改）登天而竊以下用之也。」楚辭離騷：「啓九辯與九歌兮，夏康娱以自縱。」

〔四〕鑄山：指鑄錢。史記卷一百六吴王濞列傳：「吴有豫章郡銅山，濞則招致天下亡命者盗鑄錢，煮海水爲鹽，以故無賦，國用富饒。」御史大夫鼂錯彈劾吴王濞「即山鑄錢，煮海水爲鹽，誘天下亡人，謀作亂。」洞中花：與後文「仙子」同義，借指歌女姬妾等。

〔五〕「人意」兩句：謂當時人似乎料知今日之亂，故及時行樂。

【集評】

杜詔、杜庭珠中晚唐詩叩彈集卷一二：庭珠按：懿宗在位十四年，荒縱失德，臣下晏安寵禄，自是内盜迭興，南詔再亂，民逐其上而唐室大壞矣。

白櫻桃〔一〕

王母階前種幾株，水精簾外看如無〔二〕。只應漢武金盤上，瀉得珊珊白露珠〔三〕。

【箋注】

〔一〕向校：「全唐詩注：『此詩一作于鄴詩。』」按，當屬韋莊詩。詩淵作韋莊，後接録于武陵（鄴）白櫻樹「記得花開雪滿枝」云云。

〔二〕「王母」兩句：王母，即西王母，傳説爲昆侖山女神。穆天子傳卷三：「吉日甲子，天子賓於西王母。」郭璞注：「西王母，如人，虎齒，蓬髮，戴勝，善嘯。紀年：穆王十七年，西征昆侖丘，見西王母。」漢武帝内傳載西王母駕臨漢宮見武帝。「王母自設天厨……又命侍女更索桃果。須臾，以玉盤盛仙桃七顆，大如鴨卵，形圓青色，以呈王母。母以四顆與帝，三顆自食。桃味甘美，口有盈味。帝食輒收其核。王母問帝，帝曰：『欲種之。』母曰：『此桃四千年一生實。中夏地薄，種之不生。』帝乃止於坐上。」水精簾：瑩澈透明的簾子。李白玉階怨：「却下水精簾，玲瓏望秋月。」藝文類聚卷八六引吴氏本草曰：「後漢明帝於月夜宴群臣於照園，太官進櫻桃，以赤瑛爲盤，賜群臣。月下視之，盤與桃同色。群臣皆笑，云是空盤。」

〔三〕「只應」兩句：三輔黄圖卷之五臺榭通天臺引漢武故事：「武帝時祭泰一，上通天臺以俟神靈。上有承露盤，仙人掌擎玉杯以承雲表之露。」

夜景〔一〕

滿庭松桂雨餘天，宋玉秋聲韻蜀絃〔二〕。烏兔不知多事世〔三〕，星辰長似太平年。誰家一笛吹殘暑，何處雙砧擣暮煙。欲把傷心問明月，素娥無語淚娟娟〔四〕。

【箋注】

〔一〕據「多事世」、「傷心」語，時當黃巢破長安之後，蓋作於中和年間。

〔二〕宋玉秋聲：戰國時楚國辭賦家宋玉九辯云：「悲哉秋之爲氣也，草木搖落而變衰。」蜀絃：猶蜀桐，見卷一和薛先輩見寄初秋寓懷即事之作二十韻注〔四〕。又，樂府詩集卷三〇四弦曲題解引古今樂録曰：「張永元嘉技録有四弦一曲，蜀國四弦是也，居相和之末，三調之首。」

〔三〕烏兔：指日月光陰。

〔四〕素娥：指月中嫦娥。淮南子覽冥訓：「譬若羿請不死之藥於西王母，姮娥竊以奔月。」高誘注：「姮娥，羿妻，羿請不死之藥於西王母，未及服之，姮娥盗服之，得仙，奔入月中，爲月精。」姮，亦作常或嫦。謝莊月賦：「引玄兔於帝臺，集素娥於後庭。」李商隱嫦娥：「嫦娥應悔偷靈藥，碧海青天夜夜心。」

【集評】

黃周星唐詩快卷一二：烏兔不知世事矣，素娥何又含淚乎？

胡以梅唐詩貫珠卷二九：松桂滿庭，所以秋聲從樹發，如韻蜀弦之雅，加宋玉二字則悲哉秋之爲氣！此詩人心事觸撥矣。以下皆咏悲之意。日月依然運行，星辰亦復如舊，誰家吹笛，何處暮砧，欲想無事之日，太平之年，竟不可得矣。擬把傷心問明月，而素娥無語亦爲之墮淚，謂月無言，惟零露耳。若作真韻蜀弦，則起句孤絶，非法也。

黄叔燦唐詩箋注卷六：此傷亂之作。首言正值悲秋之候，人間多事，不復太平，而日月星辰依然如故，蓋傷之至矣。三聯謂傷亂如此，而不識不知者猶然弄笛搗衣，然則此心亦何可申訴乎？惟有對明月而垂泪耳。

宿山家

山行侵夜到，雲竇一星燈〔一〕。草動蛇尋穴，枝摇鼠上藤。背風開藥竈〔二〕，向月展漁罾〔三〕。明日前溪路，煙蘿更幾層。

【箋注】

〔一〕雲竇：雲隙。

〔二〕藥竈：杜甫寄彭州高三十五使君適虢州岑二十七長史參三十韻：「竹齋燒藥竈，花嶼讀書床。」

〔三〕漁罾：漁網。見卷一漁溏十六韻注〔八〕。

長年〔一〕

長年方悟少年非，人道新詩勝舊詩。十畝野塘留客釣，一軒春雨對僧棋。華間醉任黄鶯説，亭上吟從白鷺窺。大盗不將爐冶去〔二〕，有心重築太平基〔三〕。

【校記】

〔長年〕向校：「全唐詩注：『一作感懷。』」〔鶯説〕向校：「席刻注：『紀事作鶯語。』全唐詩同。」

【箋注】

〔一〕鑒誡録卷九引本詩題作長安感懷，即謂作於長安，然詩中「十畝野塘」語與卷一三堂東湖作中「滿塘秋水碧泓澄，十畝菱花晚鏡清」兩句相吻合，又似作於虢州居所。細品全詩情調，當以逃出長安後所作較妥。又按「大盗」指黄巢軍，且「不將爐冶去」爲假設語氣，巢軍當仍占據京城，則此詩當作於中和三年四月巢軍退出長安、楊復光告捷之前。考莊中和二年秋尚在長安（參見同卷重圍中逢蕭校書、卷三聞官軍繼至未睹凱旋注〔一〕），中和三年春夏間已至江南（參見卷四江上逢史館李學士、題淮陰侯廟等詩注〔一〕），則本詩當作於中和三年（八八三）初春。

〔二〕爐冶：指天下。莊子大宗師：「今一以天地爲大爐，以造化爲大冶，惡乎往而不可哉？」

〔三〕太平基：詩小雅南山有臺傳：「南山有臺，樂得賢也。得賢則能爲邦家立太平之基矣。」

【集評】

何光遠鑒誡録（知不足齋叢書本）卷九：咸通中，王建侍御吟詩寒碎，竟不顯榮。乾符末，李洞秀才出意窮愁，不登名第。是知詩者，陶人情性，定乎窮通。故韋莊補闕有長安感懷云：「大道不將爐冶去，有心重築太平基。」此則苞括生成，果爲臺輔。

何汶竹莊詩話卷一四引鑒誡録云：「詩之作也，窮通之分可觀。王建詩寒碎，故仕終不顯；

李洞詩窮悴，竟不仕；韋莊詩壯，故仕至臺輔；何瓚詩愁，未幾而卒。」又引蜀檮杌云：「韋莊，字端己，乾寧中舉進士，有詩云云，末兩句，時人以其有宰相器。」（按，所引詩，「黄鶯説」作「黄鸝語」、「亭上」作「池上」、「大盜」作「大道」）

趙臣瑗山滿樓箋注唐詩七言律卷六：此詩乍讀之全似達天任運語，與題不稱，再四回環讀之，乃知其憂天憫人，一腔孤憤，抱負正復不小也。一、二不可連讀，「方悟」云者，悟爐冶之將之不去，太平之基之可重築也，但須待時耳。回顧少年躁急心熱，幾欲倒行而逆施，殊覺無識。「人道」云者，人只見我之「留客釣」、「對僧棋」如此，「花間醉」、「池上吟」如此，若將終身焉者，故特稱許新詩，津津不置，此真皮相之士也已。然中二聯却不平，三、四明是承二，五、六明是振起下文，應合首句。「任説」、「從窺」，妙有意致，彼但能説吾之醉，窺吾之吟而已，吾有心，彼固不得而知之也。黄鶯、白鷺，謂是實指禽鳥也可，謂是暗指「道新詩勝舊詩」之一輩人也亦可。

胡以梅唐詩貫珠卷二九：少年有躁進憂煩，長年看破世情，所以新詩勝於舊詩。下文皆新詩之意。覘破安命，有萬物自得之趣。若天命可回，重築太平基；不可回，亦無可如何矣。故昔人贊此結有從容氣象，終復爲蜀相也。

賀裳載酒園詩話又編：端己有長年詩曰……或謂此詩包括生成，果爲臺輔。余謂此詩末兩句雖識佳，詩實不佳。……按唐詩紀事「長年」作「長安」，於理大背。「大盜」作「大道」，亦非，正指巢賊之犯闕耳。惟「黄鶯語」乃勝本集「説」字。

辛丑年〔一〕

九衢漂杵已成川〔二〕，塞上黄雲戰馬閑。但有羸兵填渭水，更無奇士出商山〔三〕。田園已没紅塵裏，弟妹相逢白刃間。西望翠華殊未返〔四〕，淚痕空濕劍文斑。

【箋注】

〔一〕辛丑年，即唐僖宗中和元年（八八一）。詩云「九衢漂杵已成川」，當指黄巢復入長安後「洗城」之事。據資治通鑑卷二五四，中和元年四月五日，黄巢軍退出長安，官軍入長安，「坊市民喜，爭讙呼出迎官軍，或以瓦礫擊賊，或拾箭以供官軍。……賊露宿霸上，詷知官軍不整，且諸軍不相繼，引兵還襲之，自諸門分入，大戰長安中。（程）宗楚、（唐）弘夫死，軍士重負不能走，是以甚敗，死者什八九。（王）處存收餘衆還營。丁亥（初十），巢復入長安，怒民之助官軍，縱兵屠殺，流血成川，謂之洗城。」本詩當作於黄巢軍復入長安之後。又，詩中「田園」當指杜陵家園，卷一三用韻有云「鄠杜别家林」、卷三中渡晚眺有云「家寄杜陵歸不得」。按，此詩又見羅隱甲乙集卷六，題作即事中元甲子（文字稍異：「九衢」作「三秦」，「更無」作「終無」，「弟妹」作「弟侄」，「殊未返」作「猶未返」，「空濕」作「空滴」。全唐詩注：「一作韋莊詩」），疑誤。其一，詩中所寫當爲長安親歷之事，而據有關史料及甲乙集等（參見中華書局一九八三年版校點本羅隱集），羅隱并未親歷巢軍克京及官軍反復等史事，如甲乙集卷八中元甲子以辛丑駕幸蜀四首其四云「不將不侯何計是，釣魚船上淚闌干」，非長安所作無疑。且本詩「田園」兩句與韋莊他詩相應合，羅隱詩中則不見互證者。其二，浣花集乃韋莊弟藹編成於天復三年（九〇三），時莊尚在世。甲乙集則不知何人所編，今存四部叢刊所景宋本間有疏誤之處，如卷一〇帝幸蜀云「馬嵬山色翠依依，又見鑾輿幸蜀歸」，當作於光啓元年僖宗還京時，而題下注「乾符歲」，誤。又如甲乙集中「中元甲子」凡三見（除即事中元甲子外，另有卷八中元甲子以辛丑駕幸蜀四首、卷一〇丁亥歲作題下注「中元甲子」），所指費解，似有訛誤。

〔二〕九衢：指都城長安。說文解字行部：「四達謂之衢。」三輔黃圖卷一引三輔決録曰：「長安城面三門，四面十二門，皆通達九逵，以相經緯。衢路平正，可并列車軌。」　漂杵：漂流春杵，指戰爭殘酷，血流漂杵。尚書武成：「前徒倒戈，攻於後以北，血流漂杵。」孔安國傳：「前徒倒戈自攻於後以北走。血流漂春杵，甚之言。」

〔三〕羸兵：疲弱之兵。「商山：今陝西商縣東，又稱商坂、商嶺。《史記・留侯世家》載漢初，東園公、綺里季、夏黃公隱商山，年皆八十餘，鬚髮皓白。高祖晚年欲易太子，吕后用留侯計，迎商山四老輔太子。高祖遂罷易太子之念。」

〔四〕翠華：猶翠輦，指皇帝御駕。司馬相如上林賦描述天子校獵上林苑，有云「建翠華之旗，樹靈鼉之鼓。」崔致遠桂苑筆耕集卷二讓官請致仕表：「且自黃寇憑陵，翠華巡狩。」卷一一答浙西周司空：「況今黃巾尚熾，翠輦未歸。」羅隱中元甲子以辛丑駕幸蜀四首其四：「白丁攘臂犯長安，翠輦蒼黃路屈盤。」

【集評】

胡以梅唐詩貫珠卷二三：詩皆謂賊入城而血流漂杵，乃諸藩鎮塞者如朔方、隴右皆握重兵不出援師，戰馬放閑，但有京師羸兵已填渭水，而無奇士如四皓之輩出於商山，爲國家經畫。田園蕪没於戰塵，骨肉相逢於兵刃，天子西幸不返，泪灑劍紋，不能負劍從軍以紓國難也。

思　歸〔一〕

暖絲無力自悠揚〔二〕，牽引東風斷客腸。外地見華終寂寞，異鄉聞樂更凄凉。紅垂野岸櫻還熟，緑染迴汀草又芳。舊里若爲歸去好，子期凋謝呂安亡〔三〕。

【校記】

〔更凄〕向校：「全唐詩注：『一作剩悲。』」

【箋注】

〔一〕按詩含久客異鄉之情，首、尾兩聯與卷五江外思鄉中「斷腸煙柳一絲絲」、和鄭拾遺秋日感事一百韻中「摯友知誰在，家山各已荒」同一情調，蓋亦大順元年（八九〇）前後婺州客居時所作。又按才調集卷三録本詩後接與東吳生相遇（題注：「及第後出關作」），繫年上亦前後相承。

〔二〕暖絲：指春柳。

〔三〕子期：即向秀，字子期，河内懷（今河南武陟西南）人。秀與嵇康、呂安交善，其思舊賦序云：「余與嵇康、呂安居止接近。其人并有不羈之才，然嵇志遠而疎，呂心曠而放，其後各以事見法。……余逝將西邁，經其舊廬。於時日薄虞淵，寒冰凄然，鄰人有吹笛者，發聲寥亮。追思曩昔遊宴之好，感音而嘆，故作賦云。」呂安，字仲悌，東平（治所今山東東平東）人。

【集評】

郝天挺注、廖文炳解唐詩鼓吹注解卷一〇：（廖文炳解）首言遊絲飄蕩牽引春風，對此而客腸欲斷焉。夫其所以腸斷者，好花在眼而外地終成寂寞，繁音在耳而他鄉亦甚凄涼，觸處皆斷腸之端也。若櫻桃熟而紅垂於野岸，芳草生而緑染於迴汀，是則春光易去而知己知音之友又復凋零，故不如歸去之爲愈也，其能無思舊里哉！

朱三錫東喦草堂評訂唐詩鼓吹卷一〇：一、二，是當春思歸也；三、四，皆斷客腸情事；五、六，人只道寫是時景致，不知「櫻還熟」、「草又芳」，是言其春光之易老、日月之遷流，以起下故人零落之意，愈動思歸之感耳。

趙臣瑗山滿樓箋注唐詩七言律卷六：客腸之斷亦客自欲斷耳，乃無端而歸咎於春風，且無端而歸咎於牽引春風之暖絲，曰彼斷之也，此其無聊之況爲何如者乎！三、四緊承，言猶是腸也，區區春風足以斷之，及既斷矣，雖有娱目之色、悦耳之聲，亦終不得而續之也。五、六方寫其所以然，最苦是一「還」字、一「又」字，不知於外地異鄉度得幾春風也。「若爲歸去好」，非婉商語，玩末知交零落意，殆不勝狐死首丘之感焉。

錢謙益、何焯唐詩鼓吹評注卷一〇：「櫻還熟」，則又是薦含桃時矣。

毛張健唐體膚詮卷四：(一、二句)好起手，宛然崔塗春夕詩。(按崔塗春夕：「水流花謝兩無情，送盡東風過楚城。胡蝶夢中家萬里，子規枝上月三更。故園書動經年絶，華髮春唯滿鏡生。自是不歸歸便得，五湖煙景有誰爭。」)

胡以梅唐詩貫珠卷二九：淡蕩而起，承接有情，兩句結爲一意，「暖」字有筋幹，便不覺薄。「牽引」與「斷」字皆緊跟「絲」來，「腸」字亦還「絲」比，圓活鬆靈。四勝於三。樂乃暢情之物，歡娱中剩有凄凉，是未盡歡也。「染」字煉，有一色之意，句亦華潤。結慘淡。總之末造亂離，少陵所謂「故鄉猶恐未同歸」也。此詩大約依蜀中王建時作。

黄叔燦唐詩箋注卷六：起聯唱嘆出思歸意；次聯承上「斷腸」句，言看花聞樂終不若故鄉之好；三聯想像故鄉櫻熟草芳，殊堪憶戀；結又轉出一層，言歸去雖好，惟故舊凋零爲可憐耳，故用「若爲」二字。

憶　昔〔一〕

昔年曾向五陵遊，子夜歌清月滿樓〔二〕。銀燭樹前長似晝，露桃華裏不知秋。西園公子名無忌〔三〕，南國佳人號莫愁〔四〕。今日亂離俱是夢，夕陽唯見水東流。

【校記】

〔花裏〕向校：「全唐詩注：『一作花下。』」

【箋注】

〔一〕此詩疑作於中和三年初寓居洛陽時。參見同卷咸通注〔一〕。

〔二〕五陵：見卷一延興門外作注〔二〕。　子夜：相傳爲晉代女子名，作有子夜歌。此借指歌女。宋書卷一九樂志一：「子夜哥者，有女子名子夜造此聲。晉孝武太元中，琅邪王軻之家有鬼哥子夜。殷允爲豫章時，豫章僑人庾僧度家亦有鬼哥子夜。殷允爲豫章，亦是太元中，則子夜是此時以前人也。」

〔三〕西園公子：指曹丕。文選卷二〇曹植公讌詩：「公子敬愛客，終宴不知疲。清夜遊西園，飛蓋相追隨。」李善注：「公子，謂文帝。」　無忌：戰國時魏公子無忌，封信陵君。史記卷七七魏公子列傳載其禮賢下士，有食客三千人。曾盜兵符救趙，留趙十年，返魏後將兵敗秦，威振天下，終因秦王反間計而被廢，「乃謝病不朝，與賓客爲長夜飲，飲醇酒，多近婦女。日夜爲樂飲者四歲，竟病酒而卒。」按，此乃合用戰國時魏公子及三國時魏公子宴遊典事，借指昔年五陵宴歡，并非謂西園公子即魏無忌。

〔四〕莫愁：古樂府曲中所傳女子名。一爲石城（今湖北鍾祥）人。舊唐書卷二九音樂二：「莫愁樂，出於石城樂。石城有女子名莫愁，善歌謠。」一爲洛陽人，郭茂倩樂府詩集卷八七梁武帝河中之水歌：「河中之水向東流，洛陽女兒名莫愁。」（按，藝文類聚卷四三作「古辭」）

【集評】

楊慎升菴詩話卷一一：他如韋莊「昔年曾向五陵遊」一首，羅隱梅花「吳王醉處十餘里」一首，李郢上裴晉公「四朝憂國鬢成絲」一首，皆晚唐之絕唱，可與盛唐崢嶸，唯具眼者知之。

郝天挺注、廖文炳解唐詩鼓吹注解卷一〇：（廖文炳解）此追述昔遊之事也。首言昔曾遊於五陵而午夜清歌，月且滿於樓臺焉。是時燭樹通宵似乎當晝，露桃成錦不分臨秋，同遊者皆如無忌之豪華，歌舞者盡若莫愁之妙麗。此皆勝遊之事，今已不可復得，追思若夢，所見夕陽之下惟水東流而已。首句一篇之主，下五句皆遊事，末見憶昔意。

黄周星唐詩快卷一二：凡讀此等詩，未有不眉舞色飛者。姚秘書云「一日看除目，終年損道心」，何不曰「一日看艷曲，終年損道心」耶？

唐汝詢唐詩解卷四四：王、巢之亂，京師蕩然。端已避難於蜀，追思全盛而作是詩。言我昔遊五陵而爲通宵之樂矣，燭光不夜，桃下長青，此時語遊俠則有無忌之公子，論女色則有莫愁之佳人。

今亂離而思豪華皆如一夢，對此斜陽流水，能無傷感乎？　（「西園公子」句）按西園公子本魏太子曹丕，此蓋合用二事。

朱三錫東嵒草堂評訂唐詩鼓吹卷一〇：此篇通首着眼在「昔年」、「今日」四字。一是憶其遊，二是憶其盛，三、四緊承次句。細玩「午夜清歌月滿樓」七字中便含有「長似晝」、「不知秋」一片繁華景色在内。「西園公子」、「南國佳人」乃是詩家點染筆墨處，言如許豪華歌舞，今日總付一夢。「惟見水東流」上又加「夕陽」二字，眼見一派都是荒凉景色也。焦竑筆乘云：「莫愁爲南國佳人，此實語也。選詩：『公子愛敬客，終夜不加疲。清夜遊西園，飛蓋相追隨。』則西園公子乃子建事，謂『名無忌』，可乎？」不知南國佳人不必莫愁也，而以莫愁當之；西園公子本非無忌也，而以無忌當之。此蓋詩家活法，不可板求也。不然，豈有韋公之才如此瞶瞶乎？

周珽唐詩選脉會通評林：唐孟莊曰：五、六，取對亦巧，尾句不説出，妙甚。　陳繼儒曰：三、四，晚唐高調。　蔣一梅曰：用事切題，出人意表，有游戲三昧之意。（轉録自陳伯海主編唐詩彙評）

金聖嘆選批唐才子詩卷八下：前解，寫昔年；後解，寫今日。此是唐人大起大落文字。　細玩午夜「午」字、清歌「清」字、月滿樓「滿」字，此一句七字中間便全有「長似晝」、「不知秋」一片靡曼連延之意。不謂後解一變，遂成夕陽流水，如此迫蹙！　（評後四句）此「西園公子」、「南國佳人」兩句，正如諺云「點鬼簿」相似。言如許若干人數，今日一總化爲烏有。「惟有水東流」上又加「夕陽」二字，眼看如此一片荒凉迫蹙也。

趙臣瑗山滿樓箋注唐詩七言律卷六：此撫今而追昔也。五陵，非一地也；午夜，既卜其晝，又卜其夜也；「長似晝」、「不知秋」，無明無晦，無寒無暑，無不如此也，富貴風流盡此一時矣。西園、南國，公子、佳人，名無忌、字莫愁，正妙在信手拈來，精工莫比。筆乘以「無忌」不可隸「西園」爲一語之疵，抑何拘泥耶！此兩句是提筆，勿認作順手鋪排，蓋極寫一時主賓如此其豪華，歌舞如此其美麗，以逼起下文之夕陽流水，言曾幾何時，其蕭瑟乃遂如此，則甚矣亂離之不堪也！

錢謙益、何焯唐詩鼓吹評注卷一〇：「西園」句義取「明月澄清影」。史記索隱引老子戒經云：「月中仙人宋無忌。」蓋一句中用兩事，非無端裝綴也。

吳昌祺删訂唐詩解卷二一：「長似晝」、「不知秋」，語有微意。五、六取對之工，故以西園稱信陵。

范大士歷代詩發卷二二：上六句都是昔年佳境，結用「今日」掉轉，「憶」字神理盡出。

杜詔、杜庭珠中晚唐詩叩彈集卷一二：詔按：此詩以時遭亂離，追思長安盛時而作。所云「西園公子名無忌」，不過謂當日五陵年少恣意行樂，直當以「無忌」名之，非誤以子建爲信陵也。焦竑筆乘謂其流利可喜，獨以一語之疵，終損連城之價，不亦以辭害志乎！

胡以梅唐詩貫珠卷三五：「長似晝」，無明無夜也；「不知秋」，四時行樂，無秋凋之異也。西園，曹丕讌客之所。公子應即丕，今云無忌，蓋魏公子信陵君愛客豪俠，且以對莫愁，字實工耳。雖焦竑筆乘以其西園不屬魏無忌有疵，然詩中不直用，而加以「名」字，則已有轉語分別，蓋西園稱其宴飲，無忌用其豪俠而無所忌，以公子二字可通上下也。六則言坐妓之佳而不愁。無忌、莫愁，皆可借以活用。夕陽，言已年晚；水東流，言其已往。皆比也。

屈復唐詩成體卷一二：前六皆憶昔，七、八傷今。黄巢亂後，長安荒殘，端己避難於蜀，故有此作。昔遊五陵，月夜清歌，「長似晝」、「不知秋」，言樂已極也；無忌、莫愁，言貴遊之豪，美色之多。今皆如夢，惟見夕陽流水耳。驕奢亡國，自在言外。

黄叔燦唐詩箋注卷六：上六句俱言昔日宴游，太平時叙，極意歡娱。結言亂離之後回首當時，竟成夢寐，而夕陽西下，水自東流，真令人悲嘆不盡也。

紀昀墨評唐詩鼓吹卷一〇：流麗可誦，惟調太滑。「無忌」言其無畏忌，「莫愁」言其不知愁。思此兩句，起下亂離，有神無迹。飴山（趙執信）：巧對字中含意，故妙。亦以兩句應六句，作章法。

殷元勛注、宋邦綏補才調集補注卷三：程湘蘅云：「不知秋，謂不知有秋也。飫膏粱則不知藜藿之味，厭文綉則不知布褐之温，樂朝夕者不知鐘鳴漏盡之隨其後也，哀哉！」

俞汝昌注解唐詩別裁卷一六：此詩時遘亂離，追憶昔時而作，極風美流發，惟第五語「西園公子」或指陳思，然與魏無忌、長孫無忌俱不相合，不免有湊句之病。

俞陛雲詩境淺説丙編：此爲兵亂後追憶昔時而作。首兩句言曾共五陵年少月夜聽歌，乃紀當年之事，張夢晉詩所謂「高樓明月清歌夜，此是生平第幾回」也。三、四追憶盛時之光景，但見火樹銀花，城開不夜，酣醉於露桃花下，只覺春光之絢麗，不知世有秋色之蕭條。五、六言當年游宴之人有西園公子之豪華，南國佳人之姚冶。其用無忌、莫愁，乃借人名作巧對，論者謂公子或指陳思，與魏無忌、長孫無忌俱不相合，其實作者不過紀裙屐士女之盛，不必拘定爲何人也。前六句皆追憶陳迹，結句言事如春夢無痕，惟見流水斜陽消沉今古，可勝嘆耶！

吴汝綸桐城先生評點唐詩鼓吹卷一五：（題下注）庚子年冬大駕幸蜀中後作。

合歡蓮華〔一〕

虞舜南巡去不歸〔二〕，二妃相誓死江湄〔三〕。空留萬古香魂在，結作雙葩合一枝。

【箋注】

〔一〕此詩蓋暗指僖宗西幸，妃嬪等未及從駕，爲巢軍所殺。疑中和年間所作。按資治通鑑卷二五四載，廣明元年十二月，巢軍攻占長安，僖宗西幸。宰相崔沆及左僕射于琮等「扈從不及，匿民間。巢搜獲，皆殺之。廣德公主曰：『我唐室之女，誓與于僕射俱死。』執賊刃不置，賊并殺之。」合歡蓮華：即并蒂蓮花。

〔二〕虞舜：傳説中五帝之一，名重華。史記卷一五帝本紀：「舜年二十以孝聞，年三十堯舉之，年五十攝行天子事，年五十八堯崩，年六十代堯踐帝位。踐位三十九年，南巡狩，崩於蒼梧之野。葬於江南九疑，是爲零陵。」蒼梧，漢置郡名，治所在今廣西梧州。九疑，山名，在今湖南寧遠南。

〔三〕二妃：舜帝二妃子，堯帝之女。史記卷一五帝本紀載四岳薦虞舜於帝堯，「於是堯妻之二女，觀其德於二女。」劉向列女傳卷一：「有虞二妃者，帝堯之二女也。長娥皇，次女英。……舜陟方死於蒼梧，號曰重華。二妃死於江湘之間，俗謂之湘君。」

覽蕭必先卷〔一〕

滿軸編新句，翛然大雅風〔二〕。名因五字得，命合一言通〔三〕。景盡才難盡，吟終意未終。似逢曹與謝〔四〕，煙雨思何窮。

【箋注】

〔一〕蕭必先：無考。

〔二〕翛然：自然超絶貌。大雅：原指詩經中「大雅」類詩，後借指高雅詩風。李白古風之一：「大雅久不作，吾衰竟誰陳？」

〔三〕一言通：論語衛靈公：「子貢問曰：『有一言而可以終身行之者乎？』子曰：『其恕乎！己所不欲，勿施於人。』」

〔四〕曹與謝：疑指曹植與謝朓，二人詩風超拔清雄。李白宣州謝朓樓餞别校書叔雲：「蓬萊文章建安骨，中間小謝又清發。」

和人歲晏旅舍見寄〔一〕

積雪滿前除，寒光夜皎如。老憂新歲近，貧覺故交疎。意合論文後，心降得句初。莫言常鬱鬱，天道有盈虚〔二〕。

【箋注】

〔一〕詩中「天道盈虛」當指巢軍克京事，「貧覺故交疎」、「意合論文後」與卷三新正日商南道中作寄李明府中「論文還比聚星人」、「却憐無事是家貧」情調相類，疑作於中和二年（八八二）歲暮。參見新正日商南道中作寄李明府注〔一〕。

〔二〕「莫言」兩句：鬱鬱，憂慮貌。易豐彖曰：「勿憂，宜日中，宜照天下也。日中則昃，月盈則食。天地盈虛，與時消息，而況於人乎，況於鬼神乎。」

宿泊孟津寄三堂友人〔一〕

解纜西征未有期，槐華又逼桂花時。鴻臚陌上歸耕晚〔二〕，金馬門前獻賦遲〔三〕。只恐愁苗生兩鬢〔四〕，不堪離恨入雙眉。分明昨夜南池夢〔五〕，還把漁竿詠楚詞〔六〕。

【箋注】

〔一〕按李綽秦中歲時記云：「進士下第，當年七月復獻新文求拔解，故曰『槐花黄，舉子忙』。」又唐人習以金門獻策喻應舉求仕，如孟浩然送洗然弟進士舉：「獻策金門去，承歡彩服違。」李逢吉送令狐秀才赴舉：「子有雄文藻思繁，齠年射策向金門。」細揣詩中首聯及「金馬門前獻賦遲」句，蓋因科舉失意而離京旅宿孟津，正值「槐花黄，舉子忙」之時，心有所感，故云「解纜西征未有期」；又詩中「只恐愁苗生兩鬢」與卷一冬日長安感志寄獻虢州崔郎中二十韻「鏡中唯怕雪生髯」、同舊韻「方愁丹桂遠，已怯二毛侵」相類似。本詩蓋咸通三年下第後，秋日離京游瀟湘過孟津時所作。參見卷一秋日早行注〔一〕。孟津：即盟津，古黄河津渡名。元和郡縣圖志卷五河南道一河南府「偃師縣」（今屬河南）：「盟津，在縣西北三十一里。」三堂：在虢州。見卷一三堂東湖作注〔一〕。

〔二〕「鴻臚陌」句：疑借朝官「從耕」指代入京求仕。新唐書卷十四禮樂志載「皇帝孟春吉亥享先農，遂以耕藉……又設御耕藉位於外壝南門之外十步所，南向；從耕三公、諸王、尚書、卿位於御坐東南，重行西向，以其推數爲列。」鴻臚陌，不詳。鴻臚，官名，漢九卿之一，掌朝賀慶弔之贊導相禮。歷代沿置，唐有鴻臚寺、鴻臚客館，在今陝西高陵南。長安志卷七「唐皇城」：「承天門街之西第七横街之北，從東第一鴻臚寺，次西鴻臚客館。」

〔三〕金馬門：漢宮門，東方朔、主父偃、嚴安等都曾待詔於此。故址在今陝西西安西北。史記卷一二六滑稽列傳：「金馬門者，宦者署門也，門傍有銅馬，故謂之曰『金馬門』。」漢書卷五十八公孫弘傳「待詔金馬門」注引如淳曰：「武帝時，相馬者東門京作銅馬法獻之，立馬於魯(斑)[班]門外，更名魯(斑)[班]門爲金馬門。」

〔四〕愁苗：指白髮。張爲詩人主客圖録白居易詩句：「白髮鑷不盡，根在愁腸中。」

〔五〕南池夢：即南浦夢。屈原九歌河伯：「子交手兮東行，送美人兮南浦。」杜牧爲人題贈二首其二：「西墻苔漠漠，南浦夢依依。」

〔六〕「還把」句：楚辭漁父：漁父歌曰：「滄浪之水清兮，可以濯吾纓；滄浪之水濁兮，可以濯吾足。」

對酒賦友人〔一〕

多病仍多感，君心自我心。浮生都是夢，浩嘆不如吟。白雪篇篇麗〔二〕，清酤盞盞深〔三〕。
亂離俱老大，强醉莫霑襟。

【校記】

〔賦〕向校：「全唐詩注：『一作贈。』」

【箋注】

〔一〕詩云「亂離俱老大」，當避難江南時所作。參讀卷五遣興「如幻如泡世，多愁多病身」，本詩蓋亦大順年間客婺時所作。

〔二〕白雪：古琴曲名。此喻清麗詩篇。文選卷一七陸機文賦：「綴下里於白雪，吾亦濟乎所偉。」李善注引宋玉笛賦曰：「師曠爲白雪之曲。」師曠，春秋時晉國樂師。

〔三〕清酤：清酒。詩商頌烈祖：「既載清酤，賚我思成。」傳：「酤，酒。」

天井關〔一〕

太行山上雲深處，誰向雲中築女牆〔二〕。短綆詎能垂玉甃，繚垣何用學金湯〔三〕。劚開嵐翠爲高壘〔四〕，截斷雲霞作巨防。守吏不教飛鳥過〔五〕，赤眉何路到吾鄉〔六〕。

【箋注】

〔一〕此詩疑中和二年秋陳倉迎駕未成折道經天井關時所作，據行程，蓋在卷四含山店夢覺、題貂黄嶺官軍之間。天井關：又名太行關，在今山西晉城南太行山上。元和郡縣圖志卷一五河東道四澤州「晉城縣」：「天井故關，一名太行關，在縣西南四十五里太行山上。」按，天井關爲河東進入中原之要道。舊唐書卷一九下僖宗紀載，中和元年八月，昭義節度使高潯與黄巢將戰，敗退河中。九月，高潯牙將劉廣還據潞州，天井關戍將孟方立殺劉廣，自稱留後。資治通鑒卷二五五：「中和四年春正月，黃巢兵尚强，周岌、時溥、朱全忠不能支，共求救於河東節度使李克用。二月，克用將蕃漢兵五萬，出天井關。河陽節度使諸葛爽辭以河橋不完，屯兵萬善以拒之。克用乃還兵，自陝、河中渡河而東。」

〔二〕女牆：本爲城牆上凹凸形矮牆。此指太行山上圍牆。釋名釋宮室：「城上垣曰睥睨，言於其孔中睥睨非常也。亦曰陴，陴，裨也，言裨助城之高也。亦曰女牆，言其卑小，比之於城，若女子之於丈夫也。或名堞，取其重疊之義也。」

〔三〕綆：汲水之繩索。　玉甃：對石井的美稱。甃（zhòu），井壁。杜甫解悶十二首之十一：「翠瓜碧李沉玉甃，赤梨葡萄寒露成。」　繚垣：圍牆。　金湯：金城湯池。漢書卷四五蒯通傳載蒯通説趙武信君有「金城湯池，不可攻也」之語，師古曰：「金以喻堅，湯喻沸熱不可近。」

〔四〕劚（zhú）：斫。皮日休公齋四詠小桂：「歘從山之幽，劚斷雲根移。」嵐翠：山間翠色雲氣。杜牧除官歸京睦州雨霽：「水聲侵笑語，嵐翠撲衣裳。」

〔五〕「守吏」句：杜甫潼關吏：「借問潼關吏，修關還備胡？要我下馬行，爲我指山隅。連雲列戰格，飛鳥不能過。胡來但自守，豈復憂西都。」

〔六〕「赤眉」句：史載王仙芝、黃巢義軍未曾過天井關，此蓋借黃巢破潼關入京之事寄寓險關不足爲「巨防」之意。赤眉，本爲西漢末年樊崇等人領導的起義軍，此借指黃巢起義軍。張孜庚子年遇赦：「時清無大赦，何以安天下。直到赤眉來，始尋黃紙寫。」按後漢書卷一一劉玄劉盆子列傳：「王莽遣平均公廉丹、太師王匡擊之。崇等欲戰，恐其衆與莽兵亂，乃皆朱其眉以相識別，由是號曰赤眉。」

【集評】金聖嘆選批唐才子詩卷八下：（評前四句）此解，問始築女牆之人，胡不務德而乃務險？「雲深」、「深雲」，轉筆成妙。（按此選録本詩「雲中」作「深雲」）（評後四句）此解，問既築女牆後，若不修德，險曷足恃？

胡以梅唐詩貫珠卷四一：此關在太行山頂，起句提清雲深處，下俱申言高險而夾井字之意。敲擊之，語妙意精，同是不着韻起，而摇曳仍在，不同李文肅紳多矣。疊用「雲」字，反覺有力。綆，汲井之索；甃，井中砌之磚。今言玉甃，即石砌之女牆如甃甓。不曰山高牆峻，反云綆短，是言綆短汲深耳。繚垣是長圍之垣，何用亦重在湯字？蓋雖名爲井，無城池之水，而塹則有之，湯則不必學也，意拗有闗合。若兩句串讀，則謂即汲引亦不能上，亦何用再加長垣爲金湯哉？五、六秀膩軒豁，走入玲瓏之處，妙在嵐翠烟霞非可斫截之物。結必因黄巢輩流賊而注念及此。

贈邊將〔一〕

昔因征遠向金微，馬出榆關一鳥飛〔二〕。萬里只携孤劍去，十年空逐塞鴻歸。手招都護新降虜〔三〕，身著文皇舊賜衣〔四〕。只待煙塵報天子，滿頭霜雪爲兵機〔五〕。

【校記】

〔滿頭霜雪爲兵機〕向校：「全唐詩注：『一作壯心無事別無機。』」

【箋注】

〔一〕按温庭筠詩傷温德彝（全唐詩校注：「一作傷邊將」）云：「昔年戎虜犯榆關，一敗龍城匹馬還。侯印不聞封李廣，他人丘壟似天山。」所言與本詩相類，蓋同爲温德彝而作。温、韋詩中所言「馬出榆關」、「戎虜犯榆關」，指武宗會昌初回鶻犯天德軍、振武軍之事。據資治通鑑卷二四六、二四七：文宗開成五年（八四〇），回鶻爲黠戛斯所敗，帥衆抵天德塞下。「冬十月丙辰，天德軍使温德彝奏：『回鶻潰兵侵逼西城，亘六十里，不見其後。邊人以回鶻猥至，恐懼不安。』詔振武節度使劉沔屯雲迦關以備之。」武宗會昌元年（八四一）八月，「天德軍使田牟、監軍韋仲平欲擊回鶻以求功。」宰相李德裕以爲不可。會昌二年八月，回鶻烏介可汗南寇大同川，「詔發陳許徐汝襄陽等兵屯太原及振武、天德，俟來春驅逐回鶻。」三年正月，烏介可汗帥衆侵逼振武，劉沔遣麟州刺史石雄等爲先鋒，「大破回鶻於殺胡山。可汗被瘡，與數百騎遁去。雄迎太和公主以歸，斬首萬級，降其部落二萬餘人。」又舊唐書卷一八上武宗本紀上載，會昌三年二月，劉沔奏曰：「昨率諸道之師至大同軍，遣石雄襲回鶻牙帳。雄大敗回鶻於殺胡山，烏介可汗被創而走，已迎得太和公主至雲州。」御制云：「河東立功將士已下，優厚賞給，續條疏處分，應在京外宅及東都修功德回紇，并勒冠帶，各配諸道收管。」温德彝開成五年任天德軍使，後不詳。據温庭筠詩，温德彝當參與會昌三年討伐回鶻之戰。考范攄雲溪友議卷中「白馬吟」條謂温詩作於謫方城時，夏承燾温飛卿繫年將温詩擬繫於會昌三年，謂雲溪友議之説誤。按温詩乃傷悼德彝之作，追述會昌初回鶻犯邊戰事云「昔年」，則決非會昌三年作。據傅璇琮主編唐才子傳校箋卷八，温庭筠自國子監助教謫方城尉乃咸通七年冬（夏承燾繫年據花間集著録「温助教」、晁公武郡齋讀書志卷四温集下注「終國子助教」等，擬定謫方城尉在咸通四年，後還國子助教。按宋人寶刻叢編卷八「京兆府萬年縣」著録唐國子助教温庭筠墓志署「弟庭皓撰，咸通七年」，蓋庭筠自國子監助教謫方城尉，未到任即下世，故後人仍稱「温助教」），時距會昌初已二十餘年，與「昔年」相稱，范攄之説似不誤，温詩蓋是年謫方城而未及啓程時作於長安（按四庫全書總目卷一四〇雲溪友議提要謂范爲「僖宗時人」，雖指出書中諸多失實之處，仍稱其「以唐人説唐詩，耳目所接，終較後人爲近」）。據温、韋詩意，德彝於文宗會昌初征戰邊塞，約武宗大中六、七年間（韋詩云「十年空逐塞鴻歸」）還京未獲封賞，賦閑直至僖宗咸通年間去世（温詩云「侯印不聞封李廣」，韋詩云「身著文皇舊賜衣」、末句一作「壯心無事别無機」）。韋詩當亦作於長安，時温德彝尚在世，當在庭筠咸通七年所作傷悼詩之前。考韋莊咸通二年入京應舉前閑居虢州約十年（見卷一冬日長安感志寄獻虢州崔郎中二十韻注〔一〕），咸通三、四年間游瀟湘（卷一三用韻約作於咸通三年秋，有云「瀟湘期釣侣，鄠杜别家林」），則本詩殆咸通二、三年間所作。

〔二〕金微：山名，又稱金山，即阿爾泰山，在新疆北部、内蒙古西部。按，金山遠在振武西北，詩云「向金微」乃虚飾之言。張仲素秋思其一：「夢裏分明見關塞，不知何路向金微。」榆關：即榆林關，在榆林縣（治所在今内蒙古准格爾旗東北）。元和郡縣圖志卷四關内道四勝州「榆林縣」：「榆林關，在縣東三十里。東北臨河，秦却匈奴之處，隋開皇三年於此置榆林關。」

〔三〕都護：漢唐時邊塞軍政長官。漢書卷七〇鄭吉傳載漢宣帝時，「吉既破車師，降日逐，威震西域，遂并護車師以西北道，故號都護。都護之置自吉始焉。」師古曰：「并護南北二道，故謂之都。都猶大也，總也。」通典卷三二職官十四云：「大唐永徽中始於邊方置安東、安西、安南、安北四大都護府。後又加單于、北庭都護府。」

〔四〕「身著」句：言温氏未獲當朝封賜。文皇，指唐文宗李昂，寶曆二年（八二六）十二月至開成五年（八四〇）一月在位。舊唐書卷一七文宗本紀下：開成五年（八四〇）正月四日，「上崩於大明宫之太和殿，壽享三十三。群臣謚曰元聖昭獻皇帝，廟號文宗。」

〔五〕「滿頭」句：温德彝在文宗、武宗朝歷河中都將、天德軍使等，久經戎事。文宗大和三年（八二九）十一月，南詔寇西川，温德彝曾奉詔征討，隨後又佐温造平定興元軍亂。舊唐書卷一六五温造傳載，大和四年（八三〇），興元軍亂，殺刺史李絳。温造奉詔夷亂，「帝慮其勞費，造奏曰：『臣計諸道征蠻之兵已回，俟臣行程至褒縣，望賜臣密詔，使受約束。比臣及興元，諸軍相繼而至，臣用此足矣。』乃授造手詔四通，神策行營將董重質、河中都將温德彝、郃陽都將劉士和等，咸令稟造之命」。

【集評】

毛張健唐體膚詮卷四：此邊將之老於塞上者。曰「昔」、曰「十年」、曰「舊賜衣」、曰「滿頭霜雪」，無意點綴，自成結構。

陶元藻唐詩向榮集卷三：（五、六句）俊拔之語，律詩中最易動目。

春日〔一〕

忽覺東風景漸遲，野梅山杏暗芳菲。落星樓上吹殘角〔二〕，偃月營中掛夕暉〔三〕。旅夢亂隨蝴蝶散〔四〕，離魂漸逐杜鵑飛〔五〕。紅塵遮斷長安陌，芳草王孫暮不歸〔六〕。

【校記】

〔風〕原注：「一作君。」〔魂〕原注：「一作情。」〔遮〕原注：「一作望。」

【箋注】

〔一〕據「落星樓」句，此詩當作於金陵。又按才調集卷三録此詩列憶昔後，疑作於中和三年客周寶幕之初。

〔二〕落星樓：故址在今南京東北。文選卷五左思吳都賦：「數軍實乎桂林之苑，饗戎旅乎落星之樓。」劉淵林注：「吳有桂林苑、落星樓，樓在建鄴東北十里。」太平御覽卷一七六居住部四樓引金陵地記：「吳嘉禾元年，於桂林苑落星山起三重樓，名曰落星樓。」

〔三〕偃月營：又名偃月陣，古時軍中所置半月狀營陣。此指軍營。三國志卷二五魏書楊阜傳：「阜率國士大夫及宗族子弟勝兵者千餘人，使從弟岳於城上作偃月營，與超接戰。」

〔四〕「旅夢」句：莊子齊物論：「昔者莊周夢爲胡蝶，栩栩然胡蝶也，自喻適志與，不知周也。俄然覺，則蘧蘧然周也。不知周之夢爲胡蝶與，胡蝶之夢爲周與？周與胡蝶則必有分矣。此之謂物化。」

〔五〕「離魂」句：華陽國志卷三蜀志：「七國稱王，杜宇稱帝，號曰望帝。……會有大災，其相開明決玉壘山以除水害。帝遂委以政事，法堯舜禪授之義，遂禪位於開明，帝升西山隱焉。時適二月子規鳥鳴，故蜀人悲子規鳥鳴也。」太平御覽卷一六六州郡部一二益州引十三州志曰：「當七國稱王，獨杜宇稱帝於蜀。……時巫山壅江，蜀地洪水。望帝使鱉冷鑿巫山治水，有功，望帝自以德薄，乃委國禪鱉冷，號開明。遂自亡去，化爲子規，故蜀人聞鳴曰我望帝也。又云望帝使鱉冷治水而淫其妻。冷還，帝慚，遂化爲子規。」

〔六〕「芳草」句：楚辭招隱士：「王孫遊兮不歸，春草生兮萋萋。」

【集評】郝天挺注、廖文炳解唐詩鼓吹注解卷一〇：（廖文炳解）此春日在吳觸物懷鄉而作也。首言吾於客中忽覺春色之遲遲，野梅山杏亦芳菲菲其蔽目焉，時則殘角吹於落星之樓上，夕陽墜於偃月之營中，此皆有以動吾思歸之念者也。所以羈旅之夢每隨蝴蝶而散，別離之魂又逐杜鵑而飛，宜乎其早賦歸歟矣。今者回首長安，但見紅塵滿陌而芳草青青，王孫未返，此情當何似耶！

朱三錫東嵒草堂評訂唐詩鼓吹卷一〇：一向潦倒風塵，昏昏懂懂，不知今日何日，瞥見野梅紅杏，知是春深時候，故起云「忽覺」也，言下有流落他鄉、生意憔悴口吻。「吹殘角」、「掛夕暉」，言所見所聞無非愁況。旅夢，還家之夢，曰亂隨而散者，是顛倒失序，夢不成夢也。離魂，思家之魂，曰潛逐而飛者，是飄忽無措，魂失其魄也。到此地位，惟以早賦歸歟爲第一要着耳。

錢謙益、何焯唐詩鼓吹評注卷一〇：嘆偃武之失望也。

顧嗣立寒廳詩話：詩家點染法，有以地名襯物色者，如韋端己「落星樓上吹殘角，偃月營中掛夕暉」是也。

紀昀墨評唐詩鼓吹卷一〇：結兩句暗寓乘輿播遷之意，非自謂也。

早秋夜作〔一〕

翠簟初清暑半銷，撇簾松韻送輕飆。莎草露永琴書潤，山郭月明砧杵遥。傍砌綠苔鳴蟋蟀，遶簷紅樹織蠨蛸〔二〕。不須更作悲秋賦〔三〕，王粲辭家鬢已凋〔四〕。

【校記】

〔輕飆〕向校：「全唐詩注：『一作風飆。』」

【箋注】

〔一〕按韋藹浣花集序謂莊廣明之後,「流離漂泛,寓目緣情。子期懷舊之辭,王粲傷時之製。或離群軫慮,或反袂興悲。」本詩末云「王粲辭家鬢已凋」,當作於中和年間流離避亂時。又題曰「早秋」,考莊中和二年秋後逃出長安,三年春夏間至江南,本詩蓋作於是年秋。

〔二〕蟰蛸:長脚蜘蛛。爾雅釋蟲:「蟰蛸,長踦。」注:「小蜘蛛,長脚者,俗呼爲喜子。」

〔三〕悲秋賦:宋玉九辯:「悲哉秋之爲氣也,蕭瑟兮草木揺落而變衰。」

〔四〕王粲:字仲宣,山陽高平(治所在今山東微山縣西北)人。漢末著名詩人、辭賦家,「建安七子」之一,避亂荆州時作登樓賦有云:「雖信美而非吾土兮,曾何足以少留。遭紛濁而遷逝兮,漫逾紀以迄今。情眷眷而懷歸兮,孰憂思之可任!」

【集評】

胡以梅唐詩貫珠卷四九:「初清」却在「翠簟」,旁邊落下,妙!「撇簾」顧乃「松韻」,亦不犯風之正位,皆妙法。撇,猶捲也。餘皆清潤。

寄江南逐客〔一〕

二年音信阻湘潭〔二〕,華下相思酒半酣。記得竹齋風雨夜,對牀孤枕話江南。

【箋注】

〔一〕首句言二年未獲湘潭「逐客」之音信,末聯蓋追憶兩年前湘潭夜話情形。按卷一三用韻疑作於咸通三年秋,有云「瀟湘期釣侶,鄠杜别家林」,知莊咸通三、四年間曾游湘,則本詩或作於咸通六年左右,時在華州。

〔二〕湘潭：唐縣名，治所在今湖南衡山東北。元和郡縣圖志卷二九江南道五潭州：「湘潭縣，本漢湘南縣地，吳分立衡陽縣，晉惠帝更名衡山，歷代并屬衡陽郡，隋改屬潭州。天寶八年改名湘潭。」

冬　夜〔一〕

睡覺寒爐酒半銷，客情鄉夢兩遥遥。無人爲我磨心劍，割斷愁腸一寸苗〔二〕。

【箋注】

〔一〕按詩中「客情鄉夢兩遥遥」、「割斷愁腸一寸苗」，與同卷宿泊孟津寄三堂友人「只恐愁苗生兩鬢」、卷一冬日長安感志寄獻虢州崔郎中二十韻「客舍正甘愁寂寂」情調相類，疑作於咸通二年冬長安應舉期間。

〔二〕「無人」兩句：章孝標錢塘贈武翊黄：「曾將心劍作戈矛，一戰名場造化愁。」

又聞湖南荆渚相次陷没〔一〕

幾時聞唱凱旋歌，處處屯兵未倒戈〔二〕。天子只憑紅旆壯，將軍空恃紫髯多〔三〕。屍填漢水連荆阜，血染湘雲接楚波〔四〕。莫問流離南越事，戰餘空有舊山河〔五〕。

【箋注】

〔一〕據新唐書卷九僖宗紀，乾符六年（八七九）閏十月，「黄巢陷潭、澧二州」；十一月六日，「黄巢陷江陵」；二十二日，「山南東道節度使劉巨容及黄巢戰於荆門，敗之。十二月壬辰，克江陵。」故舊唐書卷一九下僖宗紀載唐僖宗廣明元年（八八〇）正月一日改元詔有云：「賴近者嚴敕師徒，稍聞勝捷，皆明聖之潛祐，寧菲德以言功。」此詩云「幾時聞唱凱旋歌，處處屯兵未倒戈」，則尚不知官軍克江陵之事，當在僖宗改元詔發布之前，蓋作於乾符六年十一、十二月間，據末聯，時蓋流離南越。湖南，湖南觀察使，治潭州（今湖南長沙）。荆渚，指江陵府（治所在今湖北江陵），唐肅宗上元元年（七六〇）改荆州置。府城有渚宫（春秋時楚國別宫）。

〔二〕倒戈：倒轉戈矛，指投降。按舊唐書卷一九下僖宗紀引唐僖宗廣明元年正月一日改元詔云：「如未倒戈，即登時剪撲。」

〔三〕紫髯：指沙陀兵。沙陀爲西突厥別部，又號沙陀突厥。白居易西涼伎：「紫髯深目兩胡兒，鼓舞跳梁前致辭。」據資治通鑑卷二五三載，乾符五年正月，王仙芝攻荆南，節度使楊知温告急於山東道節度使李福，「福悉其衆自將救之。時有沙陀五百在襄陽，福與之俱。至荆門，遇賊，沙陀縱騎奮擊破之。仙芝聞之，焚掠江陵而去。」蓋唐軍鎮壓黄巢起義軍頗依重於沙陀，而今江陵失陷，故詩人有「空恃」之嘆。

〔四〕「屍填」兩句：資治通鑑卷二五三載，乾符六年（八七九）十月，「黄巢在嶺南，士卒罹瘴疫，死者什三四。其徒勸之北還，以圖大事。巢從之，自桂州編大桄數十，乘暴水沿湘江而下，歷衡、永州。癸未，抵潭州城下，李係嬰城不敢出戰。巢急攻，一日陷之。係奔朗州。巢盡殺戍兵，流屍蔽江而下。尚讓乘勝進逼江陵，衆號五十萬。時諸道兵未集，江陵兵不滿萬人。王鐸留其將劉漢宏守江陵，自帥衆趣襄陽，云欲會劉巨容之師。鐸既去，漢宏大掠江陵，焚蕩殆盡。士民逃竄山谷。會大雪，僵屍滿野。後旬餘，賊乃至。」

〔五〕「莫問」兩句：南越，指嶺南節度使，治廣州（今廣州市）。通典卷一八四州郡：「古南越，自嶺而南，當唐虞三代爲蠻夷之國，是百越之地，亦謂之南越。」據資治通鑑卷二五三載，乾符六年九月，黄巢攻陷廣州，「執節度使李迢，轉掠嶺南州縣。」又，上引僖宗改元詔亦有云：「東南州府遭賊之處，農桑失業，耕種不時。就中廣州、荆南、湖南，盜賊留駐，人户逃亡，傷夷最甚。」

【集評】

胡以梅唐詩貫珠卷二三：此傷黄巢寇湖南荆渚陷没也。……按此詩一、二言徒用兵，從未有奏凱旋，而處處尚執戈未倒；三、四刺任將非其人，只以紅旆爲烜赫，紫髯多者爲雄健。取外觀而無實效，以致漢水、荆山、湘江、洞庭尸横血染，慘不可言，更莫問廣州、南越之事，亦空剩舊山河而已。

家叔南遊却歸因獻賀〔一〕

繚繞江南一歲歸，歸來行色滿戎衣〔二〕。長聞鳳詔徵兵急〔三〕，何事龍韜獻捷稀〔四〕。旅夢遠依湘水闊，離魂空伴越禽飛〔五〕。遥知倚棹思家處，澤國煙深暮雨微。

【箋注】

〔一〕詩云「何事龍韜獻捷稀」，與前詩「幾時聞唱凱旋歌」同，約爲一時所作。前詩作於流離南越時，本詩云「歸來」，當返家後所作，蓋在廣明元年（八八〇）。又詩云「鳳詔徵兵急」，與史實亦相符。據資治通鑑卷二五三，乾符六年四月，「上以群盜爲憂」，以王鐸充荆南節度使、南面行營招討使。五月，王鐸奏以李係爲行營副都統兼湖南觀察使，「使將精兵五萬并土團屯潭州，以塞嶺北之路，拒黄巢。」舊唐書卷一九上僖宗紀載乾符六年十月，「時賊北逾大庾嶺，朝廷授（高）駢諸道行營兵馬都統。」

〔二〕行色：行役情狀。戎衣：軍衣。時處戰亂，故稱。

〔三〕鳳詔：皇帝詔書。初學記卷三〇鳥部鳳〔事對〕注引陸翽鄴中記曰：「石季龍皇后在觀上，有詔書五色紙，著鳳口中。鳳即銜詔，侍人放數百丈緋繩，轆轤回轉，鳳皇飛下。鳳以木作之，五色漆畫，咮脚皆用金。」

〔四〕龍韜：本爲古兵書六韜之一篇。此指戰事。

〔五〕「離魂」句：參見卷一和薛先輩見寄初秋寓懷即事之作二十韻注〔二〇〕。

楚行吟〔一〕

章華臺下草如煙〔二〕，故郢城頭月似弦〔三〕。惆悵楚宮雲雨後〔四〕，露啼華笑一年年。

【箋注】

〔一〕此詩疑作於咸通四年（八六三）前後游瀟湘時。

〔二〕章華臺：見卷一章臺夜思注〔一〕。

〔三〕郢：楚國都城，所指不一。此指南郢，故址在今湖北江陵縣北紀南城。

〔四〕楚宮雲雨：指楚宮歡游事。宋玉高唐賦序述楚懷王游高唐觀時夢遇巫山神女，神女臨別辭曰：「妾在巫山之陽，高丘之阻。旦爲朝雲，暮爲行雨，朝朝暮暮，陽臺之下。」神女賦序又述楚襄王游雲夢之浦亦夢遇神女。

卷第三　今體詩凡三十九首

洛陽吟　時大駕在蜀，巢寇未平，洛中寓居，作七言〔一〕。

萬户千門夕照邊〔二〕，開元時節舊風煙〔三〕。宫官試馬遊三市〔四〕，舞女乘舟上九天。胡騎北來空進主，漢皇西去竟昇仙〔五〕。如今父老偏垂涕，不見承平四十年〔六〕。

【箋注】

〔一〕按莊中和二年秋後逃出長安，三年春夏間至江南。本詩作於「洛中寓居」「時大駕在蜀，巢『寇』未平」，當在中和三年四月官軍復長安之前。又，莊中和三年新正日在商南道中（參見同卷新正日商南道中作寄李明府），而本詩追憶開元時節遊樂情形，疑作於是年上元節，初至洛陽，故題下注「洛中寓居」。

〔二〕萬户千門：指宫殿之衆多。晉書卷三六張華傳：「武帝嘗問漢宫室制度及建章千門萬户，華應對如流，聽者忘倦。畫地成圖，左右屬目。」

〔三〕開元：唐玄宗年號（七一三—七四一），爲唐代盛世，史稱「開元之治」。

〔四〕宫官：太子屬官或宦官。　三市：洛陽三大市名。陸機洛陽記（宛委山堂説郛本）：「三市，大市名也。金市在大城西，南市在大城南，馬市在大城東。」

〔五〕「胡騎」兩句：借安禄山叛亂事指黄巢起義。安禄山本胡人。據資治通鑑卷二一七、二一八，唐玄宗天寶十四載（七五五）十一月，「禄山發所部兵及同羅、奚、契丹、室韋凡十五萬衆，號二十萬，反於范陽。」十二月陷東京洛陽，縱兵殺掠。至德元年（七五六）六月，破潼關，京師大駭，玄宗西幸，「妃主、王孫之在外者皆委之而去」。又卷二五四載，廣明元年十一月，黄巢自稱天補大將軍，將入東都，僖宗召宰相議之，觀軍容使田令孜曰：「昔安禄山構逆，玄宗幸蜀以避之。」十二月，巢軍破潼關，僖宗西幸，「惟福、穆、澤、壽四王及妃嬪數人從行，百官皆莫知之。」巢軍入京，「居數日，各出大掠，焚市肆，殺人滿街，巢不能禁。尤憎官吏，得者皆殺之。」

〔六〕「如今」兩句：檢資治通鑑卷二四六至卷二五二，自唐武宗會昌初回鶻患邊至僖宗乾符初年王仙芝、黄巢起義三、四十年間，内憂外患不斷。如會昌四年，河東都將楊弁兵變；宣宗大中元年，吐蕃誘党項、回鶻寇河西；三年，徐州、盧龍軍亂；五年，蓬州、果州民起義；六年，衡州鄧裴起義，党項復擾邊；九年，浙東軍亂；十一年，嶺南溪洞蠻屢爲侵盜；十二年，嶺南、湖南、江西、宣州先後軍亂；十三年，浙東裘甫起義；懿宗咸通初，南詔屢陷交趾、邕州等，七年，高駢破南詔軍，收復交趾；八年，懷州民起義；九年，龐勛起義，克宿、徐、滁、和、泗等州；十年，南詔陷嘉、黎、雅、邛等州；十一年，南詔攻成都，敗退；十四年，南詔寇西川、黔南。

過舊宅〔一〕

華軒不見馬蕭蕭〔二〕，廷尉門人久寂寥〔三〕。朱檻翠樓爲卜肆〔四〕，玉欄仙杏作春樵。階前雨落鴛鴦瓦〔五〕，竹裏苔封螮蝀橋〔六〕。莫問此中銷歇事〔七〕，娟娟紅淚泣芭蕉〔八〕。

【校記】

〔歇事〕向校：「席刻本、全唐詩俱作歇寺。」〔泣〕向校：「全唐詩作滴。」

【箋注】

〔一〕據尾聯意，此詩蓋歷經黄巢起義等世事之後所作。又詩中「華軒」、「廷尉門人」、「朱檻翠樓」、「玉欄仙杏」云云，與鄠杜、下邽、虢州、洛北等地舊居均不合，當指長安舊宅。按卷一〇長安舊里作於乾寧四年（八九七）春，本詩蓋爲一時之作。

〔二〕華軒：豪華車駕。軒，古時卿大夫及諸侯夫人所乘之車。

〔三〕「廷尉」句：史記卷一二〇汲鄭列傳：「下邽翟公有言，始翟公爲廷尉，賓客闐門；及廢，門外可設雀羅。」

〔四〕卜肆：占卜的鋪子。史記卷一二七日者列傳：「（宋忠、賈誼）二人即同輿而之市，游於卜肆中。」

〔五〕鴛鴦瓦：成對之瓦。一説俯仰相對之瓦。白居易長恨歌：「鴛鴦瓦冷霜華重，翡翠衾寒誰與共。」

〔六〕螮蝀（dì dōng）橋：拱橋。螮蝀，同蝃蝀，即虹。李白古風之二：「螮蝀入紫微，大明夷朝暉。」

〔七〕銷歇事：往事。銷歇，亦作消歇，即消散。庾信擬咏懷之五：「壯情已消歇，雄圖不復申。」

〔八〕紅淚：拾遺記卷七載常山女子薛靈芸貌美而家貧，郡守谷習以重金賂聘獻於魏文帝，「靈芸聞别父母，歔欷累日，淚下霑衣。至升車就路之時，以玉唾壺承淚，壺即紅色。既發常山，及至京師，壺中淚凝如血矣。」

喻東軍〔一〕

四年龍馭守峨嵋，鐵馬西來步步遲〔二〕。五運未教移漢鼎〔三〕，六韜何必待秦師〔四〕。幾時鸞鳳歸丹闕〔五〕，到處烏鳶從白旗〔六〕。獨把一罇和淚酒，隔雲遥奠武侯祠〔七〕。

【箋注】

〔一〕據資治通鑑卷二五五載，中和三年九月，「加（時）溥東面兵馬都統」。中和四年正月，「黄巢兵尚强。周岌、時溥、朱全忠不能支，共求救於河東節度使李克用。」此詩即爲時溥等求救於李克用之事而作，故云「六韜何必待秦師」（見注〔三〕），蓋中和四年（八八四）初作於潤州。官軍已於中和三年四月收復長安，僖宗於中和元年（八八一）正月至成都，已歷時四年，尚未還京，故詩云「四年龍馭守峨嵋」、「鐵馬西來步步遲」、「幾時鸞鳳歸丹闕」。東軍，指東面兵馬都統時溥所屬軍隊。

〔二〕鐵馬：指護駕禁軍。全唐文卷七六七鄭畋討巢賊檄：「皇帝親御六師，即離三蜀。霜戈萬隊，鐵馬千群。」

〔三〕「五運」句：指中和三年四月，黄巢起義軍爲官軍所迫退出長安。五運：即天道。古以天道乃五行運轉、相生相克，故稱五運。漢鼎：漢代社稷。此以漢指唐。鼎，本爲古代一種三足兩耳的烹飪器具。傳説夏禹鑄九鼎以象征九州，後遂以鼎代指國家。

〔四〕「六韜」句：指時溥求救於李克用之事。按詩人對唐軍依仗沙陀李克用鎮壓黄巢軍不以爲然，如卷二又聞湖南荆渚相次陷没云：「天子只憑紅旆壯，將軍空恃紫髯多。」六韜：本爲古代一種兵書，包括文韜、武韜、龍韜、虎韜、豹韜、犬韜六篇。此指兵略之事。秦師：左傳定公四年：「吳師陷楚郢，楚昭王奔隨，楚大夫申包胥赴秦乞師。「秦伯（哀公）使辭焉，曰：『寡人聞命矣，子姑就館，將圖而告。』對曰：『寡君越在草莽，未獲所伏，下臣何敢即安？』立依於庭牆而哭，日夜不絶聲，勺飲不入口，七日，秦哀公爲之賦無衣，九頓首而坐，秦師乃出。」

〔五〕鸞鳳：鳳凰一類神鳥，古人用以喻有德之君。此指唐僖宗。屈原離騷王逸題解曰：「虬龍鸞鳳，以託君子。」

丹闕：赤色宮門，代指朝廷。

〔六〕「到處」句：指黄巢軍敗退。吴越春秋卷七句踐入臣外傳載越王句踐敗於吴王夫差，將入吴稱臣，與諸大夫别於浙江之上，群臣垂泣。越王夫人見烏鵲啄江渚之蝦，飛去復來，作歌有云：「仰飛鳥兮烏鳶。」白旗：爲黄巢軍旗。資治通鑑卷二五四：唐僖宗廣明元年十二月庚辰，「是日黄巢前鋒軍抵關下，白旗滿野，不見其際。」

〔七〕武侯祠：三國時蜀相諸葛亮（封武鄉侯）之廟，在今四川成都市南郊。

【集評】

杜詔、杜庭珠中晚唐詩叩彈集卷一二：杜詔曰：此詩風高駢也。時駢加東面都統。轟按，此説誤。據資治通鑑卷二五四，中和二年二月，「加淮南節度使高駢東面都統。」十二月，「王鐸以高駢爲諸道都統，無心討賊，自以身爲首相，發憤請行，懇款流涕，至於再三。上許之。二年春正月辛亥，以王鐸兼中書令，充諸道行營都統，權知義成節度使，俟罷兵復還政府。高駢但領鹽鐵轉運使，罷其都統及諸使。」則高駢於中和二年初已罷都統，時僖宗幸蜀僅兩年，詩云「四年」，知非諷高駢也。

清河縣樓作〔一〕

有客微吟獨憑樓，碧雲紅樹不勝愁。盤鵰迴印天心没，遠水斜牽日脚流〔二〕。千里戰塵連上苑〔三〕，九江歸路隔東周〔四〕。故人此地揚帆去，何處相思雪滿頭。

【箋注】

〔一〕詩云「碧雲紅樹不勝愁」，時屬秋季（按莊詩中「紅樹」語屢見，如卷二早秋夜作「遶簷紅樹織蠨蛸」、卷四洹縣山中尋李書記山居不遇留題河次店「白雲紅樹峴峴東」、卷六饒州餘干縣琵琶洲……「一灘紅樹留佳氣」、衢州江上别李秀才「千山紅樹萬山雲」等，均屬秋景）。考莊中和二年秋尚在長安（參見同卷聞官軍繼至未睹凱旋歌注〔一〕），三年夏初已至江南（參見卷四題淮陰侯廟注〔一〕），本詩作於清河縣（據元和郡縣圖志卷一六，清河「西南至上都一千八百二十里」），當非中和二年或三年所作；又中和三年四月，官軍復長安，則「戰塵連上苑」亦非指巢軍占據京城之事。據資治通鑑卷二五六，光啓元年十二月，李克用逼京師，僖宗再幸梁洋。二年四月，朱玫逼鳳翔百官奉襄王熅權監軍國事，玫自兼左、右神策十軍使，帥百官奉熅還京師。五月，朱玫大行封拜以悦藩鎮。六月，王重榮、李克用合兵討朱玫。十月，熅即皇帝位，改元建貞。十二月，王行瑜殺朱玫，鄭昌圖奉熅奔河中，王重榮詐爲奉迎，執熅殺之。按莊於光啓二年夏初自浙西游汴宋，往陳倉迎駕未成，還過相州歸金陵（見卷四夏初與侯補闕江南有約……題注），本詩當作於光啓二年（八八六）秋，「千里戰塵連上苑」即指王重榮、李克用合兵討朱玫事。　清河縣：治所在今河北清河西北。元和郡縣圖志卷一六河北道一貝州「清河縣」：「本漢信成縣地，屬清河郡。後漢省信成縣置清河縣，至隋不改，皇朝因之。」

〔二〕日脚：穿過雲隙下射的日光。杜甫羌村三首其一：「崢嶸赤雲西，日脚下平地。」

〔三〕上苑：皇家林園。此代指京城。新唐書卷一〇三蘇世長傳附蘇良嗣傳：「帝遣宦者采怪竹江南，將蒔上苑。」

〔四〕「九江」句：蓋謂故人將經洛陽歸九江。九江，指江州（治所在今江西九江）。元和郡縣圖志卷二八江南道四江州：「（禹貢）荆州云『九江孔殷』，今州西北二十五里九江是也。」晉太康十年置江州。隋大業三年罷江州爲九江郡。武德四年復置江州。　東周：指洛陽。公元前七七〇年，周平王遷都雒邑（今河南洛陽），史稱東周。

北原閑眺〔一〕

春城迴首樹重重，立馬平原夕照中。五鳳灰殘金翠滅〔二〕，六龍游去市朝空〔三〕。千年王氣浮清洛〔四〕，萬古坤靈鎮碧嵩〔五〕。欲問向來陵谷事〔六〕，野桃無語淚華紅。

【箋注】

〔一〕按北原指洛陽附近北邙山；「六龍游去」指僖宗西幸，或指廣明元年十二月至光啓元年三月間幸蜀，或指光啓元年十二月至文德元年二月間再幸梁洋。此間韋莊客洛凡兩次，一在中和三年初自長安逃至洛陽；一在光啓二年秋陳倉迎駕途經洛陽。本詩云「春城」，當作於中和三年春。北原：指北邙山，又稱北邙坂、北山。元和郡縣圖志卷五河南道一河南府「偃師縣」：「北邙山，在縣北二里，西自洛陽縣界東入鞏縣界。」北史卷七九王世充傳載王世充與李密洛陽之戰：李密軍偃師北山上，王世充遣騎兵「潛登北原，乘高而下，馳壓密營」。

〔二〕「五鳳」句：謂洛城爲戰火所焚。五鳳，東都樓闕名，此代指洛城。新唐書卷一九四元德秀傳：「玄宗在東都，酺五鳳樓下，命三百里縣令、刺史各以聲樂集。」資治通鑑卷二五三：廣明元年九月，「東都奏：汝州所募軍李光庭等五百人自代州還，過東都，燒安喜門，焚掠市肆，由長夏門去。」

〔三〕六龍：指皇帝御駕。李白上皇西幸南京歌十首其四：「誰道君主行路難，六龍西幸萬人歡。」市朝：名利之所。此指東都洛陽。戰國策卷三秦一載張儀説秦惠王有云：「臣聞爭名者於朝，爭利者於市。今三川、周室，天下之市朝也，而王不爭，顧爭於戎狄，去王業遠矣。」

〔四〕王氣：帝王之氣。三國志卷五三吳書張紘傳：「紘建計宜出都秣陵，權從之。」裴松之注引江表傳載張紘語：

「秣陵，楚武王所置，名爲金陵。地勢岡阜連石頭。訪問故老，云秦始皇東巡會稽經此地，望氣者云金陵地形有王者都邑之氣，故掘斷連岡，改名秣陵。」

〔五〕坤靈：地神。易説卦：「坤也者，地也，萬物皆致養焉。」藝文類聚卷四七引揚雄司空箴曰：「昔彼坤靈，並天作合。」

〔六〕陵谷事：指盛衰變遷之世事。詩小雅十月之交：「百川沸騰，山冢崒崩。高岸爲谷，深谷爲陵。」

【集評】胡以梅唐詩貫珠卷三八：此洛陽眺望之作。先於城中回首，見已春樹重重。及至立馬平原夕照之中，但見五鳳樓已燒毁，金翠之色無存，當時六龍駕去，市朝已空，止存千年王氣尚浮清洛，萬古坤靈徒鎮碧嵩。欲問是陵是谷，變遷不可問，惟有野桃笑於東風已爾。當黄巢傾蕩之後，雖不致高岸爲谷，深谷爲陵，而變遷甚矣。

黄叔燦唐詩箋注卷六：喪亂之餘，宫闕灰燼，惟見洛波之王氣空存，嵩翠之坤靈如故。……「野桃無語」句即禾黍之悲也。

贈戍兵〔一〕

漢皇無事暫遊汾〔二〕，底事狐狸嘯作群〔三〕。夜指碧天占晉分〔四〕，曉磨孤劍望秦雲。紅旌不卷風長急，畫角閑吹日又曛。止竟有征須有戰〔五〕，洛陽何用久屯軍。

【箋注】

〔一〕按卷二重圍中逢蕭校書約中和二年（八八二）秋作於長安，有云「底事征西將，年年戍洛陽」。考莊中和三年春已在洛陽（見補遺秦婦吟），夏初已至淮陰（見卷四題淮陰侯廟），本詩題作「贈戍兵」，云「洛陽何用久屯軍」，蓋中和三年初作於洛陽。

〔二〕「漢皇」句：指唐僖宗幸蜀。莊子逍遥遊：「堯治天下之民，平海内之政，往見四子藐姑射之山，汾水之陽，窅然喪其天下焉。」何遜九日侍宴樂游苑：「於焉藉多幸，歲暮仰遊汾。」

〔三〕狐狸嘯作群：指黄巢起義軍。全唐文卷七六七鄭畋討巢賊檄：「誓與義士忠臣，共剪狐鳴狗盜。」

〔四〕占晉分：觀察晉地分星以辨妖祥。此與前「遊汾」語相承，并非寫實。按，古天文學説將天上星辰與地上州、國對應，天文上稱分星，地域上稱分野。周禮春官保章氏：「掌天星，以志星辰日月之變動，以觀天下之遷，辨其吉凶。以星土辨九州之地。所封封地，皆有分星，以觀妖祥。」

〔五〕止竟：究竟。元稹六年春遣懷：「止竟悲君須自省，川流前後各風波。」司空圖狂題：「止竟閑人不愛閑，只偷無事閉柴關。」

睹軍回戈〔一〕

關中群盜已心離，關外猶聞羽檄飛〔二〕。御苑緑莎嘶戰馬，禁城寒月擣征衣。漫教韓信兵塗地〔三〕，不及劉琨嘯解圍〔四〕。昨日屯軍還夜遁，滿車空載洛神歸〔五〕。

【箋注】

〔一〕詩中所記蓋指中和元年（八八一）四月官軍攻入長安後不久即潰逃之事（見注〔二〕、〔三〕、〔五〕），云「昨日屯軍還夜遁」，當爲同時之作。回戈，即回師。按夏承燾韋端己年譜繫此詩於中和三年四月李克用攻長安之前作於洛陽，蓋據末句「洛神」語而斷爲洛陽所作。此説欠妥，其一，「洛神」乃借指官軍所掠妓妾，似不當據以考定作詩之地點。其二，檢有關史料，中和三年四月李克用攻長安之前并無官軍被困、「兵塗地」、「夜遁」之事，與詩中所述不合。其三，詩中「御苑」、「禁城」語可參證此詩作於長安。

〔二〕「關中」兩句：此謂官軍反攻，黄巢軍敗退，軍心渙散。資治通鑑卷二五四：廣明元年（八八〇）十二月，黄巢軍入長安，「居數日，各出大掠，焚市肆，殺人滿街，巢不能禁。尤憎官吏，得者皆殺之。……巢遣使調發河中，前後數百人，吏民不勝其苦。」中和元年（八八一）三月，以鄭畋爲京城四面諸軍行營都統，涇原節度使程宗楚爲副都統，前朔方節度使唐弘夫爲行軍司馬，敗尚讓等於龍尾坡，「斬首二萬餘級，伏尸數十里」。或賦詩於尚書省門以嘲之，「尚讓怒，應在省官及門卒，悉抉目倒懸之，大索城中能爲詩者盡殺之，識字者給賤役。凡殺三千餘人。……甲子，畋傳檄天下藩鎮，合兵討賊。時天子在蜀，詔令不通，天下謂朝廷不能復振，及得畋檄，爭發兵應之，賊懼不敢復窺京西。」四月，官軍圍逼長安，「唐弘夫屯渭北，王重榮屯沙苑，王處存屯渭橋，拓跋思恭屯武功，鄭畋屯盩厔。弘夫乘龍尾之捷，進薄長安。」羽檄，即羽書，古時徵調軍隊的文書。漢書卷一下高祖紀下：「吾以羽檄徵天下兵，未有至者。」師古曰：「檄者，以木簡爲書，長尺二寸，用徵召也。其有急事，則加以鳥羽插之，示速疾也。」

〔三〕「漫教」句：此句合下句，反用韓信、劉琨二典事，寫官軍敗退。漫教，徒教。韓信，西漢淮陰（今江蘇清江西南）人。初從項羽，不得志，轉而輔佐劉邦，拜大將。漢初，封淮陰侯。史記卷九二淮陰侯列傳載信自稱將兵「多多而益善」。此蓋借指鄭畋。據資治通鑑卷二五四載，中和元年四月五日，鄭畋部將收復長安。「賊露宿霸上，詗知官軍不整，且諸軍不相繼。引兵還襲之，自諸門分入，大戰長安中，（程）宗楚、（唐）弘夫死，軍士負重不能走，是以甚敗，死者什八。（王）處存收餘衆還營。丁亥（十日），巢復入長安。」

〔四〕劉琨：字越石，晉中山魏昌（今河北無極東北）人。晉書卷六二劉琨列傳載琨「在晉陽嘗爲胡騎所圍數重，城中窘迫無計，琨乃乘月登樓清嘯。賊聞之，皆凄然長嘆。中夜奏胡笳，賊又流涕歔欷，有懷土之切。向曉復吹之，賊並棄圍而走。」又載劉琨上（晉）愍帝疏有言：「高祖以韓信爲大將而成王業。」

〔五〕「昨日」兩句：據資治通鑑卷二五四載，當時官軍入長安，「軍士釋兵入第舍，掠金帛妓妾。」洛神，洛水之神，此借指妓妾。曹植洛神賦序曰：「黄初三年，余朝京師，還濟洛川。古人有言，斯水之神，名曰宓妃。」

【集評】

胡以梅唐詩貫珠卷二三：今此詩蓋言是時（王）處存軍回渭北事也，言群盜見勤王之師雲集業已心離，乃關外猶聞羽檄飛馳，蓋是赴太原請（李）克用耳。京師御苑，賊仍牧馬；禁城月下，多搗戎衣。漫教韓信之行兵却致塗地，而不及劉琨之舒嘯以解胡圍。當時處存志懷忠憤，人情與之，故雖敗猶以韓信目之耳。結言諸屯軍有劫掠女子而夜遁者，傷生民之苦而責於將帥也。合之本紀，乃實録矣。韓信原無兵塗地之事，今不過尊其將而言其敗。

中渡晚眺〔一〕

魏王堤畔草如煙〔二〕，有客傷時獨扣舷。妖氣欲昏唐社稷〔三〕，夕陽空照漢山川。千重碧樹籠春苑，萬縷紅霞襯碧天。家寄杜陵歸不得〔四〕，一回迴首一潸然。

【箋注】

〔一〕按莊中和二年秋尚在長安，不久至雲陽（參見卷二重圍中逢蕭校書、贈雲陽縣裴明府注〔一〕）。本詩云「魏王堤」、「草如煙」、「碧樹籠春苑」，當作於洛陽，時屬春季；又云「妖氣欲昏唐社稷」，知作於中和三年四月官軍復長安之前。

〔二〕魏王堤：故址在今洛陽舊城西南。徐松唐兩京城坊考卷五：洛水出皇城端門，「經尚善、旌善二坊之北，南溢爲魏王池。」張穆校補：「與雒水隔堤。初建都，築堤壅水北流，下與雒水潛通，深處至數頃，水鳥翔泳，荷芰翻覆，爲都城之勝地。貞觀中以賜魏王泰，故號魏王池。」白居易魏王堤：「何處未春先有思，柳條無力魏王堤。」

〔三〕「妖氣」句：言黄巢軍攻占京城。妖氣，杜甫舟中出江陵南浦奉寄鄭少尹審：「社稷纏妖氣，干戈送老儒。」

〔四〕杜陵：今陝西西安東南。

河内别村業閑題〔一〕

阮氏清風竹巷深〔二〕，滿溪松竹似山陰〔三〕。門當谷路多樵客，地帶河聲足水禽。閑伴爾曹雖適意〔四〕，靜思吾道好霑襟〔五〕。鄰翁莫問傷心事，一曲高歌夕照沈。

【箋注】

〔一〕河内：唐縣名，治所在今河南沁陽。元和郡縣圖志卷一六河北道一懷州「河内縣」：「本春秋時野王邑，左傳曰『晉人執晏弱於野王』是也。漢以爲縣，屬河内郡。隋開皇十三年改爲河内縣，皇朝因之。」别村業：山村别業。

白居易朱陳村：「家家守村業，頭白不出門。」

〔二〕阮氏：指阮籍（字嗣宗）、阮咸（字仲容）叔侄二人，并稱「大小阮」，西晉陳留尉氏（今屬河南）人。世說新語任誕載阮籍、阮咸與嵇康、山濤、劉伶、向秀、王戎「七人常集於竹林之下，肆意酣暢，故世謂『竹林七賢』。」

〔三〕山陰：秦置縣名，因在會稽山之北而得名，隋改爲會稽縣，治所在今浙江紹興。世說新語言語：「王子敬曰：『從山陰道上行，山川自相映發，使人應接不暇。若秋冬之際，尤難爲懷。』」

〔四〕爾曹：即汝輩，指「樵客」、「水禽」。

〔五〕吾道：指平生志業。卷一關河道中有云「平生志業匡堯舜」。

聞官軍繼至未睹凱旋歌〔一〕

嫖姚何日破重圍〔二〕，秋草深來戰馬肥。已有孔明傳將略，更聞王導得神機〔三〕。陣前鼙鼓晴應響，城上烏鳶飽不飛〔四〕。何事小臣偏注目，帝鄉遥羡白雲歸〔五〕。

【箋注】

〔一〕據資治通鑒卷二五四、二五五，中和元年四月，官軍攻入長安又敗而退出（見睹軍回戈注〔一〕）。二年春正月，王鐸爲諸道行營都統。四月，「王鐸將兩川、興元之軍屯靈感寺，涇原屯京西，易定、河中屯渭北，邠寧、鳳翔屯興平，保大、定難屯渭橋，忠武屯武功，官軍四集。」十月，「黄巢兵勢尚强，王重榮患之，謂行營都監楊復光曰：『臣賊則負國，討賊則力不足。奈何？』」後王鐸從楊復光等人之見，「乃以墨敕召李克用」，遂於中和三年四月收復長安。本詩題曰「官軍繼至」、「未睹凱旋」，又有「秋草深」語，則當作於中和二年（八八二）秋。又細品詩題及「城上烏鳶飽不飛」語，參讀卷二重圍中逢蕭校書，時韋莊蓋尚在長安城中。

〔二〕嫖姚：亦作票姚、票鷂、剽姚，指漢嫖姚校尉霍去病。此借指唐將。漢書卷五五衛青霍去病傳：「霍去病，大將軍青姊少兒子也。……善騎射，再從大將軍。大將軍受詔，予壯士，爲票姚校尉，與輕勇騎八百直棄大軍數百里赴利，斬捕首虜過當。」師古曰：「票姚，疾勁之貌也。荀悦漢紀作票鷂字。去病後爲票騎將軍，尚取票姚之字耳。」杜甫寄田九判官：「宛馬揔肥春苜蓿，將軍只數漢嫖姚。」

〔三〕「已有」兩句：以孔明、王導喻鄭畋、王鐸。資治通鑑卷二五四：「(中和)二年春正月辛亥，以王鐸兼中書令，充諸道行營都都統，權知義成節度使，俟罷兵復還政府。高駢但領鹽鐵轉運使，罷其都統及諸使。聽王鐸自闢將佐。……(二月)己卯，以太子少傅分司鄭畋爲司空，兼門下侍郎同平章事，召詣行在，軍務一以咨之。以王鐸判户部事。」全唐文卷八六唐僖宗授鄭畋平章事依前都統制稱畋「簪裾禮樂，儼然丞相之風；旗幟鼓鼙，蔚爾將軍之貴」；授王鐸義成軍節度使兼中書令制：「當其危阽之時，實有整持之計。沈機累獻，秘畫頻聞。」卷八四三李茂貞請加贈鄭畋表謂黄巢軍攻占長安，御駕西幸後，「九州相望，初猶豫以從風；百辟無歸，半狐疑而委質。而畋峨冠竪髮，褒袖運籌。羅劍戟於樽前，列貔貅於麾下。」按王導，字茂弘，琅邪臨沂(今屬山東)人。東晉開國重臣，出將入相，歷仕元帝、明帝、成帝三朝。晉書卷六五王導列傳：「導少有風鑒，識量清遠。……時元帝爲琅邪王，與導素相親善。導知天下已亂，遂傾心推奉，潛有興復之志。帝亦雅相器重，契同友執。帝之在洛陽也，導每勸令之國。會帝出鎮下邳，請導爲安東司馬，軍謀密策，知無不爲。」輔佐元帝移鎮建康，結人心、納賢士，匡主寧邦，朝野號爲「仲父」，元帝比之蕭何。

〔四〕「城上」句：喻黄巢軍仍占居京城。漢樂府戰城南：「戰城南，死郭北，野死不葬烏可食。」按同卷喻東軍云：「到處烏鳶從白旗。」全唐文卷七六七鄭畋討巢賊檄稱黄巢軍居京師，「猶復廣侵田宅，濫瀆貨財。比溪壑以難盈，類烏鳶而縱攫。」

〔五〕「帝鄉」句：意即遥羨白雲歸帝鄉。見卷一尹喜宅注〔二〕，按該詩有「白雲空向帝鄉消」句。

【集評】胡以梅唐詩貫珠卷二三：此詩殆黄巢入京師，莊避出見官軍討賊尚未克復之作。言將軍何日破賊之重圍？目今秋草已深，戰馬已肥，且有孔明之智以傳將略，王導之能已得機宜，自可滅賊矣，何乃鼓鼙之聲未息，烏鳶飽食暴尸乎？何事而予小臣偏注望者？蓋謂帝鄉即是故鄉，不能與白雲同歸故耳。……今詩所指孔明謂（鄭）畋，王導即（王）鐸也。後畋卒，李茂貞爲鳳翔節度，表其功有云：「尋武侯之遺愛，城壘宛然；今叔子之高踪，涕零何極！」則孔明之稱有所自矣。

和集賢侯學士分司丁侍御秋日雨霽之作〔一〕

洛岸秋晴夕照長，鳳樓龍闕倚清光〔二〕。玉泉山淨雲初散，金谷樹多風正凉〔三〕。席上客知蓬島路，座中寒有柏臺霜〔四〕。多慚十載遊梁士〔五〕，却伴賓鴻入帝鄉〔六〕。

【箋注】

〔一〕詩末聯謂游幕約十載而入京。考莊廣明前並無十年游幕之經歷，本詩蓋景福元年（八九二）入京應舉途經洛陽時所作，時去中和年間客浙西周寶幕約十年。集賢：指集賢殿書院。唐六典卷九集賢殿書院：開元十三年，「召學士張説等宴於集仙殿，於是改名集賢殿，修書所爲集賢殿書院。五品以上爲學士，六品以下爲直學士。……集賢院學士掌刊緝古今之經籍，以辨明邦國之大典而備顧問應對。」　分司：唐代在東都洛陽所設中央官員稱分司。　侍御：即侍御史，爲御史臺屬官。　唐六典卷一三御史臺：「侍御史四人，從六品下。……侍御史掌糾舉百僚，推鞫獄訟。」

〔二〕鳳樓龍闕：指東都洛陽宫闕。　元和郡縣圖志卷五河南道一河南府：「仁壽四年，（隋）煬帝詔楊素營東京，大業二年，新都成，遂徙居，今洛陽宫是也。……其宫室臺殿皆宇文愷所創也。愷巧思絶倫，因此製造頗窮奢麗，前代都邑莫之比焉。」

〔三〕「玉泉」兩句：太平寰宇記卷三河南道三河南府「河南縣」：「玉泉山在縣東南四十里，山内有玉泉寺。」又引郭緣生述征記云：「金谷，谷也。地有金水，自太白原南流經此谷，晉衛尉石崇因即川阜而造製園館。」按，河南縣治所在今洛陽西郊。

〔四〕蓬島：代指朝廷。按唐大明宫，亦稱東内，高宗龍朔年間增建，一度改名爲蓬萊宫。高宗後，皇帝常居東内。柏臺：即御史臺。漢御史府中列植柏樹，常有野烏棲宿其上，後世遂又稱御史臺爲柏臺或烏臺。漢書卷八三薛宣朱博傳：「是時御史府吏舍百餘區井水皆竭，又其府中列柏樹，常有野烏數千棲宿其上，晨去暮來，號曰『朝夕烏』。烏去不來者數月，長老異之。」

〔五〕游梁士：幕府文士。此處自稱。史記卷一一七司馬相如列傳：「會景帝不好辭賦，是時梁孝王來朝，從游説之士齊人鄒陽、淮陰枚乘、吴莊忌夫子之徒，相如見而説之，因病免，客游梁。」梁，今河南省開封一帶。

〔六〕賓鴻：鴻雁隨氣候變化而遷移不定，故稱。帝鄉，指京城。

題安定張使君〔一〕

器度風標合出塵，桂宮何負一枝新〔二〕。成丹始見金無滓〔三〕，衡斗方知劍有神〔四〕。憤氣不銷頭上雪，政聲空布海邊春〔五〕。中興若繼開元事〔六〕，堪向龍池作近臣〔七〕。

【箋注】

〔一〕安定：唐涇原節度使治所，今甘肅涇川北。檢唐方鎮年表卷一「涇原」條，張鈞自僖宗中和二年六月始任節度使至昭宗乾寧元年二月卒於任所。本詩張使君蓋指張鈞（使君，對州郡長官及節度使、觀察使的尊稱）。又考韋莊中和年間避難江南後，至景福元年始入京應舉，此詩蓋作於景福二年（八九三）。按昭宗初有興復之志，新唐書卷一〇昭宗紀贊曰：「昭宗爲人明雋，初亦有志於興復，而外患已成，内無賢佐，頗亦慨然思得非常之材，而用匪其人，徒以益亂。」資治通鑑卷二五七：文德元年三月，「昭宗即位，體貌明粹，有英氣，喜文學。以僖宗威令不振，朝廷日卑，有恢復前烈之志，尊禮大臣，夢想賢豪。踐阼之始，中外忻忻焉。」然至景福二年已無中興氣象，故詩云「中興若繼開元事，堪向龍池作近臣」，乃追惜語氣。

〔二〕「桂宮」句：見卷二下第題青龍寺僧房注〔二〕。北夢瑣言卷七引胡曾詩：「上林新桂年年發，不許平人折一枝。」

〔三〕「成丹」句：史記卷二八封禪書載方士李少君語：「祠竈則致物，致物而丹沙可化爲黄金，黄金成以爲飲食器則益壽。」

〔四〕「衡斗」句：見卷一同舊韻注〔一三〕。

〔五〕海邊：指涇原。按涇原之西、北與漢海相鄰。卷九鄜州留別張員外云「塞北相逢朔漠中」，涇原更在鄜州之西北。

〔六〕開元事：見同卷洛陽吟注〔三〕。

〔七〕龍池：在興慶宮中唐玄宗舊宅之東，故址在今陝西西安。此代指朝廷。唐六典卷七工部尚書：「初上居此第，其里名協聖。諱所居宅之東有舊井，忽涌爲小池，周袤纔數尺，常有雲氣，或見黄龍出其中。至景龍中潛復出水，其沼浸廣時即連合爲一。未半歲，而里中人悉移居，遂洪洞爲龍池焉。」

【集評】

胡以梅唐詩貫珠卷九：此必張使君典郡已罷官，故有憤懣不平語。言君之器度風標合出塵表，自折桂以來，有何所負乎？丹已成，可見金無渣滓，而衝天之氣更見劍之有神。此聯承上啓下，「丹成」言折桂，「劍氣」言目下鬱抱憤懣，而頭白不消，政聲空佈海邊之春，是以令人不平耳。若有中興之日，當如開元事業，爲龍池近臣也。似暗指張説事明皇，頌其姓歟？按是時必爲朱温輩排斥去位，言雖不着迹，而「中興」二字已包有僭逆傷善類意，畏焰不明斥耳。

潁陽縣〔一〕

琴堂連少室〔二〕，故事即仙蹤。樹老風聲壯，山高臘候濃〔三〕。雪多庭有鹿，縣僻寺無鐘。何處留詩客，茆簷倚後峰。

【箋注】

〔一〕潁陽縣：治所在今河南潁陽。

〔二〕琴堂：指縣署。呂氏春秋卷二一開春論：「宓子賤治單父，彈鳴琴，身不下堂，而單父治。」後以琴堂稱美縣署。少室：山名，指嵩山。今河南登豐縣西。初學記卷五地部嵩高山引戴延之西征記曰：「其山東謂太室，西謂少室，相去十七里。嵩其總名也。謂之室者，以其下各有石室焉。」

〔三〕臘候：指寒冬氣候。臘，本指歲終祭祀衆神，後借指歲末。吳融賦雪十韻：「臘候何曾爽，春工是所資。」

寄園林主人

主人常不在，春物爲誰開。桃艷紅將落，梨華雪又催〔一〕。曉鶯閑自囀，遊客暮空回。尚有餘芳在，猶堪載酒來。

【校記】

〔催〕原注：「一作摧。」

【箋注】

〔一〕「梨華」句：蕭子顯燕歌行：「洛陽梨花落如雪，河邊細草細如茵。」岑參白雪歌送武判官歸京：「北風卷地白草折，胡天八月即飛雪。忽如一夜春風來，千樹萬樹梨花開。」

洛北村居〔一〕

十畝松篁百畝田，歸來方屬大兵年〔二〕。巖邊石室低臨水，雲外嵐峰半入天。鳥勢去投金谷樹〔三〕，鐘聲遥出上陽煙〔四〕。無人説得中興事〔五〕，獨倚斜暉憶仲宣〔六〕。

【箋注】

〔一〕詩云「歸來方屬大兵年」、「無人説得中興事，獨倚斜暉憶仲宣」，蓋中和三年（八八三）初寓居洛中時所作，同卷北原閑眺可參證。洛北：洛水北岸。

〔二〕大兵年：戰亂之年。禮記月令：「仲冬行夏令，則其國乃旱，氛霧冥冥，雷乃發聲；行秋令則天時雨汁，瓜瓠不成，國有大兵。」

〔三〕金谷樹：見同卷和集賢侯學士分司丁侍御秋日雨霽之作注〔三〕。

〔四〕上陽：宫名。故址在今河南洛陽城西洛水北岸。

〔五〕中興事：指僖宗還京興復唐室。如全唐文卷七九四孫樵自序：「廣明元年，僖宗避蜀，詔曰：『行在三絶，……可載青史，以彰有唐中興之盛。』卷八八僖宗立壽王傑爲皇太弟知軍國事詔云：「雖有愧中興，而克全舊物。」

〔六〕仲宣：見卷二早秋夜作注〔四〕。

對梨華贈皇甫秀才〔一〕

林上梨華雪壓枝，獨攀瓊艷不勝悲。依前此地逢君處，還是去年今日時。且戀殘陽留綺席〔二〕，莫推紅袖訴金卮。騰騰戰鼓正多事，須信明朝難重持〔三〕。

【箋注】

〔一〕據詩意及「騰騰戰鼓正多事」句，當逃出長安之後所作；又時屬春季，據「依前」兩句，知非洛陽所作（按莊中和二年末逃出長安，寓居洛陽，三年春夏間已至江南），當避難江南時所作。

〔二〕綺席：鄒陽酒賦：「綃綺爲席，犀琚爲鎮。」

〔三〕明朝難重持：沈約別范安成：「勿言一樽酒，明日難重持。」

立　春〔一〕

青帝東來日馭遲〔二〕，暖煙輕逐曉風吹。罽袍公子樽前覺〔三〕，錦帳佳人夢裏知。雪圃乍開紅菜甲〔四〕，綵幡新剪綠楊絲〔五〕。殷勤爲作宜春曲〔六〕，題向華牋帖繡楣。

【校記】

〔新剪〕向校：「席刻注：『紀事作新展。』全唐詩同。」　〔爲作〕向校：「席刻注：『紀事作欲獻。』全唐詩同。」

【箋注】

〔一〕立春：節候名，在陽曆二月四日、五日，爲春季之始。

〔二〕青帝：傳説中東方天帝名，司春之神。馭：亦稱日御，傳説中爲太陽駕車之神羲和。楚辭離騷：「吾令羲和弭節兮，望崦嵫而勿迫。」王逸注：「羲和，日御也。」

〔三〕罽(jì)：毛織品。漢書卷六五東方朔傳：「土木衣綺繡，狗馬被繢罽。」師古曰：「繢，五綵也。罽，織毛也，即氍毹之屬。」

〔四〕菜甲：菜芽。禮記月令：「孟春之月，……其日甲乙。」鄭玄注：「乙之言軋也。日之行，春東從青道，發生萬物，月爲之佐。時萬物皆解孚甲，自抽軋而出，因以爲日名焉。」

〔五〕綵幡：彩色旗幡，即春幡。事物紀原卷八歲時風俗部春幡：「續漢書禮儀志曰：『立春之日，京都立春幡。』後漢書曰：『立春皆青幡幘。』今世或剪綵錯緝爲幡勝，雖朝廷之制，亦縷金銀或繒絹爲之，戴於首，亦因此相承設之。」玉臺新詠卷九徐陵雜曲：「立春歷日自當新，正月春幡底須故。」歲時風土記：「立春之日，士大夫之家剪彩爲小幡，謂之春幡，或懸於家人之頭，或綴於花枝之下。」

〔六〕宜春曲：荆楚歲時記：「立春之日，悉剪綵爲燕以戴之，帖宜春二字。」

【集評】

胡以梅唐詩貫珠卷四九：三、四精，罽袍，毛服，加以飲酒，故覺春至而暖，錦帳佳人亦因和煦而夢不同也。

楊逢春唐詩繹卷二三：首二點題，起。中四用抵寫法，三、四尤渲染有情，不同浮艷。七、八作詩意結。

村笛

簫韶九奏韻凄鏘〔一〕，曲度雖高調不傷。却見孤村明月夜，一聲牛笛斷人腸。

【箋注】

〔一〕簫韶：傳説爲舜帝樂曲名，亦稱韶箾。此用以稱美笛曲。尚書益稷：「簫韶九成，鳳皇來儀。」孔安國傳：「韶，舜樂名。簫見細器之備。……備樂九奏而致鳳凰，則餘鳥獸不待九而率舞。」正義曰：「成謂樂曲成也。鄭云：

成猶終也。每曲一終必變更奏，故經言九成，傳言九奏，周禮謂之九變，其實一也。」

題李斯傳〔一〕

蜀魄湘魂萬古悲〔二〕，未悲秦相死秦時。臨刑莫恨倉中鼠，上蔡東門去自遲〔三〕。

【箋注】

〔一〕李斯傳：指史記卷八七李斯列傳。李斯，戰國末楚上蔡（今河南上蔡西南）人。始從荀卿學帝王之術，後入秦輔佐秦王政統一六國，任丞相。秦二世時爲趙高所害，腰斬於咸陽市。

〔二〕蜀魄：見卷二春日注〔五〕。湘魂：見卷二合歡蓮華注〔三〕。

〔三〕「臨刑」兩句：史記卷八七李斯列傳載斯少時因「厠中鼠」、「倉中鼠」悟得「人之賢不肖譬如鼠矣，在所自處耳！」乃從荀卿學帝王之術。「學已成，度楚王不足事」，入秦佐秦王政，「二十餘年，竟并天下，尊主爲皇帝，以斯爲丞相。」後爲趙高所陷害，「二世二年七月，具斯五刑，論腰斬咸陽市。斯出獄，與其中子俱執，顧謂其中子曰：『吾欲與若復牽黃犬俱出上蔡東門逐狡兔，豈可得乎！』遂父子相哭，而夷三族。」胡曾上蔡：「上蔡東門狡兔肥，李斯何事忘南歸。功成不解謀身退，直待雲陽血染衣。」

贈薛秀才〔一〕

相辭因避世〔二〕，相見尚兵戈。亂後故人少，別來新話多。但聞哀痛詔〔三〕，未睹凱旋歌。

欲結巖棲伴，何山好薜蘿〔四〕。

【箋注】

〔一〕詩云「尚兵戈」、「未睹凱旋歌」，蓋作於中和三年四月官軍收復長安、楊復光告捷之前，與同卷聞官軍繼至未睹凱旋約爲一時之作，即中和二、三年間。

〔二〕避世：避亂，與「避地」同義，如卷七避地越中作云「避世移家遠」。論語憲問：「其次辟地」疏：「『其次辟地』者，未能高棲絶世，但擇地而處，去亂國適治邦者也。」辟，通避。

〔三〕哀痛詔：漢書卷九六下西域傳：「是以末年遂棄輪臺之地，而下哀痛之詔。」杜甫有感五首之五：「願聞哀痛詔，端拱問瘡痍。」鄭谷巴江：「詔書罪己方哀痛，鄉縣徵兵尚苦辛。」

〔四〕巖棲：即隱居山林。　薜蘿：薜荔、女蘿，均藤本植物。楚辭九歌山鬼：「若有人兮山之阿，被薜荔兮帶女羅。」王逸注：「女羅，兔絲也。言山鬼仿佛若人，見於山之阿，被薜荔之衣，以兔絲爲帶。薜荔、兔絲，皆無根，緣物而生。……羅，一作蘿。」後世以薜蘿指代隱居處所或服飾。

和元秀才別業書事〔一〕

僻居春事好，水曲亂華陰。浪過河移岸，雛成鳥別林。緑錢榆貫重〔二〕，紅障杏籬深。莫飲宜城酒〔三〕，愁多醉易沈。

【箋注】

〔一〕元秀才：不詳。別業，即別墅。

〔二〕「緑錢」句：謂榆莢成串如沉甸甸的緑錢。説文解字木部：「榆，白枌。」本草綱目卷三五：「莢榆、白榆，皆大榆也，有赤白二種。白者名枌，其木甚高大，未生葉時，枝條間先生榆莢，形狀似錢而小，色白成串，俗呼榆錢。」榆莢初生呈緑色，成熟後變白。藝文類聚卷八八木部上榆引四民月令曰：「榆莢成者，收乾以爲旨蓄，色變白，將落。」岑參戲問花門酒家翁：「道傍榆莢仍似錢，摘來沽酒君肯否？」

〔三〕宜城：唐縣名，治所在今湖北宜城縣南。漢時即産名酒，周禮天官酒正：「五齊之名，一曰泛齊。」鄭玄注：「泛者，成而滓浮，泛泛然如今宜成醪矣。」藝文類聚卷七二食部酒引曹植酒賦：「其味有宜成醪醴，蒼梧縹清。」

紀村事

緑蔓映雙扉，循牆一徑微。雨多庭果爛，稻熟渚禽肥。釀酒迎新社〔一〕，遥砧送暮暉。數聲牛上笛，何處餉田歸〔二〕。

【箋注】

〔一〕新社：祭祀名，即春社。舊俗於立春後第五個戊日祭祀土地，祈求豐收。杜甫遭田父泥飲美嚴中丞：「田翁逼社日，邀我嘗春酒。」

〔二〕餉田：送飯到田野。

題許仙師院〔一〕

地古多喬木，遊人到且吟，院開金鎖澁，門映緑篁深。山色不離眼，鶴聲長在琴〔二〕。往來誰與熟，乳鹿在前林。

【箋注】

〔一〕許仙師：不詳。

〔二〕「鶴聲」句：韓非子卷三十過載春秋時，晉國樂師師曠應晉平公之命援琴奏清徵之調，「一奏之，有玄鶴二八，道南方來，集於郎門之垝。再奏之，而列；三奏之，延頸而鳴，舒翼而舞，音中宫商之聲，聲聞於天。」後世遂以琴聲、鶴聲相喻。顧況從剡溪至赤城：「夜半鶴聲殘夢生，猶疑琴曲洞房間。」

離筵訴酒〔一〕

感君情重惜分離，送我殷勤酒滿卮。不是不能判酩酊〔二〕，却憂前路醉醒時。

【箋注】

〔一〕訴酒：辭酒。

〔二〕判酩酊：甘願酩酊大醉。杜牧寓題：「把酒直須判酩酊，逢花莫惜暫淹留。」

不寐

不寐天將曉，心勞轉似灰〔一〕。蚊吟頻到耳，鼠鬬競緣臺。户闇知蟾落〔二〕，林喧覺雨來。馬嘶朝客過，知是禁門開〔三〕。

【箋注】

〔一〕「心勞」句：莊子齊物論：「南郭子綦隱机而坐，仰天而噓，荅焉似喪其耦。顏成子游侍立乎前，曰：『何居乎？形固可使如槁木，而心固可使如死灰乎？』」郭象注：「死灰、槁木，取其寂寞無情耳。」

〔二〕蟾落：指月落。

〔三〕朝客：上朝官員。　禁門：宮門。

贈武處士〔一〕

一身唯一室，高靜若僧家。掃地留疎影，穿池浸落霞。緑蘿臨水合，白道向村斜〔二〕。賣藥歸來醉，吟詩倚釣查〔三〕。

【箋注】

〔一〕武處士：不詳。處士，未入仕者。

〔二〕白道：大路。李白洗脚亭「白道向姑熟」，王琦注：「白道，大路也。人行迹多，草不能生。遥望白色，故曰白道。唐詩多用之。鄭谷『白道曉霜迷』、韋莊『白道向村斜』是也。」按，所引鄭谷詩句見其潼關道中。又，李商隱無題：「白道縈迴入暮霞，斑騅嘶斷七香車。」

〔三〕釣查：即釣舟。查，木筏。

題吉澗盧拾遺莊〔一〕

主人西遊去不歸，滿溪春雨長春薇。怪來馬上詩情好，印破青山白鷺飛〔二〕。

【校記】

〔主人〕萬首唐人絶句作主父。〔詩〕緑君亭本注：「一作訴。」誤。〔印破〕向校：「全唐詩注：『一作點破。』」

【箋注】

〔一〕吉澗：不詳。盧拾遺：不詳。

〔二〕「印破」句：杜甫絶句四首其三：「一行白鷺上青天。」

題潁源廟〔一〕

曾是巢由棲隱地〔二〕，百川唯説潁源清。微波乍向雲根吐〔三〕，去浪遥衝雪嶂横。萬木倚簷疎幹直，群峰當户曉嵐晴。臨川試問堯年事〔四〕，猶被封人勸濯纓〔五〕。

【箋注】

〔一〕潁源廟：當在少室山。元和郡縣圖志卷五河南道一河南府：登封縣（今屬河南），「少室山在縣西十里，高十六里，周迴三十里。潁水源出焉。」

〔二〕巢由：堯帝時高士巢父、許由。高士傳卷上載堯讓天下於許由，「由於是遁耕於中岳潁水之陽，箕山之下，終身無輕天下色。堯又召爲九州長，由不欲聞之，洗耳於潁水濱。……許由没，葬箕山之巔，亦名許由山，在陽城之南十餘里。堯因就其墓號曰箕山公神，以配食五岳，世世奉祀，至今不絶也。」

〔三〕雲根：山崖雲起處。杜甫瞿塘兩崖：「入天猶石色，穿水忽雲根。」

〔四〕堯年事：指堯帝盛世。

〔五〕封人：官名，周禮地官司徒：「封人，掌設王之社壝，爲畿，封而樹之。凡封國，設其社稷之壝，封其四疆，造都邑之封域者亦如之。」左傳隱公元年：「潁考叔爲潁谷封人。」注：「封人，典封疆者。」 濯纓：喻隱退自潔。孟子離婁上引孺子歌曰：「滄浪之水清兮，可以濯我纓；滄浪之水濁兮，可以濯我足。」

東遊遠歸〔一〕

扣角干名計已疎〔二〕，劍歌休恨食無魚〔三〕。辭家柳絮三春半〔四〕，臨路槐華七月初〔五〕。江上欲尋漁父醉〔六〕，日邊時得故人書〔七〕。青雲不識揚生面，天子何由問子虚〔八〕。

【箋注】

〔一〕夏承燾韋端己年譜繫本詩於中和二年夏秋，黄永年韋莊自廣明元年至中和三年的行迹（《九州》第二輯）同。然考莊中和二年秋後始逃出長安（見同卷聞官軍繼至未睹凱旋注〔一〕），且細品詩意，「遠歸」似因「日邊時得故人書」（指時得長安故人書。卷七章江作有云「之子棹從天外去，故人書自日邊來」），很難看出黄先生所言「由此汴路仍走不通而東歸」之意，又通篇只發仕宦失意之情，而無流離避難之意，與中和年間時局不符，疑本詩乃作於廣明之前，京城干名失意而欲東游佐幕（首聯即此意），江上得長安故人書而遠歸。

〔二〕「扣角」句：借齊桓公舉用甯戚典事自喻京城求仕失意。屈原離騷：「甯戚之謳歌兮，齊桓聞以該輔。」王逸注：「甯戚，衛人。該，備也。甯戚修德不用，退而商賈，宿齊東門外。桓公夜出，甯戚方飯牛，叩角而商歌。桓公聞之，知其賢，舉用爲客卿，備輔佐也。」（又見呂氏春秋卷一九離俗覽舉難）

〔三〕「劍歌」句：反用馮諼劍歌典事，謂佐幕而無怨言。戰國策卷一一齊策四：「齊人有馮諼者，貧乏不能自存，使人屬孟嘗君，願寄食門下。孟嘗君曰：『客何好？』曰：『客無好也。』曰：『客何能？』曰：『客無能也。』孟嘗君笑而受之，曰：『諾。』左右以君賤之也，食以草具。居有頃，倚柱彈其劍，歌曰：『長鋏歸來乎！食無魚。』」

〔四〕三春半：指三春已過半，即仲春二月。三春，即孟春、仲春、季春。

〔五〕「臨路」句：李淖秦中歲時記：「進士下第，當年七月復獻新文，求拔解，曰：『槐花黄，舉子忙。』」

〔六〕「江上」句：史記卷八四屈原賈生列傳：「屈原至於江濱，被髮行吟澤畔，顔色憔悴，形容枯槁。漁父見而問之曰：『子非三閭大夫歟？何故而至此？』屈原曰：『舉世混濁我獨清，衆人皆醉我獨醒，是以見放。』漁父曰：『夫聖人者，不凝滯於物而能與世推移，舉世混濁，何不隨其流而揚其波？衆人皆醉，何不餔其糟而啜其醨？何故懷瑾握瑜而自令見放爲？』」

〔七〕日邊：指京城長安。世説新語夙惠：「晉明帝數歲，坐元帝膝上。有人從長安來，元帝問洛下消息，潸然流涕。明帝問何以致泣，具以東渡意告之。因問明帝：『汝意謂長安何如日遠？』答曰：『日遠。不聞人從日邊來，居然可知。』元帝異之。明日集群臣宴會，告以此意，更重問之。乃答曰：『日近。』元帝失色，曰：『爾何故異昨日之言邪？』答曰：『舉目見日，不見長安。』」按，卷五旅中感遇寄呈李祕書昆仲：「猶喜故人天外至，許將孤劍日邊歸。」卷七章江作：「之子棹從天外去，故人書自日邊來。」

〔八〕「青雲」兩句：蓋化用漢武帝因楊得意而知子虛賦作者司馬相如之事。史記卷一一七司馬相如列傳：「蜀人楊得意爲狗監，侍上。上讀子虛賦而善之，曰：『朕獨不得與此人同時哉！』得意曰：『臣邑人司馬相如自言爲此賦。』上驚，乃召問相如。」一説爲合用司馬相如、揚雄典事，如卷二憶昔中「西園公子名無忌」（參見該詩注〔一〕）。漢書卷八七上揚雄傳：「蜀有司馬相如，作賦甚弘麗温雅。雄心壯之，每作賦，常擬之以爲式。」又載「孝成帝時，客有薦雄文似相如者」。青雲，喻高官顯爵。史記卷七九范睢列傳載戰國時魏人范睢初事魏中大夫須賈而被誣，受笞折脅。後化名張禄逃入秦國，位至丞相。須賈使秦，知之，頓首謝罪曰：「賈不意君能自致於青雲之上，賈不敢復讀天下之書，不敢復與天下之事。賈有湯鑊之罪，請自屏於胡貉之地，唯君死生之。」揚雄解嘲：「當塗者入青雲，失路者委溝渠。」

【集評】

胡以梅唐詩貫珠卷二九：此是下第東遊佐幕，又不得其所，故云扣角干名之計已疏闊而不得功名，是佐幕又出其下矣，何必恨食無魚也。三、四追溯從前辭家已三年半，每於七月初臨路，而今尚無成就，欲於江上尋漁父共醉，將作釣徒，乃得故人日邊之書，青雲路上不識子雲之面，何由使天子問子虛之賦乎？似來書中之語，所以欲歸京師耳。按子虛賦，相如所作，而揚子雲文似相如，故串用之。

新正日商南道中作寄李明府〔一〕

相看又見歲華新，依舊楊朱拭淚巾〔二〕。踏雪偶因尋戴客〔三〕，論文還比聚星人〔四〕。嵩山不改千年色，洛邑長生一路塵。今日與君同避世，却憐無事是家貧。

【箋注】

〔一〕夏承燾韋端己年譜、陳寅恪韋莊秦婦吟校箋、黄永年韋莊自廣明元年至中和三年的行迹（《九州》第二輯）均繫此詩爲中和三年（八八三）新正日所作（夏先生原繫於中和二年，後依陳先生改正），是。韋莊詩中「避世」語屢見，如同卷贈薛秀才云「相辭因避世，相見尚兵戈」、卷五避地越中作云「避世移家遠，天涯歲已周」、將卜蘭芷村居留别郡中在仕「避世漂零人境外」等，均指避亂，本詩所云「避世」當不例外。又考莊中和二年秋尚在長安，不久至雲陽（參見卷二贈雲陽縣裴明府、同卷聞官軍繼至未睹凱旋等注〔一〕），三年春夏間已至江南（見卷四江上逢史館李學士、題淮陰侯廟注〔一〕），故可斷定本詩爲中和三年新正日所作。按夏先生結合前東遊遠歸一詩，謂莊「遠歸」乃「由商南歸也」；陳先生推測莊經商南取襄漢路赴潤州，但「不敢遽斷」，黄先生繼而斷定陳説爲是。考莊中和三年春尚在洛陽，同卷北原閑眺、中渡晚眺可確證，則新正日取道商南當非赴潤州，疑莊於中和二年末自長安逃至虢州，明年新正日因訪友而往商南（「踏雪偶因尋戴客」似可證），隨後至洛陽寓居。莊自洛赴潤州或因汴路阻絶而取襄漢路（卷四江上逢史館李學士、過當塗縣似可證），可南下汝州、鄧州至襄州，而不必繞道商南。且資治通鑒卷二五五載，中和三年二月，黄巢軍屢敗，「陰爲遁計，發兵三萬扼藍田道。」商州北至藍田關約百里（參見元和郡縣圖志卷一），則商南道并不安全。　新正日：新年正月初一。初學記卷四歲部下元日「叙事」引曰：「正月一日，是謂正日。」　商南：商州（治所在今陝西商縣）南部。

〔二〕楊朱拭淚巾：淮南子説林訓：「楊子見逵路而哭之，爲其可以南可以北。」高誘注：「道九達曰逵。閔其别也。」楊子，即楊朱，又稱陽子或陽生，字子居，戰國時魏人。

〔三〕「踏雪」句：世説新語任誕：「王子猷居山陰，夜大雪，眠覺，開室，命酌酒，四望皎然。因起彷徨，詠左思招隱詩。忽憶戴安道。時戴在剡，即便夜乘小船就之。經宿方至，造門不前而返。人問其故，王曰：『吾本乘興而行，興盡而返，何必見戴？』」王子猷，即王徽之（字子猷），琅邪臨沂（今屬山東）人，王羲之第五子。戴安道，即戴逵（字安道），東晉譙郡銍縣（今安徽宿縣）人，後移居會稽剡縣（治所在今浙江嵊縣西南）。世説新語雅量「戴公從東出」條劉孝標注引晉安帝紀稱戴「性甚快暢，泰於娱生。好鼓琴，善屬文，尤樂遊燕，多與高門風流者交游，談者許其通隱」。

〔四〕聚星人：古時傳説魁星（北斗）主文運，因以聚星喻文人相聚。孫逖送張補闕歸鄴序：「昔聞七子，今在一門。北州爲營，當有聚星之會；西垣贈别，請陳『零雨』之詩。」孫郃哭方玄英先生：「牛斗文星落，知是先生死。」

春暮

一春春事好，病酒起常遲〔一〕。流水緑縈砌，落華紅墮枝。樓高喧乳燕，樹密鬬雛鸝。不學山公醉〔二〕，將何自解頤。

【箋注】

〔一〕病酒：醉酒如病。

〔二〕山公：指山簡，字季倫，西晉河内懷縣（治所在今河南武涉西）人。世説新語任誕：「山季倫爲荆州，時出酣暢。人爲之歌曰：『山公時一醉，徑造高陽池。日莫倒載歸，茗艼無所知。復能乘駿馬，倒箸白接籬。舉手問葛彊，何如并州兒？』」

哭麻處士〔一〕

却到歌吟地，閑門草色中〔二〕。百年流水盡，萬事落華空〔三〕。繐帳扃秋月〔四〕，詩樓鎖夜蟲。少微何處墮〔五〕，留恨白楊風〔六〕。

【校記】

〔扃秋〕向校：「全唐詩注：『一作寒秋。』」

【箋注】

〔一〕麻處士：不詳。

〔二〕閑門：閑，疑爲閉之訛。趙殿成王右丞集箋注卷之三過李揖宅：「閑門秋草色，終日無車馬。」校注：「閑，劉本、顧元緯本俱作閉。」

〔三〕「百年」兩句：杜甫哭孫侍御：「流水生涯盡，浮雲世事空。」

〔四〕繐（suì）帳：靈帳。繐，一種麻布，多用以製喪服。扃：關閉。

〔五〕少微：星名，又稱處士星。此借指麻處士。史記卷二七天官書：「廷藩西有隋星五，曰少微，士大夫。」索隱引天官占云：「少微，一名處士星。」

〔六〕「留恨」句：古時常於墓地種植白楊、松柏等。古詩十九首驅車上東門：「驅車上東門，遥望郭北墓。白楊何蕭蕭，松柏夾廣路。下有陳死人，杳杳即長暮。」

春早

聞鶯纔覺曉〔一〕，閉户已知晴。一帶窗間月，斜穿枕上生。

【校記】

〔月〕向校：「全唐詩注：『一作日。』」〔生〕向校：「全唐詩注：『一作明。』」

【箋注】

〔一〕「聞鶯」句：孟浩然春曉：「春眠不覺曉，處處聞啼鳥。」

和友人

閨門同隱士〔一〕，不出動經時〔二〕。靜閲王維畫〔三〕，閑翻褚允棋〔四〕。落泉當户急，殘月下窗遲。却想從來意，譙周亦自嗤〔五〕。

【校記】

〔允〕緑君亭本作胤。

【箋注】

〔一〕閨門：指深屋内室。

〔二〕動經時：常常歷經時日。獨孤及海上寄蕭立：「索居動經年，再笑知曷月？」

〔三〕王維：字摩詰，原籍太原祁縣（今屬山西），父遷蒲州（治所在今山西永濟西）。盛唐著名山水詩人兼畫家，其偶然作六首其六：「宿世謬詞客，前身應畫師。不能舍餘習，偶被世人知。」張彦遠歷代名畫記卷一〇云：「（王維）工畫山水，體涉今古。余曾見破墨山水，筆迹勁爽。」朱景玄唐代名畫録將王維列入妙品上，謂其「山水松石，並居妙上品」。

〔四〕褚允：即褚胤，見卷一冬日長安感志寄獻虢州崔郎中二十韻注〔二〇〕。

〔五〕「却想」兩句：謂譙周好古篤學，以讀書自樂。譙周，字允南，三國時蜀巴西西充國（今四川閬中西南）人。建興中，諸葛亮命爲勸學從事，蜀後主時任太子家令，歷中散大夫、光禄大夫。景耀六年，勸蜀後主降魏，封陽城亭侯。入晉拜散騎都尉、散騎常侍。泰始六年（二七〇）卒，年逾七十。三國志卷四二蜀書譙周傳稱其「耽古篤學，家貧未嘗問産業，誦讀典籍，欣然獨笑，以忘寢食」。

春愁

寓思本多傷，逢春恨更長。露霑湘竹淚〔一〕，華墮越梅妝〔二〕。睡怯交加夢，閑傾瀲灩觴〔三〕。
後庭人不到，斜月上松篁。

【箋注】

〔一〕湘竹淚：張華博物志卷八：「堯之二女，舜之二妃，曰湘夫人。舜崩，二妃啼，以淚揮竹，竹盡斑。」述異記卷上：「湘水去岸三十里許，有相思宮、望帝臺。昔舜南巡而葬於蒼梧之野，堯之二女娥皇、女英追之不及，相與慟哭，淚下沾竹，竹文上爲之斑斑然。」

〔二〕越梅妝：太平御覽卷九七〇果部七梅引宋書曰：「武帝女壽陽公主人日卧於含章簷下，梅花落公主額上，成五出之花，拂之不去。皇后留之。自後有梅花妝，後人多效之。」

〔三〕「睡怯」兩句：交加夢，指相互夢見。瀲灧，盈溢貌。韓偓春閨二首其一：「願結交加夢，因傾瀲灧尊。」

晚春

華開疑乍富，華落似初貧。萬物不如酒，四時唯愛春。峨峨秦氏髻〔一〕，皎皎洛川神〔二〕。風月應相笑，年年醉病身。

【箋注】

〔一〕秦氏髻：宋書卷二一樂三録艷歌羅敷行：「日出東南隅，照我秦氏樓。秦氏有好女，自名爲羅敷。……頭上倭墮髻，耳中明月珠。」

〔二〕洛川神：見同卷睹軍迴戈注〔六〕。

題許渾詩卷〔一〕

江南才子許渾詩，字字清新句句奇。十斛明珠量不盡，惠休虚作碧雲詞〔二〕。

【箋注】

〔一〕許渾，字用晦，潤州（治所在今江蘇鎮江）人。晚唐詩人。韋莊此詩疑作於中和、光啓年間客浙西周寶幕時。

按，唐詩紀事卷五六載許渾「大中三年，任監察御史，以疾乞東歸。終郢、睦二州刺史」。有丁卯集二卷，直齋書録解題卷一九云：「丁卯者，其所居之地有丁卯橋。」

〔三〕「惠休」句：惠休，南朝詩僧。宋書卷七一徐湛之傳：「時有沙門釋惠休，善屬文，辭采綺艷，湛之與之甚厚。世祖命使還俗。本姓湯，位至揚州刺史。」江淹休上人別怨：「日暮碧雲合，佳人殊未來。」許渾和劉三復送僧南歸：「碧雲千里暮愁合，白雪一聲春長思。」

贈禮佛名者〔一〕

何用辛勤禮佛名，我從無得到真庭〔二〕。尋思六祖傳心印〔三〕，可是從來讀藏經。

【校記】

〔無得〕萬首唐人絶句作無事。

【箋注】

〔一〕禮佛名：指拜讀佛經。佛籍中有佛名經，凡十二卷，元魏菩提流支譯。經中列舉數千佛、菩薩及闢支佛之名，謂誦讀諸佛名號而思維贊嘆者能得現世安穩，于未來世得無上菩提。讀誦佛名經謂之佛名會。

〔二〕真庭：疑指佛庭，即佛門。如佛徒稱佛陀爲真人，稱佛性爲真如。白居易兩朱閣：「尼院佛庭寬有餘，寺門敕榜金字書。」

〔三〕六祖傳心印：禪宗第六祖慧能（六三八—七一三），亦作惠能，憲宗時賜謚大鑒。俗姓盧，原籍范陽（今河北涿縣），出生於嶺南新州（今廣東新興縣東）。師事五祖弘忍，承受衣鉢，創「頓悟」成佛説，爲禪宗南派始祖。其弟子法海所録六祖大師法寶壇經頓漸：「師曰：『吾傳佛心印，安敢違于佛經。』」祖庭事苑卷八：「心印者，達摩西來，不立文字，單傳心印，直指人心，見性成佛。」

殘　華〔一〕

和煙和露雪離披〔二〕，金蕊紅鬚尚滿枝。十日笙歌一宵夢，苧蘿因雨失西施〔三〕。

【校記】

［露雪］向校：「全唐詩注：『一作雨太。』」　［因雨］向校：「全唐詩注：『一作煙雨。』」　［失］向校：「全唐詩注：『一作哭。』」

【箋注】

〔一〕向校：「全唐詩注：『一作于鄴詩。』」按，萬首唐人絶句録作韋莊詩，當是。

〔二〕離披：散亂貌。宋玉九辯：「白露既下百草兮，奄離披此梧楸。」

〔三〕「苧蘿」句：吴越春秋卷九勾踐陰謀外傳載越王勾踐與大夫文種謀以美人計破吴，「乃使相者國中，得苧蘿山鬻薪之女曰西施、鄭旦，飾以羅縠，教以容步，習于土城，臨于都巷，三年學服而獻于吴。」苧蘿山，在今浙江諸暨南。

卷第四　今體詩凡四十首

上元縣　浙西作〔一〕

南朝三十六英雄〔二〕，角逐興亡盡此中。有國有家皆是夢，爲龍爲虎亦成空〔三〕。殘華舊宅悲江令〔四〕，落日青山弔謝公〔五〕。止竟霸圖何物在，石麟無主卧秋風〔六〕。

【箋注】

〔一〕此詩作于中和、光啓年間客浙西時。上元縣：唐縣名，在今江蘇南京，屬浙西節度使。元和郡縣圖志卷二五江南道一潤州：上元縣，本金陵地，秦始皇改曰秣陵，隋改名江寧縣，「至德二年，於縣置江寧郡，乾元元年改爲昇州，兼置浙西節度使。上元二年廢昇州，仍改江寧爲上元縣。」

〔二〕三十六：泛言其多。班固西都賦：「繚以周牆，四百餘里；離宫別館，三十六所。」

〔三〕爲龍爲虎：太平御覽卷一五六州郡部二叙京都下引張勃吴録曰：「劉備曾使諸葛亮至京，因睹秣陵山阜，嘆曰：『鍾山龍盤，石頭虎踞，此帝王之宅。』」

〔四〕江令：即江總，字總持，濟陽考城（治所在今河南蘭考縣）人。陳後主時歷任尚書僕射、尚書令。南史卷三六江總傳：「（總）既當權任宰，不持政務，但日與後主遊宴後庭，多爲艷詩，好事者相傳諷玩，於今不絶。唯與陳暄、孔範、王瑳等十餘人，當時謂之狎客。由是國政日頽，綱紀不立，有言之者，輒以罪斥之，君臣昏亂，以至于滅。」

〔五〕謝公：指謝安，字安石，東晉陽夏（今河南太康）人。歷尚書僕射，領吏部，加後將軍。以征討大都督破前秦苻堅于肥水，拜太保。卒贈太傅。元和郡縣圖志卷二五江南道一潤州「上元縣」：「謝安墓在縣東南十里石子岡北。」

〔六〕止竟：究竟。石麟：石麒麟。西京雜記卷三：「（青梧）觀前有三梧桐樹，樹下有石麒麟二枚，刊其肋爲文字，是秦始皇驪山墓上物也。」述異記卷上：「傳云秦漢間公卿墓則（側）以石麒麟鎮之。」劉禹錫漢壽城春望：「田中牧豎燒芻狗，陌上行人看石麟。」

江上逢史館李學士〔一〕

前年分袂陝城西，醉憑征軒日欲低〔二〕。去浪指期魚必變〔三〕，出門迴首馬空嘶。關河自此爲征壘〔四〕，城闕于今陷戰鼙〔五〕。誰謂世途陵是谷〔六〕，燕來還識舊巢泥。

【箋注】

〔一〕據「城闕」句及其注云「時巢寇未平」，知巢軍尚占據長安。按官軍于中和三年四月復長安，本詩當在獲知此事之前所作。考莊中和三年春寓居洛陽，本詩當作于中和三年（八八三）春末泛江往潤州途中。史館：國史修撰機構。唐六典卷九史館：魏明帝太和中始置著作郎及佐郎掌國史。北齊謂之史閣，亦謂之史館。「隋氏曰著作曹，掌國史，隸秘書省。皇朝曰著作局，貞觀初置史館于禁中，專掌國史，以他官兼領，或卑品有才亦直館焉。」按唐史館未置學士，李氏蓋以集賢殿書院學士直史館。參見卷三和集賢侯學士分司丁侍御秋日雨霽之作注〔一〕。

〔二〕陝城：今河南陝縣。　征軒：征旅之車。

〔三〕魚必變：指科舉及第。太平廣記卷四六六水族三龍門引辛氏三秦記：「龍門之下，每歲季春有黄鯉魚自海及渚川爭來赴之。一歲中登龍門者不過七十二。初登龍門，即有雲雨隨之，天火自後燒其尾，乃化爲龍矣。」

〔四〕關河：指關中地區。

〔五〕「城闕」句：原注：「時巢寇未平。」按，緑君亭本無注。　城闕，指京城長安。

〔六〕陵是谷：詩小雅十月之交：「高岸爲谷，深谷爲陵。」

金陵圖〔一〕

誰謂傷心畫不成，畫人心逐世人情。君看六幅南朝事，老木寒雲滿故城。

【箋注】

〔一〕此詩作於中和、光啓年間客浙西時。　金陵：今江蘇南京。僧齊已有看金陵圖詩。

謁蔣帝廟〔一〕

建業城邊蔣帝祠〔二〕，素髯清骨舊風姿。江聲似激秦軍破，山勢如匡晉祚危〔三〕。殘雪嶺頭明組練，晚霞簷外簇旌旗。金陵客路方流落，空祝回鑾奠酒卮〔四〕。

【箋注】

〔一〕詩中「回鑾」當指僖宗還京。據資治通鑑卷二五六，僖宗於光啓元年（八八五）正月發成都，二月至鳳翔，三月至京師，「己巳，赦天下，改元。」此詩當作於是年初春，「殘雪」尚存。　蔣帝廟：故址在今江蘇南京東北鍾山。搜神記卷五：「蔣子文者，廣陵人也。嗜酒好色，佻達無度，常自謂己骨清，死當爲神。漢末爲秣陵尉，逐賊至鍾山下，賊擊傷額，因解綬縛之，有頃遂死。及吳先主之初，其故吏見文於道，延緩白馬，執白羽，侍從如平生。見者驚走。文追之，謂曰：『我當爲此土地神，以福爾下民。爾可宣告百姓，爲我立祠。不爾，將有大咎。』是歲夏，大疫，百姓竊相恐動，頗有竊祠之者矣。文又下巫祝：『吾將大啓祐孫氏，宜爲我立祠。不爾，將使蟲入人耳爲災。』俄而小蟲如塵虻，入耳皆死，醫不能治。百姓愈恐。孫主未之信也。又下巫祝：『若不祀我，將又以大火爲災。』是歲火災大發，一日數十處，火及公宫。議者以爲鬼有所歸乃不爲厲，宜有以撫之。於是使使者封子文爲中都侯，次弟子緒爲長水校尉，皆加印綬。爲立廟堂。轉號鍾山爲蔣山，今建康東北蔣山是也。自是災厲止息，百姓遂大事之。」又初學記卷八州郡部江南道「事對」注引丹陽記曰：「蔣子文爲秣陵尉，自言己將死，當爲神。後爲賊所殺，故吏忽見子文乘白馬如平生。孫權發使封子文而爲都中侯，立廟鍾山。因改爲蔣山。」

〔二〕建業：今江蘇南京。元和郡縣圖志卷二五江南道一潤州「上元縣」：「建康故城，在縣南三里。建安中改秣陵爲建業，晉復爲秣陵，孝武帝又分秣陵水北爲建業，避愍帝諱，改名建康。」

〔三〕「江聲」兩句：指東晉謝玄等於淝水大敗前秦苻堅。晉書卷九孝武帝紀：太元八年（三八三）「八月，苻堅率衆渡過淮。遣征討都督謝石、冠軍將軍謝玄、輔國將軍謝琰、西中郎將桓伊等距之。……冬十月，苻堅弟融陷壽春。乙亥，諸將及苻堅戰於肥水，大破之，俘斬數萬計，獲堅輿輦及雲母車。」

〔四〕回鑾（luán）：御駕還宫。此指唐懿宗自蜀還京。

【集評】

胡以梅唐詩貫珠卷四六：一、二言廟貌；三、四言其靈顯護國，陰兵助敵舊迹。秦軍，苻堅也。五、六言其威武恍惚如山川之間。結爲僖宗避黄巢，駕幸成都。祝回鑾，祈神助也。

聞再幸梁洋〔一〕

纔喜中原息戰鼙〔二〕，又聞天子幸巴西〔三〕。延燒魏闕非關燕〔四〕，大狩陳倉不爲鷄〔五〕。興慶玉龍寒自躍〔六〕，昭陵石馬夜空嘶〔七〕。遥思萬里行宫夢，太白山前月欲低〔八〕。

【箋注】

〔一〕據資治通鑑卷二五四、二五六，廣明元年（八八〇）十二月，黄巢軍入長安，僖宗西幸，經興元府，次年正月至成都。光啓元年（八八五）三月還京師。七月，河中節度使王重榮屢表列數左右神策十軍使田令孜離間君臣，令孜遣邠寧節度使朱玫等攻河中。十月，王重榮求援於李克用。十二月，王重榮、李克用大敗朱玫等，進逼京師，令孜再奉僖宗出幸鳳翔。光啓二年三月丙申（十七日），「車駕至興元。」考異引王建紀事云：「三月甲午，僖宗將移幸梁、洋。」梁，指梁州，唐興元元年（七八四）因德宗遷幸而改爲興元府，治所在今陝西漢中東。洋，指洋州，治所在今陝西西鄉。此詩題云「聞再幸梁洋」，約作於光啓二年（八八六）四、五月間。

〔二〕中原息戰鼙：指黄巢起義被鎮壓。按黄巢於中和四年六月被害，起義告敗。

〔三〕巴西：唐縣名，綿州治所，今四川綿陽東北。按僖宗此次西幸止於興元府（今陝西漢中），「幸巴西」蓋爲當時傳聞，如資治通鑑卷二五六：光啓二年四月，朱玫奉襄王煴權監軍國事，「仍遣大臣入蜀迎駕。」

〔四〕「延燒」句：言京城宫闕被燒毀。資治通鑑卷五：周赧王五十六年，秦攻趙，孔斌謂魏王曰：「秦貪暴之國也，勝趙，必復他求。吾恐於時魏受其師也。先人有言，燕雀處屋，子母相哺，呴呴焉相樂也，自以爲安矣。竈突炎上，棟宇將焚。燕雀顔不變，不知禍之將及己也。」又卷二五六載：唐僖宗光啓元年十月，「朱玫欲朝廷討克用，數遣人潛入京城燒積聚，或刺殺近侍，聲云克用所爲。」十二月，朱玫等大敗，克用逼京城，田令孜奉僖宗出逃。「初，黄巢焚長安宫室而去世，諸道兵入城縱掠，焚府寺民居什六七。王徽累年補葺，僅完一二，至是復爲亂兵焚掠，無孑遺矣。」魏闕，古時宫門前臺觀，代指朝廷。淮南子俶真訓：「是故身處江海之上，而神游魏闕之下。」高誘注：「魏闕，王者門外闕，所以縣教象之書於象魏也，巍巍高大，故曰魏闕。」

〔五〕「大狩」句：言僖宗幸陳倉。史記卷二八封禪書：「（秦）文公獲若石云，於陳倉北阪城祠之。其神或歲不至，或歲數來，來也常以夜，光輝若流星，從東南來集於祠城，則若雄鷄，其聲殷云，野鷄夜雊。以一牢祠，命曰陳寶。」索隱引列異傳云：「陳倉人得異物以獻之，道遇二童子，云：『此名爲媦，在地下食死人腦。』媦乃言云：『彼二童子名陳寶，得雄者王，得雌者伯。』乃逐童子，化爲雉。秦穆公大獵，果獲其雌，爲立祠。祭，有光，雷電之聲。雄止南陽，有赤光長十餘丈，來入陳倉祠中。」陳倉，秦置縣名，隋改爲寶鷄，唐因之，治所在今陝西寶鷄。元和郡縣圖志卷二關内道鳳翔府「寶鷄縣」：「本秦陳倉縣，秦文公所築，因山以爲名，屬右扶風。隋大業九年移於今理，在渭水北。至德二年改爲寶鷄，以昔有陳寶鳴鷄之瑞，故名之。陳倉故城在今縣東二十里。」舊唐書卷一九下僖宗紀載僖宗光啓二年二月次寶鷄。

〔六〕「興慶」句：見卷三題安定張使君注〔七〕。

〔七〕「昭陵」句：昭陵，唐太宗陵墓，在今陝西醴泉東北九嵕山。唐會要卷二〇陵議：「上欲闡揚先帝徽烈，乃令匠人琢石，寫諸蕃君長貞觀中擒伏歸化者形狀而刻其官名。」注：「乃又刻石爲常所乘破敵馬六匹於闕下。」長安志卷一六：「太宗昭陵在（醴泉）縣西北五十里。……所乘六駿石像在陵後。」安禄山事迹卷下載哥舒翰潼關戰敗，「（崔）乾祐領白旗左右馳突往來，我軍視之，狀若神鬼，又見黄旗數百隊，官軍潛謂是賊，不敢逼之。須臾，又見與乾祐鬥，黄旗不勝，退而又戰者不一，俄而不知所在。後昭陵奏是日靈官員石人馬汗流。」

〔八〕太白山：秦嶺主峰，在今陝西周至、眉縣、太白之間。元和郡縣圖志卷二關内道鳳翔府「眉縣」：「太白山，在縣東南五十里。」三秦記：「太白山前有陳倉山，山有石鷄，與山鷄不别，因名寶鷄山。」

【集評】

杜詔、杜庭珠中晚唐詩叩彈集卷一二：庭珠按：僖宗光啓元年冬十月，田令孜遣朱玫、李昌符攻河中，李克用救之。十一月，進逼京師，上奔鳳翔。二年春正月，田令孜劫上如寶鷄，二月至興元。梁洋即興元府，今陝西漢中府也。詔按：朱玫數遣人潛入京城焚積聚，聲言李克用所爲。又僖宗之出，宰相朝臣皆不知，故以「燕雀處堂」爲喻也。僖宗被劫而曰「大狩」，諱之也。「玉龍自躍」，比僖宗之不得安其位也。「石馬空嘶」，譏諸將也。末乃自言其思戀行在之意云。

胡以梅唐詩貫珠卷二三：此詩因僖宗爲田令孜、朱玫之逼幸興元而作。先是黄巢入京師已幸興元，今復幸興元，故曰再幸。

王道者〔一〕

五雲遥指海中央〔二〕，金鼎曾傳肘後方〔三〕。三島路歧空有月〔四〕，十洲華木不知霜〔五〕。因攜竹杖聞龍氣〔六〕，爲使仙童帶橘香〔七〕。應笑我曹身是夢，白頭猶自學詩狂。

【箋注】

〔一〕道者：即道士。如僧齊己詩山寺喜道者至、方干詩送何道者。

〔二〕五雲：指五雲車，道士所稱仙人之車。錢起送柳道士：「歸期千歲鶴，行邁五雲車。」

〔三〕金鼎：煉丹之鼎。此代指煉丹術。肘後方：指方術之書。晉書卷七二葛洪列傳載葛洪抄有肘後要急方四卷。

〔四〕三島：見卷一漁溏十六韻注〔三〕。

〔五〕十洲：見卷一尹喜宅注〔四〕。

〔六〕竹杖：見卷一放榜日作注〔四〕。

〔七〕仙童帶橘香：三國志卷四八吳書孫休傳「丹楊太守李衡」裴松之注引襄陽記曰：「衡每欲治家，妻輒不聽，後密遣客十人於武陵龍陽氾洲上作宅，種甘橘千株。臨死，敕兒曰：『汝母惡我治家，故窮如是。然吾州里有千頭木奴，不責汝衣食，歲上一匹絹，亦可足用耳。』……吳末，衡甘橘成，歲得絹數千匹，家道殷足。」

陪金陵府相中堂夜宴〔一〕

滿耳笙歌滿眼華，滿樓珠翠勝吳娃〔二〕。因知海上神仙窟〔三〕，只似人間富貴家。繡户夜攢紅燭市，舞衣晴曳碧天霞。却愁宴罷青蛾散，揚子江頭月半斜。

【箋注】

〔一〕據新唐書卷一八六周寶傳載，黃巢軍入長安，僖宗幸蜀，寶益募兵，號「後樓部」。中和四年（八八四），「寶子璵統

『後樓部』，孱不能馭軍，部伍橫肆。寶亦稍惑色，不恤事。」此詩或爲當時所作。　金陵府相：指浙西（鎮海）節度使周寶。唐宋時節度使加同平章事者稱府相、相公。資治通鑑卷二五三載，唐僖宗乾符六年（八七九）十月，「以鎮海節度使高駢爲淮南節度使，充鹽鐵轉運使；以涇原節度使周寶爲鎮海節度使。」卷二五四載，僖宗中和元年（八八一）十一月，「加鎮海節度使周寶同平章事。」金陵本指上元縣（今江蘇南京），此指浙西節度治所丹徒。陳寅恪韋莊秦婦吟校箋謂「唐人亦稱節將治所潤州之丹徒爲金陵」，并引李德裕鼓吹賦序「余往歲剖符金陵」爲證，謂「李德裕曾任浙西觀察使，而潤州之丹徒爲浙西觀察使治所，故云剖符金陵」。按，浙西節度始治昇州江寧縣（後更名上元）。新唐書卷六八方鎮五：乾元元年（七五八），「置浙江西道節度兼江寧軍使，……治昇州。」建中二年（七八一），「合浙江東、西二道觀察置節度使，治潤州。尋賜號鎮海軍節度。」又卷四一地理五昇州江寧郡上元縣注：「望。本江寧，隸潤州。武德三年……更江寧曰歸化。……八年，更歸化曰金陵。九年，……更金陵曰白下。……貞元九年更白下曰江寧。肅宗上元二年又更名。」故唐人亦稱浙西節度治所之潤州丹徒縣（今江蘇鎮江）爲金陵。

〔二〕吳娃：吳地美女。此泛指美女。文選卷五左思吳都賦：「幸乎館娃之宮，張女樂而娛群臣。」劉淵林注：「吳俗謂好女爲娃。」白居易聽彈湘妃怨：「玉軫朱弦瑟瑟徽，吳娃徵調奏湘妃。」

〔三〕神仙窟：神仙聚居處。

【集評】

毛奇齡、王錫唐七律選卷四：（三、四句）尚見跳擲之致。以巧語入詩，中晚唐多有之，然全在調度。假如「海上」兩句云人間富貴似海上神仙，則索然矣。

屈復唐詩成法卷一二：一、二夜宴，三、四順承，五、六景，七、八宴散。「笙歌」、「珠翠」極寫夜宴之盛，三、四再用實寫便成贅語，此换用虚筆，自然靈動。然不曰富貴家似神仙府，而曰神仙府只是富貴家，過一步法，不落套語，而相府中堂移動不得。五、六再寫夜宴，能不復一、二。七、八言外見己之客路無聊也。以「宴罷」結全篇。以「揚子」結金陵，周密之甚。世人之所以喪身名而求富貴者以此，却是實在語。然秦皇、漢武一流亦宜猛醒。

楊逢春唐詩繹卷二三：首二就題直起；三、四托寫相府中堂，一倒轉説出，語便新；五、六頂「富貴家」，申寫夜宴；七、八宴罷餘波，揚子江恰映金陵。

俞汝昌注解唐詩別裁卷一六：只是説人間富貴幾如海上神仙，一用倒説，頓然换境。

俞陛雲詩境淺説丙編：詩紀府中夜宴之盛。前兩句言滿耳所聞者笙歌嘹亮，滿眼所見者花影繽紛，益以滿樓之粉圍香陣，艷奪吳姬。三用「滿」字，見府第之繁華，幾無隙地，真如錦洞天矣。三、四句若言人間富貴不異仙家，不過尋常意境，詩用倒裝句法，言海上神仙只似人間富貴，便點化常語爲新穎之詞。五句言石家蠟燭輝映千枝，疑入五都夜市；六句言舞袖爭翻，如曳碧天之霞綺。厲樊榭游仙詩：「天母衣裳雲漢錦，九光燈裏舞衣飄。」可爲五、六句之注脚也。末者言所愁者酒闌客散、斜月樓空耳，所謂「絶頂樓臺人散後，滿場袍笏戲闌時。」作者不爲諛頌語以悦貴人，而作當頭棒喝，爲酬酢詩中所僅見。韋夙著才名，府相招致詞客，本以張其盛會，而得此冷落之詞，能無敗興耶。

和侯秀才同友生泛舟溪中相招之作〔一〕

嵇阮相將棹酒船〔二〕，晚風侵浪水侵舷。輕如控鯉初離岸〔三〕，遠似乘槎欲上天〔四〕。雨外鳥歸吴苑樹〔五〕，鏡中人入洞庭煙〔六〕。憑君不用迴舟疾，今夜西江月正圓〔七〕。

【箋注】

〔一〕本詩作於中和、光啓年間客浙西時。據「吴苑樹」、「洞庭煙」語，當作於蘇州。友生：友人。詩小雅伐木：「矧伊人兮，不求友生。」

〔二〕「嵇阮」句：以晉竹林七賢中嵇康、阮籍喻侯秀才及友生。嵇，指嵇康，字叔夜，三國魏譙郡人。工詩文，善鼓琴，崇尚老莊。阮，指阮籍，見卷一冬日長安感志寄獻虢州崔郎中二十韻注〔四〕、卷三河内别村業閑題注〔二〕。相將，相共。

〔三〕控鯉：搜神記卷一：「琴高，趙人也。能鼓琴，爲宋康王舍人。行涓、彭之術，浮游冀州、涿郡間二百餘年。後辭入涿水中，取龍子，與諸弟子期之，曰：『明日皆潔齋，候於水旁，設祠屋。』果乘赤鯉魚出，來坐祠中，且有萬人觀之。留一月，乃復入水去。」控，乘，騎。孫綽遊天台山記：「王喬控鶴以沖天，應真飛錫以躡虚。」

〔四〕乘槎：見卷一漁塘十六韻注〔一一〕。

〔五〕吴苑：指今蘇州，春秋時爲吴國都城，有宫闕囿苑之勝。

〔六〕洞庭：指太湖。藝文類聚卷九水部下湖引風土記：「陽羨縣東有太湖，中有包山，山下有洞穴，潛行地中，云無所不通，謂之洞庭地脉也。」

〔七〕西江：李白蘇臺覽古：「只今惟有西江月，曾照吴王宫裏人。」

【集評】

胡以梅唐詩貫珠卷三六：嵇康、阮籍，酒友也。載酒而遊，吹浪侵舷，如仙人之控鯉，博望之乘槎。雨外鳥歸於吴苑，溪水如鏡，人在鏡而入洞庭遠來之煙中，憑君縱遊，不必急於回舟，今西江正好月也。

王堯衢古唐詩合解卷一一：（「憑君」句）言任憑君之遊玩。始而招人入舟，終而留人在舟，即欲回舟，何用太疾？蓋有所留戀也。寫「相招」意透。（評末句）舟宜水，水宜月，月宜人，人宜友生；月正圓，人正歡聚，正好相聚爲樂，何用急回？曰「今後」者，此時當是望前，當留舟以待月圓可也。然此亦是相招之意，不必認真。（總評）前解寫泛舟，後解寫溪中相招意。（按此選録本詩「今夜」作「今後」。）

贈野童〔一〕

羡爾無知野性真，亂搔蓬髮笑看人。閑衝暮雨騎牛去，肯問中興社稷臣〔二〕。

【箋注】

〔一〕按，萬首唐人絶句録此詩後接官莊，蓋亦中和、光啓年間客潤州時所作。野童：村野兒童。杜甫送楊六判官使西蕃：「儒衣山鳥怪，漢節野童看。」

〔二〕社稷臣：國家重臣。禮記檀弓下：「(衛獻)公再拜稽首請于尸曰：『有臣柳莊也者，非寡人之臣，社稷之臣也。』」

【集評】

黄周星唐詩快卷一六：(評末句)社稷臣必不騎牛，野童豈肯問之？

代書寄馬

驅馳曾在五侯家〔一〕，見説初生自渥洼〔二〕。鬃白似披梁苑雪〔三〕，頸肥如撲杏園華〔四〕。休嫌緑綬嘶貧舍〔五〕，好着紅纓入使衙〔六〕。穩上雲衢千萬里〔七〕，年年長踏魏堤沙〔八〕。

【箋注】

〔一〕五侯：泛指權貴。漢書卷九八元后傳載漢成帝河平二年(二七)，「上悉封舅譚爲平阿侯、商成都侯、立紅陽侯、根曲陽侯、逢時高平侯。五人同日封，故世謂之『五侯』。」又東漢梁冀之子胤、叔父讓及親從淑、忠、戟皆封侯，時稱梁氏五侯；桓帝時封宦者單超、徐璜、具瑗、左琯、唐衡五人爲侯，亦稱五侯。

〔二〕渥洼：水名，在今甘肅安西，黨河支流。史記卷二四樂書：「又嘗得神馬渥洼水中，復次以爲太一之歌。」集解：「李斐曰：『南陽新野有暴利長，當武帝時遭刑，屯田燉煌界。人數於此水旁見群野馬中有奇異者，與凡馬異，來飲此水旁。利長先爲土人持勒靽於水旁，後馬玩習久之，代土人持勒靽，收得其馬，獻之。欲神異此馬，云從水中出。』」

〔三〕鬃(zōng)：馬頸上的長毛。梁苑雪：謝惠連雪賦：「梁王不悦，游於兔園。……俄而微霰零，密雪下。」梁園，漢梁孝王劉武所築，亦稱兔苑。故址在今河南開封東南。

〔四〕撲：拂。杏園：又名杏苑，故址在今陝西西安市南郊大雁塔附近，唐時爲新進士游宴之地。

〔五〕緑綬：見卷一和薛先輩見寄初秋寓懷即事之作二十韻注〔一七〕。

〔六〕使衙：亦稱使牙、使院，唐代節度使或留後治事衙門。

〔七〕雲衢：即雲路，喻仕途。晉書卷五二郤詵阮种華譚傳：「史臣曰：……郤詵等並韞價州里，褰然應召，對揚天問，高步雲衢，求之前哲，亦足稱矣。」

〔八〕魏堤：見卷三中渡晚眺注〔二〕。

題淮陰侯廟〔一〕

滿把椒漿奠楚祠〔二〕，碧幢黄鉞舊英威〔三〕。能扶漢代成王業〔四〕，忍見唐民陷戰機。雲夢去時高鳥盡〔五〕，淮陰歸日故人稀。如何不借平齊策〔六〕，空看長星落賊圍〔七〕。

【校記】

〔滿把〕向校：「全唐詩注：『一作滿挹。』胡刻同。」

【箋注】

〔一〕據末聯，本詩當在中和三年四月官軍復長安之前所作，約在是年五月前後。淮陰侯廟：漢淮陰侯韓信祠廟，在淮陰縣（今江蘇淮安）。許渾淮陰阻風寄呈楚州韋中丞：「韓信廟前楓葉秋。」

〔二〕椒漿：楚辭九歌東皇太一：「蕙肴蒸兮蘭藉，奠桂酒兮椒漿。」王逸注：「椒漿，以椒置漿中也。」漿，淡酒。周禮天官漿人：「漿人掌共王之六飲，水、漿、醴、凉、醫、酏，入於酒府。」楚祠：指淮陰侯廟。按，漢高祖曾封韓信爲楚王。史記卷九二淮陰侯列傳：「項羽已破，高祖襲奪齊王軍。漢五年（前二〇二）正月，徙齊王信爲楚王，都下邳。」下邳，秦置縣名，治所在今江蘇睢寧西北。

〔三〕碧幢：帥旗。漢書卷九九王莽傳：「將持節，稱太一之使；帥持幢，稱五帝之使。」白居易過温尚書舊莊：「白石清泉抛濟口，碧幢紅旆映河陽。」黄鉞：尚書牧誓：「王左杖黄鉞，右秉白旄以麾。」孔安國傳：「鉞，以黄金飾斧。」正義曰：「斧稱黄鉞，故如以黄金飾斧也。」

〔四〕「能扶」句：韓信初從項羽，不得用，歸劉邦，拜爲大將，輔佐劉邦建立漢朝。史記卷八高祖本紀載劉邦有言：「決勝千里之外，吾不如子房；鎮國家，撫百姓，給餽饟，不絶糧道，吾不如蕭何；連百萬之軍，戰必勝，攻必取，吾不如韓信。此三者皆人杰也，吾能用之，此吾所以取天下也。」

〔五〕「雲夢」句：史記卷九二淮陰侯列傳：「漢六年（前二〇一），人有上書告楚王信反。高帝以陳平計，天子巡狩會諸侯，南方有雲夢，發使告諸侯會陳：『吾將游雲夢。』實欲襲信。信弗知。……謁高祖於陳。上令武士縛信，載後軍。信曰：『果若人言，「狡兔死，良狗烹；高鳥盡，良弓藏；敵國破，謀臣亡。」天下已定，我固當烹！』上曰：『人告公反。』遂械繫信。至雒陽，赦信罪，以爲淮陰侯。」雲夢，今洞庭湖區。

〔六〕平齊策：指漢四年（前二〇三）韓信平齊王田廣。此亦雙關黄巢所立大齊政權。參見卷二贈雲陽縣裴明府注〔四〕。

〔七〕長星：星名，占星術指爲兵事之兆。漢書卷四文帝紀：「八年夏，封淮南厲王長子四人爲列侯。有長星出於東方。」師古注引文穎曰：「孛、彗、長三星，其占略同，然其形象小異。……長星光芒有一直指，或竟天，或十丈，或三丈，或二丈，無常也。大法，孛、彗星多爲除舊布新，長星多爲兵革事。」初學記卷一天部星引漢書音義：「妖星曰孛星、彗星、長星。」

【集評】

胡以梅唐詩貫珠卷四六：奠楚祠而見碧幢黄鉞，舊日英威尚在，能扶漢家王業，獨不陰護唐民，忍見其陷於戰機乎？雲夢被執，是高鳥盡，良弓藏，漢高固屬負心；淮陰歸日而故人已稀，獨不負漂母之恩，固賢者之行事也。此聯千古公論。

送崔郎中往使西川行在〔一〕

拜書辭玉帳〔二〕，萬里劍關長〔三〕。新馬杏華色，緑袍春草香〔四〕。一身朝玉陛〔五〕，幾日過銅梁〔六〕。莫戀爐邊醉〔七〕，仙宮待侍郎〔八〕。

【箋注】

〔一〕按僖宗於光啓元年（八八五）正月離成都還京，本詩題云「往使西川行在」，蓋中和四年（八八四）所作。崔郎中：不詳。西川：泛指蜀地。薛能望蜀亭：「前軒一望無他處，從此西川只在心。」行在：即行在所，帝王出行所在。蔡邕獨斷卷上：「漢天子正號曰皇帝，……所在曰行在所。」

〔二〕玉帳：軍中主帥所居帳幕。李白司馬將軍歌：「身居玉帳臨河魁，紫髯若戟冠崔嵬。」

〔三〕劍關：亦稱劍閣、劍閣道，在今四川劍門東北大劍山、小劍山之間。杜甫野老：「長路關心悲劍閣，片雲何意傍琴臺。」

〔四〕「緑袍」句：庾信哀江南賦：「青袍如草，白馬如練。」緑袍，唐六、七品官袍。舊唐書卷四五輿服志：上元元年八月制：「六品服深緑，七品服淺緑，并銀帶。」

〔五〕玉陛：天子殿階。三國志卷一九魏書陳思王植傳載曹植陳審舉疏曰：「竊揆之於心，常願得一奉朝覲，排金門，蹈玉陛。」

〔六〕銅梁：唐縣名。治所在今四川銅梁西北。

〔七〕爐邊醉：晉書卷四九阮籍傳：「鄰家少婦有美色，當壚沽酒。籍嘗詣飲，醉，便卧其側。籍既不自嫌，其夫察之，亦不疑也。」

〔八〕仙宫：猶仙曹，指尚書省各部曹。按唐稱尚書省各部郎中、員外郎爲仙郎。

潤州顯濟閣曉望〔一〕

清曉水如鏡，隔江人似鷗。遠煙藏海島，初日照揚州〔二〕。地壯孫權氣〔三〕，雲凝庾信愁〔四〕。
一篷何處客，吟憑釣魚舟。

【箋注】

〔一〕此詩蓋作於中和、光啓年間客潤州時。潤州：唐州名，治丹徒（今江蘇鎮江），亦浙西節度使治所。新唐書卷四一地理志五「潤州」：「武德三年以江都郡延陵縣地置，取潤浦爲州名。」顯濟閣：故址在今鎮江城内。

〔二〕揚州：今江蘇揚州。

〔三〕「地壯」句：孫權，字仲謀，三國吴主，吴郡富春（今浙江富陽）人。元和郡縣圖志卷二五江南道一潤州云：漢獻帝建安十四年（二〇九），「孫權自吴理丹徒，號曰『京城』，今州是也。十六年遷都建業，以此爲京口鎮。」又云：

「丹徒縣，本朱方地，後名谷陽。……初，秦以其地有王氣，始皇遣赭衣徒三千人鑿破長隴，故名丹徒。」

〔四〕庾信愁：庾信，字子山，南陽新野（今屬河南）人。初仕南朝蕭梁，後奉使西魏而被羈留長安，繼仕北周，常懷鄉土之思，晚年作哀江南賦以致其意，序云：「信年始二毛，即逢喪亂。藐是流離，至於暮齒。燕歌遠別，悲不自勝。楚老相逢，泣將何及！……追爲此賦，聊以記言。不無危苦之辭，唯以悲哀爲主。」又作有愁賦，參見卷一愁注〔二〕。

觀浙西府相畋遊〔一〕

十里旌旗十萬兵，等閑遊獵出軍城〔二〕。紫袍日照金鵝鬬〔三〕，紅旆風吹畫虎獰。帶箭彩禽雲外落，避鵰寒兔月中驚。歸來一路笙歌滿，更有仙娥載酒迎。

【箋注】

〔一〕此詩與同卷陪金陵府相中堂夜宴旨趣相類，蓋亦作於中和四年（八八四）前後。浙西府相：即鎮海軍節度使周寶。見陪金陵府相中堂夜宴注〔二〕。

〔二〕等閑：平常。

〔三〕紫袍：舊唐書卷四五輿服志：上元元年八月制：「文武三品以上服紫，金玉帶。」

【集評】

胡以梅唐詩貫珠卷八：浙西觀察使，時世亂，已掌兵視節度。詩言十萬兵布十里之長，遊獵而出，繡袍有金鵝，畫旆有虎獰，彩禽帶箭落於雲外，月中之兔亦避鵰而驚逸。歸來笙歌滿路，更有妓女載酒而迎，豈不樂乎？然細詳詩意，當大盜破壞宇內，正枕戈滅此朝食之際，而擁重兵行樂，詞中自有諷意，非直贊之也。等閑，輕易之意。仙娥載酒，尤顯露矣。第六佳。

官莊〔一〕

江南富民悉以犯酒没家産，因以此詩諷之。浙帥遂改酒法，不入財産〔二〕。

誰氏園林一簇煙，路人遥指盡長嘆。桑田稻澤今無主，新犯香醪没入官〔三〕。

【校記】

〔官莊〕原作「宮莊」，據綠君亭本、全唐詩校改。　〔桑田〕向校：「全唐詩注：『一作桑林。』」

【箋注】

〔一〕此詩作於中和、光啓間客浙西周寶幕時。　官莊，官府所轄田莊。　浙帥，指浙西節度使周寶。　按，此詩萬首唐人絶句題作傷富民犯酒没産。

〔二〕犯酒：指違犯酒禁。按舊唐書卷四九食貨志下載會昌六年九月敕即謂「禁止私酤，過於嚴酷」，而規定「其所犯之人，任用重典，兼不得没入家産」。

〔三〕香醪（láo）：美酒。

解維〔一〕

又解征帆落照中，暮程還過秣陵東〔二〕。二年辛苦煙波裏，贏得風姿似釣翁。

【校記】

〔二年〕向校：「全唐詩注：『一作三年。』」〔贏得〕萬首唐人絶句作贏得。

【箋注】

〔一〕按莊於光啓二年夏初自江南泛淮汴，往陳倉迎駕，秋至孟津，作自孟津舟西上雨中作，有云「歸心迢遞秣陵東」。本詩云「暮程還過秣陵東」、「二年辛苦煙波裏」，蓋作於光啓三年（八八七）初。

〔二〕秣陵：秦置縣名，唐屬上元縣（治所在今江蘇南京）。元和郡縣圖志卷二五江南道一潤州「上元縣」：「本金陵地，秦始皇時望氣者云『五百年後金陵有都邑之氣』，故始皇東遊以厭之，改其地曰秣陵，塹北山以絶其勢。……秣陵故縣在縣東南四里。」

雨霽池上作呈侯學士〔一〕

鹿巾藜杖葛衣輕〔二〕，雨歇池邊晚吹清。正是如今江上好，白鱗紅稻紫蓴羹〔三〕。

【校記】

〔如今〕萬首唐人絶句作今時。

【箋注】

〔一〕侯學士：不詳，或即卷三和集賢侯學士分司丁侍御秋日雨霽之作之集賢侯學士。

〔二〕「鹿巾」句：指隱居生活。鹿巾（鹿皮巾）、藜杖（藜莖杖）、葛衣（葛布衣），均爲隱士服飾用具。列仙傳卷下載鹿皮公避世山林木閣，著鹿皮衣，食芝草，飲神泉；皇甫謐高士傳卷上載春秋時隱士榮啓期「鹿裘帶索，鼓琴而歌」；晉書卷九四隱逸傳載郭文「恒著鹿裘葛巾」；南史卷三〇何尚之傳載何點「遨游人間，不簪不帶」，梁武帝賜以鹿皮巾。

〔三〕「正是」兩句：見卷一寄從兄遵注〔二〕。

寓言〔一〕

爲儒逢世亂，吾道欲何之〔二〕。學劍已應晚，歸山今又遲。故人三載別，明月兩鄉悲。惆悵滄江上〔三〕，星星鬢有絲。

【箋注】

〔一〕詩云「故人三載別，明月兩鄉悲」，蓋避世江南已三年，疑作於光啓二年（八八六）。又按同卷自孟津舟西上雨中作有云「百口寄安滄海上」、卷三清河縣樓作有云「何處相思雪滿頭」，均作於光啓二年，似可與本詩「惆悵滄江上，星星鬢有絲」相參證。

〔二〕「吾道」句：杜甫秦州雜詩二十首其三：「萬方聲一概，吾道竟何之。」

〔三〕滄江：泛稱江水。杜甫見螢火：「滄江白髮愁看汝，來歲如今歸未歸。」

哭同舍崔員外〔一〕

却到同遊地，三年一電光。池塘春草在〔二〕，風燭故人亡〔三〕。祭罷泉聲急，齋餘磬韻長。

碧天應有恨，斜日弔松篁。

【箋注】

〔一〕同舍：史記卷一一七司馬相如列傳：「（相如）客游梁。梁孝王令與諸生同舍。」韓愈和虞部盧四酬翰林錢七赤藤杖歌：「歸來捧贈同舍子，浮光照手欲把疑。」按，崔員外若爲莊客周寶幕時僚友，而詩云「三年一電光」，考莊中和三年（八八三）春夏間入周寶幕，光啓二年（八八六）夏初往陳倉迎駕未成，還金陵，三年春因浙西軍亂而南下入越。本詩哭同僚而未及浙西變故，疑作於光啓二年春。

〔二〕「池塘」句：謝靈運登池上樓：「池塘生春草，園柳變鳴禽。」

〔三〕風燭：喻人生。樂府詩集卷四一怨詩行古辭：「天德悠且長，人命一何促。百年未幾時，奄若風吹燭。」

題姑蘇凌處士莊〔一〕

一簇林亭返照間，門當官道不曾關。華深遠岸黄鶯鬧，雨急春塘白鷺閑。載酒客尋吴苑寺，倚樓僧看洞庭山〔二〕。怪來話得仙中事〔三〕，新有人從物外還。

【箋注】

〔一〕此詩蓋與同卷和侯秀才同友生泛舟溪中相招之作爲一時之作。姑蘇：蘇州别稱。元和郡縣圖志卷二五江南道一蘇州：周時爲吴國，秦置會稽郡，後漢分浙江以西爲吴郡，「隋開皇九年（五八九）平陳，改爲蘇州，因姑蘇山爲名。」凌處士：不詳。

〔二〕洞庭山：在今江蘇吴縣西南太湖中。元和郡縣圖志卷二五江南道一蘇州「吴縣」：「太湖，在縣西南五十里。」

禹貢謂之震澤，周禮謂之具區。湖中有山，名曰洞庭山。」

〔三〕怪來：難怪。韋應物休暇日訪王侍御不遇：「怪來詩思清人骨，門對寒流雪滿山。」

【集評】

胡以梅唐詩貫珠卷三七：林亭，朝暮皆有，今獨舉返照間，似必取落返而勝，然詩人無中生有，文不寂寞，不必拘。門當官道，可以鬧中取靜，見主人之雅。花既深，岸又遠，獨聞黄鶯之鬧，雨急而白鷺獨閑，意興皆幽也。於此載酒可尋吳苑寺，倚樓可看洞庭山，又有仙家物外之人來往，則處士以爲何如人哉？

過當塗縣〔一〕

客過當塗縣，停車訪舊遊。謝公山有墅，李白酒無樓〔二〕。采石華空發〔三〕，烏江水自流〔四〕。夕陽誰共感，寒鷺立汀洲。

【箋注】

〔一〕詩云「訪舊遊」，知非初至當塗，蓋在中和年間避難江南之後。考莊光啓年間自江南取汴宋路往陳倉迎駕未成過相州歸金陵，未經當塗；後入越客婺，往返京、越亦不必繞道當塗，則本詩疑作於中和三年（八八三）春往潤州過當塗時。當塗縣：治所在今安徽當塗。

〔二〕「謝公」兩句：太平寰宇記卷一〇五江南西道三太平州「當塗縣」：「謝公山，在縣東三十五里，齊宣城太守謝脁築室及池於山南。」李白姑孰十詠其三謝公宅：「青山日將暝，寂寞謝公宅。」其八牛渚磯：「更聽猿夜啼，憂心醉江上。」

〔三〕采石：即采石磯，在牛渚山北，又名牛渚磯，在今安徽馬鞍山市西南長江岸邊。

〔四〕烏江：今名烏江浦，在安徽和縣東北。元和郡縣圖志卷二八江南道四宣州「當塗縣」：「牛渚山，在縣北三十五里。山突江中，謂之牛渚圻，津渡處也。……采石戍，在縣西北三十五里，西接烏江，北連建業，城在牛渚山上。」

江亭酒醒却寄維揚餞客〔一〕

別筵人散酒初醒，江步黃昏雨雪零。滿坐綺羅皆不見〔二〕，覺來紅樹背銀屏。

【校記】

〔紅樹〕向校：「全唐詩注：『一作紅燭。』」按，作「紅燭」是。

【箋注】

〔一〕此詩當作於中和、光啓年間客浙西周寶幕時。維揚：揚州別稱，今江蘇揚州。費衮梁溪漫志卷九：「古今稱揚州爲維揚，蓋掇取禹貢『淮海惟揚州』之語。」

〔二〕綺羅：代指維揚餞客。沈佺期銅雀妓：「綺羅君不見，歌舞妾空來。」

臺　城〔一〕

江雨霏霏江草齊，六朝如夢鳥空啼。無情最是臺城柳，依舊煙籠十里堤。

【箋注】

〔一〕按才調集録此詩列陪金陵府相中堂夜宴後，疑作於光啓元年（八八五）春。　臺城：故址在今南京鷄鳴山南。元和郡縣圖志卷二五江南道一潤州「上元縣」：「晉故臺城，在縣東北五里。成帝時，蘇峻作亂，焚燒宫室都盡，温嶠以下咸議遷都，惟王導固爭不許。咸和六年，使王彬營造，七年帝遷於新宫，即此城也。」洪邁容齋續筆卷五：「晉宋間謂朝廷禁省爲臺，故稱禁城爲臺城。」

【集評】

六朝事迹卷三曰：建康實録：晉成帝咸和七年，新宫成，名建康宫。注：即今之所謂臺城也。在縣東北五里，周迴八里。　輿地紀勝曰：江南東路建康府，臺城一曰建康宫城也，本吳後苑城。晉成帝咸和五年作新宫於此，其城唐末尚存。　清統志曰：江蘇江寧府，故臺城在上元縣治北玄武湖側。（轉録自高步瀛唐宋詩舉要卷八）

趙蕃、韓淲選　謝枋得注唐詩絶句卷五：臺城乃梁武帝餧死之地，國亡主滅，陵谷變遷，人物换世，惟草木無情，只如前日。此柳必梁朝所種，至唐猶存。「無情」、「依舊」四字最妙。

黄周星唐詩快卷一六：（「六朝」句）七字連説爲妙，若分爲二語即不妙矣。

唐汝詢唐詩解卷三〇：此賦圖上之景，因發弔古之思。臺城已破，柳色無改，是以恨其無情也。

周珽唐詩選脉會通評林：何新之爲奇雋體。　吳山民曰：就圖發黍離之悲。　徐充曰：「依舊」二字得劉禹錫用「舊時」意。　郭濬曰：聽歌麥秀。　胡吹焱曰：始責煙柳無情，不顧興亡；終羨煙柳自若，付興亡於無可奈何，意味深長。端平北使王楫詩：「到處江山是戰場，淮民依舊説耕桑。梅花不識興亡恨，猶向東風笑夕陽。」北將胡諮議留江州詩：「寂寞武磯山上廟，蕭條羅伏水中船。垂楊不管興亡事，依舊青青兩岸邊。」二詩俱譏本朝文武不知國勢危急，隨時偷樂也。皆從此詩變化。（轉録自陳伯海主編唐詩彙評）

賀裳載酒園詩話卷一：偷法一事，名家不免。如劉夢得「山圍故國周遭在，潮打空城寂寞回。淮水東邊舊時月，夜深還過女牆來」、杜牧之「煙籠寒水月籠沙，夜泊秦淮近酒家。商女不知亡國恨，隔江猶唱後庭花」、韋端己「江雨霏霏江草齊，六朝如夢鳥空啼。無情最是臺城柳，依舊煙籠十里堤」三詩雖各詠一事，意調實則相同。愚意偷法一事，誠不能不犯，但當爲韓信之背水，不則爲虞詡之增竈，慎毋爲邵青之火牛耳。若霍去病不知學古兵法，究亦非是。

吴烶唐詩選勝直解：雨霏草齊，暮春時矣。對景興懷，六朝滅亡如夢，而臺城之柳依舊煙籠，即「豪華一去風流盡，唯有青山似洛中」意也。

吴昌祺删訂唐詩解卷一五：嗚呼，古今何限臺城柳耶？横種亦生，倒種亦生，態弱花狂，無往不可。

范大士歷代詩發卷二二：（題作金陵圖）陵谷變遷之感，人自多情，故覺柳無情也。

王士禛選、宋顧平評萬首唐人絶句選評：翻高蟾意，高唱而入，已得機得勢。次句又接得玲瓏。末句一點，畫意已足，經營入妙。

黄叔燦唐詩箋注卷一〇：六朝佳麗，王氣消沉。金陵一圖，不知是何人手筆，其第一首云：「君看六幅南朝事，老木寒雲滿故城。」令人惘然。臺城在城北鷄鳴寺山麓，基址尚存。章燮唐詩三百首注疏：馮鈍吟云：韋相詩聲調高亮。紀昀云：末兩句亦是對面寓法。一統志：臺城在上元縣治東北五里。此乃圖中之景，以爲今日視江上之雨，江邊之草，至今無恙，而六朝已往，世事遂如夢中矣。今於圖内視之，則見長堤緑柳絲絲，輕煙裊裊，依然如舊，何其獨我幽思，感人長嘆也。

王文濡唐詩評注讀本：江上之雨，江邊之草，至今無恙，而六朝已往，世事遂如夢中矣。下兩句叙圖中之景，依然如舊，指槐罵柳，意在言外。

贈漁翁〔一〕

草衣荷笠鬢如霜，自説家編楚水陽〔二〕。滿岸秋風吹枳橘〔三〕，遶陂煙雨種菰蔣〔四〕。蘆刀夜鱠紅鱗膩，木甑朝蒸紫芋香。曾向五湖期范蠡〔五〕，爾來空闊久相忘〔六〕。

【箋注】

〔一〕此詩作於中和、光啓年間客浙西時。

〔二〕楚水陽：山之南、水之北謂陽。楚水，本泛指古楚地江河，據下句，此蓋指淮水。

〔三〕枳橘：周禮考工記：「橘逾淮而北爲枳。」

〔四〕菰蔣：水草名。本草綱目卷二三穀之二菰米集解引蘇頌曰：「菰生水中，葉如蒲葦，其苗有莖梗者謂之菰蔣草。至秋結實，乃雕胡米，古人以爲美饌。」

〔五〕「曾向」句：見卷一同舊韻注〔三〕。

〔六〕爾來：自那時以來。李白蜀道難：「爾來四萬八千歲，不與秦塞通人煙。」

【集評】

胡以梅唐詩貫珠卷二五：起言漁翁之狀；二言住址；三、四，所居風景；五、六，朝暮之食用；結謂其隱逸高雅，原是范少伯一流人。

過揚州〔一〕

當年人未識兵戈，處處青樓夜夜歌。華發洞中春日永〔二〕，月明衣上好風多。淮王去後無鷄犬〔三〕，煬帝歸來葬綺羅〔四〕。二十四橋空寂寂〔五〕，緑楊摧折舊官河〔六〕。

【箋注】

〔一〕此詩當作於中和、光啓年間客浙西周寶幕時。揚州：今江蘇揚州市。

〔二〕華發洞中：蓋用陶潛桃花源記典事。

〔三〕「淮王」句：用漢淮南王學道成仙、鷄犬升天典事。王充論衡道虛篇：「儒書言：『淮南王學道，招會天下有道之人，傾一國之尊，下道術之士。是以道術之士並會淮南，奇方異術，莫不爭出。王遂得道，舉家升天，畜産皆仙，犬吠於天上，鷄鳴於雲中。』此言仙藥有餘，犬鷄食之，皆隨王而升天也。」淮王，即劉安，西漢沛郡豐（今江蘇豐縣）人，漢高祖之孫，襲封淮南王。按，漢淮南國屬揚州（見漢書地理志上）。

〔四〕「煬帝」句：謂隋煬帝幸江都（即揚州），荒淫無度，終致殺身之禍。資治通鑑卷一八五：唐高祖武德元年（六一八）：「隋煬帝至江都，荒淫益甚，宫中爲百餘房，各盛供張，實以美人，日令一房爲主人，江都郡丞趙元楷掌供酒饌，帝與蕭后及幸姬歷就宴飲，酒卮不離口。從姬千餘人，亦常醉。……帝見中原已亂，無心北歸。欲都丹陽，保據江東。」終爲司馬德戡、宇文化及等縊殺。按，隋煬帝曾於大業元年（六〇五）、六年兩幸江都，故曰「歸來」。

〔五〕二十四橋：沈括夢溪筆談補筆談卷三：「揚州在唐時最爲富盛，舊城南北十五里一百一十步，東西七里三十步，可紀者有二十四橋。……皆在今州城西門之外。」方輿勝覽卷四四淮東路揚州：「二十四橋，隋置，並以城門坊市爲名。後韓令坤省築州城，分布阡陌，別立橋梁，所謂二十四橋者或存或廢，不可得而考。」

〔六〕「緑楊」句：資治通鑑卷一百八十：隋煬帝大業元年三月，「命尚書右丞皇甫議發河南、淮北諸郡民前後百餘萬開通濟渠，自西苑引穀、洛水達於河，復自板渚引河歷滎澤入汴，又自大梁之東引汴水入泗達於淮。又發淮南民十餘萬開邗溝，自山陽至揚子入江。渠廣四十步，渠旁皆築御道，樹以柳。」舊官河，指邗溝。

【集評】

譚宗近體秋陽卷八：（首句）太平漢子真實受用，却不堪對此七字。（三、四句）三承一，四承二。（總評）八句兩截，前四句言其盛，後四句言其衰。後四句凄急，至不可多讀；讀後四句數過，並言其盛者而亦不可輒讀矣。以故劈頭七字試漫讀之，便足令汗浹。

胡以梅唐詩貫珠卷四一：按此詩是在高駢之後所作。首言高駢以前人未識兵戈，青樓花月繁艷。三、四重在「無雞犬」、「葬綺羅」，其淮王、煬帝皆借用當地之人比之高（駢）、楊（行密）也。淮南王丹成，鷄犬舐之皆升天，今乃殺之無存也。綺羅尤物，荒亂則無人愛惜而皆死，焉知不亦如羊豕被屠？想見荒凉可慘！

姚鼐七言今體詩鈔卷六：高駢、吕用之妄事神仙，故借稱淮南，而實嘆兵火之後，鷄犬皆盡。「歸來」字用招魂，然「葬」字不穩貼，疑本是「喪」字。

寄右省李起居〔一〕

已向鴛行接雁行〔二〕，便應雙拜紫微郎〔三〕。纔聞闕下徵書急，已覺回朝草詔忙。白馬似憐朱紱貴〔四〕，綵衣遥惹御爐香〔五〕。多慚十載遊梁客，未换青襟侍素王〔六〕。

【箋注】

〔一〕詩中「多慚十載遊梁客」與卷三和集賢侯學士分司丁侍御秋日雨霽之作「多慚十載遊梁士」同，蓋亦景福元年（八九二）所作。右省：即中書省。起居：指起居舍人。通典卷二一職官三中書省：「開元元年改爲紫微省，五年復舊。」注：「時謂尚書省爲南省，門下、中書爲北省，亦謂門下省爲左省，中書省爲右省，或通謂之兩府。」又「侍中」條載：唐貞觀二年於門下置起居郎二人。「顯慶中復於中書省置起居舍人，遂與起居郎分掌左右。……每皇帝御殿則對立於殿，有命則臨陛俯聽，退而書之以爲起居注。凡册命啓奏、封拜薨免悉載之，史館得之以撰述焉。」

〔二〕「已向」句：蓋謂李氏昆仲入中書省爲郎官。鴛行：喻朝官儀列。詩周頌振鷺：「振鷺于飛，于彼西雍。我客戾至，亦有斯容。」禽經「寀寮雝雝，鴻儀鷺序」注：「鴻，雁屬，大曰鴻，小曰雁，飛有行列也。鷺，白鷺也，小不逾大，飛有次序，百官縉紳之象。詩以振鷺比百寮雍容，喻朝美。」杜甫秦州雜詩二十首之二：「爲報鴛行日，鵷鶵在一枝。」雁行：喻兄弟。見卷一寄從兄遵注〔五〕。

〔三〕紫微郎：指起居舍人。

〔四〕朱紱：紅色朝服。漢書卷七三韋賢傳載韋孟諫詩：「黼衣朱紱，四牡龍旂。」師古曰：「黼衣畫爲斧形，而白與黑爲彩也。朱紱爲朱裳畫爲亞文也。亞，古弗字也，故因謂之。紱字又作韍，其音同聲。」

〔五〕御爐：本屬尚書省供具，此借指中書省。初學記卷二五器物部香爐〔叙事〕引漢官舊典曰：「漢尚書郎，給端正侍女史二人，潔衣服，執香爐燒熏，從入臺中。」杜甫秋興八首其二：「畫省香爐違伏枕，山樓粉堞隱悲笳。」

〔六〕青襟：見卷一冬日長安感志寄獻虢州崔郎中二十韻注〔四〕。　素王：本指有帝王之德而未居其位者，後多指孔儒。王充論衡定賢篇：「孔子不王，素王之業在於春秋。」後世儒家因稱孔子爲素王。

鑷　白〔一〕

白髮太無情，朝朝鑷又生。始因絲一縷，漸至雪千莖〔二〕。不避佳人笑，唯慚稚子驚。新年過半百〔三〕，猶嘆未休兵〔四〕。

【箋注】

〔一〕夏承燾韋端己年譜據同卷聞再幸梁洋、夏初與侯補闕江南有約……二詩及相關史料考定本詩「必光啓二年作」。按本詩作年雖難以確考，然夏説當出入不大，姑依之。同卷寓言有云「星星鬢有絲」、卷三清河縣樓作有云「何處相思雪滿頭」，似可與本詩「漸至雪千莖」相參證。　鑷白：拔去白髮。李白秋日煉藥院鑷白髮贈元六兄林宗：「長吁望青雲，鑷白坐相看。」

〔二〕雪千莖：白居易江州赴忠州至江陵已來舟中示舍弟五十韻：「孤舟萍一葉，雙鬢雪千莖。」

〔三〕過半百：杜甫寄高三十五詹事：「相看過半百，不寄一行書。」

〔四〕未休兵：據資治通鑑卷二五六載，中和、光啓年間，「時黄巢雖平，秦宗權復熾，命將出兵，寇掠鄰道。……北至衛、滑，西至關輔，東盡青、齊，南出江淮，極目千里，無復煙火。」同時，田令孜與王重榮構怨，重榮奏論令孜離間君臣，數令孜十罪。令孜遣朱玫、李昌符攻之。光啓元年十二月，王重榮、李克用合兵大敗朱玫、李昌符於沙苑。

漳亭驛小櫻桃〔一〕

當年此樹正華開，五馬仙郎載酒來〔二〕。李白已亡工部死〔三〕，何人堪伴玉山頹〔四〕。

【校記】

［堪伴］萬首唐人絶句作空伴。

【箋注】

〔一〕萬首唐人絶句題作棹亭驛小桃花，棹，當爲「樟」之訛。　漳亭驛，亦作樟亭驛，故址在今浙江杭州市城南錢塘北岸。白居易有樟亭雙櫻樹、鄭谷有題杭州樟亭（韋莊又玄集卷下録此詩作題杭州樟亭驛閣）。據資治通鑑卷二五七，光啓三年三月，浙西軍亂，節度使周寶奔常州。十月，錢鏐拔常州，擁周寶歸杭州。十二月乙未（二十七日），「周寶卒於杭州。」考異引實録：「（錢）鏐迎至郡，氣卒於樟亭驛。」莊當亦隨之南奔，本詩蓋作於光啓三年

（八八七）春。

〔二〕仙郎：唐時對尚書省各部郎中、員外郎的雅稱。王維重酬苑郎中：「仙郎有意憐同舍，丞相無私斷掃門。」

〔三〕「李白」句：李白從侄杭州刺史良遊天竺寺：「挂席臨蓬丘，觀濤憩樟樓。」樟樓即樟亭。工部，指杜甫，遷檢校工部員外郎，未及赴職而病故，世稱杜工部。

〔四〕玉山頹：喻酒醉。世説新語容止：「嵇康身長七尺八寸，風姿特秀。……山公（濤）曰：『嵇叔夜之爲人也，巖巖若孤松之獨立；其醉也，傀俄若玉山之將崩。』」

酬吴秀才霅川相送〔一〕

一葉南浮去似飛，楚鄉雲水本無依。離心不忍聞春鳥，病眼何堪送落暉。摻袂客從華下散〔二〕，棹舟人向鏡中歸。夫君別我應惆悵，十五年來識素衣〔三〕。

【箋注】

〔一〕據首聯意，此詩蓋作於光啓三年（八八七）春因浙西軍亂而南下浙東途經霅川時。霅（zhá）川：即霅溪水，又名大溪水、苕溪水，在湖州治所烏程縣（今浙江湖州市）南。

〔二〕摻袂：斂袂。

〔三〕素衣：指寒素之士。陸機爲顧彦先贈婦：「辭家遠行遊，悠悠三千里。京洛多風塵，素衣化爲緇。」

對雨獨酌

榴華新釀緑於苔，對雨閑傾滿滿杯。荷鍤醉翁真達者〔一〕，卧雲逋客竟悠哉〔二〕。能詩豈是經時策，愛酒元非命世才〔三〕。門外緑蘿連洞口〔四〕，馬嘶應是步兵來〔五〕。

【箋注】

〔一〕「荷鍤」句：指西晉劉伶。晉書卷四九劉伶傳：「劉伶，字伯倫，沛國人也。……常乘鹿車，攜一壺酒，使人荷鍤而隨之，謂曰：『死便埋我。』其遺形骸如此。」

〔二〕卧雲：指隱居。白居易昔與微之在朝日同蓄休退之心迨今十年淪落老大追尋前約且結後期：「不作卧雲計，攜手欲何之？」逋客：孔稚珪北山移文：「請回俗士駕，爲君謝逋客。」此本指先隱居復又入仕的逃客，後轉用以指隱士。

〔三〕命世才：治世之才。李陵答蘇武書：「其餘佐命立功之士，賈誼、亞夫之徒，皆信命世之才，抱將相之具。」

〔四〕洞口：用陶潛桃花源記典事。

〔五〕步兵：指西晉阮籍，曾因嗜酒而求爲步兵校尉，世稱阮步兵。世説新語任誕：「步兵校尉缺，厨中有貯酒數百斛。阮籍乃求爲步兵校尉。」劉孝標注引文士傳曰：「籍放誕有傲世情，不樂仕宦。……後聞步兵厨中有酒三百石，忻然求爲校尉。於是入府舍，與劉伶酣飲。」

【集評】

胡以梅唐詩貫珠卷二九：舉新釀之酒，對雨閑傾，想當年劉伶之荷鍤真爲達者，而卧雲避世之逋客意亦悠哉！予將終身焉。所以然者，能詩愛酒，原不是經時命世之才術耳。可與言飲之妙，其惟阮籍乎，故望其來也。

夏初與侯補闕江南有約同泛淮汴西赴行朝莊自九驛路先至甬橋補闕由淮楚續至泗上寢病旬日遽聞捐館迴首悲慟因成長句四韻弔之〔一〕已後自浙西遊汴宋，路至陳倉迎駕，却過昭義、相州，路歸金陵作〔二〕。

本約同來謁帝閽〔三〕，忽隨川浪去東奔。九重聖主方虛席〔四〕，千里高堂尚倚門〔五〕。世德只應榮伯仲〔六〕，時名終自付兒孫。遥憐月落清淮上，寂寞何人弔旅魂。

【箋注】

〔一〕據資治通鑑卷二五六、二五七，僖宗於光啓元年（八八五）十二月再幸鳳翔，二年春正月幸寶鷄，三月至興元，三年三月還至鳳翔，文德元年（八八八）二月至京師。本詩題云「夏初與侯補闕江南有約，同泛淮汴，西赴行朝」，當作於光啓二年夏。同卷聞再幸梁洋亦作於是年，與本詩前後相承。據卷八投寄舊知作於景福元年（八九二），有云「十年無路到三秦」，知莊此次往陳倉迎駕未入秦地即返。　補闕：唐諫官名。通典卷二一職官三侍中：「武太后垂拱中置補闕、拾遺二官，以掌供奉諷諫。……自開元以來尤爲清選，左、右補闕各二人，内供奉者各一人，左、右拾遺亦然。左屬門下，右屬中書。」　行朝：即行在所。　九驛路：蓋指淮南（治揚州）通泗州（治臨淮，南臨淮水）之路。資治通鑑卷二五四載，廣明元年十一月，「初黄巢將渡淮。豆盧瑑請以天平節鉞授巢。」考異引驚聽録曰：「宰臣豆盧瑑奏：『緣淮南九驛便至泗州，恐高駢固守城壘，不遮截大寇。黄巢必若渡淮，落寇之計。又征兵不及，須且誘之，請降節旄，授鄆州節度使。候其至止，討亦不難。』」　甬橋：亦作埇橋，宿州（治所在今安徽宿州）汴河橋。　淮楚：指楚州，治山陽（今江蘇淮安）。　泗上：指泗州，治臨淮（今江蘇盱眙北）。據元和郡縣圖志卷九，宿州「本徐州苻離縣也，元和四年，以其地南臨汴河，有埇橋爲舳艫之會，運漕所歷，防虞是資」。泗州「東水路至楚州二百二十里。……西北至埇橋四百二十里。」　捐館：即捐館舍，捐棄所居屋舍，對死的婉稱。戰國策卷一九趙策二：蘇秦説趙王曰：「今奉陽君捐館舍，大王乃今然後得與士民相親，臣故敢獻其愚。」

〔二〕汴宋：指汴州（治所在今河南開封）、宋州（治所在今河南商丘）。　陳倉：秦置縣名，唐改爲寶鷄縣，治所在今陝西寶鷄。元和郡縣圖志卷二關内道二鳳翔府「寶鷄縣」：「本秦陳倉縣，秦文公所築，因山以爲名，屬右扶風。隋大業九年，移於今理，在渭水北。至德二年改爲寶鷄，以昔有陳寶鳴鷄之瑞，故名之。……陳倉故城在今縣東二十里。」此沿用舊名。　昭義、相州：昭義節度使治所潞州（今山西長治）、相州（今河南安陽）。讀史方輿紀要卷四二山西四潞安府：「唐復曰潞州，天寶初曰上黨郡，乾元初復故，尋置昭義軍節度。」注云：「先是至德初置上黨節度，尋曰澤潞節度，大曆十年始有昭義之名。」

〔三〕帝閽：本指天帝守門人或天門，後亦借指帝王宫門。屈原離騷：「吾令帝閽開關兮，倚閶闔而望予。」王逸注：「帝，謂天帝。閽，主門者也。」説文解字門部：「閽，常以昏閉門隸也。」

〔四〕「九重聖主」句：虚席，指帝王召見臣子。漢書卷四八賈誼傳：「文帝思誼，征之。至，入見，上方受釐，坐宣室。上因感鬼神事，而問鬼神之本。誼具道所以然之故。至夜半，文帝前席。」師古曰：「漸迫近誼聽，説其言也。」李商隱賈生：「宣室求賢訪逐臣，賈生才調更無倫。可憐夜半虚前席，不問蒼生問鬼神。」按資治通鑑卷二五六載，唐僖宗光啓二年正月，田令孜劫上幸寶鷄，「上以孔緯爲御史大夫，使還召百官，上留寶鷄以待之」。

〔五〕高堂：指父母。陳子昂送孟十二倉曹赴東京選：「朝夕高堂念，應宜綵服新。」

〔六〕世德：世積之德。詩大雅下武：「王配于京，世德作求。」箋：「武王配行三王之道于鎬京者，以其世世積德，庶爲終成其大功。」伯仲：兄弟。古時以伯仲叔季排列兄弟間次序。

汴堤行〔一〕

欲上隋堤舉步遲，隔雲烽燧叫非時〔二〕。纔聞破虜將休馬，又道征遼再出師。朝見西來爲過客，暮看東去作浮屍〔三〕。緑楊千里無飛鳥〔四〕，日落空投舊店基。

【箋注】

〔一〕此詩作於光啓二年（八八六）夏往陳倉迎駕過汴堤之時。汴堤：亦稱隋堤，指隋大業元年（六〇五）所開通濟渠東段，即自板渚（今河南滎陽北）引黄河水入汴，至大梁（今河南開封）東引汴水入泗水達於淮水。元和郡縣圖志卷五河南府河陰縣：「汴渠，漢明帝永平中修築，後堙塞。隋煬帝大業元年更令開導，名通濟渠，自洛陽西苑引穀、洛水達於河，自板渚引河入汴口，又從大梁之東引汴水入於泗，達於淮，自江都宫入於海。亦謂之御河，河畔築御道，樹之以柳。」鑒戒録卷七：「煬帝將幸江都，開汴河，種柳，至今號曰隋堤。」

〔二〕「隔雲」句：據資治通鑑卷二五六，光啓二年四月，朱玫逼鳳翔，百官奉襄王煴權監軍國事，自兼左、右神策十軍使，帥百官奉煴還京師。五月，朱玫大行封拜以悦藩鎮，諸藩鎮受其命者十之六七，諸道貢賦多之長安而不之興元。六月，王重榮、李克用合兵討朱玫。烽燧，烽火。烽，又作熢。古時邊防報警信號，白日放煙謂烽，夜間舉火謂燧。墨子號令：「與城上烽燧相望，晝則舉烽，夜則舉火。」

〔三〕「纔聞」四句：因汴堤及時局而追憶隋煬帝大業中破吐谷渾、流求後征高麗而大敗。據資治通鑑卷一八一載，隋煬帝大業五年破吐谷渾，六年二月破流求，三月再幸江都，備征高麗，「課天下富人買武馬，匹至十萬錢。簡閱器仗，務令精新，或有濫惡，則使者立斬」。七年二月自江都幸涿郡（治所在今北京市西南），下詔討高麗。八年二月，戰於遼水，「高麗兵乘高擊之，隋兵不得登岸，死者甚衆」。七月戰於薩水（今朝鮮清川江），隋軍半濟，高麗自後擊之，諸軍潰敗。「初，九軍渡遼，凡三十五萬五千，及還至遼城東，唯二千七百人。資儲器械巨萬計，失亡蕩盡。」

〔四〕「緑楊」句：白居易隋堤柳：「大業年中煬天子，種柳成行夾流水。西自黃河東至淮，緑陰一千三百里。」開河記：「時恐盛暑，翰林學士虞世基獻計，請用垂柳栽於汴渠兩堤上，一則樹根四散，鞠護河堤；二乃牽舟之人護其陰；三則牽舟之羊食其葉。上大喜，詔民間有柳一株，賞一縑。百姓競獻之。又令親種。帝自種一株，群臣次第種，方及百姓。……栽畢，帝御筆寫賜垂楊柳姓楊，曰楊柳也。」

旅次甬西見兒童以竹槍紙旗戲爲陣列主人叟曰斯子也三世没於陣思所襲祖父讎余因感之〔一〕

已聞三世没軍營，又見兒孫學戰爭。見爾此言堪慟哭，遣予何日望時平。

【校記】

〔没軍營〕萬首唐人絶句作歿軍營。

【箋注】

〔一〕此詩與同卷夏初與侯補闕江南有約……同作於光啓二年（八八六）夏。萬首唐人絶句題作感群兒戲爲陣。

甬西：甬橋之西。參見夏初與侯補闕江南有約……注〔一〕。

【集評】

黄周星唐詩快卷三：（末句）真堪慟哭。

自孟津舟西上雨中作〔一〕

秋煙漠漠雨濛濛，不卷征帆任晚風。百口寄安滄海上，一身逃難緑林中〔二〕。來時楚岸楊華白，去日隋堤蓼穗紅〔三〕。却到故園翻似客〔四〕，歸心迢遞秣陵東〔五〕。

【箋注】

〔一〕此詩作於光啓二年（八八六）秋陳倉迎駕途經孟津之時。孟津：參見卷二宿泊孟津寄三堂友人注〔一〕。

〔二〕「百口」兩句：百口，即家口。參見卷一冬日長安感志寄獻虢州崔郎中二十韻注〔二七〕。按，時韋莊將家口寄安於潤州，只身往陳倉迎駕，時戰亂不斷，故云「逃難」。資治通鑑卷二五六載，光啓二年五月，「秦賢寇宋汴，朱全忠敗之於尉氏南；癸巳，遣都將郭言將步騎三萬擊蔡州。」六月，河中王重榮、河東李克用合兵討朱玫。秋七月，「秦宗權陷許州，殺節度使鹿晏弘。」

〔三〕蓼：一年生草本植物，針葉，味辛，花淡紅或白色。

〔四〕故園：當指虢州故居。按卷八投寄舊知作於景福元年（八九二），有云「十年無路到三秦」，知莊此次西行未入秦地，則此「故園」非指長安或下邽；又據詩題「自孟津舟西上」語，則亦非指洛陽（卷三洛陽吟題注：「時大駕在蜀，巢寇未平，洛中寓居，作七言。」）。

〔五〕秣陵東：指潤州之丹徒（今江蘇鎮江），在秣陵（今江蘇南京）之東。

含山店夢覺作〔一〕

曾爲流離慣別家，等閑揮袂客天涯〔二〕。燈前一覺江南夢，惆悵起來山月斜。

【校記】

〔曾爲〕向校：「全唐詩注：『一作曾是。』」〔揮袂〕萬首唐人絶句作揮杖，誤。〔客天〕向校：「全唐詩注：『一作各天。』」

【箋注】

〔一〕詩云「曾爲流離慣別家」、「燈前一覺江南夢」，知非避難之初，且家寄江南，當作於光啓二年（八八六）秋陳倉迎駕未成折返潤州途經含山時，詩情與前詩「歸心迢遞秣陵東」句同。含山：山名，在絳州聞喜縣（今屬山西）。舊唐書卷二〇上昭宗紀載大順二年官軍討李克用而敗，「自含山逾王屋，出河清，達於河陽」。資治通鑑卷二六二載，唐昭宗天復元年春正月，朱全忠遣張存敬將兵三萬渡河出含山路以襲王珂。注：「含山，在絳州東。」絳州，治所在今山西新絳。讀史方輿紀要卷四一平陽府解州「聞喜縣」：隋、唐時屬絳州，「含口，在縣東南，亦曰含山路。……唐大順初，張浚攻河東，爲李克用所敗，走保晉州，復自含口遁去，逾王屋，從河陽渡河還長安。」

〔二〕等閑：時常。揮袂：揮袖告別。阮籍詠懷：「揮袂撫長劍，仰觀浮雲征。」

題貂黄嶺官軍〔一〕

散騎蕭蕭下太行〔二〕，遠從吴會去陳倉〔三〕。斜風細雨江亭上〔四〕，盡日憑欄憶楚鄉〔五〕。

【校記】

〔太行〕萬首唐人絶句作太忙。 〔憶楚〕向校：「全唐詩注：『一作獨望。』」

【箋注】

〔一〕此詩蓋作於光啓二年（八八六）秋陳倉迎駕未成返金陵途經貂黄嶺時。貂黄嶺：亦作雕黄嶺、刁黄嶺，在今山西長子西。資治通鑑卷二四七載，唐會昌三年十二月，官軍討澤潞劉稹，克天井關。稹以安全慶守烏嶺，「李佐堯守雕黄嶺」。注：「雕黄嶺，在潞州長子縣西。」讀史方輿紀要卷四二潞安府長子縣：「刁黄山亦在縣西五十里，亦曰刁黄嶺，刁，一作雕。唐會昌三年，劉稹以澤潞叛，使其將李佐堯守刁黄嶺以拒官軍。」

〔二〕太行：山名，又稱五行山、太形山，東北向西南綿亘於今山西高原和河北平原之間。

〔三〕吴會：指今蘇州市。秦置會稽郡，治所在吴縣（今江蘇蘇州市）。

〔四〕「斜風」句：張志和漁父：「青箬笠，緑蓑衣，斜風細雨不須歸。」

〔五〕楚鄉：指潤州，古爲楚邑。

過内黄縣〔一〕

相州吹角欲斜陽〔二〕，匹馬摇鞭宿内黄。僻縣不容投刺客〔三〕，野陂時遇射鵰郎〔四〕。雲中粉堞新城壘〔五〕，店後荒郊舊戰場。猶指去程千萬里，秣陵煙樹在何鄉。

【箋注】

〔一〕此詩作於光啓二年（八八六）秋冬之際。內黄縣：治所在今河南內黄縣。元和郡縣圖志卷一六河北道相州「內黄縣」注：「西北至州八十里。」

〔二〕相州：治所在今河南安陽縣。

〔三〕投刺客：指棄官退歸者。刺，名帖。蕭衍孝思賦序：「便投刺解職，以遵歸路。」

〔四〕射雕郎：指武將。北齊書卷一七斛律金傳：「（斛律光）嘗從世宗於洹橋校獵，見一大鳥，雲表飛颺。光引弓射之，正中其頸。此鳥形如車輪，旋轉而下，至地乃大雕也。世宗取而觀之，深壯異焉。丞相屬邢子高見而嘆曰：『此射雕手也。』當時傳號落雕都督。」

〔五〕粉堞：白色女墻。杜甫峽口二首其一：「城欹連粉堞，岸斷更青山。」

雜感

莫悲建業荆榛滿〔一〕，昔日繁華是帝京。莫愛廣陵臺榭好，也曾蕪没作荒城。魚龍爵馬皆如夢，風月煙花豈有情〔二〕。行客不勞頻悵望，古來朝市嘆衰榮。

【箋注】

〔一〕此詩疑與同卷解維均作於光啓三年（八八七）初。建業：今江蘇南京。戰國時楚名金陵邑，秦始皇改爲秣陵，三國吳改名建業并遷都於此，後東晉及南朝宋、齊、梁、陳均建都於此。唐置上元縣。此沿用舊名。

〔二〕「莫愛」四句：廣陵，本戰國時楚邑，秦滅楚置縣，漢爲廣陵國，東漢置郡，隋改江都郡，唐天寶元年（七四二）復名廣陵郡，治所均在今江蘇揚州。文選卷一一鮑照蕪城賦描繪廣陵城戰亂後的衰敗景象：「若夫藻扃黼帳、歌堂舞閣之基，琁淵碧樹、弋林釣渚之館，吴蔡齊秦之聲，魚龍爵馬之玩，皆薰歇燼滅，光沉響絶。」吕延濟注：「魚龍、爵馬，皆假飾以爲玩樂。」

垣縣山中尋李書記山居不遇留題河次店〔一〕

白雲紅樹岏峎東〔二〕，名鳥群飛古畫中。仙吏不知何處隱〔三〕，山南山北雨濛濛。

【校記】

〔岏峎〕向校：「全唐詩注：『一作繞峎。』」萬首唐人絶句作繞琅。〔名鳥〕萬首唐人絶句作夕鳥。〔古畫〕萬首唐人絶句作古道。

【箋注】

〔一〕此詩蓋作於光啓二年（八八六）秋，蓋在同卷自孟津舟西上雨中作、含山店夢覺作之間。垣縣：治所在今山西垣曲縣東南黄河北岸。元和郡縣圖志卷一二河東道一絳州注：「東南至東都取垣縣、王屋路四百八十里。」李書記：不詳。書記，即掌書記，掌書牘記録，爲元帥府或節度使屬官。河次店：蓋因近黄河爲名。元和郡縣圖志卷六河南道二陝州「垣縣」云：「縣枕黄河。」

〔二〕岏峎：山名，亦作嵻峎。資治通鑑卷一一四載晉安帝義熙四年十月，西秦乞伏熾磐「招結諸部二萬餘人，築城於嵻峎山而據之」。注：「嵻峎山當在苑川西南。」按苑川故城在今甘肅榆中。

〔三〕仙吏：本指漢南昌尉梅福，此借指李書記。漢書卷六七梅福傳：「（梅福）補南昌尉，後去官歸壽春。……至元始中，王莽顓政，福一朝棄妻子，去九江，至今傳以爲仙。」

送人遊并汾〔一〕

風雨蕭蕭欲暮秋，獨攜孤劍塞垣遊〔二〕。如今虜騎方南牧〔三〕，莫過陰關第一州〔四〕。

【箋注】

〔一〕此詩蓋作於光啓二年（八八六）秋。參見注〔三〕。并汾：并州（唐玄宗開元二十一年改爲太原府，治所在今山西太原西南）、汾州（治所在今山西汾陽）。均在陰地關東北。

〔二〕塞垣：邊塞。高適薊中作：「策馬自沙漠，長驅登塞垣。」

〔三〕「如今」句：蓋指李克用南下攻朱玫。據資治通鑑卷二五六，光啓二年六月，河中王重榮、河東李克用合兵討朱玫。李克用爲沙陀將，故稱「虜騎」，如全唐文卷八八僖宗遺詔云「而乃重去廟朝，兩違陵寢。始則黄巢犯闕，後則朱玫干天。險阻道途，蒼黄播越。唯思罪己，但念勞人。宗社降靈，妖氛尋蕩。六龍回轡，萬乘還宫。方將陳玉帛以充庭，會蠻夷而向闕。」此「蠻夷向闕」即指李克用逼京師。南牧，指北方游牧民族南侵。賈誼過秦論：「胡人不敢南下而牧馬，士不敢彎弓而報怨。」

〔四〕陰關：指陰地關，今山西靈石西南。資治通鑑卷二五八載，唐大順元年官軍討李克用，「秋七月，官軍至陰地關。」注：「汾州靈石縣西南有陰地關。」讀史方輿紀要卷四一平陽府霍州「靈石縣」：「陰地關在縣西南百二十里，出汾晉間之間道也。」

【集評】唐汝詢唐詩解卷三〇：風雨憂其行，虜騎慮其患。并州近塞，因想及此。

卷第五　今體詩凡二十八首

李氏小池亭十二韻　時在婺州寄居作〔一〕

積石亂巉巉，庭莎緑不芟〔二〕。小橋低跨水，危檻半依巖。華落魚爭唼〔三〕，櫻紅鳥競鵮〔四〕。引泉疏地脈，掃絮積山嵌〔五〕。古柳紅綃織，新篁紫綺緘。養猿秋嘯月，放鶴夜棲杉〔六〕。枕簟谿雲膩，池塘海雨鹹。語窗鶗逞辨〔七〕，舐鼎犬偏饞〔八〕。踏蘚青粘屐，攀蘿緑映衫。訪僧舟北渡，貰酒日西銜〔九〕。遲客登高閣〔一〇〕，題詩遶翠嵒。家藏何所寶，清韻滿琅函〔一一〕。

【箋注】

〔一〕此詩題注「時在婺州寄居」，蓋作於龍紀、大順年間。婺州：治所在今浙江金華。

〔二〕芟（shān）：刈除。

〔三〕唼（shà）：水鳥或魚吃食。

〔四〕鵮（qiān）：原注：「竹咸切，鳥啄物也。」

〔五〕積：原注音：「漬。」山嵌：山谷。嵌，原注音：「口銜切。」

〔六〕「放鶴」句：世説新語言語：「支公好鶴，住剡東岇山。有人遺其雙鶴，少時翅長欲飛。支意惜之，乃鎩其翮。鶴軒翥不復能飛，乃反顧翅，垂頭。視之，如有懊喪意。林曰：『既有凌霄之姿，何肯爲人作耳目近玩？』養令翮成，置使飛去。」

〔七〕「語窗」句：太平御覽卷九一八羽族部鷄引幽明録曰：「晉兖州刺史沛國宋處宗嘗買得一長鳴鷄，愛養甚至，棲籠着窗間。鷄遂作人語，與宗談語，極有言致，終日不輟。處宗因此言功大進。」

〔八〕「舐鼎」句：暗用淮南王得道升仙典事。見卷四過揚州注〔三〕。

〔九〕「訪僧」兩句：莊客居婺州時與金華山僧貫休交游，山在婺州治所金華縣北二十里。貫休入蜀後有詩和韋相公話婺州陳事云：「昔事堪惆悵，譚玄愛白牛。（原注：法華經中以白牛喻大乘。）千場花下醉，一片夢中遊。」

〔一〇〕遲：原注音：「滯。」

貰（shì）酒，賒酒。

〔一一〕琅函：書匣。

【集評】

陸時雍唐詩鏡卷五四：語亦鮮綻，其中有盛、中所不賦者。

遣　興〔一〕

如幻如泡世〔二〕，多愁多病身。亂來知酒聖，貧去覺錢神〔三〕。異國清明節，空江寂寞春。聲聲林上鳥，唤我北歸秦。

【箋注】

〔一〕據詩意，疑與同卷婺州屏居蒙右省王拾遺車枉降訪病中延候不得因成寄謝爲一時之作，蓋在大順二年（八九一）春。

〔二〕「如幻」句：佛經「依他十喻」有如幻喻、如泡喻，謂人身顛倒變幻，瞬息破滅。維摩經方便品：「是身如泡，不可久立。……是身如幻，從顛倒生。」

〔三〕「酒聖」兩句：白居易江南謫居十韻：「憂方知酒聖，貧始覺錢神。」杜牧題桐葉：「錢神任爾知無敵，酒聖於吾亦庶幾。」　酒聖，三國志卷二七魏書徐邈傳載鮮于輔語：「平日醉客謂酒清者爲聖人，濁者爲賢人。」　錢神，晉書卷九四隱逸傳：「魯褒，字元道，南陽人也。好學多聞，以貧素自立。元康之後，綱紀大壞，褒傷時之貪鄙，乃隱姓名而著錢神論以刺之。」藝文類聚卷六六產業部下錢引魯褒錢神論：「錢之爲體，……故能長久，爲世神寶。親如兄弟，字曰孔方。失之則貧弱，得之則富貴。……錢之所祐，吉無不利。何必讀書，然後富貴。由是論之，可謂神物。」

婺州和陸諫議將赴闕懷陽羨山居〔一〕

望闕路仍遠，子牟魂欲飛〔二〕。道開燒藥鼎，僧寄卧雲衣。故國饒芳草，他山掛夕暉。東陽雖勝地，王粲奈思歸〔三〕。

【校記】

〔山掛〕向校：「席刻作山北。」

【箋注】

〔一〕按本詩與同卷和陸諫議避地寄東陽進退未決見寄約爲一時之作，章法上均前兩聯言陸，後兩聯自述。又，本詩末聯與同卷旅中感遇寄呈李秘書昆仲中「懷鄉不怕嚴陵笑，只待秋風别釣磯」相類，蓋亦作於大順二年（八九一）春。浙江通志卷一九五寓言下：「韋莊，婺書：字端己，京兆杜陵人。見素之後，乾寧進士，授校書郎。避亂客婺，有和陸諫議懷山居詩。」諫議：即諫議大夫。通典卷二一職官三侍中：「秦置諫議大夫，掌議論。（隋）煬帝廢之。大唐武德五年復置，屬門下。龍朔二年改諫議大夫爲正諫大夫。後又置諫議大夫，屬中書。開元以來廢正諫大夫，復以諫議大夫屬門下，凡四人，掌侍從規諫。」陽羡：漢置縣名，治所在今江蘇宜興南。晉置義興郡，隋唐爲義興縣，屬常州。此沿用舊名。

〔二〕「望闕」兩句：莊子讓王：「中山公子牟謂瞻子曰：『身在江海之上，心居乎魏闕之下，奈何？』」郭慶藩集釋引成玄英疏曰：「瞻子，魏之賢人也。魏公子名牟，封中山，故曰中山公子牟也。公子有嘉遁之情而無高蹈之德，故身在江海上而隱遁，心思魏闕下之榮華，見賢人借問其術也。」

〔三〕「東陽」兩句：東陽，唐置縣名，治所在今浙江東陽。元和郡縣圖志卷二六江南道二婺州「東陽縣」：「本漢烏陽縣地，垂拱二年分義烏縣置，取舊東陽郡名也。」王粲，見卷二早秋夜作注〔四〕。王粲登樓賦：「雖信美而非吾土兮，曾何足以少留。」

江上題所居〔一〕

故人相别盡朝天，苦竹江頭獨閉關〔二〕。落日亂蟬蕭帝寺〔三〕，碧雲歸鳥謝家山〔四〕。青州從事來偏熟〔五〕，泉布先生老漸慳〔六〕。不是對華長酩酊，永嘉時代不如閑〔七〕。

【箋注】

〔一〕詩云「苦竹江」、「謝家山」，當作於越州會稽；又云「故人相別盡朝天」、「永嘉時代不如閑」，蓋在文德元年（八八八）三月僖宗崩，昭宗即位之初（見注〔七〕）。考光啓三年（八八七）三月，周寶爲鎮海軍將劉浩所逐，奔常州。莊遂南下入越，本詩蓋作於文德元年夏初。按莊避地越州，蓋因當時浙東觀察使董昌「爲治廉平，人頗安之」（新唐書卷二二五下董昌傳）。據資治通鑑卷二五六，光啓二年三年春正月，詔以董昌爲浙東觀察使。

〔二〕苦竹江：當在苦竹城，故址在今浙江紹興。施宿等會稽志卷一「古城」：「苦竹城，越絶云句踐伐吳，還以封范蠡子，其僻居徑六十步，因爲民治田塘，長千五百三十三步，其冢名土山。范蠡苦勤功篤，故封其子於是。去縣十八里，舊經在山陰縣西南二十九里。」浙江通志卷八九：「苦竹驛，山陰縣志：去縣二十九里迎恩鄉有苦竹城，在唐時爲驛，今廢。」劉禹錫有詩晚次苦竹館却憶干越舊遊。

〔三〕蕭帝寺：又稱蕭寺，本爲梁武帝蕭衍所造寺廟，後借以通指寺廟。李肇唐國史補卷中：「梁武帝造寺，命蕭子雲飛白大書『蕭』字。至今一『蕭』字存焉。」李賀馬詩二十三首其十九：「蕭寺馱經馬，元從竺國來。」

〔四〕謝家山：又稱東山，在今浙江上虞縣西南。東晉謝安曾隱居於此，後世因稱謝安山或謝家山。世説新語排調：「初，謝安在東山居，布衣，時兄弟已有富貴者。」又曰：「謝公始有東山之志，後嚴命屢臻，勢不獲已，始就桓公司馬。」

〔五〕青州從事：指好酒。世説新語術解：「桓公有主簿善别酒，有酒輒令先嘗，好者謂『青州從事』，惡者謂『平原督郵』。青州有齊郡，平原有鬲縣。『從事』言到臍，『督郵』言在鬲上住。」

〔六〕泉布先生：指錢幣。周禮天官外府：「掌邦布之入出，以供百物，而待邦之用。」注：「布，泉也。布，讀爲宣布之布。其藏曰泉，其行曰布，取名於水泉，其流行無不遍。」慳：少。

〔七〕「永嘉」句：借晉永嘉之亂指唐僖宗光啓年間爲沙陀李克用所逼再幸梁洋事。史載晉懷帝永嘉年間（三〇七—三一二），内亂外侵頻仍。永嘉五年六月，前漢劉聰部將劉曜、石勒等陷洛陽，虜懷帝。七年正月，懷帝被殺，愍帝即位，改元建興。晉書卷五孝愍帝紀：「帝之繼皇統也，屬永嘉之亂，天下崩離，長安城中户不盈百，墻宇頹毁，蒿棘成林。」建興四年（三一六），漢劉曜進逼長安，愍帝出降，被虜至平陽。明年三月，琅邪王睿即晉王位於建康，改元建武，史稱東晉。建武二年三月，愍帝凶訊至建康，晉王睿稱帝，改元太興。太興二年（三一九），晉南陽王司馬保稱晉王於祁山，改元建康，置百官。（參見晉書卷五孝愍帝紀、卷六元帝紀、卷三七宗室司馬保傳、資治通鑑卷九一）又據資治通鑑卷二五六、二五七：光啓元年（八八五）十二月，李克用逼京師，田令孜奉駕幸鳳翔。二年春正月，至寶鷄；三月，至興元。四月，朱玫逼鳳翔百官奉襄王煴權監軍國事，還京師。十月，煴即皇帝位，改元建貞，遥尊上爲太上元皇聖帝。十二月，王重榮殺襄王煴，函其首送興元行在所。文德元年（八八八）二月，僖宗還至京師。三月，僖宗崩，昭宗即位，「有恢復前烈之志」。

【集評】

金聖嘆選批唐才子詩卷八下：（評前四句）故人朝天本是恒事，故人因朝天而别亦本是恒事。今是故人一時盡别，問之却是一時盡去朝天，則胡爲是紛紛者乎？江頭獨閉關，因特加「苦竹」二字，寫盡孤寒自守。三承一，畫出故人好笑。四承二，畫出自家閑暢也。後解又説明所以江頭閉關之故，言如此時代，無手可措，不如醉酒，且盡一生也。

胡以梅唐詩貫珠卷二九：韋嘗有湘州作詩云：「楚地不知秦地亂，南人空怪北人多。」今稱故人相別朝天去，是當日同避亂之故人也。或因秦寇稍平，皆還朝，而已獨居江畔，對落日亂蟬之蕭寺，碧雲歸鳥之青山，惟有芳醪解愁，而貧無錢帛矣。設不以酒忘憂，如晉之永嘉傾蕩時禍患相隨，不如閑之爲妙。結乃挽到朝天之客，言其出世尚未穩當，而已樂於退閑耳。

婺州屏居蒙右省王拾遺車枉降訪病中延候不得因成寄謝〔一〕

三年流落卧漳濱，王粲思家拭淚頻〔二〕。畫角莫吹殘月夜，病心方憶故園春。自爲江上樵蘇客，不識天邊侍從臣〔三〕。怪得白鷗驚去盡〔四〕，緑蘿門外有朱輪〔五〕。

【箋注】

〔一〕按莊光啓三年（八八七）春夏間客越州，文德元年（八八八）秋仍在越州（卷六避地越中作云「天涯歲已周」），蓋明年春還婺（參見卷七南遊富陽江中作注〔一〕）。本詩云「三年流落卧漳濱」，知客婺州已三年，蓋作於大順二年（八九一）春。按同卷旅中感遇寄呈李祕書昆仲作於大順二年春，有云「劉禎病後新詩少」，與本詩相應。　王拾遺：不詳。右省，即中書省。

〔二〕「三年」兩句：漳濱，劉楨贈五官中郎將四首其二：「余嬰沈痼疾，竄身清漳濱。」王粲思家，見卷二早秋夜作注〔四〕。

〔三〕侍從臣：指王拾遺。

〔四〕「怪得」句：見卷一村居書事注〔二〕。

〔五〕朱輪：貴官車乘。此指王拾遺。

【集評】

金聖嘆選批唐才子詩卷八下：（評前四句）屏居者，已自罷官却不得歸，因就路旁僦居養痾也。看他通解皆寫「三年」二字，言流落此三年，便卧病此三年，眼淚此三年，因言三年之中只有思歸，並無他想，以翻王拾遺之枉訪，誠爲出於意外也。（評後四句）前解一意只寫卧病思家，此解始翻拾遺枉訪，「白鷗」字、「綠羅」字、「朱輪」字，寫高軒之過，又是一樣字法句法。

將卜蘭芷村居留別郡中在仕〔一〕

蘭芷江頭寄斷蓬，移家空載一帆風。伯倫嗜酒還因亂〔二〕，平子歸田不爲窮〔三〕。避世漂零人境外〔四〕，結茅依約畫屏中〔五〕。從今隱去應難覓，深入蘆華作釣翁。

【校記】

〔在仕〕向校：「胡本作在任。」

【箋注】

〔一〕據詩題及「平子歸田」、「從今隱去」語，此詩蓋作於辭去婺州幕職移居蘭溪時。按莊蓋龍紀元年（八八九）春入婺，大順二年（八九一）秋辭越泛湘西歸，居婺三年（前詩婺州屏居云「三年流落卧漳濱」），其間居蘭芷逾年（參見同卷燕來注〔一〕，莊蓋大順元年夏秋間移居蘭芷。蘭芷：江名，即蘭溪，今浙江蘭江，在浙江蘭溪。元和郡縣圖志卷二六江南道二婺州「蘭溪縣」：「蘭溪在縣南七里，東北流入東陽江。」方輿勝覽卷七浙東路婺州「山川」：「蘭溪，在（蘭溪）縣南七里，一名瀔水。出於衢，會於婺，二水類羅紋，岸多蘭芷，故名。」

〔二〕伯倫：即西晉劉伶，字伯倫。嗜酒任誕，著有酒德頌。

〔三〕平子：即東漢張衡，字平子，南陽西鄂（今河南南召縣）人。其歸田賦曰：「遊都邑以永久，無明略以佐時。徒臨川以羨魚，俟河清乎未期。……諒天道之微昧，追漁父以同嬉。超埃塵以遐逝，與世事乎長辭。」

〔四〕避世：隱居。論語憲問「賢者辟世」疏：「謂天地閉則賢人隱，枕流漱石，天子諸侯莫得而臣也。」

〔五〕「結茅」句：陸希聲山居即事二首其二：「滿川風物供高枕，四合雲山借畫屏。」

和陸諫議避地寄東陽進退未決見寄〔一〕

未歸天路紫雲深，暫駐東陽歲月侵。入洛聲華當世重〔二〕，閔周章句滿朝吟〔三〕。開爐夜看黃芽鼎〔四〕，卧瓮閑敧白玉簪〔五〕。讀易草玄人不會〔六〕，憂君心是致君心〔七〕。

【箋注】

〔一〕此詩與同卷婺州和陸諫議將赴闕懷陽羨山居約爲一時之作，題云「進退未決」，當在「將赴闕」之前。

〔二〕「入洛」句：借陸機、陸雲指陸諫議。晉書卷五四陸機傳載機才高學博，「至太康末，與弟雲俱入洛，造太常張華。華素重其名，如舊相識，曰：『伐吳之役，利獲二俊。』」後遂名重於世。羅隱寄京闕陸郎中昆仲：「家從入洛聲名大，迹爲依劉事分偏。」

〔三〕「閔周」句：詩王風黍離傳：「黍離，閔宗周也。周大夫行役至於宗周，過故宗廟宮室，盡爲禾黍，閔周室之顛覆，彷徨不能去而作此詩也。」

〔四〕黄芽：亦作黄牙，丹術家煉出的鉛華。參同契卷下：「陰火白，黄芽鉛。」俞琰發揮：「土中産鉛，鉛中産銀，銀自鉛中煉出，結成黄芽，名爲真鉛。金碧龍虎經云『煉鉛以求黄色』是也。」雲笈七籤卷六六引金碧經曰：「黄牙，又名秋石，……是長生之至藥。牙是萬物之初也，故號牙。緣因白被火變色黄，故名黄牙。」白居易對酒：「有時成白首，無處問黄芽。」

〔五〕「卧瓮」句：晉書卷四九畢卓傳：「卓少希放達，爲胡毋輔之所知。太興末，爲吏部郎，常飲酒廢職。比舍郎釀熟，卓因醉夜至其瓮間盜飲之，爲掌酒者所縛，明旦視之，乃畢吏部也，遽釋其縛。卓遂引主人宴於瓮側，至醉而去。」

〔六〕「讀易」句：漢書卷八七下揚雄傳載「哀帝時丁、傅、董賢用事，諸附離之者或起家至二千石。時雄方草太玄，有以自守，泊如也。或嘲雄以玄尚白，（師古曰：「玄，黑色也，言雄作之不成，其色猶白，故無禄位也。」）而雄解之，號曰解嘲。……客有難玄大深，衆人之不好也，雄解之，號曰解難。」

〔七〕致君：孟子萬章上：伊尹曰：「與我處畎畝之中，由是以樂堯舜之道，吾豈若使是君爲堯舜之君哉？」應璩與從弟君苗君胄書：「思致君於有虞，濟蒸人於塗炭。」杜甫奉贈韋左丞丈二十二韻：「致君堯舜上，再使風俗淳。」

山墅閑題

邐迤前岡壓後岡〔一〕，一川桑柘好殘陽。主人饋餉炊紅黍，鄰父擕竿釣紫魴。靜極却嫌流水鬧，閑多翻笑野雲忙。有名不那無名客，獨閉衡門避建康〔二〕。

【箋注】

〔一〕按此詩「獨閉衡門避建康」句與同卷江上題所居「永嘉時代不如閑」句相類，疑爲一時之作，即文德元年（八八八）夏初。　邐迤（lǐ yǐ）：曲折連綿貌。吳質與東阿王書：「夫登東嶽者，然後知衆山之邐迤也。」

〔二〕衡門：詩陳風衡門：「衡門之下，可以棲遲。」箋：「衡門，横木爲門，言淺陋也。」　建康：東晉南陽王司馬保自稱晉王時所建年號（按同卷和鄭拾遺秋日感事一百韻有云「竄逐同天寶，遭罹異建康」）。此似借指僖宗再幸興元，襄王即位改元之事。參見同卷江上題所居注〔七〕。

【集評】

胡震亨唐音癸籤卷一一：韋莊詩「靜極却嫌流水鬧，閑多翻笑野雲忙」，本於老杜「水流心不競，雲在意俱遲」。但多着一「嫌」字、「笑」字，覺非真閑、真靜耳。

胡以梅唐詩貫珠卷三七：邐迤，旁行連接也。言閑行於前岡後岡一川桑柘斜陽之際，主人、鄰父皆山墅村落居人。……結謂爾等有名之人，怎奈我不求名而閉門閑居乎？

江上逢故人

前年送我曲江西〔一〕，紅杏園中醉似泥〔二〕。今日逢君越溪上，杜鵑華發鷓鴣啼。來時舊里人誰在，別後滄波路幾迷。江畔玉樓多美酒〔三〕，仲宣懷土莫淒淒〔四〕。

【箋注】

〔一〕據「仲宣」句，此詩當作於避世江南期間；又據「紅杏園中醉似泥」，「前年」當與應舉有關。考莊避世江南後，於景福元年（八九二）首次入京應舉，次年下第（參見卷八投寄舊知注〔一〕），再試，乾寧元年（八九四）及第，則本詩「前年」當指景福二年或乾寧元年。又按卷九有丙辰年鄜州遇寒食城外醉吟七言五首，知莊丙辰年即乾寧三年春在鄜州，而本詩作於春季，云「今日逢君越溪上」，則非乾寧三年所作，「前年」亦非乾寧元年，而是景福二年（按「前年」亦可解作前一年，即今語「去年」，但莊詩有「去年」語，如卷三對梨華贈皇甫秀才「還是去年今日時」、卷六避地越中作「還是去年愁」，故其「前年」當非指前一年），則本詩當作於乾寧二年（八九五）春。　曲江：即曲江池，故址在今陝西西安市東南曲江鎮。

〔二〕紅杏園：即杏園，見卷四代書寄馬注〔四〕。　醉似泥：李白襄陽歌：「傍人借問笑何事，笑殺山翁醉似泥。」

〔三〕玉樓：本指傳説中的仙境樓閣，後借作對樓閣的美稱。舊題東方朔十洲記：「（崑崙山天墉城）上有安金石五所，玉樓十二所。」

〔四〕仲宣懷土：見卷二早秋夜作注〔四〕。

旅中感遇寄呈李秘書昆仲〔一〕

南望愁雲鎖翠微，謝家樓閣雨霏霏〔二〕。劉禎病後新詩少〔三〕，阮籍貧來好客稀〔四〕。猶喜故人天外至，許將孤劍日邊歸〔五〕。懷鄉不怕嚴陵笑，只待秋風別釣磯〔六〕。

【校記】

〔劉禎〕向校：「席本、全唐詩俱作劉楨。」

【箋注】

〔一〕詩云「只待秋風別釣磯」、「劉禎病後新詩少」與同卷和鄭拾遺秋日感事一百韻「負笈將辭越，揚帆欲泛湘」、「經秋病泛漳」相呼應，疑作於大順二年（八九一）春，參見和鄭拾遺秋日感事一百韻注〔一〕。李秘書：不詳。昆仲：對別人兄弟的敬稱。

〔二〕謝家樓閣：指池上樓，謝靈運有登池上樓詩，故址在今浙江溫州。

〔三〕劉禎：字公幹，漢末東平（今屬山東）人。「建安七子」之一，以五言詩著稱於時，其贈五官中郎將四首其二：「余嬰沈痼疾，竄身清漳濱。」

〔四〕阮籍：世說新語任誕：「阮仲容（咸）、步兵（籍）居道南，諸阮居道北。北阮皆富，南阮貧。」

〔五〕日邊：指長安。見卷三東遊遠歸注〔七〕。

〔六〕嚴陵：即東漢嚴光，字子陵，會稽餘姚（今屬浙江）人。後漢書卷八三逸民列傳載嚴光「耕於富春山，後人名其釣處爲嚴陵瀨焉。」李白酬崔侍御：「嚴陵不從萬乘遊，歸臥空山釣碧流。」釣磯：即嚴陵瀨，在今浙江桐廬南。元和郡縣圖志卷二五江南道一睦州「桐廬縣」：「嚴子陵釣臺，在縣西三十里，浙江北岸。」

【集評】

胡以梅唐詩貫珠卷二九：謝家，指李秘書昆仲。韋本長安人，因亂南遊，所以南望興愁，且將北歸，有離別之感。而見謝家樓閣在霏霏雨中，皆動凄涼之思。三、四承上，謂己無聊。五、六言昨遇故人遠來，欲攜我歸長安，懷鄉之念已動，不怕嚴子陵之笑，一待秋風便要相別釣磯。

送范評事入關〔一〕

寂寥門戶寡相親，日日頻來只有君。正喜琴樽常作伴，忽攜書劍遠辭群。傷心柳色離亭見，聒耳蟬聲故國聞。爲報明年杏園客〔二〕，與留絶艷待終軍〔三〕。

【校記】

〔寂寥〕向校：「席本作寥寥。」

【箋注】

〔一〕此詩蓋作於蘭芷村居時。　評事：即大理評事，爲大理卿屬官，從八品下。通典卷二五職官七大理卿：「大唐貞觀二十二年，褚遂良議重法官，復奏置評事十員，掌出使推覆。後加二人爲十二員。」　入關：指入潼關。

〔二〕杏園客：指新進士。見卷一嘉會里閑居注〔四〕。唐摭言卷三：「唐進士杏園初會，謂之探花宴。」

〔三〕終軍：西漢濟南（今屬山東）人，字子雲。年十八選爲博士弟子，至長安上書言事，武帝異其文，拜謁者給事中，遷諫議大夫。漢書卷六四下終軍傳：「初，終軍從濟南當詣博士，步入關，關吏予軍繻。軍問：『以此何爲？』吏曰：『爲復傳，還當以合符。』軍曰：『大丈夫西游，終不復傳還。』棄繻而去。」

東陽酒家贈別二絶句〔一〕

其一

送君同上酒家樓，酩酊翻成一笑休。正是落華饒悵望，醉鄉前路莫回頭〔二〕。

其二

天涯方嘆異鄉身，又向天涯別故人。明日五更孤店月，醉醒何處淚霑巾。

【校記】

〔淚霑巾〕萬首唐人絶句作各沾巾。

【箋注】

〔一〕此二詩作於客婺時，約龍紀、大順年間。

〔二〕醉鄉：見卷一愁注〔四〕。

【集評】

黄周星唐詩快卷一六：他人止説得一邊，此却兼管兩地。送別詩，故當以此爲第一。

唐汝詢唐詩解卷三〇：客中別故人，人情之最慘者。酒醒霑巾，別後之愁更深耳。

吴昌祺删訂唐詩解卷一五：客中酒家相别，故不知以何處沾巾也。

王堯衢古唐詩合解卷六：（一、二句）異鄉方幸故人之聚，忽又别去，所以傷情。（第三句）此日酒家别時必定是五更殘月，尚得把杯言笑，不失爲歡。若明日五更，各天一方，對此孤店之月，何以爲情哉！（評末句）醉乎醒乎？明日五更在何處乎？别深愁深，各自涕淚而已。

江上村居〔一〕

本無蹤跡戀柴扃，世亂須教識道情〔二〕。顛到夢魂愁裏得，撅奇詩句望中生。華緣艷絶栽難好，山爲看多咏不成。聞道漢軍新破虜，使來仍説近離京。

【箋注】

〔一〕檢兩唐書僖宗紀及新唐書沙陀傳、資治通鑑卷二五六，光啓元年（八八五）十二月，李克用攻朱玫，逼京師，僖宗幸鳳翔，宫室爲亂兵焚掠無孑遺。二年正月，朱玫轉與克用合；三月，僖宗至興元；十月，朱玫奉嗣襄王熅立爲皇帝；十二月，朱玫伏誅，「克用以千騎經略京畿」。三年二月，克用父國昌卒，克用還太原。三月，僖宗還京，以宫室未完，駐蹕鳳翔，文德元年（八八八）二月至京師。此詩末聯云「聞道漢軍新破虜，使來仍説近離京」，蓋指僖宗暫駐鳳翔，約作於光啓三年夏初，與同卷江上題所居爲一時之作。

〔二〕「世亂」句：意同江上題所居中「永嘉時代不如閑」。孟子離婁上：「（淳于髡）曰：『今天下溺矣，夫子之不援，何也？』（孟子）曰：『天下溺，援之以道。嫂溺，援之以手。子欲手援天下乎？』」趙岐注：「孟子曰：當以道援天下，而道不得行，子欲使我手援天下乎？」謝靈運述祖德二首其二：「崩騰永嘉末，逼迫太元始。……拯溺由道情，龕暴資神理。」

江外思鄉

年年春日異鄉悲，杜曲黄鶯可得知〔一〕。更被夕陽江岸上，斷腸煙柳一絲絲。

【校記】

〔思鄉〕「鄉」，向校：「全唐詩注：『一作歸。』」　〔杜曲〕萬首唐人絶句作社曲，誤。

【箋注】

〔一〕杜曲：又稱北杜，在今陝西長安東南。雍録卷七：「呂圖：韋曲在明德門外，韋后家在此，蓋皇子陂之西也。所謂『城南韋杜，去天尺五』者也。杜曲在啓夏門外，向西即少陵原也。」

和鄭拾遺秋日感事一百韻〔一〕

禍亂天心厭〔二〕，流離客思傷。有家抛上國〔三〕，無罪謫遐方。負笈將辭越〔四〕，揚帆欲泛湘。避時難駐足，感事易回腸〔五〕。雅道何銷德〔六〕，妖星忽耀芒〔七〕。中原初縱燎〔八〕，下國竟探湯〔九〕。盜據三秦地〔一〇〕，兵纏八水鄉〔一一〕。戰塵輕犯闕，羽旆遠巡梁〔一二〕。自此修文代，俄成講武場〔一三〕。熊羆驅豕鹿〔一四〕，犀象走昆陽〔一五〕。御馬迷新棧〔一六〕，宮娥改舊妝〔一七〕。

五丁功再睹〔一八〕，八難事難忘〔一九〕。鳳引金根疾〔二〇〕，兵環玉弩彊。建牙雖可恃，摩壘詎能防〔二一〕。霍廟神遐遠，圯橋路杳茫〔二二〕。出師威似虎，禦敵很如羊〔二三〕。眉畫猶思赤，巾裁未厭黄〔二四〕。晨趨鳴鐵騎，夜舞挹瓊觴〔二五〕。僭侈彤襜亂，諠呼繡鬣攘〔二六〕。但聞爭曳組，詎見學垂韁〔二七〕。鵲印提新篆，龍泉奪曉霜〔二八〕。軍威徒逗撓，我武自惟揚〔二九〕。負扆勞天眷，凝旒念國章〔三〇〕。繡旗張畫獸，寶馬躍紅鴦。但欲除妖氣，寧思蔽耿光。曉煙生帝里，夜火入春坊〔三一〕。鳥怪巢宮樹，狐驕上苑牆〔三二〕。設危終在德〔三三〕，視履豈無祥〔三四〕。氣激雷霆怒，神驅岳瀆忙〔三五〕。功高分虎節，位下恥龍驤〔三六〕。遍命登壇將，巡封異姓王〔三七〕。志求扶墜典，力未振頹綱〔三八〕。漢路閑鵰鶚，雲衢駐驌驦〔三九〕。寶裝軍器麗，麝裛戰袍香〔四〇〕。日睹兵書捷，時聞虜騎亡〔四一〕。人心驚獬豸，雀意伺螳螂〔四二〕。上略咸推妙，前鋒詎可當〔四三〕。紆金光照耀，執玉意藏昂〔四四〕。覆餗非無謂，奢華事每詳〔四五〕。四民皆組綬，九土墮耕桑〔四六〕。飛騎黄金勒，香車翠鈿裝。八珍羅膳府〔四七〕，五采鬬筐牀〔四八〕。宴集喧華第，歌鐘簇畫樑〔四九〕。永期傳子姓，寧誤犯天狼〔五〇〕。未睹君除側〔五一〕，徒思玉在傍〔五二〕。竄身奚可保，易地喜相將〔五三〕。國運方夷險，天心詎測量。九流雖暫蔽，二柄豈相妨〔五四〕。小孽乖躔次〔五五〕，中興繫昊蒼〔五六〕。法堯功已普〔五七〕，罪己德非涼〔五八〕。帝念惟思理，臣心豈自遑〔五九〕。詔催青瑣客，時待紫微郎〔六〇〕。定難輸宸算，勝災滅御粱〔六一〕。皇恩思蕩蕩，睿澤轉洋洋。偃臥雖非晚，艱難亦備嘗。舜庭招諫鼓〔六二〕，漢殿上書囊〔六三〕。儉德遵三尺〔六四〕，清朝俟一匡〔六五〕。世隨漁父醉〔六六〕，身效接輿狂〔六七〕。竄逐同天寶〔六八〕，遭罹異建康〔六九〕。道孤悲海澨，家遠隔天潢〔七〇〕。卒歲貧無褐，經秋病泛漳。似魚甘去乙〔七一〕，比蟹未成筐〔七二〕。守道慚無補，趨時愧不臧〔七三〕。殷牛常在耳，晉豎欲潛肓〔七四〕。忸恨山思板，懷歸海欲航〔七五〕。角吹魂悄悄，笛引淚浪浪。亂覺乾坤窄，貧知日月長〔七六〕。勢將隨鶴列，忽喜遇鴛行〔七七〕。已報新迴駕，仍聞近納隍〔七八〕。文風銷劍楯，禮物換旒裳〔七九〕。紫闥重開序，青衿再設庠〔八〇〕。黑頭期命爵，頳尾尚憂魴〔八一〕。吳坂嘶騏驥〔八二〕，岐山集鳳皇〔八三〕。詞源波浩浩〔八四〕，諫署玉鏘鏘〔八五〕。飼雀曾傳慶〔八六〕，烹蛇詎有殃〔八七〕。弢弓禪勁鏃〔八八〕，匣劍淬神鋩。諤諤寧慚直〔八九〕，堂堂不謝張〔九〇〕。曉風趨建禮〔九一〕，夜月直文昌〔九二〕。去國時雖久，安邦志不常。良金鑪自躍，美玉櫝難藏。北望心如旆〔九三〕，西歸律變商〔九四〕。跡隨江燕去，心逐塞鴻翔。晚翠籠桑塢，斜暉掛竹堂。路愁千里月，田愛萬斯箱〔九五〕。伴釣歌前浦，隨樵上遠崗。鷺眠依晚嶼，鳥浴上枯楊。驚夢緣欹枕，多吟爲倚廊。訪僧紅葉寺，題句白雲房。帆外青楓老，樽前紫菊芳。夜燈銀耿耿，曉露玉瀼瀼〔九六〕。異國慚傾蓋〔九七〕，歸塗俟併糧〔九八〕。身雖留震澤〔九九〕，心已過雷塘〔一〇〇〕。執友知誰在〔一〇一〕，家山各已荒。海邊登桂檝，煙外泛雲檣。巢樹禽思越，嘶風馬戀羌。寒聲愁聽杵，空館厭聞蛩。望闕飛華蓋〔一〇二〕，趨朝振玉璫〔一〇三〕。米慚無薏苡〔一〇四〕，麪喜有桄榔〔一〇五〕。話別心重結，傷時淚一滂。佇歸蓬島後〔一〇六〕，綸詔潤青緗〔一〇七〕。

【校記】

〔很如羊〕緑君亭本作狠如羊。〔轉洋洋〕席刻本作喜洋洋。

〔弓禪〕向校：「胡本作弓揮，全唐詩同。」〔災滅〕向校：「胡本作災減，全唐詩同。」

【箋注】

〔一〕按陳思韋浣花年譜、夏承燾韋端己年譜、吳汝煜主編唐五代人交往詩索引均謂鄭拾遺指鄭谷，考鄭谷仕宦經歷，此說可信。谷，字守愚，袁州宜春（今屬江西）人。生年不詳，卒於後梁太祖開平二年（九〇八）之後（按新唐書藝文四録「鄭谷雲臺編三卷，又宜陽集三卷」注云谷「乾寧中，以都官郎中卒於家」，唐詩紀事承之，誤。僧齊已有詩戊辰歲湘中寄鄭谷郎中，戊辰歲即後梁太祖開平二年）。按文苑英華卷三八三載有薛廷珪授長安縣尉直弘文館楊贊禹左拾遺鄠縣鄭谷右拾遺制，據兩唐書薛逢傳，廷珪以司勳員外郎知制誥在大順初，檢徐松登科記考卷二四，楊贊禹於大順元年（八九〇）狀元及第，故知廷珪此制當作於大順元年以後。又，鄭谷春暮詠懷寄集賢韋起居袞云「長安一夜殘春雨，右省三年老拾遺」，知任右拾遺三年；順動後藍田偶作云「小諫升中諫，三年侍玉除」，知由拾遺升補闕又過三年（據容齋四筆卷一五「官稱別名」條，拾遺別稱小諫，補闕別稱中諫），而題注云「時丙辰初夏月」，丙辰即乾寧三年（八九六）。由此推斷，譚優學鄭谷行年考定鄭谷遷右拾遺在大順二年（八九一）是可信的。據嚴壽澂、黃明、趙昌平鄭谷詩集箋注附録七趙昌平鄭谷傳箋考，鄭谷大順年間曾游江南，大順二年或景福元年（八九二）春由江南返長安，有詩寄獻湖州從叔員外、登杭州城、淮上別友人等，則韋莊此詩當作於大順二年秋。又按，夏承燾韋端己年譜據詩中「已報新迴駕」句指僖宗文德元年（八八八）二月還京事，因定此詩爲是年秋所作。此説似誤。其一，細品全詩，「已報新迴駕，仍聞近納隍」兩句，乃詩人概述口吻，非必謂作詩時之情事。且「納隍」句，既爲古典，又兼今典，即指僖宗文德元年三月崩，遺詔中有「豈忘納隍」語（見注〔七八〕）；「紫闥」兩句似指昭宗大順元年詔葺國學之事（見注〔八〇〕）。其二，據上文考證，鄭谷文德元年尚未遷拾遺，而據詩中「舜庭招諫鼓，漢殿上書囊」、「佇歸蓬島後，綸詔潤青緗」等語，題中「拾遺」二字決非事後所加。既已考定「鄭拾遺」乃指鄭谷，則本詩當非文德元年所作。其三，同卷婺州屏居蒙右省王拾遺車枉降訪病中延候不得因成寄謝有云「三年流落卧漳濱」，本詩中有「經秋病泛漳」句，又云「負笈將辭越，揚帆欲泛湘」，則當作於將離婺州之際，且時居婺已達三年。按莊蓋龍紀元年（八八九）始客婺州，至大順二年首尾三年；若依夏譜，則居婺不到一年。

〔二〕天心：上天旨意。書咸有一德：「克享天心，受天明命。」正義曰：「德當神意，神乃享之。」按全唐文卷八八載僖宗文德元年三月立壽王傑爲皇太弟知軍國事詔云：「而上天降祐，中道獲痊。」

〔三〕上國：指京城長安。按莊乃長安杜陵人。

〔四〕負笈：本指從師游學，此指流離。笈，書箱。

〔五〕開篇至「感事易回腸」，從自身流離避亂落筆切入題中「感事」。

〔六〕雅道：雅正之道，指治國之道。毛詩序曰：「雅者，正也，言王政之所由廢興也。政有小大，故有小雅焉，有大雅焉。」

〔七〕妖星：亦作祅星，戰亂災異之星象，多指彗星。漢書卷二六天文志引甘石星經曰：「祅星，不出三年，其下有軍及失地，若國君喪。」晉書卷一二天文志中：「妖星：一曰彗星，所謂掃星。……見則兵起，大水。二曰孛星，彗之屬也。……内不有大亂，則外有大兵。」

〔八〕「中原」句：指王仙芝、黄巢乾符初年在山東起義。中原，指黄河中下游。

〔九〕下國：指中原以外各州縣。温庭筠過五丈原：「下國卧龍空寤主，中原得鹿不由人。」　探湯：喻急速逃離。論語季氏：「見善如不及，見不善如探湯。」邢昺疏：「『見不善如探湯』者，人之探試熱湯，其去之必速，以喻見惡事去之疾也。」

〔一〇〕三秦：指陝西關中地帶。史記卷六秦始皇本紀載項羽「滅秦之後，各分其地爲三，名曰雍王、塞王、翟王，號曰三秦」。又據卷七項羽本紀：雍王章邯轄咸陽以西，都廢丘（今陝西興平縣東南）；塞王司馬欣轄咸陽以東至河，都櫟陽（今陝西臨潼縣東北）；翟王董翳轄上郡，都高奴（今陝西延安市東北）。

〔一一〕八水：指關中八水。關中記：「涇、渭、灞、滻、澇、潏、澧、滈爲關中八水。」

〔一二〕「戰塵」兩句：當指光啓二年十二月李克用逼長安，僖宗西幸梁洋之事。參見卷四聞再幸梁洋注〔一〕。

〔一三〕「自此」兩句：修文代，文治時代。尚書武成：「王來自商，至於豐，乃偃武修文。」講武，演習武藝。禮記月令：「孟冬之月，……天子乃命將帥講武，習射御，角力。」唐會要卷二六講武：「先天二年十月十三日，講武於驪山之下。」

〔一四〕「熊羆」句：以黄帝、蚩尤涿鹿之戰，喻官軍鎮壓黄巢起義軍。史記卷一五帝本紀：「黄帝者，少典之子，姓公孫，名曰軒轅。……炎帝欲侵陵諸侯，諸侯咸歸軒轅。軒轅乃修德振兵，治五氣，蓺五種，度四方，教熊羆貔貅貙虎以與炎帝戰於阪泉之野。三戰，然後得其志。蚩尤作亂，不用帝命。於是黄帝乃徵師諸侯，與蚩尤戰於涿鹿之野，遂禽殺蚩尤。」正義引括地志云：「阪泉，今名黄帝泉，在嬀州懷戎縣東五十六里。出五里至涿鹿東北，與涿水合。」尚書康王之誥：「信用昭明於天下，則亦有熊羆之士、不二心之臣，保乂王家。」孔安國傳：「言文武既聖，則亦有勇猛如熊羆之士，忠一不二之臣，共安治王家。」涿鹿：漢置縣名，治所在今河北涿鹿縣南。

〔一五〕「犀象」句：以劉秀、王莽昆陽之戰，喻官軍鎮壓黃巢起義軍。後漢書卷一上光武帝紀載更始元年（二三），劉秀將數千兵於昆陽（治所在今河南葉縣北）殲滅王莽主力，時王莽「選練武衛，招募猛士，……又驅諸猛獸虎豹犀象之屬，以助威武」。

〔一六〕「御馬」句：言僖宗西幸之事。資治通鑑卷二五六載，光啓二年二月，「朱玫、李昌符使山南西道節度使石君涉柵絶險要，燒郵驛。上由它道以進。」

〔一七〕「宫娥」句：蓋指僖宗西幸時未及從駕之宫女改妝避難。按資治通鑑卷二五四載，廣明元年十二月僖宗西幸，「惟福、穆、澤、壽四王及妃嬪數人從行，百官皆莫知之。」

〔一八〕「五丁」句：借指僖宗幸蜀。五丁，傳説爲古蜀國五大力士。水經注卷二七沔水注引來敏本蜀論曰：「秦惠王欲伐蜀而不知道，作五石牛，以金置尾下，言能屎金。蜀王負力，令五丁引之成道。秦使張儀、司馬錯尋路滅蜀，因曰石牛道。」華陽國志蜀志：「（開明）帝稱王時，蜀有五丁力士，能移山舉萬鈞。」

〔一九〕「八難（nàn）」句：蓋諷諭藩鎮割據局勢。按資治通鑑卷二五六載光啓元年七月，右補闕常濬奏疏有云：「陛下姑息藩鎮太甚，是非功過，駢首並足，致天下紛紛若此。」八難，指漢張良提出八條理由反對劉邦從酈食其謀立六國後代之事。漢書卷一上高帝紀：「（漢三年）項羽數侵奪漢甬道，漢軍乏食，與酈食其謀橈楚權。食其欲立六國後以樹黨，漢王刻印，將遣食其立之。以問張良，良發八難。漢王輟食吐哺，曰：『豎儒幾敗乃公事！』令趨銷印。」

〔二〇〕金根：指天子或皇后所乘之車。藝文類聚卷七一舟車部車引應劭漢儀曰：「天子法駕，所乘曰金根車，駕六龍，以御天下。」後漢書輿服志上：「太皇太后、皇太后法駕，皆御金根，加交絡帳裳。」舊唐書卷四五輿服志：「皇后車則有重翟、厭翟、翟車、安車、四望車、金根車六等。……金根車，朱質，紫油通幰，油畫絡帶，朱絲網，常行則供之。」

〔二一〕「建牙」兩句：蓋指黃巢軍破潼關之事。資治通鑑卷二五四載，廣明元年十一月，黃巢軍克東都。僖宗以田令孜爲左右神策軍內外八鎮及諸道兵馬都指揮制置等使，楊復恭爲副使，張承範爲兵馬先鋒使兼潼關制置使。十二月初，承範等將神策弩手至潼關，與黃巢軍激戰，潰敗。　建牙：指出師。封氏聞見記卷五：「詩曰：『祈父，予王之爪牙。』祈父，司馬，掌武備，象猛獸以爪牙爲衛。故軍前大旗謂之牙旗，出師則有建牙、禡牙之事。」　摩壘：近壘。蓋指黃巢軍抵潼關。左傳宣公十二年：「許伯曰：『吾聞致師者，御靡旌，摩壘而還。』」杜預注：「靡旌，驅疾也。摩，近也。」

〔二二〕「霍廟」兩句：蓋謂既無神靈助其取勝，亦無高人授其兵略。　霍廟，即霍山廟，在霍邑縣（治所在今山西霍州市）。元和郡縣圖志卷一二河東道一晉州「霍邑縣」：「本漢彘縣也，屬河東郡。……隋開皇十八年改爲霍邑縣，屬晉州，因霍山爲名。隋末喪亂，武牙郎將宋老生屯兵於此。義師之至也，老生陳兵據險，師不得進，忽有白衣老人詣軍門曰：『霍山神遣語大唐皇帝，若向霍邑，當東南傍山取路，我當助帝破之。』遣人視之，果有微道。高祖笑曰：『此神不欺，趙襄子豈當負吾邪！』於是進師，去城十餘里，老生戰敗，劉宏基斬之，遂平霍邑，置霍山郡。」又云：「霍山廟，在縣東南三十里霍山上，甚有靈驗，貞觀五年敕令修理。」　圯橋：故址在今江蘇睢寧縣北古下邳城東南小沂水上。史記卷五五留侯世家載黃石公曾於此授張良太公兵法。

〔二三〕「出師」兩句：蓋謂潼關守軍頑强抵抗。資治通鑑卷二五四載廣明元年十一月，張承範等將二千八百神策弩手赴潼關。十二月至潼關。「賊急攻潼關，承範悉力拒之。自寅及申，關上矢盡，投石以擊之。」 威似虎、很如羊：史記卷七項羽本紀：「（宋義）因下令軍中曰：『猛如虎，很如羊，貪如狼，彊不可使者，皆斬之。』」很，頑强。

〔二四〕「眉畫」兩句：此借漢代赤眉軍、黄巾軍喻指黄巢軍。補遺秦婦吟亦有相類詩句：「蓬頭面垢眉猶赤，幾轉横波看不得。」崔塗已亥歲感事：「正聞青犢起葭萌，又報黄巾犯漢營。」後漢書卷一一劉盆子列傳載樊崇起義軍與王莽軍交戰，「恐其衆與莽兵亂，乃皆朱其眉以相識別，由是號曰赤眉。」又，卷八孝靈帝紀：「中平元年（一八四）春二月，鉅鹿人張角自稱『黄天』，其部帥有三十六方，皆著黄巾，同日反叛。」

〔二五〕「晨趨」兩句：按補遺秦婦吟亦有相類詩句：「朝聞奏對入朝堂，暮見喧呼來酒市。」

〔二六〕「僭侈」兩句：譏嘲黄巢軍不通禮儀。按補遺秦婦吟亦有相類詩句：「還將短髮戴華簪，不脱朝衣纏繡被。翻持象笏作三公，倒佩金魚爲兩史。」 僭侈，奢侈過禮。鹽鐵論授時：「大夫曰：博戲馳逐之徒，皆富人子弟，非不足者也。故民饒則僭侈，富則驕奢。」 彤襜（chān），紅短衣或衣襟。 繡𩬊（jué），亦作繡𧝓、繡䮼，婦人半臂衣。後漢書卷一光武帝紀上：「時三輔吏士東迎更始，見諸將過，皆冠幘，而服婦人衣諸於繡䮼，莫不笑之，或有畏而走者。」酉陽雜俎：「繡𩬊，半臂羽衣也。」

〔二七〕「但聞」兩句：蓋謂巢軍入京後誇功爭爵，荒於練兵。 爭曳組，指爭奪官爵。 曳，牽引。 組，官印佩帶，代指官印。 垂韁，指騎射。

〔二八〕「鵲印」兩句：狀黄巢所封將侯意氣飛揚貌。新唐書卷二二五下黄巢傳載黄巢廣明元年十二月入京，建立大齊政權，改元金統，大行封拜宰相、御史中丞、尚書等朝官。 鵲印，指金印。搜神記卷九：「常山張顥爲梁相，天新雨後，有鳥如山鵲，飛翔入市，忽然墜地。人爭取之，化爲圓石。顥椎破之，得一金印，文曰『忠孝侯印』。顥以上聞，藏之秘府。後議郎汝南樊衡夷上言：『堯舜時舊有此官，今天降印，宜可復置。』顥後官至太尉。」後因借指公侯之位。岑參獻封大夫破播仙凱歌六首其三：「丈夫鵲印摇邊月，大將龍旗掣海雲。」龍泉，寶劍名。曹植與楊德祖書：「有龍泉之利，乃可以議其斷割。」水經注卷三一「潕水」注引晉太康地記曰：「(西平)縣有龍泉水，可以砥礪刀劍，特堅利，故有堅白之論矣。是以龍泉之劍，爲楚寶也。」

〔二九〕「軍威」兩句：言黄巢軍退避，官軍士氣高漲。新唐書卷二二五下黄巢傳載中和三年三月，「巢戰數不利，軍食竭，下不用命，陰有遁謀。」四月，李克用部將楊守宗與巢軍戰於渭橋，「三戰，賊三北。於是諸節度兵皆奮，無敢後，入自光泰門。」巢軍從藍田關退出長安。逗撓，曲行而觀望。撓，亦作橈。史記卷一〇八韓長孺列傳：「天子怒王恢不出擊單于輜重，擅引兵罷也。……於是下恢廷尉。廷尉當恢逗橈，當斬。」集解引漢書音義曰：「逗，曲行避敵也；橈，顧望。軍法語也。」舊唐書卷一八二高駢傳載廣明元年冬，「賊陷河洛，中使促駢討賊，冠蓋相望。駢終逗撓不行。」

〔三〇〕「負扆(yǐ)」兩句：言僖宗眷顧臣民，静思國法典章。按僖宗光啓元年五月答宰臣蕭遘等上尊號詔有云：「朕猥以寡德，丕承耿光。宵旰雖勤，干戈繼作。困生靈於豺豕，委宫闕於榛蕪。……文武典章，墜無半在；威權法制，行亦幾何。」負扆，指帝王召見諸侯臣子，亦作負依。荀子正論篇：「居則設張容負依而坐，諸侯趨走乎堂下。」王先謙集解：「居，安居也，聽朝之時也。容謂羽衛也。居則設張其容儀負依而坐也。户牖之間謂之依，作扆。」淮南子齊俗訓：「攝天子之位，負扆而朝諸侯。」天眷，本指天帝眷顧，後借指皇帝眷顧。尚書大禹謨：「益曰：都，帝德廣運，乃聖乃神，乃武乃文，皇天眷命，奄有四海，爲天下君。」凝旒，指皇帝静坐。旒，皇帝冠旒。白居易策林君不行臣事：「蓋先王所端拱凝旒而天下大理者，無他焉，委務於有司也，仰成於宰相也。」國章，治國典章。

〔三一〕「但欲」四句：言官軍與巢軍長安決戰情形。舊唐書卷一九下僖宗紀載中和三年四月官軍復長安，楊復光告捷書稱李克用率部入京，「叫譟而聲將動瓦，喑嗚而氣欲吞沙。寬列戈矛，麾軍夾擊。自卯至申，凶徒大敗。」資治通鑑卷二五五述此戰謂「黄巢力戰不勝，焚宫室遁去」。除妖氣，指鎮壓黄巢軍。全唐文卷八八載僖宗光啓元年五月答宰臣蕭遘等上尊號詔有云「靖妖氣於宇縣」 蔽耿光，謂戰火蔽日。 春坊，魏晉之後稱太子東宫爲春坊，唐置太子詹事府統領東宫衆務，左、右春坊分領諸局。

〔三二〕「烏怪」兩句：言戰後長安淒涼景象。補遺秦婦吟亦云：「含元殿上狐兔行，花萼樓前荆棘滿。」資治通鑑卷二五六載，光啓元年三月，僖宗還京，「荆棘滿城，狐兔縱横。」

〔三三〕「設危」句：史記卷六五孫子吳起列傳：「（魏）武侯浮西河而下，中流，顧而謂吳起曰：『美哉乎山河之固，此魏國之寶也。』起對曰：『在德不在險。……』」按册府元龜卷一〇三帝王部招諫二録僖宗光啓元年三月求言詔云：「況朕久致履危，實惟懵道。」

〔三四〕「視履」句：易履：「上九，視履考祥，其旋，元吉。」疏：「『視履考祥』者，祥謂徵祥。上九處履之極，履道已成，故視其所履之行善惡得失，考其禍福之徵祥。」

〔三五〕「氣激」兩句：謂天地神靈助滅黄巢軍。按中和二年二月，鄭畋兼門下侍郎、同平章事，樂朋龜制有云：「岳瀆炳靈，星辰焕發。」（唐大詔令集卷五二） 岳瀆：代指山川之神。初學記卷五地理上總載地第一引纂要曰：「嵩泰衡華恒，謂之五岳；江河淮濟，謂之四瀆。」

〔三六〕「功高」兩句：蓋指王重榮、李克用自以功高位下。按舊唐書卷一九下僖宗紀載中和三年四月官軍復長安，楊復光告捷書以雁門節度使李克用、河中節度使王重榮功居首位。又，資治通鑑卷二五六載，中和四年七月，李克用「自陳有破黄巢之功，爲朱全忠所圖」。前後凡八表，「稱全忠妒功嫉能，陰狡禍賊，異日必爲國患」。光啓元年七月，「王重榮自以有復京城功，爲田令孜所擯」。　虎節，虎形符節。周禮地官掌節：「凡邦國之使節，山國用虎節。」後專用作兵符。　龍驤：指西晉龍驤將軍王濬。晉書卷四二王濬傳載：晉武帝謀伐吳，濬拜龍驤將軍、監梁益諸軍事。率師滅吳，而爲王渾父子及豪强所抑，「每進見，陳其攻伐之勞，及見枉之狀，……時人咸以濬功重報輕。」

〔三七〕「遍命」兩句：蓋謂官軍復長安，大將多進封王侯。史載，中和三年四月官軍復長安後，諸將進封王侯者如王重榮封琅邪郡王（見舊唐書本傳）、李克用封隴西郡公（見新唐書本傳）、朱玫封吴興縣侯、王鐸進封晉國公、楊復光進封弘農郡開國公。光啓元年三月，僖宗還京，制以徐州節度使時溥爲巨鹿王，以汴州刺史朱全忠爲沛郡王（以上均見舊唐書卷一九下僖宗紀）。　登壇將：指大將。史記卷九二淮陰侯列傳載劉邦因蕭何之薦，拜韓信爲大將。蕭何曰：「王必欲拜之，擇良日，齋戒，設壇場，具禮，乃可耳。」按中和二年二月，王鐸兼判户部，制曰：「近以京都未克，寇孽尚存。……思登壇以糾合，誓建旆以掃除。」（唐大詔令集卷五二）

〔三八〕「志求」兩句：謂僖宗有志重振綱紀，但力所不及。按僖宗光啓元年正月詔訪賢才（見册府元龜卷六八帝王部求賢二）、三月詔求言（同上，卷一〇三帝王部招諫二）。又，舊唐書卷一九下僖宗紀載光啓元年三月僖宗還京，兩河、江淮諸藩鎮「皆自擅兵賦，迭相吞噬，朝廷不能制。……國命所能制者，河西、山南、劍南、嶺南西道數十州。大約郡將自擅，常賦殆絶，藩侯廢置，不自朝廷，王業於是蕩然。」　墜典，與下句之「頹綱」互文同義，指衰敗的典章綱紀。沈約侍皇太子釋奠宴詩云：「隊（墜）典必從，闕祀咸薦。」陸雲大將軍宴會被命作：「頹綱既振，品物咸秩。」全唐文卷八八唐僖宗答宰臣蕭遘等上尊號詔：「大耻才雪，群生未蘇。文武典章，墜無半在。」文苑英華卷八三六樂朋龜僖宗皇帝哀册文有云「墜典必舉，舊章無改」。

〔三九〕「漢路」兩句：蓋言官軍復京後留守情形。資治通鑑卷二五五載，中和三年四月，官軍復長安。「楊復光遣使告捷，百官入賀。詔留忠武等軍二萬人，委大明宮留守王徽及京畿制置使田從異，部分守衛長安。」漢路，即銀漢，與「雲衢」互文同義，均喻京城官街。杜甫贈嚴八閣老：「蛟龍得雲雨，鵰鶚在秋天。」驌驦，亦作肅爽，駿馬名。左傳定公三年：「唐成公如楚，有兩肅爽馬。」杜預注：「肅爽，駿馬名。」張協七命：「駕紅陽之飛燕，驂唐公之驌驦。」

〔四〇〕「寶裝」兩句：言官軍奢華情形。按資治通鑑卷二五五載中和三年四月，「巢自藍田入商山，多遺珍寶於路。官軍爭取之，不急追。」麝裛，以麝香熏染。

〔四一〕「日睹」兩句：指官軍復長安後時有捷報，巢軍敗退。按舊唐書卷一九下僖宗紀載，中和三年六月，「巢軍驍將孟楷攻陳州而敗死，巢怒而圍陳州。四年二月，克用將蕃、漢兵五萬援陳、許。四月，巢退保郾城。五月，巢趨汴州，在汴河爲克用所敗，尚讓等降，巢東奔兖州。七月，巢爲甥林言所殺。按，「雅道何銷德」至「時聞虜騎亡」，追述黄巢軍入京及官軍鎮壓黄巢軍。

〔四二〕「人心」兩句：喻光啓元年僖宗還京時，朱玫、王重榮、李克用等勢力相互爭鬥。舊唐書卷一九下僖宗紀載光啓元年三月，僖宗還京，時李昌符、王重榮、諸葛爽、孟立方、李克用、朱全忠、秦宗權、時溥等「皆自擅兵賦，迭相吞噬，朝廷不能制。」資治通鑑卷二五五載，光啓元年七月，王重榮與田令孜構怨，令孜遣朱玫、李昌符攻重榮。十二月，重榮與李克用合兵攻朱玫、李昌符，逼京師。獬豸，傳説中的獸名。能别曲直，後世借指執法官吏侍御史等。淮南子主術訓「楚文王好服獬冠」高誘注：「獬豸之冠如今御史冠。」後漢書輿服志下：「法冠，……執法者服之，侍御史、廷尉正監平也。或謂之獬豸冠。獬豸，神羊，能别曲直，楚王曾獲之，故以爲冠。」姚合送李植侍御：「聖代無邪觸，空林獬豸歸。」晉書卷二五輿服志引異物志曰：「北荒之中，有獸名獬豸，一角，性別曲直。見人鬥，觸不直者。聞人爭，咋不正者。」雀意，説苑卷九正諫載吴王欲伐荊，其舍人諫曰：「園中有樹，樹上有蟬，蟬高居悲鳴飲露，不知螳螂在其後也。螳螂委身曲附欲取蟬而不知黃雀在其傍也。黃雀延頸欲啄螳螂而不知彈丸在其下也。此三者皆務欲得其前利而不顧其後有患也。」吳王遂罷兵。

〔四三〕「上略」兩句：蓋指李克用逼京城。新唐書卷二二四下朱玫傳載光啓元年十二月，李克用、王重榮敗朱玫，逼京城，「僖宗蒼黃幸鳳翔避其鋒」。上略，文選卷五三李康運命論：「張良受黃石之符，誦三略之說。」李善注引黃石公記序曰：「黃石者，神人也，有上略、中略、下略。」按李克用以神勇見稱，如舊唐書卷一九下僖宗紀載中和三年四月官軍復長安，楊復光告捷書稱李克用「神傳將略」，「機謀與武藝皆優」。

〔四四〕「紆金」兩句：狀朝臣意氣軒昂。事物紀原卷三衣裘帶服部金帶：「穆天子傳曰：『天子北征，舍於珠澤。珠澤之人獻白玉石，天子賜黃金之環三五，朱帶。』此即金帶之起也，至唐定令爲四品服。」執玉，與「紆金」互文同義，均指顯貴。左傳莊公二十四年：「御孫曰：『男贄，大者玉帛。』」杜預注：「公侯伯子男執玉，諸侯世子附庸孤卿執帛。」藏昂：亦作昂藏，軒昂貌。李白贈潘侍御論錢少陽：「繡衣柱史何昂藏，鐵冠白筆橫秋霜。」按此下十二句言朝野競趨豪奢，未盡其職，終致戰亂。唐大詔令集卷八六載僖宗光啓三年七月德音有云：「如聞卿大夫庶僚，近者競崇侈靡，莫辨等威。服玩車輿，皆越制度。蠹於教化，朕甚憫焉。」

〔四五〕「覆餗」兩句：謂朝臣不勝其職，侈靡享樂。易鼎：「九四，鼎折足，覆公餗，其形渥，凶。」注曰：「知小謀大，不堪其任，受其至辱，災及其身。」疏曰：「餗，糝也，八珍之膳，鼎之實也。」

〔四六〕「四民」兩句：言臣民奢華，耕桑盡廢。四民，本指士農工商。此泛指臣民。尚書周官：「司空掌邦土，居四民，時地利。」漢書食貨志上：「士農工商，四民有業。學以居位曰士，闢土殖穀曰農，作巧成器曰工，通才鬻貨曰商。」組綬：繫挂玉佩的絲帶。九土：即九州。

〔四七〕八珍：泛指佳肴。周禮天官膳夫：「掌王之食飲膳羞，以養王及后世子。凡王之饋食用六穀，……珍用八物。」注：「珍謂淳熬、淳母、炮豚、炮牂、擣珍、漬熬、肝膋也。」　膳府：宮廷食物倉庫。周禮地官廛人：「凡珍異之有滯者，斂而入於膳府。」

〔四八〕五采：尚書益稷：「帝曰：……以五采彰施於五色，作服，汝明。」疏：「以五種之彩明施於五色，制作衣服，汝當爲我明其差等而制度之。」　筐床：方正舒適之床。莊子齊物論：「與王同筐床，食芻豢，而後悔其泣也。」郭慶藩集釋引釋文：「司馬云：筐床，安床也。崔云：筐，方也。一云正床也。」

〔四九〕歌鐘：左傳襄公十一年：「鄭人賂晉侯……歌鐘二肆。」疏曰：「言歌鐘者，歌必先金奏，故鐘以歌名之。晉語孔晁注云：『歌鐘，鐘以節歌也。』」

〔五〇〕犯天狼：指爆發戰事。天狼，星名。楚辭九歌東君：「青雲衣兮白霓裳，舉長矢兮射天狼。」王逸注：「天狼，星名，以喻貪殘。」史記卷二七天官書：「參爲白虎。……其東有大星曰狼。狼角變色，多盜賊。」正義曰：「狼一星，參東南。狼爲野將，主侵掠。」

〔五一〕「未睹」句：蓋謂僖宗未能剪除專權宦官田令孜。資治通鑑卷二五六載，光啓元年十月，王重榮爲田令孜所擯，求救於李克用，有「除君側之惡」語。明年正月，田令孜迫僖宗幸寶鷄。御史大夫孔緯奉詔還鳳翔召百官，「時令孜弄權，再致播遷，天下共忿之。」宰相蕭遘、裴澈「以令孜在上側，不欲往，辭疾不見。」　君除側：滅除君王身邊奸臣。晉書卷四九謝鯤傳：「及(王)敦將爲逆，謂鯤曰：『劉隗奸邪，將危社稷。吾欲除君側之惡，匡主濟時，何如？』」

〔五二〕玉在傍：喻品德高潔之臣輔佐君王。如晉書卷九四宋纖傳載纖「明究經緯」，酒泉太守馬岌銘詩贊曰：「其人如玉，維國之琛。」按卷一冬日長安感志詩有「更向人中問宋纖」句。

〔五三〕相將：相與、相共。令狐楚春遊曲：「相將折楊柳，爭取最長條。」

〔五四〕「九流」兩句：册府元龜卷一〇三帝王部招諫二録僖宗光啓元年三月求言詔云：「欲新庶政，益賴群才。已詔中外臣僚，必使搜羅淹滯。仍令文武各陳所見，冀有可裨。苟申籌國之謀，是濟同舟之患。」九流暫蔽，即群才淹滯。九流，泛指各類人才。薛逢送西川杜司空赴鎮：「莫遣洪爐曠真宰，九流人物待陶甄。」二柄，指文、武。舊唐書卷一八上武宗紀載會昌五年八月制：「况我高祖、太宗，以武定禍亂，以文理華夏，執此二柄，足以經邦。」

〔五五〕「小孽」句：指光啓二年十月，朱玫奉襄王李熅即皇帝位，改元建貞。按文苑英華卷八三六樂朋龜僖宗皇帝哀册文述此事云：「寢殿未安，僞孽爲害。」舊唐書卷一九下僖宗紀載，光啓二年十二月，河中王重榮殺李熅，函其首赴行在。博士殷盈孫奏曰：「伏以僞熅違背宗社，僭竊乘輿，欺天之禍既盈，盗國之罪斯重。」

〔五六〕「中興」句：全唐文卷八八載僖宗文德元年三月立壽王傑爲皇太弟知軍國事詔有云「上天降祐，中道獲瘳（chǎn）次：本指日月星辰運行軌迹，此喻國運。

〔五七〕「法堯」句：言僖宗效法堯帝素儉之德。太平御覽卷九九六引尹文子云：「堯爲天子，衣不重錦，食不兼味。」按注〔四四〕所引僖宗光啓三年七月德音有云：「今則敬行避殿，减飲撤懸。食無海陸之珍，耳絶管弦之樂。惟加惕勵，冀遂感通。將宏及物之恩，在希維新之令。」「夫儉者德之恭，侈者惡之大。唐堯土階三尺，夏禹菲食卑官。先聖遺風，後王規範。……况遇艱難，尤宜儉素。其諸道不得進奉紋繡、宫錦、雕鏤、輕靡、彩章之物。」

〔五八〕「罪己」句：言僖宗内省思咎。左傳莊公十一年：「禹湯罪己，其興也悖焉；桀紂罪人，其亡也忽焉。」又，莊公三十二年：「虢多涼德，其何土之能得？」杜預注：「涼，薄也。」按前引僖宗光啓三年七月德音有云：

「前歲才歸大國，又及播遷。……顧茲頹紊，職朕之由。且朕深宮九重，跬步千里。目雖視而不見，耳雖聽而不聞。罪在朕躬，痛入骨髓。……是在股肱協力，藩翰同心。保列聖之鴻基，佐沖人之薄德。……朕爲人君父，累屬亂離。一發言未嘗不兢憂，一舉足未嘗不愧悼。徒思罪己，安敢尤人。中外臣僚，宜悉朕意。」又唐大詔令集卷五二載中和二年正月樂朋龜王鐸中書令諸道行營都統權知義成軍節度使制亦有「朕克荷丕圖，內慚涼德」語。

〔五九〕「帝念」兩句：按僖宗光啓三年七月德音有云：「朕端拱穆清，思宏理道。用憂勤而補過，守慈儉而律身。上展孝思，下康庶務。……爲政之方，由乎共理。且一邑之政，由乎令長；一郡之政，由乎牧守；一方之政，由乎藩翰之臣。」思理，思治。避唐高宗李治名諱而改。遑，疑惑。

〔六〇〕「詔催」兩句：言僖宗詔求賢良佐政。按僖宗光啓三年七月德音有云：「輔成教化，實在賢良。用副旁求，必資博采。宜令文武常參官，舉刺史縣令有異政殊績者，淪滯山林有奇文異行者，所期表異，無或面欺。」青瑣客：指朝臣。青瑣，宮門裝飾，代指宮廷。漢書卷九八元后傳：「曲陽侯根驕奢僭上，赤墀青瑣。」孟康曰：「以青畫户邊鏤中，天子制也。」師古曰：「孟説是也。青瑣者，刻爲連環文，而青塗之也。」杜甫秋興八首之五：「一卧滄江驚歲晚，幾回青瑣點朝班。」紫微郎，即中書侍郎。開元元年（七一三）曾改中書省爲紫微省，五年復舊。

〔六一〕御粱：亦稱御糧、御米，宮廷所用糧。按僖宗光啓三年七月德音有云：「其有司合進常膳，三分宜減一分。」

〔六二〕諫鼓：淮南子主術訓：「故堯置敢諫之鼓，舜立誹謗之木。」高誘注：「欲諫者擊其鼓。」

〔六三〕上書囊：漢書卷六五東方朔傳載朔稱漢文帝時，「集上書囊以爲殿帷，以道德爲麗，以仁義爲準。」

〔六四〕「儉德」句：參見注〔五八〕。儉德，尚書太甲上：「慎乃儉德，惟懷永圖。」孔安國傳：「言當以儉爲德，思長世之謀。」三尺：代指堯舜之道。史記卷一三〇太史公自序：「墨者亦尚堯舜道，言其德行曰堂高三尺，土階三等。」

〔六五〕「人心驚獬豸」至「清朝俟一匡」，追述李克用逼京師，僖宗再幸，襄王僭位，僖宗反正，罪己圖治。

〔六六〕漁父辭：史記卷八四屈原賈生列傳：「屈原至於江濱，被髮行吟澤畔，顔色憔悴，形容枯槁。漁父見而問之曰：『子非三閭大夫歟？何故而至此？』屈原曰：『舉世混濁而我獨清，衆人皆醉而我獨醒，是以見放。』漁父曰：『夫聖人者，不凝滯於物而能與世推移。舉世混濁，何不隨其流而揚其波？衆人皆醉，何不餔其糟而啜其醨？何故懷瑾握瑜而自令見放爲？』」

〔六七〕接輿狂：論語微子：「楚狂接輿歌而過孔子，曰：『鳳兮鳳兮，何德之衰。往者不可諫，來者猶可追。已而已而，今之從政者殆而。』孔子下，欲與之言。趨而辟之，不得與之言。」疏曰：「接輿，楚人，姓陸名通，字接輿也。昭王時政令無常，乃被髮佯狂不仕，時人謂之楚狂也。」

〔六八〕天寶：唐玄宗年號。天寶十四載（七五五）十一月，范陽節度使安禄山反，次年六月入長安，玄宗奔蜀。至德二年（七五七）十月，郭子儀收復兩京；十月，玄宗還京。

〔六九〕「遭罹」句：指遭遇不同於西晉末永嘉之亂。參見同卷江上題所居注〔七〕、山墅閑題注〔一〕。

〔七〇〕天潢：星名。代指江河。史記卷二七天官書：「王良策馬，車騎滿野。旁有八星，絶河，曰天潢。」索隱：「元命包曰：『潢主河渠，所以度神，通四方。』宋均云：『天潢，天津也。津，湊也，故主計度。』」

〔七一〕「似魚」句：蓋謂甘願獨善其身。禮記内則：「魚去乙。」注：「乙，魚體中害人者名也。今東海容魚有骨名乙，在目旁，狀如篆乙，食之鯁人不可出。」

〔七二〕「比蟹」句：蓋謂無能兼濟天下。禮記檀弓下：「成人有其兄死而不爲衰者，聞子皋將爲成宰，遂爲衰。成人曰：「蠶則績而蟹有匡，范則冠而蟬有緌，兄則死而子皋爲之衰。」疏：「『蟹有匡』者，蟹背殼似匡，仍謂蟹背作匡。」又云：「蠶則須匡以貯繭，而今無匡。蟹背有匡，匡自著蟹，則非爲蠶設也。」

〔七三〕不臧：不善。詩邶風雄雉：「不忮不求，何用不臧。」

〔七四〕「殷牛」兩句：言病重。參見卷二賦中與蕭韋二秀才同卧重疾二君尋愈余獨加焉怳惚之中因有題注〔五〕、〔四〕。

〔七五〕「忸恨」兩句：板，指神山板桐。水經注卷一河水引崑崙記曰：「崑崙之山三級：下曰樊桐，一名板桐；二曰玄圃，一名閬風；上曰層城，一名天庭，是謂太帝之居。」海欲航，疑用仙槎犯牛斗事。見卷一漁溏十六韻注〔一一〕。

〔七六〕「世隨漁夫醉」至「貧知日月長」，自述屏居婺州貧病窮困情形。

〔七七〕「勢將」兩句：蓋謂在兵亂中遇鄭拾遺。鶴列，喻兵陣。莊子徐無鬼：「君亦必無盛鶴列於麗譙之間。」郭象注：「鶴列，陳兵也。」鴛行，喻朝官。參見卷四寄右省李起居注〔二〕。

〔七八〕「已報」兩句：指僖宗文德元年二月還京，遺詔云：「朕以冲眇，祗荷鴻基。每惟祖宗之締構艱難，念中外之始終匡輔。常同馭朽，豈忘納隍。」（全唐文卷八八）納隍，孟子萬章下：「思天下之民，匹夫匹婦有不與被堯舜之澤者，如己推而内之溝中。」張衡東京賦：「人或不得其所，若己納之於隍。」宋書卷七五王僧達傳載僧達求徐州啓有云：「民有咨瘼之聲，君表納隍之志。」説文解字𨸏部：「隍，城池也。有水曰池，無水曰隍。」

〔七九〕「文風」兩句：謂戢兵尚文，重興禮教。按舊唐書昭宗紀稱昭宗「攻書好文，尤重儒術。……尊禮大臣，詳延道術」。旂裳，亦作旂常，旌旗。周禮春官司常：「掌九旗之物名，各有屬以待國事。日月爲常，交龍爲旂。……王建大常，諸侯建旂。」

〔八〇〕「紫闥」兩句：指重修國學事。舊唐書昭宗紀載大順元年二月詔許重葺國學，册府元龜卷五〇帝王部崇儒術二録此詔云：「國學自朝廷喪亂以來，棟宇摧殘之後，歲月斯久，榛蕪可知。宜令諸道觀察使、刺史與賓幕、州縣文吏等，同於俸料内量力分抽以助修葺。」紫闥，指宫廷。闥，宫中小門。文選卷五三陸機辨亡論上：「旋皇輿於夷庚，反帝座乎紫闥。」吕延濟注：「紫闥，帝宫也。」青衿，詩鄭風子衿：「青青子衿，悠悠我心。」傳：「青衿，青領也，學子之所服。」

〔八一〕「赬尾」句：喻歷經戰亂之臣尚爲王室憂慮。詩周南汝墳：「魴魚赬尾，王室如燬。」傳：「赬，赤也，魚勞則尾赤。燬，火也。」箋：「君子仕於亂世，其顔色疲病，如魚勞則尾赤。所以然者，畏王室之酷烈。」

〔八二〕「吴坂」句：喻野外賢才希求知遇。文選卷二五劉琨答盧諶書：「昔騄驥倚輈於吴坂，長鳴於良樂，知與不知也。」李善注引戰國策曰：「楚客謂春申君曰：『昔騏驥駕鹽車上吴坂，遷延負轅而不能進，遭伯樂，仰而鳴之，知伯樂知己也。』」又引古今地名曰：「寘零坂，在吴城之北，今謂之吴坂。」按今本戰國策楚策四云：「服鹽車而上太行，……中阪遷延，負轅不能上。」汪遵吴坂：「蹝跼鹽車萬里蹄，忽逢良鑒始能嘶。」

〔八三〕「岐山」句：喻昭宗中興氣象。國語周語上：「周之興也，鸑鷟鳴於岐山。」韋昭注：「三君云：鸑鷟，鳳之别名也。」岐山，今陝西岐山縣東北。按舊唐書昭宗紀載昭宗重儒尊道，禮遇大臣，「意在恢張舊業，號令天下。即位之初，中外稱之。」

〔八四〕「詞源」句：言崇文之風盛行。杜甫贈虞十五司馬：「凄涼憐筆勢，浩蕩問詞源。」

〔八五〕「諫署」句：謂諫辭如玉，鏗鏘有聲。諫署，亦稱諫垣、諫院，諫官官署。

〔八六〕「餇雀」句：餇雀，喻救治衰亂之世。吴均續齊諧記載東漢楊寶性慈愛，年九歲，至華陰山，見一黄雀爲鴟梟所搏，墜於樹下，爲螻蟻所困。寶取之以歸，置巾箱中，唯食黄花，百餘日毛羽成，乃飛去。其夜有黄衣童子向寶再拜曰：「我西王母使者，君仁愛救拯，實感成濟。」以白環四枚與寶：『令君子孫潔白，位登三事，當如此環矣。」

〔八七〕「烹蛇」句：烹蛇，喻根除亂世毒孽。藝文類聚卷九六鱗介部上虵引賈誼書曰：「孫叔敖之爲兒，出遊還，憂而不食。其母問其故，泣而對曰：『今日見兩頭蛇，恐死。』母曰：『今蛇安在？』曰：『聞見兩頭蛇者死，恐他人復見之也，已殺而埋之。』母曰：『無憂，汝不死矣。吾聞之，有陰德者，天報以福。』」太平御覽卷九三四引搜神記：「宋元嘉中，廣州有三人共入山中伐木，忽見石窠中有三卵，大如升，取歸煮之。湯始熱，便聞林中如風雨聲。須臾，有一蛇大十圍，長四五丈，徑來於湯中銜卵而去。三人無幾皆死。」

〔八八〕弢弓：弓衣。

〔八九〕諤（è）諤：直言貌。楚辭惜誓：「或推移而苟容兮，或直言之諤諤。」

〔九〇〕「堂堂」句：論語子張：「曾子曰：『堂堂乎張也，難與並爲仁矣。』」疏：「堂堂，容儀盛貌。」子張，孔子弟子，姓顓孫，名師，字子張。

〔九一〕建禮：指建禮門。晉書卷二四職官志：「（尚書）郎主作文書起草，更直五日於建禮門内。」白居易東南行一百韻：「承明連夜直，建禮拂晨趨。」

〔九二〕文昌：指尚書省。唐六典卷一「尚書都省」：秦置尚書，漢因之。「然後漢尚書稱臺，魏晉以來爲省，皇朝因之。龍朔二年改爲中臺，咸亨二年復舊。光宅元年改爲文昌臺，長安三年又爲中臺，神龍初復舊。」

〔九三〕心如旆：喻心神不安。戰國策楚策一載楚威王對蘇秦説：「寡人自料，以楚當秦，未見勝焉。内與群臣謀，不足恃也。寡人居不安席，食不甘味，心摇摇如懸旌，而無所終薄。今君欲一天下，安諸侯，存危國，寡人謹奉社稷以從。」

〔九四〕律變商：指入秋。禮記月令：「孟秋之月，……其音商，律中夷則。」

〔九五〕萬斯箱：詩小雅甫田：「乃求千斯倉，乃求萬斯箱。」

〔九六〕瀼（ráng）瀼：狀露水多。詩鄭風野有蔓草：「野有蔓草，零露瀼瀼。」

〔九七〕傾蓋：喻知友。史記卷八三魯仲連鄒陽列傳載鄒陽獄中上梁孝王書引諺語曰：「有白頭如新，傾蓋如故。」索隱：「按：家語：『孔子遇程子於途，傾蓋而語。』又志林云：『傾蓋者，道行相遇，軿車對語，兩蓋相切，小欹之，故曰傾也。』」

〔九八〕併糧：太平御覽卷四〇九人事部五十交友引列士傳：「六國時，羊角哀與左伯桃爲友，聞楚王賢，俱往仕。至梁山，逢雪，糧盡，度不兩全，遂併糧與角哀。角哀至楚，楚用爲上卿。後來收葬伯桃。」

〔九九〕震澤：湖名，即今江蘇太湖。尚書禹貢：「三江既入，震澤底定。」傳：「震澤，吳都太湖。」

〔一〇〇〕雷塘：亦稱雷陂，在今江蘇江都縣北。繆荃孫元和郡縣圖志闕卷逸文卷二淮南道揚州「江都縣」：「雷陂在縣北十里。」

〔一〇一〕執友：禮記曲禮上：「僚友稱其弟也，執友稱其仁也。」注：「執友，志同者。」

〔一〇二〕華蓋：崔豹古今注卷上輿服：「華蓋，黄帝所作，與蚩尤戰於涿鹿之野，常有五色雲氣金枝玉葉止於帝上，有花葩之象，故因作華蓋也。」

〔一〇三〕玉璫：本爲漢時武官冠飾，此泛指朝官佩飾。

〔一〇四〕薏苡：禾本科植物，果仁名薏米，白色，可食。

〔一〇五〕「麪喜」句：文選卷四左思蜀都賦：「布有橦華，麪有桄榔。」注：「桄榔，樹名也。木中有屑，如麪，可食，出興古。」

〔一〇六〕蓬島：指朝廷。按唐左、右拾遺分別隸屬門下省、中書省，均在大明宮。高宗龍朔年間曾改大明宮爲蓬萊宮。杜甫莫相疑行：「憶獻三賦蓬萊宮，自怪一日聲輝赫。」綸詔：指皇帝詔書。禮記緇衣：「子曰：王言如絲，其出如綸；王言如綸，其出如綍。」

〔一〇七〕青緗：書卷封套。蕭統文選序：「記詞人才子，則名溢於縹囊；飛文染翰，則卷盈於緗帙。」按，「勢將隨鶴列」至篇尾，言時值偃武修文，與鄭拾遺相遇、相知、相別。

夢入關〔一〕

夢中乘傳過關亭〔二〕，南望蓮峰簇簇青〔三〕。馬上正吟歸去好，覺來江月滿前庭。

【校記】

〔前庭〕萬首唐人絶句作前汀。

【箋注】

〔一〕此詩疑作於大順二年（八九一）泛湘西歸之前。

〔二〕乘傳：古代四匹下等馬所駕之車。漢書卷一下高帝紀下：「（田）横懼，乘傳詣雒陽，未至三十里，自殺。」如淳曰：「律，四馬高足爲置傳，四馬中足爲馳傳，四馬下足爲乘傳，一馬二馬爲軺傳。急者乘一乘傳。」師古曰：「傳者，若今之驛，古者以車，謂之傳車，其後又單置馬，謂之驛騎。」關亭：泛指關隘驛亭。

〔三〕蓮峰：指華山，在今陝西華陰市南。太平御覽卷三九地部四華山引華山記云：「山頂有池，生千葉蓮花，服之羽化，因曰華山。」

送人歸上國[一]

送君江上日西斜，泣向江邊滿樹華。若見青雲舊相識[二]，爲言流落在天涯。

【箋注】

[一]詩云「流落在天涯」，當作於越州或婺州客居時。上國：即上都，指京城長安。

[二]青雲舊相識：指朝官中的舊友。參見卷三東遊遠歸注[八]。

【集評】

唐汝詢唐詩解卷三〇：端己以唐末之亂留仕於蜀，此因送友自陳流寓之懷，以見仕蜀非其本心也。

吳昌祺刪訂唐詩解卷一五：此言出自端己，故不爲直致。

聞春鳥[一]

雲晴春鳥滿江村，還似長安舊日聞。紅杏華前應笑我，我今憔悴亦羞君。

【校記】

[雲晴]萬首唐人絶句作雨時。　[亦羞]向校：「全唐詩注：『一作卻羞。』」

【箋注】

〔一〕本詩以下至題七步廊，蓋均蘭芷村居時所作。春鳥：周禮夏官羅氏：「中春羅春鳥。」注：「春鳥，蟄而始出者，若今南郡黄雀之屬是。」

櫻桃樹

記得初生雪滿枝〔一〕，和蜂和蝶帶華移。如今華落遊蜂去，空作主人惆悵詩。

【校記】

〔櫻桃樹〕向校：「胡本注：『一作于武陵。』」　〔初生〕向校：「全唐詩注：『一作初開。』」　〔如今〕萬首唐人絶句作而今。

【箋注】

〔一〕雪滿枝：本草綱目卷三〇果之二櫻桃集解：「時珍曰：櫻桃樹不甚高，春初開白花，繁英似雪。」

獨鶴

夕陽灘上立徘徊，紅蓼風前雪翅開〔一〕。應爲不知棲宿處，幾回飛去又飛來。

【箋注】

〔一〕紅蓼：亦稱辣蓼，水草名。

新栽竹〔一〕

寂寞堦前見此君，遶欄吟罷却霑巾。異鄉流落誰相識，唯有叢篁似主人。

【校記】

〔似〕向校：「全唐詩注：『一作伴。』」

稻　田

綠波春浪滿前陂，極目連雲䆉稏肥〔一〕。更被鷺鷥千點雪，破煙來入畫屏飛〔二〕。

【校記】

〔綠波春浪〕萬首唐人絶句作浪波春稻。　〔䆉稏〕向校：「全唐詩作穲稏。」　〔千點雪〕萬首唐人絶句作千點白。　〔破煙〕萬首唐人絶句作披煙。

【箋注】

〔一〕䆉稏（bàyà）：稻名。

〔二〕「破煙」句：同卷將卜蘭芷村居留别郡中在仕有云「結茅依約畫屏中」，蓋同指蘭芷村居之景。

庭前菊

爲憶長安爛熳開，我今移爾滿庭栽。紅蘭莫笑青青色，曾向龍山泛酒來〔一〕。

【箋注】

〔一〕「曾向」句：龍山，今安徽當塗縣東南。元和郡縣圖志卷二八江南道四宣州「當塗縣」：「龍山，在縣東南十二里。」桓温嘗與僚佐九月九日登此山宴集。」世説新語識鑒「武昌孟嘉作庾太尉州從事」條，劉孝標注引嘉别傳曰：「（嘉）後爲征西桓温參軍，九月九日温遊龍山，參寮畢集。時佐史并著戎服，風吹嘉帽墮落，温戒左右勿言，以觀其舉止。嘉初不覺，良久如厠，命取還之。令孫盛作文嘲之，成，著嘉坐。嘉還即答，四坐嗟嘆。嘉喜酣暢，愈多不亂。温問曰：『酒有何好，而卿嗜之？』嘉曰：『明公未得酒中趣爾。』」

燕　來〔一〕

去歲辭巢别近鄰，今來空訝草堂新。華開對語應相問，不是村中舊主人。

【校記】

〔華開〕萬首唐人絶句作花間。

【箋注】

〔一〕按同卷將卜蘭芷村居留别郡中在仕云「結茅依約畫屏中」，此詩云「去歲辭巢别近鄰，今來空訝草堂新」，知居蘭芷逾年。

【集評】

黄叔燦唐詩箋注卷一〇：亂離之後，村落雖存，居民非故，言外惻惻。

倚柴關〔一〕

杖策無言獨倚關，如痴如醉又如閑。孤吟盡日何人會，依約前山似故山。

【箋注】

〔一〕柴關：即柴門。

題七步廊

席門無計那殘陽〔一〕，更接簷前七步廊。不羨東都丞相宅，每行吟得好篇章〔二〕。

【校記】

〔席〕向校：「全唐詩注：『一作杜。』」　〔那〕向校：「全唐詩注：『一作奈。』」

【箋注】

〔一〕席門：以席爲門。史記卷五六陳丞相世家：「家乃負郭窮巷，以弊席爲門，然門外多有長者車轍。」

〔二〕「每行」句：暗用魏文帝曹丕命曹植七步作詩典事。世説新語文學：「文帝嘗令東阿王七步中作詩，不成者行大法。應聲便爲詩曰：『煮豆持作羹，漉菽以爲汁。萁在釜下然，豆在釜中泣。本是同根生，相煎何太急？』帝深有慚色。」

語松竹〔一〕

庭前芳草緑於袍，堂上詩人欲二毛。多病不禁秋寂寞，雨松風竹莫騷騷〔二〕。

【校記】

〔緑於〕向校：「全唐詩注：『一作緑如。』」

【箋注】

〔一〕按卷一同舊韻疑作於咸通三年秋，有云「方愁丹桂遠，已怯二毛侵」，本詩云「堂上詩人欲二毛」，蓋亦咸通初年所作。又按卷六江邊吟疑作於景福元年春，時距咸通初已近三十年，故有云「江上行人雪滿頭」。

〔二〕莫：通暮。騷騷：勁風吹拂聲。

卷第六　今體詩凡十七首

不出院楚公　自三衢至江西作〔一〕

一自禪關閉〔二〕，心猿日漸馴〔三〕。不知城郭路，稀識市朝人〔四〕。履帶階前雪，衣無寺外塵。却嫌山翠好，詩客往來頻。

【箋注】

〔一〕按韋莊於大順二年（八九一）秋辭越泛湘（見卷五和鄭拾遺秋日感事一百韻注〔一〕），景福元年（八九二）冬已在京應舉（參見卷八癸丑年下第贈新先輩）。此詩云「履帶階前雪」，當作於大順二年（八九一）冬。三衢：即衢州，治所在今浙江衢縣。元和郡縣圖志卷二六江南道二衢州：「本舊婺州信安縣也，武德四年平李子通，於信安縣置衢州，以州有三衢山，因以取名。」江西：江南西道，治洪州（今江西南昌市）。

〔二〕禪關：寺門。李白同族侄評事黯遊昌禪師山池二首其一：「遠公愛康樂，爲我開禪關。」

〔三〕心猿：佛教喻攀緣外境、浮躁不安之心有如猿猴。維摩經香積佛品：「以難化之人，心如猿猴，故以若干種法制御其心，乃可調伏。」

〔四〕市朝人：指爭名逐利之人。見卷三北原閑眺注〔三〕。

江邊吟〔一〕

江邊烽燧幾時休〔二〕，江上行人雪滿頭。誰信亂離華不見，只應惆悵水東流。陶潛政事千杯酒〔三〕，張翰生涯一葉舟〔四〕。若有片帆歸去好，可堪重倚仲宣樓〔五〕。

【箋注】

〔一〕據「誰信亂離華不見」及「可堪重倚仲宣樓」兩句，此詩蓋景福元年（八九二）春作於荆州（參見前詩注〔一〕）。按詩云「江邊烽燧幾時休」亦與史事相合，考資治通鑑卷二五七、二五八、二五九，自光啓三年（八八七）至景福元年，秦彦、畢師鐸、孫儒、楊行密等先後在長江下游揚州、蘇州、潤州等地連年交戰，烽煙不斷。至景福元年六月，孫儒兵敗被殺，餘部南逃洪州。「先是，揚州富庶甲天下，時人稱揚一、益二。及秦、畢、孫、楊兵火之餘，江、淮之間，東西千里掃地盡矣。」

〔二〕烽燧：見卷四汴堤行注〔二〕。

〔三〕陶潛：字淵明，一説名淵明，字元亮。潯陽柴桑（今江西九江市西南）人，東晉著名田園詩人。曾爲州祭酒、鎮軍建威參軍，後任彭澤縣令八十餘日而去，作歸去來兮辭，序曰：「彭澤去家百里，公田之利足以爲酒，故便求之。」又曾撰五柳先生傳自述：「性嗜酒，家貧不能常得，親舊知其如此，或置酒而招之。造飲輒盡，期在必醉。」

〔四〕張翰：見卷一《寄從兄遵》注〔二〕。

〔五〕仲宣樓：在江陵府當陽縣（今屬湖北）。見卷二早秋夜作注〔四〕。繆荃孫元和郡縣圖志闕卷逸文卷一江陵府當陽縣：「麥城，在縣東五十里。……王粲於此登樓而賦。」杜甫將赴荆南寄别李劍州：「戎馬相逢更何日，春風回首仲宣樓。」

【集評】

黄叔燦唐詩箋注卷六：此首感時傷亂，兵戈莫定，花事難憑，惆悵空悲，江湖莫返。此時此際，惟有如陶潛之飲酒、張翰之扁舟差堪自遣。結言不如歸去，那堪如王粲之登樓耶！其立春詩云「雪圃乍開紅菜甲，綵幡新剪緑楊絲」、又三堂東湖詩云「蟾報夜魄當湖落，嶽倒秋蓮入浪生」、又秋日早行詩云「半山殘月露華冷，一岸野風蓮蕚香」、又秦婦吟云「帝子夢魂煙水闊，謝公詩思碧雲低」（按此聯非秦婦吟詩句，乃出自江皋贈別，見才調集卷三。此蓋誤解唐詩紀事卷六八「韋莊」條中「著秦婦吟一篇，內一聯云……。又有『帝子夢魂煙水闊，謝公詩思碧雲低』，最爲警策」語所致），皆警句也。

江南送李明府入關〔一〕

雨華煙柳傍江村，流落天涯酒一罇。分首不辭多下淚，迴頭唯恐更消魂。我爲孟館三千客〔二〕，君繼寧王五代孫〔三〕。正是中興磐石重〔四〕，莫將顛顇入都門。

【校記】

〔分首〕原注：「似應作分手。」

【箋注】

〔一〕按莊避世越中時屢發天涯流落之感，如卷五將卜蘭芷村居「避世漂零人境外」、東陽酒家贈別二絶句其二「天涯方嘆異鄉身，又向天涯別故人」、送人歸上國「若見青雲舊相識，爲言流落在天涯」、卷七避地越中「避世移家遠，天涯歲已周」等，本詩云「流落天涯」，蓋龍紀、大順年間婺州所作（參見將卜蘭芷村居注〔一〕）。時昭宗初即位有中興之志，故譽李明府爲「中興磐石重」。莊中和三年春夏間入周寶幕。光啓三年三月，周寶爲鎮海軍將劉浩所逐，奔常州，莊南下入越，客婺，蓋仍居幕職，故云「我爲孟館三千客」。（參見卷五將卜蘭芷村居留別郡中在仕注〔一〕）　李明府：不詳。卷三有新正日商南道中作寄李明府，不知是否指同一人。　明府，見卷二贈雲陽縣裴明府注〔一〕。

〔二〕孟館三千客：史記卷七五孟嘗君列傳載齊公子田文襲父爵封於薛（今山東藤縣南），爲薛公，號孟嘗君，後相齊湣王。好納客養士，有食客三千。

〔三〕寧王：李憲，本名成器。睿宗長子，玄宗異母兄，以玄宗有平韋氏之功，讓儲於玄宗。開元四年（七一六）避昭成皇后諱改名憲，封寧王。謚讓皇帝。

〔四〕「正是」句：漢書卷四文帝紀載宋昌語：「高帝王子弟，地犬牙相制，所謂磐石之宗也，天下服其彊。」

【集評】

胡以梅唐詩貫珠卷一五：起得細膩有琢煉，下皆疏暢之句。須得膩起，便覺骨肉停勻。第二離杯，主賓皆關中人在江南，故有流落之感。孟，孟嘗君；寧王，玄宗兄。結言中興，則宗子維城，於國家有磐石根本之固；莫將憔悴之意入都，慰之之詞。

送福州王先輩南歸〔一〕

豫章城下偶相逢〔二〕，自說方今遇至公〔三〕。八韻賦吟梁苑雪〔四〕，六銖衣惹杏園風〔五〕。名標玉籍仙壇上〔六〕，家寄閩山畫障中。明日一杯何處到，綠楊煙岸雨濛濛。

【箋注】

〔一〕按莊大順二年秋辭越泛湘，景福元年（八九二）初春已至夏口（參見卷七夏口行寄婺州諸弟注〔一〕），後游巫山，還過湘中、袁州、撫州，夏初再至南昌（見卷六南昌晚眺注〔一〕）。本詩蓋作於景福元年夏初。福州：即福州都督府，唐開元十三年（七二五）置，因州西北福山爲名，治所在今福建福州市。王先輩：不詳。先輩，見卷一寄薛先輩注〔一〕。

〔二〕豫章：隋置縣名，唐寶應元年改爲南昌縣，治所在今江西南昌市。元和郡縣圖志卷二八：「南昌縣，漢高帝六年置。隋平陳，改爲豫章縣。寶應元年改爲鍾陵縣，十二月改爲南昌縣。」

〔三〕至公：見卷一劉得仁墓注〔二〕。

〔四〕八韻賦：王銍四六話序：「唐天寶十二載，始詔舉人策問，外試詩賦各一首，於是八韻律賦始盛。」按唐進士科試詩賦，賦用古語一句八字爲韻，如白居易宣州試射中正鵠賦原注：「以『諸侯立戒衆士知訓』爲韻。」北夢瑣言卷四：温庭筠「才思艷麗，工於小賦，每入試，押官韻作賦，凡八叉手而八韻成。」梁苑雪：謝惠連雪賦：「歲將暮，時既昏。寒風積，愁雲繁。梁王不悦，游於兔園。……俄而微霰零，密雪下。」兔園，亦稱梁苑、梁園，故址在今河南開封市東南。

〔五〕六銖衣：見卷一放榜日作注〔七〕。杏園：見卷四代書寄馬注〔四〕。

〔六〕玉籍：神仙名籍，與「仙壇」互文同義。此喻新進士榜。

雪夜泛舟遊南溪〔一〕

大江西面小溪斜，入竹穿松似若耶〔二〕。兩岸巖風吹玉樹，一灘明月曬銀砂。因尋野渡逢漁舍，更泊前灣上酒家。去去不知歸路遠，棹聲煙裏獨嘔啞〔三〕。

【校記】

［月曬］向校：「全唐詩注：『一作月照。』」

【箋注】

〔一〕此詩蓋與同卷不出院楚公爲一時之作，即大順二年（八九一）冬。

〔二〕若耶：即若耶溪，在今浙江紹興縣東南若耶山下。

〔三〕嘔啞：李咸用江行：「瀟湘無事後，征棹復嘔啞。」

【集評】

郝天挺注、廖文炳解唐詩鼓吹注解卷一〇：（廖文炳解）首言大江西去，至於南溪，入竹穿松，有似乎若耶之景也。乃當雪時，風吹兩岸之樹，與玉爭瑩；月照一灘之沙，偕銀比白；因尋野渡而逢漁舍，更泊前灣而上酒家；此皆泛舟之事也。至於去而忘遠，棹聲嘔啞乃在雲煙之內，不更見其夷猶自得哉？首聯南溪，次聯雪夜，下皆泛舟也。

金聖嘆選批唐才子詩卷八下：前解，寫南溪雪夜。看他出手摇筆，居然寫出「大江西面」四字，我驟讀之，將謂下文何等風景，却不圖其輕輕一落，便只接得「似若耶」三字。因思文章雖復小道，必有方法可觀。如此一、二，下文若不爲其「似若耶」，即上文便不必寫大江作起；今既下文欲道其「似若耶」，便上文不必寫大江作起，又不好也。詞家好手，只爭襯字、換字，此又襯又換法也。三、四極寫「似若耶」也。後解，寫泛舟夜遊。「尋野渡」、「泊前灣」，便是「去去」也。「不知歸路」，正是泛雪勝情。且從來事無大無細，皆以一「歸」字亂其心曲，此亦不可不戒也。「棹聲嘔啞」之爲言，猶「去去」也。

朱三錫東喦草堂評訂唐詩鼓吹卷一〇：前四句寫南溪雪夜，後四句寫泛舟夜遊。看他起手開筆曰「大江西面」，我驟讀之，不知下文是何等風景，何等接落，却便輕輕一落，接出「似若耶」三字，直將大江西面無數風景俱收拾「似若耶」三字中，妙！妙！三、四皆寫「似若耶」也。隨手接一「因」字，寫到泛舟夜遊，何等便捷！「因尋野渡」、「更泊前灣」，便是「去去」也。「不知歸路」，正是泛雪勝情，去而忘遠之意。

錢謙益、何焯唐詩鼓吹評注卷一〇：第二寬得妙。本是勝境，況又雪夜也。三、四頓覺凄神寒骨。斫鱠沽酒，便可寂賞忘歸。「游」字意足，叙致步步入妙。「煙」字再帶寫溪光矣。

胡以梅唐詩貫珠卷五二：清景如畫，勻膩可喜。三、四更佳，五、六亦有清興。

紀昀墨評唐詩鼓吹卷一〇：此種有何取意，何必敷衍爲詩？

江行西望〔一〕

西望長安白日遥〔二〕，半年無事駐蘭橈。欲將張翰秋江雨〔三〕，畫作屏風寄鮑昭〔四〕。

【校記】

〔秋江〕向校：「全唐詩注：『一作松江。』」

【箋注】

〔一〕按莊大順二年（八九一）秋辭越泛湘，景福元年（八九二）秋自洪州入京應舉。此詩作於秋季，又云「半年無事駐蘭橈」，當非此次泛湘所作。按莊乾寧元年（八九四）春及第後返婺携家入京（見卷九與東吴生相遇注〔一〕），二年春尚在越，三年春在鄜州（見卷五江上逢故人注〔一〕）。本詩疑作於乾寧二年秋攜家入京途中。

〔二〕「西望」句：見卷三東遊遠歸注〔五〕。

〔三〕張翰：見卷一寄從兄遵注〔二〕。

〔四〕鮑昭：即鮑照，南朝宋東海（治所在今山東蒼山縣南）人。詩賦兼長，文辭贍逸遒麗，鍾嶸詩品卷中稱其「善制形狀寫物之詞」。南部新書卷九：「鮑照，字明遠。至唐武后諱減爲昭，後來皆曰鮑昭。」

【集評】

楊慎升菴詩話卷八：用事新奇可愛。鮑照，唐人避武后諱，改曰昭。

銅儀

銅儀一夜變葭灰〔一〕，暖律還吹嶺上梅〔二〕。已喜漢官今再睹〔三〕，更驚堯曆又重開〔四〕。窗中遠岫青如黛，門外長江緑似苔。誰念閉關張仲蔚，滿庭春雨長蒿萊〔五〕。

【箋注】

〔一〕按舊唐書卷二〇上昭宗紀載昭宗於文德元年三月即位，「龍紀元年春正月癸巳朔，上御武德殿受朝賀，宣制大赦，改元。中外文武臣僚進秩頒爵有差。……大順元年春正月戊子朔，御武德殿受朝賀。宰臣百僚上徽號曰聖文睿德光武弘孝皇帝，禮畢，大赦，改元大順。」本詩云「已喜漢官今再睹，更驚堯曆又重開」，蓋作於大順元年（八九〇）春。　銅儀：銅製渾天儀。後漢書卷五九張衡列傳：「安帝雅聞衡善術學，公車徵拜郎中，再遷爲太史令。遂乃研覈陰陽，妙盡璇機之正，作渾天儀。」注引漢名臣奏曰：「蔡邕曰：言天體者有三家，一曰周髀，二曰宣夜，三曰渾天。宣夜之學絶，無師法。周髀術數具存，考驗天狀，多所違失，故史官不用。唯渾天者，近得其情，今史官所用候臺銅儀則其法也。」　葭灰：見卷一冬日長安感志寄獻虢州崔郎中二十韻注〔二六〕。

〔二〕暖律：古以十二樂律配十二月爲月律，暖律指春季。　嶺上梅：白孔六帖卷九九「梅」：「大庾嶺上梅，南枝落，北枝開。」詩話總龜卷二〇引倦游録：「大庾嶺上有佛塔廟，往來題詩多矣。有婦人題云：『妾幼年侍父任英州司寇。既代歸，父以大庾本有梅嶺之名而反無梅，遂植三十株於道之右，因題詩於壁。……』」梅嶺，亦名大庾嶺，在今江西、廣東交界處。

〔三〕「已喜」句：後漢書卷一上光武帝紀上：「更始將北都洛陽，以光武行司隸校尉，使前整修宫府。於是置僚屬，作文移，從事司察，一如舊章。時三輔吏士東迎更始，見諸將過，皆冠幘，而服婦人衣諸於繡𧜁，莫不笑之，或有畏而走者。及見司隸僚屬，皆歡喜不自勝。老吏或垂涕曰：『不圖今日復見漢官威儀！』由是識者皆屬心焉。」杜甫狄明府：「太宗社稷一朝正，漢官威儀重昭洗。」

〔四〕堯曆：即堯年，指帝堯盛世。武元衡送馮諫議赴河北宣慰：「漢代衣冠盛，堯年雨露多。」

〔五〕「誰念」兩句：皇甫謐高士傳卷中載東漢高士張仲蔚「與同郡魏景卿俱修道德，隱身不仕，明天官博物，善屬文，好詩賦，常居窮素，所處蓬蒿没人，閉門養性，不治榮名」。

【集評】

胡以梅唐詩貫珠卷四九：今詩言銅儀變葭灰，是冬至一陽初轉，天地之氣旋動，而銅儀應之。……此撫時有感之什也。

含香

含香高步已難陪〔一〕，鶴到清霄勢未迴〔二〕。遇物旋添芳草句〔三〕，逢春寧滯碧雲才〔四〕。微紅幾處華心吐，嫩緑誰家柳眼開。却去金鑾爲近侍〔五〕，便辭鷗鳥不歸來。

【箋注】

〔一〕含香：指尚書省。應劭漢官儀：「尚書郎奏事明光殿，省中皆胡粉塗壁，其邊以丹漆地，故曰丹墀。尚書郎含鷄舌香，伏其下奏事。」通典卷二二職官四：「尚書郎口含鷄舌香，以其奏事答對，欲使氣息芬芳也。」杜甫西閣二首其二：「不道含香賤，其如鑷白休。」

〔二〕鶴到清霄：喻身登要職。

〔三〕芳草句：謝靈運登池上樓：「池塘生春草，園柳變鳴禽。」

〔四〕碧雲才：江淹休上人怨别：「日暮碧雲合，佳人殊未來。」按，鍾嶸詩品卷中：「初淹罷宣城郡，遂宿冶亭，夢一美丈夫，自稱郭璞，謂淹曰：『我有筆在卿處多年矣，可以見還。』淹探懷中，得五色筆以授之。爾後爲詩，不復成語，故世傳『江淹才盡』。」

〔五〕金鑾：唐宫殿名，與翰林院相接，爲召見學士之處。故址在今陝西西安市北。

春　雲〔一〕

春雲春水兩溶溶，倚郭樓臺晚翠濃。山好只因人化石〔二〕，地靈曾有劍爲龍〔三〕。官辭鳳闕頻經歲，家住峨嵋第幾峰。王粲不知多少恨，夕陽吟斷一聲鐘。

【箋注】

〔一〕按「山好」兩句蓋泛言江南，疑作於景福元年（八九二）春游江西時。

〔二〕「山好」句：初學記卷五引劉義慶幽明録曰：「武昌北山上有望夫石，狀若人立。古傳云昔有貞婦，其夫從役，遠赴國難，攜弱子餞送此山，立望夫而化爲立石，因以爲名焉。」

〔三〕「地靈」句：見卷一同舊韻注〔一三〕。

雲散〔一〕

雲散天邊落照和，關關春樹鳥聲多〔二〕。劉伶避世唯沈醉〔三〕，甯戚傷時亦浩歌〔四〕。已恨歲華添皎鏡，更非人事逐頹波。青雲自有鵷鴻待〔五〕，莫説他山好薜蘿〔六〕。

【校記】

〔更非〕向校：「席本、全唐詩俱作更悲。」按，作悲是。

【箋注】

〔一〕此詩疑與前一首作於同時。

〔二〕關關：鳥和鳴聲。詩周南關雎：「關關雎鳩，在河之洲。」

〔三〕「劉伶」句：見卷一對酒注〔四〕。避世，指逃避世事。

〔四〕「甯戚」句：見卷三東遊遠歸注〔二〕。

〔五〕青雲：本指高官顯爵（見卷三東遊遠歸注〔八〕），此借指朝廷。鵷鴻：見卷四寄右省李起居注〔一〕。

〔六〕薜蘿：薜，當爲「薜」之訛。參見卷三贈薜秀才注〔四〕。

袁州作〔一〕

家家生計只琴書〔二〕，一郡清風似魯儒。山色東南連紫府〔三〕，水聲西北屬洪都〔四〕。煙霞盡入新詩卷，郭邑閑開古畫圖。正是江村春酒熟，更聞春鳥勸提壺〔五〕。

【箋注】

〔一〕此詩蓋作於景福元年（八九二）春。袁州：治所在今江西宜春市。元和郡縣圖志卷二八江南道四袁州：「隋開皇十一年置袁州，因袁山爲名。大業三年罷袁州爲宜春郡。武德五年討平蕭銑，復置袁州。」

〔二〕琴書：陶潛歸去來兮辭：「悦親戚之情話，樂琴書以消憂。」

〔三〕紫府：疑指撫州紫府觀，在袁州東南。陸游老學庵筆記卷九：「撫州紫府觀真武殿像設有六丁六甲神。而六丁皆爲女子像。黄次山書殿榜曰『感通之殿』。感通乃醴泉觀舊名。至和二年十二月賜名。而像設亦醴泉舊制也。」

〔四〕洪都：即洪州，治所在今江西南昌市。元和郡縣圖志卷二八江南道四洪州：「隋開皇九年平陳，置洪州，因洪崖井爲名。武德元年改爲總管府，七年改爲都督府。」

〔五〕提壺：鳥名。李頻送陸肱歸吴興：「勸酒提壺鳥，乘舟震澤人。」

【集評】

胡以梅唐詩貫珠卷四一：通首清麗，五、六尤精。比户琴書，所以似魯儒之風雅也；山川秀發才有此風氣，故承之以山水。紫府，色真而地假；洪都，色假而地真。交錯借對，甚活。下半言遊者，煙霞可添吟興，出入如展畫圖，而江村酒熟，有幽鳥鳴春，更可醉遊耳。

題袁州謝秀才所居〔一〕

主人年少已能詩，更有松軒掛夕暉〔二〕。芳草似袍連徑合，白雲如鳥傍簷飛。但將竹葉消春恨〔三〕，莫遣楊華上客衣。若有前山好煙雨，與君吟到暝鐘歸。

【箋注】

〔一〕此詩與前一首蓋同時所作。

〔二〕松軒：蕭子良游後園：「蘿徑轉連綿，松軒方杳藹。」

〔三〕竹葉：酒名。本草綱目卷二五：「竹葉酒，治諸風熱病，清心暢意。淡竹葉煎汁，如常釀酒飲。」

【集評】

胡以梅唐詩貫珠卷三七：「掛夕暉」，蓋軒外有松，松梢掛夕陽，一「掛」字將通句成秀。秀才係青袍，故徑外草色像之，從「主人年少」來。句有情，餘皆清韻。

謁巫山廟〔一〕

亂猿啼處訪高唐〔二〕，路入煙霞草木香。山色未能忘宋玉，水聲猶似哭襄王〔三〕。朝朝暮暮陽臺下，爲雲爲雨楚國亡〔四〕。惆悵廟前無限柳，春來空鬭畫眉長。

【校記】

〔暮暮〕文苑英華作夜夜。〔楚國亡〕文苑英華作楚國忙。〔無限〕原注：「一作多少。」按，才調集、文苑英華作多少。

【箋注】

〔一〕此詩蓋作於景福元年（八九二）春。巫山廟：即巫山神女廟，亦稱高唐神女廟，在今四川巫山縣東巫山上。

方輿勝覽卷五七「夔州」：「高唐神女廟，在巫山縣西北二百五十步，有陽臺。」按，此詩又見全唐詩本、四庫全書本薛濤詩。張篷舟箋薛濤詩箋薛濤詩附録真僞詩考（人民文學出版社一九八三年），謂「莊詩格律極嚴，此首頸聯用流水對，在莊詩中絶無其例。」因而斷定此詩屬薛濤。此説不足爲據，此詩仍當屬韋莊。其一，從版本角度看，現存薛濤集祖本即明萬曆己酉本，其薛濤詩（掃葉山房重刊）未録此詩，而今存浣花集各版本均收有此詩，且才調集、唐詩鼓吹録此詩均署韋莊。其二，七律中間兩聯須對仗，韋莊詩大都嚴守格律，但亦偶有不對仗者，如卷四雜感頷聯「莫愛廣陵臺榭好，也曾蕪没作荒城」、卷五江上逢故人頷聯「今日逢君越溪上，杜鵑華發鷓鴣啼」等即與本詩頸聯相類。

〔二〕「亂猿」句：水經注卷三四「江水」：「自三峽七百里中，兩岸連山，略無闕處。重岩叠嶂，隱天蔽日，自非停午夜分，不見曦月。……每至晴初霜旦，林寒澗肅，常有高猿長嘯，屬引凄異，空谷傳響，哀轉久絶。故漁者歌曰：『巴東三峽巫峽長，猿鳴三聲淚沾裳。』」文選卷一九宋玉高唐賦序：「昔者楚襄王與宋玉遊於雲夢之臺，望高唐之觀。其上獨有雲氣，崒兮直上，忽兮改容，須臾之間，變化無窮。」

〔三〕「山色」兩句：高唐賦李善題注：「漢書注曰雲夢中高唐之臺。此賦蓋假設其事風諫淫惑也。」按戰國策楚四：「莊辛謂楚襄王曰：『君王左州侯，右夏侯，輦從鄢陵君與壽陵君，專淫逸侈靡，不顧國政，郢都必危矣。』襄王曰：『先生老悖乎！將以爲楚國祅祥乎！』莊辛曰：『臣誠見其必然者也，非敢以爲國祅祥也。君王卒幸四子者不衰，楚國必亡矣。臣請闢於趙，淹留以觀之。』莊辛去之趙，留五月，秦果舉鄢郢巫上蔡陳之地，襄王流揜於城陽。」史記卷四〇楚世家索隱述贊曰：「昭困奔亡，懷迫囚虜。頃襄、考烈，祚衰南土。」

〔四〕「朝朝」兩句：高唐賦序載巫山神女辭別楚襄王曰：「妾在巫山之陽，高丘之阻。旦爲朝雲，暮爲行雨，朝朝暮暮，陽臺之下。」

【集評】

郝天挺注、廖文炳解唐詩鼓吹注解卷一〇：（廖文炳解）首言未至廟時，從猿啼之處望高唐而往，路入於煙霞之內而草木皆香也。自其路中之景言之，崔嵬山色未能忘宋玉之情多，嗚咽水聲猶似哭襄王之夢斷，至今清泉翠岫亦轉寂寂無憀矣。若當時神女朝暮在陽臺之下，爲雲爲雨，而楚國已亡，蓋見廟則朝暮猶在，雲雨爲一時之事，楚國不能久存，若似乎艷冶之足以亡國而楚襄之爲荒唐悠謬，亦甚無補於國也。至於神女既去，廟前之柳春日爭妍，空似與畫眉鬥長者，芳容掩鏡，香骨成灰，銅雀馬嵬，千古一慨，其爲惆悵又孰有甚於此者哉！

朱三錫東喦草堂評訂唐詩鼓吹卷一〇：巫山神女廟，昔所傳聞，並未目睹。今日斗然親至其地，恨不疾飛立到，當其未到廟前早已遥遥在望矣。一曰望高唐，先從未到以前發筆，此第一層意也。一曰路入煙霞，又從將到廟前接筆，此第二層意也。三寫山色，四寫水聲，又將廟前之景再寫一番，此第三層意也。「未能忘宋玉」、「猶似哭襄王」，却從山色水聲中寫出，結撰靈幻。五、六是謁廟後因其所見述其所聞，言昔日已屬荒唐，今日總歸無有。七、八仍從廟前楊柳指點感慨，絶妙之文。

紀昀墨評唐詩鼓吹卷一〇：何其鄙也！

吳汝綸桐城先生評點唐詩鼓吹卷一五：此痛唐室無賢臣而亡也。柳眉喻國亡而謟佞餘風尚在。

鷓鴣〔一〕

南禽無侶似相依〔二〕，錦翅雙雙傍馬飛。孤竹廟前啼春雨〔三〕，汨羅祠畔弔殘暉〔四〕。秦人只解歌爲曲〔五〕，越女空能畫作衣〔六〕。懊惱澤家非有恨〔七〕，年年長憶鳳城歸〔八〕。

【校記】

〔祠畔〕向校：「全唐詩注：『一作江畔。』」　〔非有〕向校：「全唐詩注：『一作知有。』」　〔城〕原注：「一作皇。」

【箋注】

〔一〕據「孤竹廟」聯，此詩蓋作於景福元年（八九二）春游湘中時。按本詩乃自感身世，非如〔集評〕中唐詩貫珠、才調集補注所謂傷天子流離。

〔二〕南禽：指鷓鴣。太平御覽卷九二四引異物志曰：「鷓鴣，其形似雌雞。其志懷南，不思北。其名呼飛，但南不北。」又引南越志云：「鷓鴣，雖東西回翔，然開翅之始必先南翥。」李白山鷓鴣詞：「山雞翟雉來相勸，南禽多被北禽欺。」

〔三〕孤竹廟：指黃陵廟，故址在今湖南湘陰縣北。水經注卷三八「湘水」：「湘水又北逕黃陵亭西，右合黃陵水口。其水上承大湖，湖水西流，逕二妃南，世謂之黃陵廟也，言大舜之陟方也，二妃從征，溺於湘江。」韓愈黃陵廟碑：「湘旁有廟曰黃陵，自前古以祠堯之二女、舜二妃者。」任昉述異記卷上：「湘水去岸三十里許有相思宮、望帝臺，昔舜南巡而葬於蒼梧之野，堯之二女娥皇、女英追之不及，相與慟哭，淚下沾竹，竹上爲之斑斑然。」

〔四〕汨羅祠：亦稱屈原廟、三閭大夫廟，故址在今湖南汨羅市汨羅江北岸玉笥山上。水經注卷三八「湘水」：「汨水又西爲屈潭，即汨羅淵也。屈原懷沙自沉於此，故淵潭以屈爲名。……淵北有屈原廟，廟前有碑。」

〔五〕「秦人」句：樂府詩集卷八〇近代曲辭二録有山鷓鴣，亦作鷓鴣詞，解題引歷代歌辭曰：「山鷓鴣，羽調曲也。」

〔六〕「越女」句：温庭筠菩薩蠻（小山重疊金明滅）：「新帖繡羅襦，雙雙金鷓鴣。」

〔七〕懊惱澤家：原注：「鷓鴣之音也。」殷元勛注、宋邦綏補才調集補注卷三：「唐史：韓建發兵圍十六宅，諸王被髮升屋呼曰：『宅家救兒。』建盡殺之。時昭宗爲建逼，幸華州。按天子以天下爲宅，四海爲家，故曰宅家。澤與宅同音，如樂府思、絲，悲、碑通用。」檢舊唐書卷二〇上昭宗紀：乾寧四年八月，韓建發兵圍十六宅，「諸王懼，披髮沿垣而呼曰：『官家救兒命！』」資治通鑒卷二六一「乾寧四年八月」條載此事云「諸王被髮，或緣垣，或升屋，呼曰：『宅家救兒！』」注：「唐末宮中率稱天子曰宅家。」按本詩「澤家」非雙關「宅家」。趙與虤娛書堂詩話卷上：「鷓鴣，其聲格磔可聽，世俗想像其音，或云『懊惱澤家』，或云『行不得哥哥』。」蓋方言不同，而歌詠亦各用之。

〔八〕鳳城：指京城。舊題劉向列仙傳卷上：「蕭史者，秦穆公時人，善吹簫，能致孔雀白鶴於庭。穆公有女字弄玉，好之。公遂以女妻焉。日教弄玉作鳳鳴，居數年，吹似鳳聲，鳳凰來止其屋。公爲作鳳臺。夫婦止其上，不下數年，一旦皆偕隨鳳凰飛去。」

【集評】

金聖嘆選批唐才子詩卷八下：（評前四句）此爲寫鷓鴣，爲寫自己。爲寫鷓鴣無依故來傍馬，爲寫自己無依故欲鷓鴣來傍。三、四，「暮雨」、「殘暉」，已極幽怨，又着「孤竹廟」、「汨羅祠」，便一解純是鬼詩，不可不辨也。（評後四句）五、六，言秦人、越女不解我心；七、八，我於世更有何恨？只無故國得歸耳！臨了襯一「鳳」字，頗爲鷓鴣增色。

胡以梅唐詩貫珠卷五三：此因鷓鴣而觸撥流離心事，語多雙夾，所謂興而兼比也。言南禽寂寞無侶，似來相依，雙飛馬前，啼孤竹之淚，弔汨羅之祠。二處皆尚忠貞之迹，而暮雨殘暉，如國步之晚季耳。秦人歌其曲，越女畫作衣，終無濟於無侶也。内意秦指朱温、李茂貞輩，歡歌樂禍。越指錢鏐，無弔伐討賊之志，如繪畫之衣，不可着也，所以禽言懊惱澤家，豈非有恨而苦耶？　蓋爲年年憶鳳城而欲歸耳。澤與宅、賊同音，如樂府思絲、悲碑通用。今不言宅、賊而用澤，更覺藴藉。韋蓋杜陵人，因朱温亂終於蜀，故年年憶歸長安，其情可傷矣。

殷元勛注、宋邦綏補才調集補注卷三：韋相蓋因鳥音感觸而傷天子之流離孤獨，正與首句無侶照應。中間啼夜雨、弔殘暉，俱衰晚之景。歌爲曲、畫作衣，以比藩鎮之歡歌樂禍而無匡復之實功耳。昭宗在華州登齊樓，西北顧望京師，作菩薩蠻三章以思歸，其卒章曰：「野煙生碧樹，陌上行人去。安得有英雄，迎歸大内中。」酒酣與從臣悲歌泣下。與詩落句正符。

宿蓬船〔一〕

夜來江雨宿蓬船，卧聽淋鈴不忍眠〔二〕。却憶紫微情調逸〔三〕，阻風中酒過年年〔四〕。

【校記】

〔淋鈴〕萬首唐人絶句作淋泠。　〔情調〕萬首唐人絶句作清調。

【箋注】

〔一〕詩云「却憶紫微情調逸」，知作於曾任職中書省之後（見注〔二〕）。據韋藹浣花集序及敦煌寫本秦婦吟署「右補闕韋莊」、北夢瑣言卷六「陸龜蒙追贈」條，知莊光化三年（九〇〇）夏在右補闕任上，次年春聘爲西蜀掌書記，此後終身仕蜀」；又詩中「卧聽淋鈴」所用典事亦關合蜀地（見注〔二〕）。由此推斷，本詩蓋作於仕蜀初，韋藹編成浣花集之前，即天復年間（九〇一—九〇三）。

〔二〕「卧聽」句：暗用唐玄宗幸蜀，雨中聞鈴事。明皇雜録補遺云：「明皇既幸蜀，西南行，初入斜谷，屬霖雨涉旬，於棧道雨中聞鈴，音與山相應。上既悼念貴妃，采其聲爲雨霖鈴曲。」

〔三〕「却憶」句：紫微，唐開元元年改中書省爲紫微省。又，中書省所在大明宫，高宗龍朔年間一度改名爲蓬萊宫，故云「情調逸」。

〔四〕中酒：酒酣。

送李秀才歸荆溪〔一〕

八月中秋月正圓，送君吟上木蘭船。人言格調勝玄度〔二〕，我愛篇章敵浪仙〔三〕。晚渡去時衝細雨，夜灘何處宿寒煙。楚王宫去陽臺近〔四〕，莫倚風流滯少年。

【箋注】

〔一〕據末聯意，李秀才歸荆溪當過巫山，則本詩蓋作於蜀中。考莊首次入蜀在乾寧四年（八九七）四月隨李洵宣諭兩川，秋即還京（參見卷十過樊川舊居注〔一〕）。光化三年（九〇一）春再入蜀，聘爲西蜀掌書記，此後終身仕蜀。本詩云「八月中秋」，蓋與前詩同作於天復年間。荆溪：在今江蘇宜興縣南，唐屬義興縣。元和郡縣圖志卷二五江南道一浙西觀察使「常州」：「義興縣，本漢陽羡縣，故城在荆溪南。」

〔二〕玄度：東晉許詢，字玄度，高陽（今山東高密縣）人。世説新語言語：「劉尹云：『清風朗月，輒思玄度。』」劉孝標注引晉中興士人書曰：「許詢能清言，於時士人皆欽慕仰愛之。」

〔三〕浪仙：賈島，字浪仙，范陽人。晚唐詩人，以苦吟名世，詩風清冷幽僻。

〔四〕「楚王宮」句：讀史方輿紀要卷六九四川夔州府「巫山縣」：「陽臺山，在縣治北，高百丈。志云：上有雲陽臺遺址。又縣東北四里有女觀山。志云：女觀山西畔小山頂有楚故宮遺址，俗名細腰宮。」

【集評】

胡以梅唐詩貫珠卷一五：晉劉真長曰：「清風明月，每思玄度。」許詢也。浪仙，賈島，作詩矯俗，僻澀而奇峭，唐末皆推尊之，如李洞鑄像稱爲賈島佛。五、六幽秀，結以過陽臺戲之，亦風流。巫山有楚王細腰宮、陽臺。今按此詩無三峽險句，非此也。漢陽府漢川有陽臺山，或者近似之。

洪州送西明寺省上人遊福建〔一〕

記得初騎竹馬年〔二〕，送師來往御溝邊。荆榛已失當時路，槐柳全無舊日煙。遠自稽山遊楚澤〔三〕，又從廬岳去閩川〔四〕。新春闕下應相見，紅杏華中覓酒仙。

【校記】

〔稽〕緑君亭本作嵇。

【箋注】

〔一〕按補遺洪州送僧遊福建云「八月風波似鼓鼙，可堪波上各東西」、「殷勤早作歸來計」，與本詩意同，當爲一時之作。又據本詩「新春闕下應相見」句，知莊明年春將在京城。按莊避難江南後於景福元年（八九二）首次入京應舉（參見卷八投寄舊知、癸丑年下第贈新先輩注〔一〕），則此二詩蓋作於是年八月，時省上人東遊福建，莊西入京城應舉，故曰「各東西」。　洪州：治所在今江西南昌市。　西明寺：唐京城名寺，故址在今陝西西安市西南。唐會要卷四八：「西明寺，延康坊。本隋越國公楊素宅。武德初，萬春公主居住。貞觀中，賜濮王泰，泰死，乃立爲寺。」舊唐書卷一八上武宗紀載會昌五年七月敕并天下佛寺，「上都、下都每街留寺兩所，……（上都）右街留西明、莊嚴。」　福建：即福建觀察使，治福州（今福建福州市）。

〔二〕初騎竹馬年：約七歲時。後漢書卷三一郭伋傳：「（伋）始至行部，到西河美稷，有童兒數百，各騎竹馬，道次迎拜。伋問：『兒曹何自遠來？』。對曰：『聞使君到，喜，故來奉迎。』伋辭謝之。及事訖，諸兒復送至郭外，問『使君何日當還』。」竹馬，兒童游戲時當馬騎的竹竿。類說卷二三引李石續博物志：「王元長曰：小兒五歲曰鳩車之戲，七歲曰竹馬之戲。」鄭谷雲臺編自序：「谷勤苦於風雅者，自騎竹之年則有賦咏。」卷末偶題三首其二：「七歲侍行湖外去，岳陽樓上敢題詩。」

〔三〕稽山：即會稽山，在今浙江中部。李白送人尋越中山水：「聞道稽山去，偏宜謝客才。」　楚澤：今洞庭湖及其周圍湖泊，古屬楚國。司馬相如子虛賦：子虛出使齊國，對齊王說：「臣聞楚有七澤，嘗見其一，未睹其餘也。臣之所見蓋特其小小者耳，名曰雲夢。」

〔四〕廬岳：廬山，今江西九江市南。　閩川：指福州。元和郡縣圖志卷二九江南道五福建觀察使「福州」：「本閩越，秦併天下，以閩中下郡，作三十六郡之數，今州即閩中郡之地也。」

卷第七　今體詩凡二十六首

建昌渡暝吟〔一〕

日照臨官渡〔二〕，鄉情獨浩然。鳥棲彭蠡樹〔三〕，月上建昌船。市散漁翁醉，樓深賈客眠。隔江何處笛，吹斷緑楊煙〔四〕。

【箋注】

〔一〕按同卷泛鄱陽湖疑作於景福元年（八九二）秋，本詩約爲一時之作。建昌渡：讀史方輿紀要卷八六江西建昌府：「盱江，在府城東，一名建昌江。」建昌江，即今江西北部修水下游。

〔二〕官渡：官置渡口。杜甫自京赴奉先縣詠懷五百字：「北猿就涇渭，官渡又改轍。」

〔三〕彭蠡：湖名，即鄱陽湖，在今江西波陽縣。讀史方輿紀要卷八五江西三饒州府「鄱陽縣」：「鄱陽湖，在府西四十里，即禹貢彭蠡也，隋始曰鄱陽，以鄱陽山所見而名。」

〔四〕「隔江」兩句：笛曲有折楊柳，樂府詩集卷二二折楊柳題解引唐書樂志：「梁樂府有胡吹歌云：『上馬不捉鞭，反拗楊柳枝。下馬吹横笛，愁殺行客兒。』此歌辭元出北國，即鼓角横吹曲折楊柳枝是也。」又引宋書五行志曰：「晉太康末，京洛爲折楊柳之歌，其曲有兵革苦辛之辭。」

【集評】

黄生唐詩摘鈔卷一：起聯總冒，三、四與馬戴「猿啼洞庭樹，人在木蘭舟」本同一句法，但覺遜其神韻，要是地名欠佳耳。通首寫景，單襯第二句一「獨」字，便是一詩血脉。蓋思鄉之情若無人知，今夜獨宿於此，則見夕照自臨也，鳥自棲也，月自上也，漁翁自醉也，賈客自眠也，隔江自吹笛也。多少寂寞無聊之景惟我一人獨受之，此際鄉情寧不轉深也哉！

歲除對王秀才作〔一〕

我惜今宵促，君愁玉漏頻。豈知新歲酒，猶作異鄉身。雪向寅前凍，華從子後春〔二〕。到明追此會，俱是隔年人。

【箋注】

〔一〕詩云「猶作異鄉身」，疑作於大順二年（八九一）歲除游江西時。歲除：即除夕。舊俗於此日擊鼓驅疫，謂之逐儺、逐除。岑參玉關寄長安李主簿：「玉關西望堪腸斷，况復明朝是歲除。」

〔二〕「雪向」兩句：狀冬、春之交時節令。寅前、子後，互文同義，指除夕子夜前後。

酒渴愛江清〔一〕

酒渴何方療，江波一掬清。瀉甌如練色〔二〕，漱齒作泉聲〔三〕。味帶他山雪，光含白露精。

只應千古後，長稱伯倫情〔四〕。

【箋注】

〔一〕詩題取自杜甫軍中醉飲寄沈八劉叟：「酒渴愛江清，餘甘漱晚汀。」

〔二〕「瀉甌」句：謝朓晚登三山還望京邑：「餘霞散成綺，澄江靜如練。」

〔三〕「漱齒」句：晉書卷五六孫楚傳：「楚少時欲隱居，謂（王）濟曰：『當欲枕石漱流。』誤云『漱石枕流』。濟曰：『流非可枕，石非可漱。』楚曰：『所以枕流，欲洗其耳；所以漱石，欲厲其齒。』」

〔四〕伯倫：劉伶。見卷一對酒注〔四〕。

和李秀才郊野早春吟興十韻〔一〕

暖律變寒光，東君景漸長〔二〕。我悲遊海嶠〔三〕，君説住柴桑〔四〕。雪色隨高嶽，冰聲陷古塘。草根微吐翠，梅朵半含霜。酒市多逋客〔五〕，漁家足夜航。匡廬雲傍屋〔六〕，彭蠡浪衝牀。緑擺楊枝嫩，紅挑菜甲香。鳳凰城已盡，鸜鵒賦應狂〔七〕。佇見龍辭沼〔八〕，寧憂雁失行〔九〕。不應雙劍氣，長在斗牛傍〔一〇〕。

【箋注】

〔一〕詩云「我悲遊海嶠」、「匡廬雲傍屋，彭蠡浪衝床」，當作於景福元年（八九二）早春游江西時。

〔二〕東君：司春之神。指春季。　景：日光。

〔三〕海嶠：海濱多山地帶，此指江浙地帶。李白翰林讀書言懷呈集賢諸學士：「嚴光桐廬溪，謝客臨海嶠。」

〔四〕柴桑：漢置縣名，唐屬江州潯陽縣（治所在今江西九江縣）。元和郡縣圖志卷二八江南道四江州「潯陽縣」：「柴桑故城在縣西南二十里。」

〔五〕逋客：見卷四《對雨獨酌》注〔二〕。

〔六〕匡廬：即廬山，在潯陽縣東三十里。慧遠廬山記：「山在江州潯陽南，……左挾彭蠡，右傍通州。……有匡續（一作匡俗）先生者，出自殷周之際，遁世隱時，潛居其下，或云續受道於仙人，而適游其巖，遂託室巖岫，即巖成館，故時人感（一作謂）其所止爲神仙之廬而名焉。」

〔七〕鸚鵡賦：漢末名士禰衡作，序云：「時黄祖太子射，賓客大會，有獻鸚鵡者，舉酒於衡前曰：『禰處士，今日無以娱賓。竊以爲此鳥自遠而至，明慧聰善，羽族之可貴。願先生爲之賦，使四坐咸共榮觀，不亦可乎？』衡因爲賦，筆不停綴，文不加點。」後漢書卷八〇下文苑列傳：「禰衡，字正平，平原般人也。少有才辨，而尚氣剛傲，好矯時慢物。」

〔八〕龍辭沼：喻聖君執政。周易乾：「飛龍在天，利見大人。」疏：「此自然之象，猶若聖人有龍德，飛騰而居天位，德備天下，爲萬物所瞻睹，故天下利見此居王位之大人。」

〔九〕雁失行：喻官失其位。參見卷四寄右省李起居注〔二〕。

〔一〇〕「不應」兩句：藝文類聚卷六〇引雷次宗豫章記：「吴未亡，恒有紫氣見牛斗之間。張華聞雷孔章妙達緯象，乃要宿，問天文。孔章曰：『惟牛斗之間有異氣，是寶物也。精在豫章豐城。』張華遂以孔章爲豐城令。至縣，掘深二丈，得玉匣，長八尺，開之得二劍。其夕，斗牛氣不復見。孔章乃留其一匣而進之。劍至，光曜煒曄，焕若電發。後張華遇害，此劍飛入襄城水中。孔章臨亡，戒其子恒以劍自隨。後其子爲建安從事，經淺瀨，劍忽於腰間躍出。遂視，見二龍相隨焉。」

泛鄱陽湖〔一〕

四顧無邊鳥不飛，大波驚隔楚山微。紛紛雨外靈均過〔二〕，瑟瑟雲中帝子歸〔三〕。迸鯉似梭投遠浪，小舟如葉傍斜暉。鴟夷去後何人到〔四〕，愛者雖多見者稀。

【箋注】

〔一〕按補遺洪州送僧遊福建作於景福元年（八九二）秋八月（參見卷六洪州送西明寺省上人遊福建注〔一〕），有云「八月風波似鼓鼙」，本詩云「大波驚隔楚山微」，蓋同指鄱陽湖，疑爲一時之作。

〔二〕靈均：指屈原，其離騷云：「皇覽揆余初度兮，肇錫余以嘉名。名余曰正則兮，字余曰靈均。」

〔三〕帝子：楚辭九歌湘夫人：「帝子降兮北渚，目眇眇兮愁予。嫋嫋兮秋風，洞庭波兮木葉下。」王逸注：「帝子，謂堯女也。」

〔四〕鴟夷：即鴟夷子皮范蠡，春秋時越國名將。史記卷四一越王勾踐世家載范蠡佐越王勾踐滅吴後，謂勾踐不可共安樂，「乃裝其輕寶珠玉，自與其私徒屬乘舟浮海以行，終不反。……變姓名，自謂鴟夷子皮，耕於海畔。」

黄藤山下聞猿〔一〕

黄藤山下駐歸程，一夜號猿弔旅情。入耳便能生百恨，斷腸何必待三聲〔二〕。穿雲宿處人難見，望月啼時兔正明。好笑五陵年少客，壯心無事也沾纓。

【箋注】

〔一〕按詩中「五陵年少客」若爲自稱，則當早年游江南時所作，蓋與卷三《東遊遠歸》作於同時；若爲反襯己之沾纓，疑作於大順二年（八九一）秋辭越往江西途中。黄藤山：在今江西横峰縣東。

〔二〕三聲：見卷六謁巫山廟注〔二〕。

【集評】

趙臣瑗山滿樓箋注唐詩七言律卷六：一慘，在一「駐」字，是歸程正阻，便不可聞猿；二奇，在一「弔」字，猿自號，於人乎何與？而以旅情觸之則便似爲我而號者。三、四承「弔旅情」。「猿鳴三聲淚沾衣」，巴峽間語也，信手翻案，遂成絶調，令人不堪多讀。五、六重寫號猿，上賓下主。「急」字凑用，無可取法，妙於一結忽然掉開，却指出一輩並不必沾纓之人以反襯己之沾纓爲固然也者，用筆跳脱，又詩家之僅事也。

胡以梅唐詩貫珠卷五四：弔，謂旅情。寂寞，猿以哀聲弔之也。三、四佳。結總言其聲之哀。

章江作〔一〕

杜陵歸客正徘徊，玉笛誰家叫落梅〔二〕。之子棹從天外去，故人書自日邊來〔三〕。楊華漫惹霏霏雨，竹葉閑傾滿滿杯〔四〕。欲問惟揚舊風月，一江紅樹亂猿啼。

【校記】

〔惟揚〕原注：「一作旌陽。」向校：「今按各本俱作維揚。」

【箋注】

〔一〕此詩蓋作於景福元年（八九二）春。　章江：即章水，江西贛江西源，源出今江西大餘縣西聶都山，東北流入贛江。一説發源郴州義章縣（今湖南宜章縣），因名章水。元和郡縣圖志卷二九江南道五郴州「義章縣」：「章水，在縣北六十里。」按同卷南昌晚眺「章水悠悠浪拍天」言贛水，本詩章江蓋亦指贛水。

〔二〕落梅：樂府詩集卷二四漢横吹曲四梅花落題解：「梅花落，本笛中曲也。按唐大角曲亦有大單于、小單于、大梅花、小梅花等曲，今其聲猶有存者。」

〔三〕日邊：指京城長安。見卷三東遊遠歸注〔七〕。

〔四〕竹葉：酒名。見卷六題袁州謝秀才所居注〔三〕。

南遊富陽江中作〔一〕

南去又南去，此行非自期。一帆雲作伴，千里月相隨。浪跡華應笑，衰容鏡每知。鄉園不可問，禾黍正離離〔二〕。

【箋注】

〔一〕此詩蓋龍紀元年（八八九）春自越州遷婺州過富陽時所作。莊蓋因鎮海軍亂而被迫南下，先客越州，再移婺州，故云「南去又南去，此行非自期」。據資治通鑑卷二五六，光啓三年三月，鎮海節度使周寶募親軍千人號後樓兵，稟給倍於鎮海軍。寶溺於聲色，不親政事，爲鎮海軍將劉浩所逐，奔常州，浩迎薛朗爲留後。」 富陽江：即富春江，在今浙江富陽縣。元和郡縣圖志卷二五江南道一杭州「富陽縣」：「本漢富春縣，屬會稽郡。晉孝武帝太元中，避鄭太后諱，改『春』爲『陽』。」

〔二〕「禾黍」句：詩王風黍離：「彼黍離離，彼稷之苗。」離離，分披繁盛貌。

饒州餘干縣琵琶洲有故韓賓客宣城裴尚書修行李侍郎舊居遺址猶存客有過之感舊因以和吟〔一〕

琵琶洲近斗牛星〔二〕，鸞鳳曾於此放情〔三〕。已覺地靈因昴降〔四〕，更聞川媚有珠生〔五〕。一灘紅樹留佳氣，萬古清絃續政聲。戟户盡移天上去〔六〕，里人空説舊簪纓。

【箋注】

〔一〕此詩當作於大順二年（八九一）秋辭越泛湘途經饒州餘干時。 饒州餘干縣：今江西餘干縣。元和郡縣圖志卷二八江南道四饒州：「隋開皇九年平陳，改鄱陽郡爲饒州。……餘干縣，漢餘汗縣，淮南王云『田於餘汗』是也。縣因餘汗之水爲名，隋開皇九年去『水』存『干』，名爲餘干。」 琵琶洲：在餘干縣南。吳曾能改齋漫録卷九地理琵琶洲：「饒州餘干水口有洲，形如琵琶，謂之琵琶洲。洲有亭在岸，謂之琵琶亭，過客留詩非一人也。」 賓客：即太子賓客，爲太子屬官，掌調護侍從規諫。事物紀原卷五賓客：「漢高欲易太子，吕后用留侯計，迎四皓以定太子，故賓客之名始於此。……唐顯慶元年正月，以于志寧等爲太子賓客，遂以名官，定置四人，蓋取法於四皓。」　宣城：縣名，唐宣州治所，今屬安徽省。　尚書：官名，唐有六部尚書。　修行：出家學佛或學道。又，唐京城有修行坊。　侍郎：官名，唐有中書侍郎，掌侍從獻替、制敕册命、敷奏文表、通判省事等。又有六曹侍郎，爲尚書之佐。

〔二〕斗牛星：二十八宿中斗宿和牛宿，分野在江淮一帶。史記卷二七天官書：「斗，江、湖。牽牛，婺女，揚州。」

〔三〕鸞鳳：喻韓賓客、裴尚書、李侍郎。

〔四〕昴（mǎo）降：喻顯貴。昴，星名。初學記卷一「星」引春秋佐助期曰：「漢相蕭何，長七尺八寸，昴星精，生耳參漏，月角大形。」

〔五〕「更聞」句：陸機文賦：「石韞玉而山輝，水懷珠而川媚。」

〔六〕戟户：即戟門，指顯貴之家。周禮天官掌舍：「爲壇壝宫，棘門。」鄭玄注引鄭司農云：「棘門，以戟爲門。」據唐會要卷三二「戟」條，唐設戟之制始於景龍三年（七〇九），「元和六年十二月敕，立戟官階勳悉至三品，然後申請，仍編於格令。」天寶六載四月八日敕：「廟社、宫殿門二十戟，東宫門十八戟，一品門十六戟……下都督、中下州之門十戟。」白居易裴五：「莫怪相逢無笑語，感今思舊戟門前。」賈島上杜駙馬：「玉山突兀壓乾坤，出得朱門入戟門。」

九江逢盧員外〔一〕

前年風月宿琴堂〔二〕，大媚仙山近帝鄉。別後幾霑新雨露，亂來猶記舊篇章。陶潛豈是銅符吏〔三〕，田鳳終爲錦帳郎〔四〕。莫怪相逢倍惆悵，九江煙月似瀟湘。

【箋注】

〔一〕此詩作年難以確考。大媚仙山，不明何指，據「近帝鄉」，蓋在京畿附近。又細揣「前年」句及「別後」聯，或作於中和年間避難之初。九江：隋置郡名，唐爲江州，此用舊稱。治所在今江西九江市。

〔二〕琴堂：指縣署。見卷三潁陽縣注〔二〕。

〔三〕銅符吏：指州縣長官。銅符，「銅虎符」簡稱，漢時爲郡守兵符。史記卷一〇孝文本紀：「初與郡國守相爲銅虎符、竹使符。」索隱引漢舊儀：「銅虎符發兵，長六寸。竹使符出入徵發。」後世借指州縣官符。白居易初除官蒙裴常侍贈鶻銜瑞草緋袍……：「新授銅符未著緋，因君裝束始光輝。」

〔四〕田鳳：初學記卷一一「侍中郎中員外郎」引三輔決録注曰：「田鳳，字季宗，爲尚書郎。容儀端正，入奏事，靈帝目送之，因題柱曰：『堂堂乎張，京兆田郎。』」錦帳郎，即尚書郎。漢制，尚書郎入值臺中，官給錦被錦帳。

南昌晚眺〔一〕

南昌城郭枕江煙，章水悠悠浪拍天〔二〕。芳草緑遮仙尉宅〔三〕，落霞紅襯賈人船。霏霏閣上千山雨〔四〕，嘒嘒雲中萬樹蟬〔五〕。怪得地多章句客，庾家樓在斗牛邊〔六〕。

【校記】

［眺］原注：「一作興。」

【箋注】

〔一〕此詩蓋作於景福元年（八九二）夏。　南昌：縣名，治所在今江西南昌市。元和郡縣圖志卷二八江南道四洪州：「南昌縣，漢高祖六年置。隋平陳，改爲豫章縣。寶應元年六月改爲鍾陵縣，十二月改爲南昌縣。」

〔二〕章水：爲贛水之源，此指贛水。

〔三〕仙尉宅：漢南昌縣尉梅福舊宅，故址在今江西南昌市東北。水經注卷三九贛水：「贛水又北逕南昌左尉廨，西漢成帝時九江梅福爲南昌尉居此，後梅一旦捨妻子去九江，傳云得仙。」太平寰宇記卷一〇六江南西道洪州：「梅福宅在州東北三里，西接開元觀，東西池書堂餘址猶存。」

〔四〕閣：疑指滕王閣。唐顯慶四年（六五九）滕王李元嬰任洪州都督時所建。故址在今江西新建縣西章江門上。

〔五〕嘒（huì）嘒：蟬鳴聲。詩小雅小弁：「菀彼柳斯，鳴蜩嘒嘒。」

〔六〕庾家樓：亦稱庾樓、庾公樓、庾亮樓，唐人傳爲東晉庾亮鎮江州時所建，實則庾亮鎮江州時治武昌。陸游入蜀記卷三：「五日，郡集於庾樓，樓正對廬山之雙劍峰，北臨大江，氣象雄麗。自京口以西，登覽之地多矣，無出庾樓右者。樓不甚高，而覺江山煙雲，皆在几席間，真絶景也。庾亮嘗爲江荆豫州刺史，其實則治武昌，若武昌南樓名庾樓猶有理。今江州治所在晉特柴桑縣之湓口關耳，此樓附會甚至明，然白樂天詩固已云『潯陽欲到思無窮，庾亮樓南湓口東』，則承誤亦久矣。」按所引白氏詩句見其初到江州。

【集評】

郝天挺注、廖文炳解唐詩鼓吹注解卷一〇：（廖文炳解）此言南昌城郭枕於江煙之處，而漳水悠悠，其浪又接天而來也。中四句皆言所見所聞之景，末言地多吟咏之客。樓傍牛斗則又有吟咏之處，總以形人地之勝耳。

朱三錫東喦草堂評訂唐詩鼓吹卷一〇：枕江煙、接章水，南昌城郭之勝也。三、四皆枕江煙、接章水之景，「緑遮仙尉宅」、「紅襯賈人船」，寫得雋永可喜。五是日晚眺雨色，六是日晚眺蟬聲。如此名山大江，人物之盛自不必言。

胡以梅唐詩貫珠卷四一：三、四鮮麗，且以仙尉配賈人，因渲染有色，翻覺靈活，妙！但三用疊字，近薄，不可法。

楊逢春唐詩繹卷二三：八句直從南昌領起，疊寫所眺之景，喜無堆垛之迹，而「芳草」兩句尤渲染有鮮妍之致。

衢州江上別李秀才〔一〕

千山紅樹萬山雲，把酒相看日又曛。一曲離歌兩行淚，更知何地再逢君。

【校記】

〔何地〕向校：「全唐詩注：『一作何處。』」

【箋注】

〔一〕按卷六不出院楚公題下注云「自三衢至江西」，作於大順二年冬，本詩蓋爲是年秋所作。衢州：治所在今浙江衢州市。元和郡縣圖志卷二六江南道二衢州：「本舊婺州信安縣也，武德四年平李子通，於信安縣置衢州，以州有三衢山，因取爲名。」

【集評】趙蕃、韓淲選謝枋得注唐詩絶句卷五：此詩後二句只是眼前説話，形容惜别，未有如此緊切。

唐汝詢唐詩解卷三〇：飲已而歌，歌竟而泣者，以亂世飄蕩，後會難期，不得不然耳。

周珽唐詩選脉會通評林：何新之爲平淡體。謝枋得曰：眼前説話，形容惜别，未有如此緊切。周珽曰：端己江上二詩（按：指本詩及補遺江上别李秀才），别情婉至，黯然魂消。又俱一氣清空，全不着力，妙。敖英曰：唐人别詩多用「淚」字，懇切有情。（轉録自陳伯海主編唐詩彙評）

吳昌祺删訂唐詩解卷二五：一與三太相似。

湘中作〔一〕

千重煙樹萬重波，因便何妨弔汨羅〔二〕。楚地不知秦地亂〔三〕，南人空怪北人多。臣心未肯教遷鼎〔四〕，天道還應欲止戈〔五〕。否去泰來終可待〔六〕，夜寒休唱飯牛歌〔七〕。

【箋注】

〔一〕本詩蓋作於景福元年（八九二）春，參見卷六鷓鴣注〔一〕。湘中：指湘水流域，今湖南省境。

〔二〕弔汨羅：見卷六鷓鴣注〔四〕。

〔三〕楚地：湘中古屬楚國。秦地：指唐京城長安等地，古屬秦國。

〔四〕遷鼎：指更換朝代。左傳桓公二年：「武王克商，遷九鼎於雒邑。」

〔五〕止戈：止息干戈。左傳宣公十二年：「楚子曰：『非爾所知也，夫文，止戈爲武。』」

〔六〕否去泰來：易泰：「彖曰：『泰，小往大來，吉亨』，則是天地交而萬物通也。」易否：「彖曰：『否之匪人，不利，君子貞，大往小來』，則是天地不交而萬物不通也。」易雜卦：「否、泰，反其類也。」

〔七〕「夜寒」句：見卷三東遊遠歸注〔二〕。

桐廬縣作〔一〕

錢塘江盡到桐廬〔二〕，水碧山青畫不如。白羽鳥飛嚴子瀨〔三〕，緑蓑人釣季鷹魚〔四〕。潭心倒影時開合，谷口閑雲自卷舒。此境只應詞客愛，投文空弔木玄虚〔五〕。

【箋注】

〔一〕此詩疑與同卷南遊富陽江中作爲一時之作，即龍紀元年（八八九）春。參見該詩注〔一〕。桐廬縣：治所在今浙江桐廬縣西。元和郡縣圖志卷二五江南道一睦州「桐廬縣」：「本漢富春縣之桐溪鄉，黄武四年分置桐廬縣，以居桐溪地，因名。」

〔二〕錢塘江：即浙江，因流經錢塘縣（治所在今浙江杭州市），故亦稱錢塘江。讀史方輿紀要卷九〇浙江二杭州府：「錢塘江，在城東三里，即浙江也，自嚴州府桐廬縣流入富陽縣界。」

〔三〕嚴子瀨：今浙江桐廬縣西南富春山下錢塘江北岸，傳説爲東漢嚴子陵隱居垂釣處。元和郡縣圖志卷二五江南道一睦州「桐廬縣」：「嚴子陵釣臺，在縣西三十里，浙江北岸。」

〔四〕季鷹魚：指鱸魚。見卷一寄從兄遵注〔二〕。

〔五〕木玄虚：晉木華，字玄虚，廣川（治所在今河北棗强縣東北）人。文選卷一二木玄虚海賦李善注引傅亮文章志曰：「廣川木玄虚爲海賦，文甚儁麗，足繼前良。」按海賦狀海濤雲霧有云「薈蔚雲霧」、「波如連山，乍合乍散」、「驚浪雷奔，駭水迸集。開合解會，瀼瀼濕濕」、「霾曀潛銷，莫振莫竦，輕塵不飛，纖蘿不動」。

【集評】

趙臣瑗山滿樓箋注唐詩七言律卷六：一輕靈發筆，先叙來路；二總挈「山水」以作通篇骨子，下文層層摹寫，皆不越此二字也。「畫不如」云者，正言儼如圖畫也。三、四承之，不但用鳥飛人釣生色，妙在暗插得嚴子陵、張季鷹超然嘉遁一流人物，而津津羡慕之意已在言外。五、六雖是順手再寫山水句，而文勢自是側下，故七急用「此境」二字接住，「只應」一蕩，隱然以詞客自居，乃八又一似轉以其名讓之他人也者，惟讓之也切，而後居之也安耳。……已用「水碧山青」，必故用「緑蓑」「白羽」，已請嚴陵、張翰，必故請木玄虚。此正丹青家點染之妙法，不可不知。

胡以梅唐詩貫珠卷四〇：輿圖云：桐江源出天目山。其山明水秀猶之富春江，所以如畫。而白鳥飛於嚴瀨，緑蓑垂釣鱸魚，句甚清麗。倒影，山也。水有摇動，則影有開合。而谷口之雲自卷舒，另有靜致。睹此山川清逸之境，只應詞客相憐，因念木玄虚作海賦之才，仕不能通顯，今空欲投文弔之，亦傷己之懷才不遇耳。

東陽贈別〔一〕

繡袍公子出旌旗〔二〕，送我揺鞭入翠微。大抵行人難訴酒，就中辭客易霑巾。去時此地題橋去，歸日何年佩印歸〔三〕。無限別情言不得，回看溪柳恨依依。

【箋注】

〔一〕據「送我」句、「去時」兩句，蓋作於大順二年（八九一）秋別東陽泛湘入京應舉之時。

〔二〕繡袍公子：貴公子。新唐書卷二四車服志：「武后擅政，多賜群臣巾子、繡袍，勒以回文之銘。」

〔三〕「去時」兩句：見卷一下第題青龍寺僧房注〔三〕。杜荀鶴遺懷：「題橋每念相如志，佩印當期季子榮。」

寄湖州舍弟〔一〕

半年江上愴離襟，把得新詩喜又吟。多病似逢秦氏藥〔二〕，久貧如得顧家金〔三〕。雲煙但有穿楊志〔四〕，塵土都無作吏心〔五〕。何況別來詞轉麗，不愁明代少知音。

【箋注】

〔一〕按卷六江行西望作於乾寧二年（八九五）秋，有云「半年無事駐蘭橈」，本詩云「半年江上愴離襟」，蓋爲一時之作。

湖州：隋仁壽二年（六〇二）置，治所在今浙江湖州市。

〔二〕秦氏藥：春秋時名醫秦越人，號扁鵲。史記卷一〇五扁鵲列傳：「扁鵲者，勃海郡鄭人也，姓秦氏，名越人。」

〔三〕「久貧」句：藝文類聚卷八三金引録異記：「隗炤者，汝陰鴻壽亭民，善於易。臨終，書板授其妻曰：『吾亡後，當大荒窮。雖爾，而慎莫賣宅也。到後五年春，當有詔使來頓此亭，姓龔，此人負吾金。卿以此板往責之，勿違言也。』亡後果大困，欲賣宅者數矣，憶夫言輒止。到期日，有龔使者果上亭中。妻遂齎板往責使者。使者執板不知所言，曰：『我平生不踐此，何緣爾耶？』使者沉吟良久，謂曰：『賢夫何能？』妻曰：『夫善易，而未嘗爲人卜。』使者曰：『可知矣。』乃顧命侍者取蓍而筮之。卦成，抵掌嘆曰：『妙哉隗炤生，含明隱迹而莫之聞，可謂鏡窮達而洞吉凶者也。』於是告炤妻曰：『吾不相負金，賢夫自有金。乃知亡後當蹔窮，故藏金以待泰平。所以不告兒婦者，恐金盡而困無已也。吾善易，故書板以寄意耶。金有五百斤，盛以青瓻，覆以銅柈，埋在堂屋頭，去壁一丈，入地九尺。』妻還掘之，皆如卜焉。」

〔四〕穿楊志：史記卷四周本紀：「楚有養由基者，善射者也。去柳葉百步而射之，百發而百中之。」王充論衡儒增：「儒書稱楚養由基善射，射一楊葉，百發能百中之。」後以穿楊喻及第。白居易喜敏中及第偶示所懷：「桂折一枝先許我，楊穿三葉盡驚人。」自注：「始予進士及第，行簡次之，敏中又次之。」貫休送盧秀才應舉：「明年公道日，去去必穿楊。」按唐制舉有穿葉附枝科，李邕羽林大將軍臧公墓志銘載臧懷明「弱冠應穿葉附枝舉，擢第授長上，再遷果毅都尉」。

〔五〕作吏心：爲官之志。嵇康與山巨源絶交書：「遊山澤，觀魚鳥，心甚樂之。一行作吏，此事便廢，安能捨其所樂而從其所懼哉？」

信州西三十里山名仙人城下有月巖山其狀秀拔中有山門如滿月之狀余因行役過其下聊賦是詩〔一〕

驅車過閩越〔二〕，路出饒陽西〔三〕。仙山翠如畫，簇簇生虹蜺。羣峯若侍從，衆阜如嬰提。巖巒互呑吐，嶺岫相追攜。中有月輪滿，皎潔如圓珪。玉皇恣遊覽〔四〕，到此神應迷。常娥曳霞帔〔五〕，引我同攀躋。騰騰上天半，玉鏡懸飛梯。瑶池何悄悄〔六〕，鸞鶴煙中棲。回頭望塵世，露下寒淒淒。

【箋注】

〔一〕此詩蓋作於大順二年（八九一）秋辭越泛湘過信州時。信州，治所在今江西上饒市。元和郡縣圖志卷二八江南道四信州：「本漢餘汗縣地，三國時又分鄱陽郡葛陽縣之地，陳改爲弋陽。今理所在弋陽縣東一百里，乾元元年，租庸使洪州刺史元載奏置。」按本詩全唐詩重入韓翃詩，題作經月巖山，序曰「信州西三十里」云云。檢明嘉靖間黄省曾輯唐詩二十六家本韓君平集、清康熙間席啓寓輯唐詩百名家全集本韓君平詩集及補遺均未録本詩，當非韓翃所作。

〔二〕閩越：指福建、浙東交界地。浙東治越州，屬古越國；福建治福州，元和郡縣圖志卷二九江南道五福州：「禹貢揚州之域。本閩越，秦併天下，以閩中下郡，作三十六郡之數，今州即閩中郡之地也。漢初又爲閩越國。」

〔三〕饒陽：即信州，蓋因其治所上饒縣曾省入饒州弋陽，故稱。新唐書卷四一地理五信州「上饒」注：「武德四年置，隸饒州，七年省入弋陽，乾元元年復置。」方干贈信州高員外：「溪勢盤迴遶郡流，饒陽春色滿溪樓。」

〔四〕玉皇：道教稱天帝爲玉皇大帝，簡稱玉皇或玉帝。

〔五〕常娥：即嫦娥，本作姮娥或恒娥，因避漢文帝劉恒諱改，傳説爲月中仙女。淮南子覽冥訓：「譬若羿請不死之藥於西王母，姮娥竊以奔月。」高誘注：「姮娥，羿妻，羿請不死之藥於西王母，未及服之，姮娥盗食之，得仙，奔入月中，爲月精。」

〔六〕瑶池：傳説爲女神西王母居所。穆天子傳卷三：「乙丑，天子觴西王母於瑶池之上，西王母爲天子謡。」

婺州水館重陽日作〔一〕

異國逢佳節，憑高獨苦吟〔二〕。一杯今日酒，萬里故鄉心。水館紅蘭合，山城紫菊深。白衣雖不至〔三〕，鷗鳥自相尋〔四〕。

【校記】

〔日酒〕向校：「席刻、全唐詩又作日醉。」按，緑君亭本作日醉，下注：「一作酒。」〔故鄉〕緑君亭本作故園。

【箋注】

〔一〕此詩作於龍紀、大順年間客婺時。　重陽日：農曆九月九日。古以九爲陽數，故名重陽。藝文類聚卷四歲時中九月九日引魏文帝與鍾繇書：「歲往月來，忽復九月九日。九爲陽數，而日月並應，俗嘉其名，以爲宜於長久，故以享宴高會。」

〔二〕「異國」兩句：王維九月九日憶山東兄弟：「獨在異鄉爲異客，每逢佳節倍思親。」

〔三〕「白衣」句：藝文類聚卷四引續晉陽秋：「陶潛嘗九月九日無酒，宅邊菊叢中摘菊盈把，坐其側久，望見白衣至，乃王弘送酒也，即便就酌，醉而後歸。」

〔四〕「鷗鳥」句：見卷一村居書事注〔二〕。

避地越中作〔一〕

避世移家遠，天涯歲已周。豈知今夜月，還是去年愁。露果珠沈水，風螢燭上樓。傷心潘騎省，華髮不禁秋〔二〕。

【箋注】

〔一〕按莊光啓三年（八八七）春夏間入越，據詩中首聯及末句「不禁秋」語，當作於文德元年（八八八）秋。

〔二〕「傷心」兩句：潘騎省，即潘岳，字安仁，西晉滎陽中牟（今屬河南人），曾官散騎侍郎。晉書卷五五潘岳傳：「岳才名冠世，爲衆所疾，遂棲遲十年，出爲河陽令，負其才而鬱鬱不得志。」其秋興賦序云：「余春秋三十有二，始見二毛。」賦云：「斑鬢以承弁兮，素髮颯以垂領。」

撫州江口雨中作〔一〕

江上閑衝細雨行，滿衣風灑緑荷聲。金騮掉尾橫鞭望，猶指廬陵半日程〔二〕。

【箋注】

〔一〕此詩蓋作於景福元年（八九二）夏泛湘後游撫州時。撫州：治所臨川，在今江西撫州市西。

〔二〕廬陵：縣名，吉州治所，在今江西吉安縣。元和郡縣圖志卷二八江南道四吉州「廬陵縣」：「本漢石陽縣，晉移郡於此，隋改爲州，又改名石陽縣爲廬陵，因廬水爲名。」按，撫州西南與吉州鄰接，元和郡縣圖志卷二八江南道四撫州「八到」注：「西南至吉州四百五十六里。」

信州溪岸夜吟作〔一〕

夜倚臨溪店，懷鄉獨苦吟。月當山頂出，星倚水湄沉〔二〕。霧氣漁燈冷，鐘聲谷寺深。一城人悄悄，琪樹宿仙禽〔三〕。

【箋注】

〔一〕此詩蓋作於大順二年（八九一）秋辭越泛湘過信州時。信州：治所在今江西上饒市。

〔二〕水湄：詩秦風蒹葭：「所謂伊人，在水之湄。」

〔三〕琪樹：李紳琪樹序：「琪樹，垂條如弱柳，結子如碧珠。三年子可一熟，每歲生者相續，一年綠，二年碧，三年者紅，綴於條上，璀錯相間。」仙禽：指鶴。鮑照舞鶴賦：「散幽經以驗物，偉胎化之仙禽。」

訪潯陽友人不遇〔一〕

不見安期悔上樓〔二〕，寂寥人對鷺鶿愁。蘆華雨急江煙暝，何處潺潺獨棹舟。

【箋注】

〔一〕此詩疑作於景福元年（八九二）秋。潯陽：治所在今江西九江縣。元和郡縣圖志卷二八江南道四江州「潯陽縣」：「本漢舊縣，屬廬江郡，以在潯水之陽，故曰潯陽。隋平陳，改潯陽爲彭蠡縣，大業二年改爲湓城縣，武德五年復改爲潯陽縣。」

〔二〕安期：舊題漢劉向列仙傳卷上：「安期先生者，琅琊阜鄉人。賣藥於東海邊，人皆言千歲翁。秦始皇東遊請見，與語三日三夜，賜金璧，度數千萬，出於阜鄉亭，皆置去，留書，以赤舄一雙爲報曰：『後數年，求我於蓬萊山。』始皇即遣徐市、盧生等數百人入海，未至蓬萊山，輒逢風波而還。」

東林寺再遇僧益大德〔一〕

見師初事懿皇朝〔二〕，三殿歸來白馬驕〔三〕。上講每教傾國聽，承恩偏得内官饒。當時可愛人如畫，今日相逢鬢已凋。若向君門逢舊友，爲傳音信到雲霄〔四〕。

【箋注】

〔一〕詩云「若向君門逢舊友」，知莊時暫不入京，當非景福元年所作，蓋作於大順二年（八九一）。東林寺：晉江州刺史桓伊爲釋慧遠所建，白居易有東林寺白氏文集記。故址在今江西廬山西北麓。

〔二〕懿皇朝：唐懿宗朝（八六〇—八七四）。

〔三〕三殿：即唐京城東内大明宮中麟德殿，多用於賓宴。故址在今陝西西安市東北。長安志卷六宮室四東内大明宮：「長安殿北有仙居殿，殿西北有麟德殿，此殿三面。」玉海卷一六〇宮室殿：「唐三殿」：「三殿者，麟德殿也，一殿而有三面，故名，亦曰三院。」

〔四〕雲霄：喻朝廷。朱慶餘酬李處士見贈：「雲霄未得路，江海作閑人。」

西塞山下作〔一〕

西塞山前水似藍〔二〕，亂雲如絮滿澄潭。孤峰漸映湓城北〔三〕，片月斜生夢澤南〔四〕。爨動曉煙烹紫鱖，露和香蔕摘黄柑。他年却棹扁舟去，終傍蘆華結一菴。

【校記】

〔鱖〕緑君亭本作蕨。

【箋注】

〔一〕此詩蓋作於景福元年（八九二）秋入京應舉途經西塞山時。　西塞山：今湖北黄石市東。水經注卷三五江水：「（黄石）山連延江側，東山偏高，謂之西塞。」僧齊己過西塞山：「殘日銜西塞，孤舟向北洲。邊鴻渡漢口，楚樹出吳頭。」

〔二〕水似藍：白居易憶江南（江南好）：「日出江花紅勝火，春來江水緑如藍。」

〔三〕湓城：縣名，隋改彭蠡縣置，唐改爲潯陽縣。

〔四〕夢澤：雲夢澤，即今洞庭湖。

【集評】

胡以梅唐詩貫珠卷四〇：水如藍，映山色也；亂雲飛絮，從山而下也。三、四言入望東西之景。

紫鱖出於江潭，黃柑實於山柚，句法串插，有情有色。如此幽閑風物，所以思結茅於側耳。

齊安郡〔一〕

弭棹齊安郡，孤城百戰殘。傍村林有虎，帶郭縣無官〔二〕。暮角梅華怨〔三〕，清江桂影寒〔四〕。黍離緣底事，撩我起長嘆。

【校記】

〔弭棹〕向校：「席刻、全唐詩俱作彌棹。」

【箋注】

〔一〕此詩當與前一首作於同時。向校：「胡本注：『黃岡縣志作方干作。』」按今存方干詩集諸版本未見此詩，當非方干所作。齊安郡：治所在今湖北新洲縣。元和郡縣圖志卷二七江南道三黃州：「本春秋時邾國之地，後又爲黃國之境。……蕭齊於此置齊安郡，隋開皇三年罷郡治黃州，因古黃國爲名也。」

〔二〕帶郭：外城周圍，指近城郊縣。

〔三〕「暮角」句：見同卷章江作注〔二〕。

〔四〕桂影：指水中月影。初學記卷一引虞喜安天論：「俗傳月中仙人桂樹，今視其初生仙，見人之足，漸已成形，桂樹後生。」

夏口行寄婺州諸弟〔一〕

回頭煙樹各天涯，婺女星邊遠寄家〔二〕。盡眼楚波連夢澤，滿衣春雪落江華。雙雙得伴爭如雁，一一歸巢却羨鴉。誰道我隨張博望，悠悠空外泛仙槎〔三〕。

【箋注】

〔一〕據首聯意，此詩當作於辭越泛湘過夏口時；又據「滿衣春雪落江華」句，則可推定爲景福元年（八九二）初春所作。夏口：即唐鄂州治所江夏縣（今湖北漢口市）。元和郡縣圖志卷二七江南道三鄂州：「自漢末謂之夏口，亦名魯口。……義熙初，劉毅表以爲『夏口，二州之中，地居形要，控接湘川，邊帶漢沔』，請荆州刺史劉道規鎮夏口。至六年，自臨嶂徙理夏口，即今州理是也。」

〔二〕婺女星：星宿名，爲婺州分野。元和郡縣圖志卷二六江南道二婺州：「禹貢揚州之域。……隋開皇九年平陳置婺州，蓋取其地於天文爲婺女之分野。」按初學記卷一引周官曰：「天星皆有州國分野。……斗、牽牛、婺女，揚州。」

〔三〕「誰道」兩句：張博望，即西漢張騫，漢中成固（今陝西城固）人。漢書卷六一張騫傳：「騫以校尉從大將軍擊匈奴，知水草處，軍得以不乏，乃封騫爲博望侯。」師古曰：「取其能廣博瞻望也。」按，張騫泛仙槎之事，史書未載，而唐時已流傳。杜甫有感五首其一：「乘槎斷消息，無處覓張騫。」秋日夔府咏懷一百韻：「途中非阮籍，查上似張騫。」胡仔苕溪漁隱叢話前集卷一一載荆楚歲時記引張華博物志云：「漢武帝令張騫窮河源，乘槎經月而去，至一處，見城郭如官府，室内有一女織，又見一丈夫牽牛飲河。騫問云：『此是何處？』答曰：『可問嚴君平。』……後至蜀，問君平。君平曰：『某年月日，客星犯牛斗。』」（今本荆楚歲時記、博物志無

卷第八　今體詩凡九首

南省伴直　甲寅年自江南到京後作〔一〕

文昌二十四仙曹〔二〕，盡倚紅簷種露桃。一洞煙霞人迹少，六行槐柳鳥聲高〔三〕。星分夜彩寒侵帳，蘭惹春香緑映袍。何事愛留詩客宿，滿庭風雨竹蕭騷。

【箋注】

〔一〕此詩作於乾寧元年甲寅（八九四）春。南省：即尚書省，因在大明宫之南，故稱。唐六典卷一尚書都省：「凡尚書省官，每日一人宿直，都司執直簿一，轉以爲次。」

〔二〕「文昌」句：即尚書省。通典卷二二職官四尚書省：「龍朔二年改尚書省爲中臺，咸亨初復舊。光宅元年改爲文昌臺，垂拱二年又改爲都臺，通天初復舊。長安三年又改爲中臺，神龍初復爲尚書省，亦謂之南省。都堂居中，左右分司。都堂之東有吏部、户部、禮部三行，每四司，左司統之；都堂之西有兵部、刑部、工部三行，每行四司，右司統之。凡二十四司，分曹共理，而天下之事盡矣。」

〔三〕六行槐柳：見卷一關河道中注〔二〕。

【集評】

胡以梅唐詩貫珠卷三：蓋郎官留韋在署伴其直宿，故云「愛留詩客」，適值風雨竹庭之際也。

鄠杜舊居二首〔一〕

其一

却到山陽事事非〔二〕，谷雲溪鳥尚相依。阮咸貧去田園盡〔三〕，向秀歸來父老稀。秋雨幾家紅稻熟，野塘何處錦鱗肥。年年爲獻東堂策〔四〕，長是蘆華別釣磯。

【箋注】

〔一〕卷十過渼陂懷舊作於乾寧四年（八九七）秋，云「一別雲溪二十年」，知此前約二十年未返鄠杜，此二詩蓋爲同時之作。　鄠杜：見卷一三用韻注〔七〕。

〔二〕「却到」句：向秀，字子期，西晉河内懷（今河南武陟西南）人。其思舊賦云：「余與嵇康、吕安居止接近，其人並有不羈之才。然嵇志遠而疏，吕心曠而放，其後各以事見法。……余逝將西邁，經其舊廬。於時日薄虞淵，寒冰凄然。鄰人有吹笛者，發聲寥亮。追想曩昔遊宴之好，感音而嘆，故作賦云：將命適於遠京兮，遂旋反以北徂。濟黄河以泛舟兮，經山陽之舊居。瞻曠野之蕭條兮，息余駕乎城隅。踐二子之遺跡兮，歷窮巷之空廬。」山陽，漢置縣名，因在太行山之南而名，治所在今河南焦作市東。

〔三〕阮咸：晉書卷四九阮籍傳附：「(阮)咸，字仲容。父熙，武都太守。咸任達不拘，與叔父籍爲竹林之遊，當世禮法者譏其所爲。咸與籍居道南，諸阮居道北，北阮富而南阮貧。」

〔四〕獻東堂策：指應舉。晉書卷五一摯虞傳：「(虞)舉賢良，與夏侯湛等十七人策爲下第，拜中郎。武帝詔曰：『省諸賢良答策，雖所言殊塗，皆明於王義，有益政道。欲得詳覽其對，究觀賢士大夫用心。』因詔諸賢良方正直言，會東堂策問。」

【集評】

金聖嘆選批唐才子詩卷八下：（評前四句）「事事非」，不止訴田園，兼訴父老，便是名士風流。不爾，豈非乞兒叫街耶？然又妙於二句之「惟餘溪鳥」七字，無此便不成詩。（評後四句）「誰家」，以反寫自家；「何處」，以反寫此處也。「年年」二字，是深悔之辭，便知其今年更不然也。（按此選録本詩「谷雲溪鳥」作「惟餘溪鳥」，「幾家」作「誰家」。）

趙臣瑗山滿樓箋注唐詩七言律卷六：「却到山陽」，已不知隔幾許年月矣；「事事非」，即三、四之「田園盡」、「父老稀」也，然一直説去，得不傷於徑遂耶？故於二急抽筆先寫猶有一事之未非，少作波瀾。五、六「幾家」、「何處」，絶妙頓挫，此乃是反寫吾家之無稻，此處之無鱗，想其用筆何減鏡花水月？七、八結出不遑寧處之故，真覺悔之已晚也。

毛張健唐詩膚詮卷四：追憶别時，以深著歸時之可喜也。反筆靈矯。

其二

一徑尋村渡碧溪，稻華香澤水千畦。雲中寺遠磬難識，竹裏巢深鳥易迷。紫菊亂開連井合，紅榴初綻拂簷低。歸來滿把如澠酒〔一〕，何用傷時嘆鳳兮〔二〕。

【箋注】

〔一〕如澠酒：左傳昭公十二年：「齊侯舉矢曰：『有酒如澠，有肉如陵。寡人中此，與君代興。』」澠，水名，源自今山東淄博市東北臨淄鎮，北入時水。

〔二〕「何用」句：論語微子「楚狂接輿歌而過孔子，曰：『鳳兮鳳兮，何德之衰！往者不可諫，來者猶可追。已而已而，今之從政者殆而。』」注：「孔曰：『已而已而』者，言時亂已甚，不可復治也。」又子罕：「子曰：『鳳鳥不至，河不出圖，吾已矣夫！』」疏曰：「此章言孔子傷時無明君也。」

寄江南諸弟〔一〕

萬里逢歸雁，鄉書忍淚封。吾身不自保，爾道各何從。性拙唯多蹇，家貧半爲慵。秪思溪影上，卧看玉華峰〔二〕。

【箋注】

〔一〕玉華山在宜君縣。詩云「吾身不自保」、「性拙唯多蹇，家貧半爲慵」、「卧看玉華峰」，當爲及第前作於宜君縣。按莊乾寧元年（八九四）及第，則此詩當作於景福二年（八九三）秋。又卷十有宜君縣北卜居不遂留題王秀才別墅二首，蓋爲一時之作。

〔二〕玉華峰：即玉華山，在宜君縣（今屬陝西）。讀史方輿紀要卷五七陝西六鄜州「宜君縣」：「玉華山，縣西南四十里，唐太宗建玉華宮，以此山名。」

投寄舊知〔一〕

却將顦顇入都門，自喜煙霄足故人〔二〕。萬里有家留百越〔三〕，十年無路到三秦〔四〕。摧殘不是當時貌，流落空餘舊日貧。多謝青雲好知己〔五〕，莫教歸去重霑巾。

【校記】

〔煙霄〕向校：「席刻、全唐詩俱作青霄。」

【箋注】

〔一〕詩云「十年無路到三秦」，則「入都門」當爲避亂後首次入京；又據同卷癸丑年下第獻新先輩，知莊壬子年，即景福元年（八九二）赴京應舉，上距中和二、三年（八八三）間避亂逃出長安恰十年。此詩當作於景福元年入京之初。

〔二〕煙霄：即九霄，喻京城。杜甫春宿左省：「星臨萬户動，月傍九霄多。」

〔三〕百越：亦稱百粵，古越國爲楚所滅後散居今江浙閩粵桂等地，故稱百越。按，時韋莊家寄婺州。

〔四〕三秦：見卷五和鄭拾遺秋日感事一百韻注〔一〇〕。

〔五〕青雲好知己：指朝官中的知友。參見卷三東遊遠歸注〔八〕。

癸丑年下第獻新先輩〔一〕

五更殘月省牆邊〔二〕，絳旆霓旌卓曉煙。千炬火中鶯出谷〔三〕，一聲鐘後鶴冲天〔四〕。皆乘駿馬先歸去，獨被羸童笑晚眠。對酒暫時情豁爾，見華依舊涕潸然。未酬闞澤傭書債〔五〕，猶欠君平賣卜錢〔六〕。何事欲休休不得，來年公道似今年〔七〕。

【校記】

〔先歸去〕「先歸」，向校：「全唐詩注：『一作爭先。』」按，才調集注：「一作爭先到。」

【箋注】

〔一〕此詩作於景福二年癸丑（八九三）。新先輩：新進士。

〔二〕五更：顏氏家訓書證：「或問一夜何故五更？更何所訓？答曰：漢魏以來，謂爲甲夜、乙夜、丙夜、丁夜、戊夜；又云鼓，一鼓、二鼓、三鼓、四鼓、五鼓；亦云一更、二更、三更、四更、五更。皆以五爲節。西都賦亦云『衛以嚴更之署』。所以爾者，假令正月建寅斗柄，夕則指寅，曉則至午矣，自寅至午凡歷五辰。冬夏之月雖復長短參差，然辰間遼闊，盈不至六，縮不至四，進退常在五者之間。更，歷也，經也，故曰五更。」

〔三〕鶯出谷：喻及第登仕。詩小雅伐木：「伐木丁丁，鳥鳴嚶嚶。出於幽谷，遷於喬木。」鄭顥進科名表：「自武德已後，便有進士諸科，出鶯谷而飛鳴，聲華雖茂；經鳳池而閱視，史策不書。」劉得仁鶯出谷：「稍類冲天鶴，多隨折桂人。」

〔四〕鶴冲天：本喻學道成仙，後借喻及第。舊題陶潛搜神後記卷一：「丁令威，本遼東人，學道於靈虛山，後化鶴歸遼，集城門華表柱時，有少年舉弓欲射之，鶴乃飛，徘徊空中而曰：『有鳥有鳥丁令威，去家千年今始歸。城郭如故人民非，何不學仙冢纍纍。』遂高上沖天。」

〔五〕「未酬」句：三國志卷五三吳書闞澤傳：「闞澤，字德潤，會稽山陰人也。家世農夫，至澤好學，居貧無資，常爲人傭書，以供紙筆。所寫既畢，誦讀亦遍。追師論講，究覽群籍，兼通曆數，由是顯名。察孝廉，除錢唐長，遷郴令。孫權爲驃騎將軍，辟補西曹掾。及稱尊號，以澤爲尚書。嘉禾中，爲中書令。赤烏五年，拜太子太傅，領中書如故。」

〔六〕「猶欠」句：漢書卷七二王貢兩龔鮑傳序：「(嚴)君平卜筮於成都市，以爲『卜筮者賤業，而可以惠衆人。有邪惡非正之問，則衣著龜爲言利害。與人子言依於孝，與人弟言依於順，與人臣言依於忠，各因勢導之以善，從吾言者已過半矣。』裁日閱數人，得百錢足自養，則閉肆下簾而授老子。博覽亡不通，依老子、嚴(莊)周之指著書十餘萬言。揚雄少時從游學，以而仕京師顯名，數爲朝廷在位賢者稱君平德。」

〔七〕公道：本指至公至正之道，後借指科試選舉。參見卷一劉得仁墓注〔一一〕。

題汧陽縣馬跑泉李學士別業〔一〕

水滿寒塘菊滿籬，籬邊無限彩禽飛。西園夜雨紅櫻熟〔二〕，南畝秋風白稻肥〔三〕。草色自留閑客住，泉聲如待主人歸。九霄歧路忙於火〔四〕，肯戀斜陽守釣磯。

【箋注】

〔一〕詩中自稱「閑客」，末聯有退隱之意，蓋作於景福二年(八九三)下第後游汧陽時。汧(qiān)陽縣：治所在今陝西千陽縣西北。

〔二〕西園：曹植公讌詩：「清夜遊西園，飛蓋相追隨。」

〔三〕南畝：詩豳風七月：「饁彼南畝，田畯至喜。」

〔四〕「九霄」句：蓋謂京城官場趨進情形。

絳州過夏留獻鄭尚書〔一〕

朝朝沉醉引金船，不覺西風滿樹蟬。光景暗消銀燭下，夢魂長寄玉輪邊〔二〕。因循每被時流誚，奮發須由國士憐。明日客腸何處斷，緑槐風裏獨揚鞭。

【箋注】

〔一〕據吴汝煜主編唐五代人交往詩索引，鄭尚書指鄭延昌。按延昌，字光遠，咸通十三年（八七二）進士及第，遷監察御史，歷兵部侍郎兼京兆尹、户部尚書、刑部尚書，終拜尚書左僕射。資治通鑑卷二五九：昭宗景福元年（八九二）三月，「以户部尚書鄭延昌爲中書侍郎、同平章事。」乾寧元年五月辛卯，「中書侍郎、同平章事鄭延昌罷爲右僕射。」舊唐書卷二〇上昭宗紀：景福二年十一月，「中書侍郎、平章事、判度支鄭延昌罷知政事，守尚書左僕射，以病求故也。」此詩云「奮發須由國士憐」，有獻詩求薦之意，當在及第前，蓋作於景福二年（八九三）夏，時鄭延昌尚未罷知政事。　絳州：治所在今山西新絳縣。

〔二〕玉輪：喻月。駱賓王贈宋五之問：「玉輪涵地天，劍匣連星起。」

綏州作〔一〕

雕陰無樹水難流，雉堞連雲古帝州〔二〕。帶雨晚駝鳴遠戍，望鄉孤客倚高樓。明妃去日華應笑〔三〕，蔡琰歸時鬢已秋〔四〕。一曲單于暮烽起〔五〕，扶蘇城上月如鈎〔六〕。

【校記】

〔水難〕向校：「全唐詩注：『一作水南。』」按，才調集作水南。

【箋注】

〔一〕按才調集録此詩列癸丑年下第獻新先輩之後，蓋作於景福二年（八九三）下第後游綏州時。　綏州：治所在今陝西綏德縣西南。按，詩淵録此詩外又録綏州，文字稍異，或爲一詩二稿：「水難」作「水南」；「帶雨」兩句作「帶雨晚駝鳴戍壘，避霜候雁度邊樓」；「華應笑」作「心非昔」；「暮烽」作「暮風」。

〔二〕「雕陰」兩句：　雕陰，山名，亦稱雕山、疏屬山，在綏州龍泉縣。元和郡縣圖志卷四關内道四綏州：「隋煬帝又改爲上州，後又改爲雕陰郡，以雕山在西南，故名。」又「龍泉縣」條：「疏屬山，亦名雕陰山，即山海經云『貳負之臣曰危，與貳負殺窫窳，帝乃梏之疏屬山』即此也。」「州城，貞觀元年築。實中，四面石崖，東面高八十尺，西面高一百四十尺，南面高四十尺，北面高一百二十尺，周迴四里二百步。」雉堞：城上矮墻。文選卷一一鮑照蕪城賦：「是以板築雉堞之殷，井幹烽櫓之勤。」李善注：「鄭玄周禮注曰：『雉長三丈，高一丈。』杜預左氏傳注曰：『堞，女墻也。』」　古帝州，紀昀墨評唐詩鼓吹卷一〇云：「古帝州者，猶云自古爲中原王畿地耳。」按秦始皇曾使太子扶蘇監蒙恬於上郡。見注〔六〕。

〔三〕「明妃」句：西京雜記卷二：「（漢）元帝後宫既多，不得常見，乃使畫工圖形，按圖召幸之。諸宫人皆賂畫工，多者十萬，少者亦不減五萬，獨王嬙不肯，遂不得見。後匈奴入朝，求美人爲閼氏。於是上按圖以昭君行。及去召見，貌爲後宫第一，善應對，舉止閑雅。帝悔之，而名籍已定，帝重信於外國，故不復更人。」王嬙，字昭君，晉避司馬昭諱改爲明君，後人亦稱明妃。

〔四〕「蔡琰」句：後漢書卷八四列女傳載蔡琰初嫁河東衛仲道，夫亡無子而歸寧於家。漢獻帝興平間爲胡騎所掠，嫁南匈奴左賢王，留居十二年。建安十三年（前二〇八），曹操遣使以金璧贖回。

〔五〕單于：唐大角曲名。見卷七章江作注〔二〕。

〔六〕扶蘇城：即秦上郡城。元和郡縣圖志卷四關内道四綏州「龍泉縣」：「上郡故城，在縣東南五十里。始皇使太子扶蘇監蒙恬於上郡，即此處也。」

【集評】

郝天挺注、廖文炳解唐詩鼓吹注解卷一〇：（廖文炳解）首言雕陰無樹，河水南流，而雉堞與雲相接，乃古帝王之州也。當晚雨之時，駝常鳴於戍壘之外；秋風之際，客頻倚於高樓之中。來遊之景況如此，已若昭君遠嫁單于，過此地而花應相笑；蔡琰來歸漢國，由此路而鬢已成秋。此固夷夏相通之界也，余也倚樓長望，悲風忽動，畫角長鳴，明月如鈎，邊城迥絶，客情至此，其復何如耶！

朱三錫東喦草堂評訂唐詩鼓吹卷一〇：此韋公客居延安，倚樓長望而忽動邊城之感也。一、二寫地，三「帶雨晚駝」，皆倚樓人所見，即以倚樓孤客作對，妙！妙！五、六寫人，而必舉明妃、蔡琰者，言千古如此之才，如此之色，皆不得遇，而綏州當中外相通之界，一去一歸，增人無限感慨。臨了又將角聲月色作結，讀之更覺淒涼之甚。

趙臣瑗山滿樓箋注唐詩七言律卷六：何土無樹？而此獨無樹，是水東流，而此獨南流，其地之高寒可知。雉堞連雲，則中外之界盡於此矣。「古帝州」三字雖是足上句法，然其中有調笑意，蓋當時始皇固自以爲萬世不拔之基也，而今竟何如耶？客，我也；駝，獸也。對舉之妙意，若謂我其駝也乎哉？奚爲同老於斯？明妃去，蔡琰歸，雕陰固爲必由之道，然先生用之實以自喻也。「花應笑」，言不宜去；「鬢已秋」，言不易歸。暮風新月最是孤客傷心之況，看他輕輕點出「扶蘇城」，以與起手之「古帝州」相映作章法。……前半景中有情，而後半情中有景。

錢謙益、何焯唐詩鼓吹評注卷一〇：起句言水猶南去，人乃北客。第三反起「孤」字；五、六自訴流落塞垣，所從非人，綿歷半生，魂消目斷也。月如鈎，則去圓時正遠。「何尚大刀頭，破鏡飛上天。」歸期仍杳未可卜耳。紅顏白首，借說便自蘊藉。

卷第九　今體詩凡十二首

與東吴生相遇　及第後出關作〔一〕

十年身事各如萍，白首相逢淚滿纓。老去不知華有態〔二〕，亂來唯覺酒多情。貧疑陋巷春偏少〔三〕，貴想豪家月最明。且對一罇開口笑〔四〕，未衰應見泰階平〔五〕。

【校記】

〔身事〕向校：「全唐詩注：『一作身世。』」〔且〕原注：「一作獨。」

【箋注】

〔一〕唐詩鼓吹題作逢東吴王，誤。按莊於乾寧元年（八九四）及第，本詩題下注云「及第後出關作」，當作於是年春。東吴生：不詳。

〔二〕「老去」句：杜甫小寒食舟中作：「春水船如天上坐，老年花似霧中看。」

〔三〕陋巷：論語雍也：「子曰：『賢哉回也！一簞食，一瓢飲，在陋巷，人不堪其憂，回也不改其樂，賢哉回也！』」

〔四〕開口笑：莊子盜跖：「今吾告子以人之情，目欲視色，耳欲聽聲，口欲察味，志氣欲盈。人上壽百歲，中壽八十，下壽六十，除病瘦死喪憂患，其中開口而笑者，一月之中，不過四五日而已。」

〔五〕泰階平：文選卷六左思魏都賦：「故令斯民睹泰階之平，可比屋而爲一。」李善注引黄帝泰階六符經曰：「泰階者，天之三階也。上階，上星爲天子，下星爲女主；中階，上星爲諸侯三公，下星爲卿大夫；下階，上星爲元士，下星爲庶人。三階平則陰陽和，風雨時，歲大登，民人息，天下平，是謂太平。」李白避地司空原言懷：「俟乎泰階平，然後託微身。」羅隱獻淮南崔相公：「虎帳坐分真宰氣，象筵吹出泰階平。」

【集評】

郝天挺注、廖文炳解唐詩鼓吹注解卷一〇：（廖文炳解）首言萍踪漂泊，爾我相同；别已十年，今幸相逢。而鬢絲初見，所以灑淚沾巾也。若花固有態，酒非有情，春無偏少，月非倍明，而老去亂來，則不知有態而惟覺多情矣。有貧有貴，則陋巷生疑而豪家積想矣。次聯道其身世之故；三聯寫其牢騷之情。文情似婉而意甚切至。末承上來，謂志雖未得，然且對一樽而開口笑，因其未甚衰憊，太平則猶可待也。此見友朋相慰，兼有不能忘世意。

朱三錫東喦草堂評訂唐詩鼓吹卷一〇：十年漂泊，白首相逢，宜淚也；白首而更逢世亂，又宜淚也；白首世亂而更遭家貧，又宜淚也。三、四寫身世之日非，五、六寫境遇之各别，末聊以自慰耳。

趙臣瑗山滿樓箋注唐詩七言律卷六：一追傷别後，二痛哭當前。傷者，傷世之亂；哭者，哭身之老也。三、四交承之，寫老寫至「不知花有態」，寫亂寫至「惟覺酒多情」，妙矣。然此兩句是互文也，使易而爲「亂裏不知花有態，老來惟覺酒多情」亦無不妙。五、六又於其中添一「貧」字，疑固貧者疑，想亦貧者想也。「貴」字是借對法。「陋巷春偏少」，則豪家之偏多可知；「豪家月最明」，則陋巷之最暗可知。此兩句亦是互文。合而言之，亂也，老也，貧也，愁既不勝其愁，哭又豈勝其哭哉？「且對一樽開口笑」，直須付之莫可如何云爾。末拖一筆，「應見」者，見不見，未可知之詞，自慰慰人，章法定宜如此。

錢謙益、何焯唐詩鼓吹評注卷一〇：五、六乃頓挫以反起落句，故異酸子語。

胡以梅唐詩貫珠卷二九：三、四，窈窕多姿而神情慘淡；五、六，疏横奇逸，哭得風雅，皆名句也。結乃期望之辭。……全篇氣度寬閑，無戚戚之語。莊復爲蜀材，必有所用也耶。

紀昀墨評唐詩鼓吹卷一〇：飴山老人：固無深思，自有爽氣。　少年喜學此種，易入淺滑。

紀評：詳此二批，當在闕河道中一篇之上，趙十二誤書此篇上耳。

楊逢春唐詩繹卷二三：首二領「相遇」起。中四頂「淚滿纓」申說身世炎凉之感，寫得沉著。七、八相遇慰勉之情，結。

庭前桃

曾向桃源爛漫遊，也同漁父泛仙舟〔一〕。皆言洞裏千株好，未勝庭前一樹幽。帶露似垂湘女淚〔二〕，無言如伴息嬀愁〔三〕。五陵公子饒春恨，莫引香風上酒樓。

【箋注】

〔一〕「曾向」兩句：韋莊曾遊湘中，有詩作耒陽縣浮山神廟、湘中作等。此兩句亦暗用陶淵明桃花源記所叙武陵漁父游桃花源之事。

〔二〕湘女淚：見卷三春愁注〔一〕。

〔三〕「無言」句：息嬀，春秋時息侯夫人。左傳莊公十四年：「楚子如息，以食入享，遂滅息，以息嬀歸，生堵敖及成王焉，未言。楚子問之，對曰：『吾一婦人而事二夫，縱弗能死，其又奚言？』」

【集評】

金聖嘆選批唐才子詩卷八下：（評前四句）一解四句，真乃高情高興。「曾向」，是自家親見。「也同」，是衆人公論。（評後四句）露桃，因用湘淚；桃不言，因用息嬀，非隨手草草寫二女人入詩也。（總評）前解只寫庭前，後解始寫桃，然末句仍結至庭前，妙！妙！

趙臣瑗山滿樓箋注唐詩七言律卷六：只爲要抬高自己庭前之桃，便憑空造一大謊曰曾遊桃源，又恐涉於徇私，再憑空捏一見證曰漁父皆言，連用三句衍文，一口氣直趕到題上，此是何等結構？然其妙處乃在二「幽」字，洞裏之所以不如者，正以其多也。五、六細疏其幽入微。結故掉開，香風所至，不禁惹人春恨，其幽也至於如此。

胡以梅唐詩貫珠卷五六：上界以桃源洞之花當不如此庭桃之妙也；下言有露如湘妃灑竹之淚，無言似息嬀初見楚王言之態。息嬀亦稱桃花夫人，更切。結言五陵豪貴正當春恨之際，不可使聞香氣，增其想念，恐折去耳。

丙辰年鄜州遇寒食城外醉吟七言五首〔一〕

其一

滿街楊柳緑絲煙，畫出清明二月天。好是隔簾華樹動，女郎撩亂送鞦韆〔二〕。

其二

雕陰寒食足遊人〔三〕，金鳳羅衣濕麝薰〔四〕。腸斷入城芳草路，淡紅香白一群群。

其三

開元坡下日初斜〔五〕，拜掃歸來走鈿車〔六〕。可惜數枝紅艷好，不知今夜落誰家。

其四

馬驕風疾玉鞭長，過去唯留一陣香。閑客不須燒破眼〔七〕，好華皆屬富家郎。

其五

雨絲煙柳欲清明，金屋人閑煖鳳笙〔八〕。永日迢迢無一事，隔街聞築氣毬聲〔九〕。

【校記】

〔清明二月天〕萬首唐人絶句作青春二月天。〔雕陰〕原作淮陰，據萬首唐人絶句校改。〔永日〕「日」，原注：「一作晝。」〔聞築〕向校：「全唐詩注：『一作聞蹴。』」

【箋注】

〔一〕此詩作於乾寧三年丙辰（八九六）寒食節。鄜州：治所在今陝西富縣。寒食：藝文類聚卷四歲時中寒食引荆楚歲時記曰：「去冬至一百五日，即有疾風甚雨，謂之寒食。」又引陸翽鄴中記曰：「并州俗，冬至後百五日爲介子推斷火，寒食三日。」按，元代駱天驤類編長安志卷七引録第三首，誤作「元（楨）〔稹〕詩」。

〔二〕「女郎」句：藝文類聚卷四歲時中寒食引古今藝術圖曰：「北方山戎，寒食日用鞦韆爲戲，以習輕趫。」事物紀原卷八：「古今藝術圖曰：『北方戎狄愛習輕趫之態，每於寒食爲之。後中國女子學之，乃以綵繩懸樹立架，謂之秋千。』」

〔三〕雕陰：元和郡縣圖志卷三關内道三鄜州：「漢爲上郡雕陰縣地。按漢雕陰，在今洛交縣北三十里雕陰故城是也。」又「洛交縣」注：「本漢雕陰縣地，屬上郡。雕山在西南，故曰雕陰。」

〔四〕金鳳羅衣：中華古今注卷中：「隋大業末，煬帝宫人、百官母妻等，緋羅蹙金飛鳳背子以爲朝服及禮見賓客舅姑之長服也。」

〔五〕開元坡：今陝西户縣北。類編長安志卷七：「開元坡，劇談録：唐京城興慶池西，乃明皇爲王時故宅，後廢爲開元坡。」按莊時在鄜州，則「開元坡下」云云或爲想象語，抑或鄜州另有名開元坡之地。不詳。

〔六〕拜掃：掃墓。柳宗元寄許京兆孟容書：「近世禮重拜掃，今已闕者四年矣，每遇寒食，則北向長號，以首頓地，想田野道路，士女遍滿。皁隸傭丐，皆得上父母丘墓；馬醫夏畦之鬼，無不受子孫追養者。然此已息望，又何云哉！」事物紀原卷八歲時風俗部拜掃：「後漢光武紀云：『建武十年八月，幸長安，有事十一陵。』蓋躬祭於墓也。即今上墳拜掃，蓋起於此。」按後漢書卷一下光武帝紀下：「（建武十年）秋八月己亥，幸長安，祠高廟，遂有事十一陵。」時在八月，與後世寒食不符。鈿車：飾以金花之車。

〔七〕燒破眼：王建江陵即事：「寺多紅藥燒人眼，地足青苔染馬蹄。」白居易和春深二十首其十七：「一先爭破眼，六聚鬬成花。」

〔八〕金屋：指閨閣。太平御覽卷八八引漢武故事：膠東王（武帝）「數歲，長主抱著其膝上，問曰：『兒欲得婦不？』膠東王曰：『欲得婦。』長主指左右長御百餘人，皆云『不用』。末指其女問曰：『阿嬌好不？』於是乃笑曰：『好！若得阿嬌作婦，當作金屋貯之也。』長主大悦，乃苦要上，遂定婚焉。」鳳笙：應劭風俗通義聲音笙：「謹按，世本：『隨作笙。』長四寸，十二簧，像鳳之身，正月之音也，物生，故謂之笙。」

〔九〕「隔街」句：古時寒食節有打毬之俗。初學記卷四歲時部下寒食「打毬」注：「劉向別録：蹴鞠，黄帝所造，本兵勢也。或云起於戰國。案鞠與毬同，古人蹋蹴以爲戲也。」

【集評】

殷元勛、宋邦綏才調集補注卷三：（其四）感慨無聊之甚。後端已到蜀才得一美姬，又被王建奪去，何才人薄福至此！

黄叔燦唐詩箋注卷一〇：（其一）「畫出」二字妙。下二句玩「隔簾」及「撩亂」字意，還是跟「楊柳緑絲煙」寫照，分明於柳絲蕩漾中形出。可知古人用筆，實境皆用虚情描繪，上下必相關動也。（其二）此首因鄜州寒食而思淮陰寒食也。又其三云：「可惜數枝紅艷好，不知今夜落誰家。」其四云：「閑客不須燒破眼，好花皆屬富家郎。」詩好，嫌其太輕，故不録。

宜君縣北卜居不遂留題王秀才別墅二首〔一〕

其一

本期同此卧林丘，榾柮爐前擁布裘〔二〕。何事却騎羸馬去，白雲紅樹不相留。

其二

明月嚴霜撲皁貂〔三〕，羨君高卧正逍遥。門前積雪深三尺，火滿紅爐酒滿瓢。〔四〕

【校記】

〔一〕宜君：向校：「全唐詩注：『一作宜春。』」

【箋注】

〔一〕此詩蓋作於乾寧二年（八九五）冬。時李克用與李茂貞等構兵，政局不寧（參見資治通鑑卷二六〇），故莊有「臥林丘」之意。宜君縣：今屬陝西。

〔二〕榾柮（gǔ duò）：塊柴，樹疙瘩。

〔三〕皁貂：黑貂皮衣。

〔四〕「門前」兩句：世說新語任誕：「王子猷居山陰，夜大雪，眠覺，開室，命酌酒，四望皎然。……忽憶戴安道。時戴在剡，即便夜乘小船就之，經宿方至，造門不前而返。」

鄜州留別張員外〔一〕

江南相送君山下〔二〕，塞北相逢朔漠中。三楚故人皆是夢〔三〕，十年陳事只如風〔四〕。莫言身世他時異，且喜琴罇數日同。惆悵却愁明日別，馬嘶山店雨濛濛。

【校記】

〔朔漠〕向校：「全唐詩注：『一作相幕。』」

【箋注】

〔一〕此詩蓋與前丙辰年鄜州遇寒食城外醉吟七言五首作於同時，即乾寧三年（八九六）春。

〔二〕君山：亦稱湘山、洞庭山，今湖南岳陽市西南洞庭湖中。水經注卷三八湘水：「（洞庭）湖中有君山、編山。君山有山穴，潛通吳之包山，郭景純所謂巴陵地道者也。是山，湘君之所游處，故曰君山矣。」元和郡縣圖志卷二七江南道三岳州「巴陵縣」：「君山，在縣西三十里青草湖中。昔秦始皇欲入湖觀衡山，遇風浪，至此山止泊，因號焉。又云湘君所游止，故名之也。」

〔三〕三楚：西楚、東楚、南楚。史記卷一二九貨殖列傳：「夫自淮北沛、陳、汝南、南郡，此西楚也。……彭城以東，東海、吳、廣陵，此東楚也。……衡山、九江、江南、豫章、長沙，是南楚也。」

〔四〕「十年」句：按莊光啓三年（八八六）自金陵南下入越，至丙辰年（八九六）已十年。

【集評】

郝天挺注、廖文炳解唐詩鼓吹注解卷一〇：（廖文炳解）首言昔在江南相送於君山之下，今在塞北相逢於朔漠之中，見相送相逢俱在他鄉，行踪亦甚無定已。故昔三楚之故人皆如夢中之虛幻，而至今十年之塵事，只如風去之晻馳，蓋不特萍踪無定，而歲月已屢遷矣。今者相逢於此，莫言身世之故，至他時而相異；且喜琴樽之會，當此日而相同。十年離緒庶幾可少慰焉。然余更有惆悵者，明日分攜復當遠去，馬嘶山店，微雨濛濛，是則益添離別之恨，其安得而解我愁思哉？

金聖嘆選批唐才子詩卷八下：（評前四句）忽然相送，乃在君山之下；忽然相逢，乃在朔漠之中。忽然同在極南，忽然同在極北，有何公事勾當，如此兩頭驅馳？可笑也！三楚故人，豈止我爾兩人！十年往事，豈止離合二事！餘子杳無消息，半生落得乾忙，今日從頭細思，真是一場懡㦬，可哭也！　一、二，言只剩兩人光身；三、四，言其餘總不可問。（評後四句）承前解，言既是故人如夢，往事如風，然則我爾兩人再會於此，便是秉燭再照，以此爲實。只愁今夜會，明日別，實是一場悲痛。至於身如何，世如何，且只聽之造化也。鄜州屬延安，故「相逢」句亦是追往。

朱三錫東喦草堂評訂唐詩鼓吹卷一〇：昔日君山相送，同在極南；今日朔漠相逢，同在極北；想此相逢相送之中豈止兩人？計此相逢相送之年已非一日。三、四承之，「皆似夢」，言止存兩人矣。「只如風」，言忽已十年矣。餘子杳無音問，半生落寞風塵，良可慨也。五、六至末又寫眼前之重叙，以惜明日之又别，即欲不惆悵，何可得耶！

趙臣瑗山滿樓箋注唐詩七言律卷六：一、二由今溯昔，相送則在極南，相逢則在極北，不知俱爲何事如此奔馳，可嘆亦可笑也。三因兩人而念及諸友，是換筆；四從一日而念及十年，是主筆。五輕折，已往既不可問，將來又安可知；六扣住人生聚首實難，毋爲當面錯過。七、八忽又作宕漾筆，明知奔馳無益，其奈踪迹靡常，可笑也，亦可嘆也。莫言、且喜、却愁，看四句中凡作無數曲折，文情絶世。

病中聞相府夜宴戲贈集賢盧學士

滿筵紅蠟照香鈿，一夜歌鐘欲沸天。華裏亂飛金錯落〔一〕，月中爭認繡連乾〔二〕。罇前莫話詩三百，醉後寧辭酒十千。無那兩三新進士，風流長得飲徒憐。

【箋注】

〔一〕此詩蓋乾寧元年（八九四）新及第時所作。金錯落：酒杯。張耒春陰二首其一：「把酒自傾金錯落，探春誰污錦障泥。」

〔三〕繡連乾：指馬之錦綉障泥。晉書卷四二王渾傳附王濟：「濟善馬性，嘗乘一馬，著連乾鄣泥，前有水，終不肯渡。濟曰：『此必是惜鄣泥。』使人解去，便渡。」

【集評】

胡以梅唐詩貫珠卷一八：香鈿，歌妓之飾。金錯落，酒杯。繡連錢，馬飾，欲歸而認騎也。五言無暇談詩，六言醉猶傾一斗，結謂因新進士風流，故學士愛而不辭醉。飲徒，指學士，題中所謂戲也，必學士是夕有狂飲豪興。

出關〔一〕

馬嘶煙岸柳陰斜，東去關山路轉賒。到處因循緣嗜酒，一生惆悵爲判華〔二〕。危時祇合身無著〔三〕，白日那堪事有涯。正是灞陵春酎緑，仲宣何事獨辭家〔四〕。

【校記】

〔東去〕原注：「一作回首。」〔仲宣何事〕詩淵作悠悠千里。

【箋注】

〔一〕同卷與東吴生相遇題注：「及第後出關作。」然此詩情調與新及第不合。據「危時」、「仲宣辭家」云云，詩當作於王仙芝、黄巢起義期間（補遺秦婦吟有「危時不助神通力」句）。又，詩云「獨辭家」，蓋時已由鄠杜遷居長安，當在乾符四、五年間或稍後（卷八鄠杜舊居作於乾寧四年，云「一別雲溪二十年」，知約乾符四年別鄠杜）。卷二又聞湖南荆渚相次陷没爲乾符六年（八七九）末流離南越時所作（詩云「莫問南越流離事，戰餘空有舊山河」），本詩蓋作於同年春。按，才調集録此詩題作闕山，列所選韋詩六十三篇之首。

〔二〕判華：落花。温庭筠春日偶作：「夜聞猛雨判花盡，寒戀重衾覺夢多。」

〔三〕無著：無所執著。

〔四〕「仲宣」句：見卷二早秋夜作注〔四〕。

卷第十　今體詩凡六首

過樊川舊居　時在華州駕前，奉使入蜀作〔一〕

却到樊川訪舊遊〔二〕，夕陽衰草杜陵秋。應劉去後苔生閤〔三〕，嵇阮歸來雪滿頭〔四〕。能說亂離唯有燕，解偷閑暇不如鷗。千桑萬海無人見，横笛一聲空淚流。

【箋注】

〔一〕題注云「在華州駕前奉使入蜀」，據資治通鑒卷二六〇、二六一載，乾寧三年（八九六）七月，李茂貞進逼京師，昭宗幸華州。乾寧四年夏四月，以右諫議大夫李洵爲宣諭使，和解王建及顧彦暉，六月至梓州。昭宗於光化元年（八九八）八月自華州還長安。又新五代史卷六三前蜀世家載，乾寧四年五月，「（王）建將攻東川，昭宗遣諫議大夫李洵、判官韋莊宣諭兩川，詔建罷兵。」知莊隨李洵於六月至梓州，此詩云「杜陵秋」，當作於是年秋自蜀返京過樊川時。同卷過渼陂懷舊當爲同時所作，類編長安志即謂莊「自蜀回歸韋曲」所作（參見《過渼陂懷舊》注〔一〕），當不誤。

〔二〕樊川：今陝西長安縣東南。元和郡縣圖志卷一關内道一京兆府「萬年縣」：「樊川，一名後寬川，在縣南三十里。本杜陵之樊鄉，漢高祖賜樊噲食邑於此。」

〔三〕應劉：應瑒、劉楨。應瑒，字德璉，漢末汝南人。曹操徵爲丞相掾屬，後爲五官將文學。與劉楨等並稱「建安七子」。劉楨，見卷一冬日長安感志寄獻虢州崔郎中二十韻注〔六〕。

〔四〕嵇阮：嵇康、阮籍。

長安舊里〔一〕

滿目牆匡春草深〔二〕，傷時傷事更傷心。車輪馬跡今何在，十二玉樓無處尋〔三〕。

【校記】

〔牆匡〕向校：「全唐詩注：『一作牆垣。』」〔今何在〕才調集、萬首唐人絶句作一時盡。

【箋注】

〔一〕才調集題作舊里。此詩蓋作於乾寧四年（八九七）春自華州使蜀過長安時。舊里，蓋指嘉會里，卷一有詩作嘉會里閑居。

〔二〕墻匡：頹墻。

〔三〕十二玉樓：見卷五江上逢故人注〔三〕。

過渼陂懷舊〔一〕

辛勤曾寄玉峰前〔二〕，一別雲溪二十年。三徑荒凉迷竹樹〔三〕，四鄰凋謝變桑田。渼陂可是當時事，紫閣空餘舊日煙〔四〕。多少亂離無處問，夕陽吟罷涕潸然。

【箋注】

〔一〕此詩蓋與前過樊川舊居作於同時，即乾寧四年（八九七）秋。渼陂：湖名，亦稱美陂。故址在今陝西户縣西。元和郡縣圖志卷二關内道二京兆府「鄠縣」：「渼陂，在縣西五里，周迴十四里。」按，此詩又見於類編長安志卷九：「韋曲在樊川，……（韋）莊後自蜀回歸韋曲，詩曰：殷勤曾記碧峰前，一别溪雲二十年。三逕荒凉迷竹樹，四鄰凋謝變桑田。皇陂況是當年水，紫閣空横舊日煙。多少亂離無問處，夕陽吟罷涕潸然。」

〔二〕玉峰：疑指終南山。元和郡縣圖志卷二關内道二京兆府「鄠縣」：「終南山，在縣東二十里。」類編長安志卷六引漢東方朔曰：「終南山，天下之大阻也。其山多玉石金銀銅鐵。」

〔三〕三徑：見卷一同舊韻注〔四〕。

〔四〕紫閣：終南山之峰。李白君子有所思行：「紫閣連終南，青冥天倪色。」杜甫秋興八首其八：「昆吾御宿自逶迤，紫閣峰陰入渼陂。」

汧陽間〔一〕

汧水悠悠去似絣〔二〕，遠山如畫翠眉横。僧尋野渡歸吴嶽〔三〕，雁帶斜陽入渭城〔四〕。邊靜不收蕃帳馬，地貧唯賣隴山鸚〔五〕。牧童何處吹羌笛〔六〕，一曲梅華出塞聲〔七〕。

【校記】

〔汧陽間〕向校：「全唐詩注：『一作汧陽縣閣。』」

【箋注】

〔一〕此詩疑與卷八題汧陽縣馬跑泉李學士別業作於同時，即景福二年（八九三）秋。

〔二〕汧水：即今千水，在陝西千陽縣，源出陝西隴縣西北六盤山，東南流入渭水。元和郡縣圖志卷二關內道二隴州「汧陽縣」：「汧水，在縣南一里。」　絣（bēng）：同綳，引綫使直。

〔三〕吳嶽：即吳山，亦名岍山，在汧陽縣西。

〔四〕渭城：漢置縣名，唐爲咸陽縣（治所在今陝西咸陽市東北）。元和郡縣圖志卷一關內道一京兆府「咸陽縣」：「本秦舊縣也。……及漢興，以爲渭城縣，屬右扶風。按秦咸陽在今縣東二十二里，漢渭城縣亦理於此。」

〔五〕隴山鸚：禽經：「鸚鵡摩背而瘖。」注：「鸚鵡出隴西，能言鳥也。人以手撫拭其背則瘖啞矣。」皮日休哀隴民：「隴山千萬仞，鸚鵡巢其顛。」

〔六〕羌笛：馬融長笛賦：「有庶士丘仲言其所從出，而不知其弘妙。其辭曰：近世雙笛從羌出，羌人伐竹未及已。」

〔七〕出塞聲：樂府詩集卷二一橫吹曲辭一漢橫吹曲一引樂府解題稱李延年所造二十八解，「魏晉以來唯傳十曲」，中有出塞。同卷出塞題解引曹嘉之晉書曰：「劉疇嘗避亂塢壁，賈胡百數欲害之。疇無懼色，援笳而吹之，爲出塞入塞之聲，以動其遊客之思，於是群胡皆垂泣而去。」

【集評】

郝天挺注、廖文炳解唐詩鼓吹注解卷一〇：（廖文炳解）首言汧水悠悠如絣之直，而遠山秀麗則又如翠眉焉。其時所見，僧尋野渡而去，雁帶殘陽而飛；抑且邊境清寧，不收蓄帳之馬；居民貧乏，惟賣隴西之鸚。汧陽之景物如此也。今者來登此閣，一曲梅花，聲如出塞，悠悠羌笛，正未知何處牧童耳。

朱三錫東喦草堂評訂唐詩鼓吹卷一〇：一寫水，二寫山，皆閣中之所見。舉世紛亂，斯地獨守。三曰「僧尋野渡」，四曰「雁帶斜陽」，言入山者入山，入城者入城，總以見人物之相安耳。五言邊境清寧，六曰居民貧乏，然其地雖貧而四境宴然，亦太平樂事。牧童羌笛，一曲梅花，非今日所不易聞者哉？

錢謙益、何焯唐詩鼓吹評注卷一〇：以綺筆曲寫邊障荒寒，則居此者之牢然凄斷可以得之言表也。「雕陰無樹」篇猶有露處，此篇字字有血淚而使人不覺。

趙臣瑗山滿樓箋注唐詩七言律卷六：前半閣上景致，後半縣中風土，皆極凄涼。一賦水，以絣比之；二賦山，以眉比之。只是閑閑著筆，已覺凄涼滿目。三於人之中但舉一僧，四於物之中但舉一雁，皆從冷處落想，而又襯以「尋野渡」、「帶斜陽」，則全是一片凄涼矣！五之「邊靜」即「不收馬」可見，六之「地貧」即「惟賣鸚」可知，最簡最雅，然兩句不可平看，言邊雖已靜而地則甚貧也，故結以牧童吹笛，聲猶出塞，爲習於戰爭所致，亦全是一片凄涼也。

紀昀墨評唐詩鼓吹卷一〇：前四句山川景色，後四句有風土蕭疏、邊境蒼涼之感。妙不説破。

又曰：以近邊故牧童亦有出塞之聲，非如出塞也。

吳汝綸桐城先生評點唐詩鼓吹卷一五：五、六言忽邊備而貪玩好。

焦崖閣〔一〕

李白曾歌蜀道難，長聞白日上青天〔二〕。今朝夜過焦崖閣，始信星河在馬前。

【箋注】

〔一〕細品詩意，乃初次過蜀道口吻，當作於乾寧四年（八九七）隨李洵宣諭兩川途經焦崖閣時。焦崖閣：故址在今陝西洋縣北焦崖山上。

〔二〕「李白」兩句：李白蜀道難：「蜀道之難，難於上青天！」

鷄公幘 去褒城縣二十里〔一〕

石狀雖如幘，山形可類鷄。向風疑欲鬬，帶雨似聞啼。蔓織青籠合，松長翠羽低。不鳴非有意，爲怕客奔齊〔二〕。

【箋注】

〔一〕此詩蓋作於乾寧四年（八九七）隨李洵宣諭兩川途經鷄公幘時。鷄公幘：讀史方輿紀要卷五六陝西五漢中府「褒城縣」：「鷄頭關，縣北八里，關口有大石，狀如鷄頭。」褒城縣，治所在今陝西漢中市西北。

〔二〕「不鳴」兩句：史記卷七五孟嘗君列傳載齊貴公子孟嘗君使秦而被囚，一門客夜爲狗盜得狐白裘以獻秦昭王幸姬，「幸姬爲言昭王，昭王釋孟嘗君。孟嘗君得出，……夜半至函谷關。秦昭王後悔出孟嘗君，求之已去，即使人馳傳逐之。孟嘗君至關，關法鷄鳴而出客。孟嘗君恐追至，客之居下坐者有能爲鷄鳴，而鷄齊鳴，遂發傳出。出如食頃，秦追果至關，已後孟嘗君出，乃還。」

浣花集補遺

古今體詩凡七十三首

秦婦吟〔一〕

中和癸卯春三月〔二〕，洛陽城外花如雪。東西南北路人絶，緑楊悄悄香塵滅。路旁忽見如花人，獨向緑楊陰下歇。鳳側鸞欹鬢脚斜，紅攢黛斂眉心折〔三〕。借問女郎何處來，含嚬欲語聲先咽〔四〕。回頭斂袂謝行人，喪亂漂淪何堪説。三年陷賊留秦地，依俙記得秦中事〔五〕。君能爲妾解金鞍，妾亦與君停玉趾〔六〕。前年庚子臘月五〔七〕，正閉金籠教鸚鵡。斜開鸞鏡懶梳頭，閑憑雕欄慵不語。忽看門外起紅塵，已見街中擂金鼓〔八〕。居人走出半倉惶，朝士歸來尚疑誤。是時西面官軍入，擬向潼關爲警急〔九〕。皆言博野自相持，盡道賊軍來未及〔一〇〕。須臾主父乘奔至〔一一〕，下馬入門癡似醉。適逢紫蓋去蒙塵，已見白旗來匝地〔一二〕。扶羸攜幼競相呼，上屋緣牆不知次。南鄰走入北鄰藏，東鄰走向西鄰避。北鄰諸婦咸相湊，户外崩騰如走獸〔一三〕。轟轟崐崐乾坤動〔一四〕，萬馬雷聲從地湧。火迸金星上九天，十二官街煙烘烔〔一五〕。日輪西下寒光白，上帝無言空脉脉〔一六〕。陰雲暈氣若重圍，宦者流星如血色〔一七〕。紫氣潛隨帝座移〔一八〕，妖光暗射台星拆〔一九〕。家家流血如泉沸，處處冤聲聲動地〔二〇〕。舞伎歌姬盡暗捐，嬰兒稚女皆生棄。東鄰有女眉新畫，傾國傾城不知價。長戈擁得上戎車，回首香閨淚盈把。旋抽金綫學縫旗，纔上雕鞍教走馬。有時馬上見良人，不敢回眸空淚下〔二一〕。西鄰有女真仙子，一寸横波剪秋水〔二二〕。妝成只對鏡中春〔二三〕，年幼不知門外事。一夫跳躍上金階，斜袒半肩欲相恥。牽衣不肯出朱門，紅粉香脂刀下死。南鄰有女不記姓，昨日良媒新納聘〔二四〕。瑠璃階上不聞行，翡翠簾間空見影。忽看庭際刀刃鳴，身首支離在俄頃。仰天掩面哭一聲，女弟女兄同入井〔二五〕。北鄰少婦行相促，旋拆雲鬟拭眉緑。已聞擊托壞高門〔二六〕，不覺攀緣上重屋。須臾四面火光來，欲下迴梯梯又摧。煙中大叫猶求救，梁上懸屍已作灰〔二七〕。妾身幸得全刀鋸〔二八〕，不敢踟躕久回顧。旋梳蟬鬢逐軍行〔二九〕，强展蛾眉出門去。舊里從茲不得歸，六親自此無尋處〔三〇〕。一從陷賊經三載，終日驚憂心膽碎。夜卧千重劍戟圍，朝飡一味人肝膾〔三一〕。鴛幃縱入豈成歡，寶貨雖多非所愛。蓬頭面垢狵眉赤〔三二〕，幾轉横波看不得。衣裳顛倒言語異〔三三〕，面上誇功雕作字〔三四〕。柏臺多士盡狐精〔三五〕，蘭省諸郎皆鼠魅〔三六〕。還將短髮戴華簪，不脱朝衣纏繡被〔三七〕。翻持象笏作三公〔三八〕，倒佩金魚爲兩史〔三九〕。朝聞奏對入朝堂，暮見喧呼來酒市。一朝五鼓人驚起〔四〇〕，叫嘯喧爭如竊語。夜來探馬入皇城〔四一〕，昨日官軍收赤水〔四二〕。赤水去城一百里，朝若來兮暮應至。兇徒馬上暗吞聲，女伴閨中潛生喜。皆言冤憤此時銷，必謂妖徒今日死。逡巡走馬傳聲急〔四三〕，又道官軍全陣入。大彭小彭相顧憂，二郎四郎抱鞍泣〔四四〕。沉沉數日無消息，必謂官軍已銜璧〔四五〕。簸旗掉劍却來歸，又道官軍悉敗績〔四六〕。四面從兹多厄束，一斗黄金一升粟〔四七〕。尚讓厨中食木皮，黄巢机上刲人肉〔四八〕。東南斷絶無糧道，溝壑漸平人漸少〔四九〕。六軍門外倚殭尸〔五〇〕，七架營中填餓殍〔五一〕。長安寂寂今何有，廢市荒街麥苗秀〔五二〕。採樵斫盡杏園花〔五三〕，修寨誅殘御溝柳〔五四〕。華軒繡轂皆銷散，甲第朱門無一半〔五五〕。含元殿上狐兔行〔五六〕，花萼樓前荆棘滿〔五七〕。昔時繁盛皆埋没，舉目凄凉無故物。内庫燒爲錦繡灰，天街踏盡公卿骨〔五八〕。來時曉出城東陌，城外風煙如塞色。路旁時見遊奕軍〔五九〕，坡下寂無迎送客。霸陵東望人煙絶，樹鏁驪山金翠滅〔六〇〕。大道俱成棘子林〔六一〕，行人夜宿牆匡月。明朝曉至三峰路〔六二〕，百萬人家無一户。破落田園但有蒿，摧殘竹樹皆無主。路旁試問金天神〔六三〕，金天無語愁于人。廟前古柏有殘枿〔六四〕，殿上金爐生暗塵。一從狂寇陷中國〔六五〕，天地晦冥風雨黑。案前神水呪不成〔六六〕，壁上陰兵驅不得〔六七〕。閒日徒歆奠饗恩〔六八〕，危時不助神通力。我今愧恧拙爲神〔六九〕，且向山中深避匿。寰中簫管不曾聞，筵上犧牲無處覓〔七〇〕。旋教魘鬼傍鄉村，誅剥生靈過朝夕。妾聞此語愁更愁，天遣時災非自由。神在山中猶避難，何須責望東諸侯〔七一〕。前年又出楊震關〔七二〕，舉頭雲際見荆山〔七三〕。如從地府到人間，頓覺時清天地閑。陝州主帥忠且貞，不動干戈惟守城〔七四〕。蒲津主帥能戢兵，千里晏然無戈聲〔七五〕。朝攜寶貨無人問，夜插金釵惟獨行。明朝又過新安東〔七六〕，路上乞漿逢一翁。蒼蒼面帶苔蘚色，隱隱身藏蓬荻中。問翁本是何鄉曲〔七七〕，底事寒天霜露宿。老翁暫起欲陳詞，却坐支頤仰天哭〔七八〕。鄉園本貫東畿縣〔七九〕，歲歲耕桑臨近甸〔八〇〕。歲種良田二百壥〔八一〕。年輸户税三千萬。小姑慣織褐絁袍〔八二〕，中婦能炊紅黍飯。千間倉兮萬絲箱〔八三〕，黄巢過後猶殘半。自從洛下屯師旅，日夜巡兵入村塢〔八四〕。匣中秋水拔青蛇〔八五〕，旗上高風吹白虎〔八六〕。入門下馬若旋風，罄室傾囊如卷土。家財既盡骨肉離，今日垂年一身苦。一身苦兮何足嗟，山中更有千萬家〔八七〕。朝飢山上尋蓬子，夜宿霜中卧荻花〔八八〕。妾聞此父傷心語，竟日闌干淚如雨。出門惟見亂梟鳴，更欲東奔何處所。仍聞汴路舟車絶，又道彭門自相殺〔八九〕。野色徒銷戰士魂，河津半是冤人血〔九〇〕。適聞有客金陵至〔九一〕，見説江南風景異。自從大寇犯中原，戎馬不曾生四鄙〔九二〕。誅鋤竊盜若神功，惠愛生靈如赤子〔九三〕。城壕固護學金湯〔九四〕，賦税如雲送軍壘。奈何四海盡滔滔〔九五〕，湛然一境平如砥〔九六〕。避難徒爲闕下人，懷安却羨江南鬼。願君舉棹東復東，詠此長歌獻相公〔九七〕。

【校記】

〔黛斂〕羅振玉校本（見敦煌零拾。下簡稱羅校本）作翠斂。〔依俙〕從王國維校本（韋莊的秦婦吟，見國學季刊一卷四號。下簡稱王校本）。羅校本、翟理斯校本（秦婦吟之考證與校釋，張蔭麟譯，見燕京學報第一期。下簡稱翟校本）、劉修業校本（下簡稱劉校本）作依稀。〔金鞍〕羅校本作征鞍。周雲青箋注本（秦婦吟箋注，商務印書館一九三四年版。下簡稱周箋本）案：「征鞍與金鞍義皆可通。惟金鞍與下文玉趾相對，則作金者爲是。」〔倉惶〕羅校本作倉皇。〔紫蓋〕甲本作紫氣。〔匝地〕王校本、翟校本作迎地。〔崐崐〕丙、丁、戊本作嵲嵲。劉校：「『崐崐』當從蔣禮鴻説作輥輥。」〔官街〕王校本作天街。周箋：「王國維校本作天街，不知所據何本。惟天街係長安禁城内一街名，不能有十二也。王校非是。」按，王氏蓋依下文「天街踏盡公卿骨」句校改。〔烘烔〕羅校本作烘炯，誤。〔暈氣〕丙、丁本作暈起。〔宦者〕王校本作官者。〔流星〕丙本作星流。丁本作西流。〔潛隨〕甲校作漸隨。丙本作潛通。〔暗捐〕從丙本、羅校本。王、翟、劉校本作暗損。〔盈把〕翟校本作盈帊。〔纔上〕戊本作扶上。〔相恥〕丁本作想耻。〔階上〕王校本作簾外。〔聞行〕王、羅校本作聞聲。〔簾間〕王校本作樓間。羅校本作簾前。〔空見〕戊本作空看。〔支離〕甲本作分離。羅校本作旋解。〔擊托〕從王、羅、翟校本。〔迴梯〕王校本作危梯。〔豈〕王校本作詎。〔猇眉〕甲本作眉猇。羅校本作眉猶。〔言語〕王、羅校本作語言。〔多士盡〕丙本作多是盡。羅校本作多半是。〔奏對〕乙、戊本作走對。丙本作奏事。〔如竊語〕丙本作而竊語。羅、王、翟校本作如竊議。〔若來〕丁本作若見。來，王校：「一作發。」〔生喜〕王、翟校本作失喜。羅校本作色喜。〔此時〕甲、乙、戊本作此是。〔妖徒〕乙、丙作妖從。〔官軍〕王、羅、翟校本作軍前。〔沉沉〕王、羅、翟校本作泛泛。〔官軍〕庚本作軍前。〔升粟〕羅校本、周箋本作斗粟，非。陳寅恪秦婦吟校箋（見寒柳堂集，上海古籍出版社一九八〇年版。下簡稱陳校本）：「作『斗粟』雖可通，作『升粟』者疑是端己之原文。唐人以錢帛估計米粟之價值時，概以斗言，或斗粟或斗米值若干，乃當時習用之成語。……然則端己此詩若依羅氏校本作『一斗黄金一斗粟』，猶是唐人常語，不足爲奇。今作『一斗黄金一升粟』，則是端己故甚其詞，特意形容之筆。此一字頗關重要。」〔厨中〕王校本作營中。〔今何有〕從羅、翟校本。劉校：「『今』字各本均作『金』，乃同音致誤。」按，抑或形近致誤。〔斫盡〕羅校本作砍盡。〔誅殘〕乙、戊、己本作株殘。〔繡轂〕甲、乙、丙、戊本作繡穀。王、羅校本作繡穀。〔公卿骨〕唐才子傳卷十引作「却重回」，羅振玉秦婦吟跋云：「至才子傳載『天街踏盡公卿骨』作『天街踏盡却重回』，與今本及北夢瑣言不同，殆後來避謗所改歟？」〔寂無〕翟校本作絶無。〔俱成〕丙本作且成。丁本作但成。〔牆匡〕王校本作長匡。羅校本原作長安。翟校：「王校據甲本作長匡，不知其有何意義。羅校作長安，更不洽。按甲本之長爲牆之訛無疑，因其餘四本（乙、丙、丁、戊）皆作墻，即爲牆之破體。浣花集十長安舊里詩有『滿目牆匡春草深』之句，全唐詩作『牆垣』。二者皆圍墻無上蓋者，故月光入照也。」劉校：「己本作横匡。」引俞平伯云：「『牆匡』似不誤，因少見。牆匡非指一般的牆，其中空無所有，只剩一個匡廓耳（「匡」今亦作「框」）。翟校是。按全唐詩中鄭谷再經南陽有句云：『寥落牆匡春欲暮，燒殘官樹有花開。』亦可證。」〔曉至〕丙本作曉望。〔三峰〕羅校本作三山，非。〔廟前〕王校本作廟中。〔狂寇〕丁本作往賊。按，往蓋狂之形訛。〔晦冥〕乙、己本作暗冥。〔饗恩〕從王、羅、翟校本。甲、乙、戊、己本作饗思。〔愧恧〕丁本作愧惡。按，惡疑爲恧之形訛。〔深避〕甲、丙本作深壁。

己本作尋避。〔魘鬼〕周箋本作魔鬼。陳校本據北夢瑣言十一「闞三郎入關」條「夫喪亂之間，陰厲旁作，……傳有一夷，迷（按：陳氏據端己詩「天遺時災非自由」語，疑「迷」當作「遺」）鬼魘人」語，謂「其有作魔者非是」。俞平伯讀陳寅恪秦婦吟校箋（文史第十三輯）云：「但『魘』字亦誤，蓋是『野』之音訛。疑當作『野鬼』，對山神而言。」按，作「野」無版本依據，不從。〔戈聲〕王校本注：「戈當作鼓。」劉校：「『戈』字各本均不清晰，丙本似『犬』。」又引俞平伯云：「『戈』蓋不誤。『犬聲』亦不壞，如説『鷄鳴犬吠』，但此處音節須平聲字，自以『戈』爲長。」〔夜插〕羅校本、周箋本作暮插。〔霜露〕乙、丁、戊本作霜路。〔暫起〕己本作慙起。〔仰天〕翟校本作向天。〔本貫〕乙、丙、己本均作本管。〔良田〕王校本作桑田。〔壥〕羅校本、周箋本作廛。〔三千〕羅校本作三十。翟校：「三千萬數過多，羅校易千爲十，似是。」陳校：「羅氏意三千萬爲數太多，故易以三十萬，不知詩尚有『明朝曉至三峰下，百萬人家無一户』之句。其實三峰之下，豈有百萬户乎？詞人之數字，僅代表數量衆多而已，不必過於拘泥也。」劉校引俞平伯云：「三千萬是詩人虛擬形容誇大之詞。」〔絁〕一作絶，非。陳校：「作『絁』是也。據敦煌掇瑣中輯六六載，天寶四載和糴準旨支二萬段出武咸（威）郡帳内，有五佰五拾匹河南府絁。此翁本貫河南府新安縣，則『絶』之校改作『絁』，信有明征矣。」按，唐會要卷八三租税上：「（元和）十一年六月，京兆府奏今年諸縣夏税折納綾絹絁紬絲綿等。」〔萬絲〕劉校：「『絲』字，翟、羅、王三氏均以意改作『斯』，周氏箋註從之。據詩經甫田之『乃求千斯倉，乃求萬斯箱』也。但各寫本均作『絲』，於義亦可通。」〔垂年〕王校：「垂，當作殘。」羅校本作垂垂。翟校：「垂年，各本皆同。王校改殘年，羅校改垂垂，似不必。」劉校：「按，己本『年』作『知』，作『垂知』亦可通。」〔千萬家〕丙本作數萬家。〔朝飢〕己本作朝飡。〔山上〕戊、己、癸本作山草。〔此父〕羅校本、周箋本作此老。〔汴路〕王校：「一作洛下。」羅校本、周箋本作汴洛。陳校：「汴路乃當時習用之名詞，不可改爲汴洛。」〔舟車〕己本作旋東。〔相殺〕王校本作相煞。〔野色〕丙本作野宿。癸本作野赴。〔犯中原〕丙本作陷中國。翟校本作陷中原。〔誅鋤〕丙本作誅除。

〔學金湯〕劉校：「翟、羅、王三氏校作『教』，巴黎戊本亦作『教』，己本作『學』。但『教』字不可通，疑是『效』字之誤。」引俞平伯云：「當是『效』字，『效金湯』者，似金湯也。」按，作「效」無版本依據，不從。教、斆、學三字義相通，均可釋作效法。宋本廣韻卷第四「效」：「斆，學也。」宋本集韻卷之八「效」：「斆、學，教也，或省。」今據浣花集卷二天井關「繚垣何用學金湯」，從己本作學。　〔奈何〕王校本作如何。　〔一境〕翟校本作一鏡。　〔徒爲〕己本作都爲。　〔羨〕乙、己本作賤。　癸本作善。　〔長歌獻相公〕丙本作歌獻相公意。

【箋注】

〔一〕此詩或爲中和三年三月洛陽所作，或爲春夏間至潤州後追述之作。　北夢瑣言卷六：「蜀相韋莊應舉時，遇黃巢犯闕，著秦婦吟一篇，内一聯云：『内庫燒爲錦繡灰，天街踏盡公卿骨。』爾後公卿亦多垂訝，莊乃諱之。　時人號『秦婦吟秀才』。他日撰家戒，内不許垂秦婦吟障子。　以此止謗，亦無及也。」韋藹編浣花集蓋未録此詩，後遂失傳。　至敦煌石窟祕籍於一九〇〇年被發現後，英籍匈牙利人斯坦因（Aurel Stein）、法國人伯希和（Paul Pelliot）於一九〇七年先後在敦煌石窟劫得大量寫卷運入英、法，其中有多種秦婦吟寫本，後漸次轉歸中國。　現知敦煌石窟所出秦婦吟寫本凡十種：（甲）斯五四七六。（乙）斯〇六九二。　卷末題「貞明五年（九一九）己卯歲四月十一日敦煌郡金光明寺學仕郎安友盛寫訖」。　並有寫書詩四句：「今日寫書了，合有五升麥。　高代不可得，還是自身災。」（丙）斯五四七七。（丁）伯二七〇〇。（戊）伯三三八一。　卷末題「天復伍年（九〇五）乙丑歲十二月十五日敦煌郡金光明寺學仕張龜寫」。（己）伯三七八〇。　卷末題「顯德二年丁巳歲二月十七日就家學士郎馬富德書記」（按：丁巳歲爲顯德四年）；又題「大周顯德四年（九五七）丁巳歲二月十九日學士童兒馬富德書記」。（庚）伯三九五三。　首尾殘闕，僅存二十行半。（辛）伯三九一〇。（壬）李盛鐸藏本，後賣與日本。　原本未見。（癸）斯五八三四。　柴劍虹發現，共十三行：殘詩十二行，每行存七至十一字不等；末行題「貞明陸年歲在庚辰（九二〇）拾貳月」。據柴氏考辨，此殘卷與伯二七〇〇爲同一寫本（參見柴劍虹秦婦吟敦煌寫卷的新發現，光明日報，一九八三年六月七日）。秦婦吟重現以來，校勘箋證者漸多，王國維、羅振玉、英人翟理斯（Lionel Giles）、周雲青、陳寅恪等學者多有發明。一九四七年，劉修業在學原一卷七期上發表秦婦吟校勘續記，吸取已有成果再作補校。今以劉氏校本爲底本，參校其他校本，擇善而從。校記則綜合諸家校勘所獲寫定，校本依上述甲、乙等序號標明甲本、乙本等。

〔二〕中和癸卯：即唐僖宗中和三年（八八三）。

〔三〕「鳳側」兩句：上句寫鬟髮散亂，下句言面容憂愁。攢、斂，結聚。

〔四〕含嚬：蹙眉憂愁貌。嚬，同顰。

〔五〕「三年」兩句：唐僖宗廣明元年（八八〇）十二月，黃巢起義軍攻入長安，「秦婦」被擄，至中和三年初逃出長安時，前後三年。按資治通鑑卷二五四載：唐僖宗廣明元年十二月甲申，「晡時，黃巢前鋒將柴存入長安，金吾大將軍張直方帥文武數十人迎黃巢於霸上。……壬辰，巢即皇帝位於含元殿。」卷二五五「唐僖宗中和三年」：夏四月庚子，「李克用與忠武將龐從、河中將白志遷等引兵先進，與黃巢軍戰於渭南，一日三戰，皆捷。義成、義武等諸軍繼之，賊衆大奔。甲辰，克用等自光泰門入京師，黃巢力戰不勝，焚宮室遁去。」依俙，同依稀。

〔六〕開篇至「妾亦與君停玉趾」，點明時、地，引出「秦婦」。「秦中事」爲下文伏筆。

〔七〕「前年」句：指唐僖宗廣明元年十二月五日，爲黃巢起義軍攻入長安之日。

〔八〕攂：同擂。

〔九〕「是時」兩句：言鳳翔、奉天等京城西面官軍增援潼關守軍。資治通鑑卷二五四載，僖宗廣明元年十一月，黃巢軍入汝州，豆盧瑑、崔沆奏請發關內諸鎮及兩神策軍守潼關。十二月，兵馬先鋒使張承範等將神策弩手二千餘至潼關，與黃巢軍激戰而敗。「承範變服帥餘衆脱走，至野狐泉，遇奉天援軍二千繼至，承範曰：『汝來晚矣。』博野、鳳翔軍還至渭橋，見所募新軍衣裘温鮮，怒曰：『此輩何功則然，我曹反凍餒！』遂掠之，更爲賊鄉導，以趣長安。」注：「博野軍，即穆宗長慶二年（八二二）李寰帥以歸京師之兵也。」

〔一〇〕「皆言」兩句：舊唐書卷二〇〇下黃巢傳：「廣明元年十一月十七日，巢陷洛陽，繼攻陝、虢，逼潼關。「朝廷以田令孜率神策、博野等軍十萬守潼關。」

〔一一〕主父：婢妾對男主人的稱呼。戰國策燕一：「後二日，夫至，妻使妾奉卮酒進之。妾知其爲藥酒也，進之則殺主父，言之則逐主母，乃陽僵棄酒。主父大怒而笞之。」皇甫枚三水小牘卷下載黃巢軍入長安，封詢爲黃巢軍所擄，不屈而被殺，其夫歸而悲慟氣絶，「三婢子睹主父主母俱殞，乃相攜投浚井而死。」

〔一二〕「適逢」兩句：言僖宗西奔，巢軍入京。紫蓋，皇帝車駕。蒙塵，指皇帝出行避難。匝，環繞。資治通鑑卷二五四「唐僖宗廣明元年」：十二月一日，「黃巢前鋒軍抵關下，白旗滿野，不見其際」。二日，潼關失守。五日，「百官退朝，聞亂兵入城，布路竄匿。（田）令孜帥神策兵五百，奉帝自金光門出，惟福穆澤壽四王及妃嬪數人從行，百官皆莫知之。」

〔一三〕崩騰：動蕩紛亂。李白贈張相鎬二首其二：「想像晉末時，崩騰胡塵起。」

〔一四〕轟轟崐崐：車聲嘈雜。

〔一五〕十二官街：宋敏求長安志卷七唐皇城：「城中南北七街，東西五街，其間並列臺省寺衛。」烘烔（tóng）：煙火濃烈貌。

〔一六〕上帝：天帝。脉脉：同脈脈，凝視貌。

〔一七〕「宦者」句：以星象暗喻官民流離情形。宦者，星宿名。後漢書卷七八宦者列傳：「易曰：『天垂象，聖人則之。』宦者四星，在皇位之側，故周禮置官亦備其數。」星經：「宦者四星，在帝座西南，閹人也。星微則吉，明則凶。」按新唐書卷二二五下黃巢傳載，廣明元年十二月宦官田令孜以神策兵五百奉帝西奔，中人西門匡範統右軍殿後。流星，喻庶民流離。宋書卷二四天文志二：「永嘉元年十二月丁亥，星流震散。案劉向説：『天官列宿，在位之象，小星無名者，庶民之類。』此言百官庶民將流散之象也。是後天下大亂，百官萬民，流移轉死矣。」

〔一八〕「紫氣」句：暗喻僖宗離京西奔。紫氣，祥瑞之氣。帝座，借指朝宮。晉書卷一一天文志上：「紫宮垣十五星，其西蕃七，東蕃八，在北斗北。一曰紫微，大帝之坐也，天子之常居也，主命主度也。」又云：「太微，天子庭也，五帝之坐也，十二諸侯府也。」

〔一九〕「妖光」句：暗指宰相豆盧瑑、崔沆等爲黃巢軍所殺。舊唐書卷一九下僖宗紀載，廣明元年十二月，黃巢軍入京，「時宰相豆盧瑑、崔沆、故相左僕射劉鄴、太子少師裴諗、御史中丞趙蒙、刑部侍郎李溥、故相于琮皆從駕不及，匿於閭里，爲賊所捕，皆遇害。」妖光，指妖星，戰亂災異之星象。參見卷五和鄭拾遺秋日感事一百韻注〔七〕。台星，指三台。宋書卷二四天文志二：晉惠帝太安二年三月，「彗星見東方，指三台。占曰：『兵喪之象。』三台爲三公。」晉書卷一一天文志上：「三台六星，兩兩而居，起文昌，列抵太微。一曰天柱，三公之位也。在人曰三公，在天曰三台，主開德宣符也。……又曰三台爲天階，太一躡以上下。一曰泰階。上階，上星爲天子，下星爲女主；中階，上星爲諸侯三公，下星爲卿大夫；下階，上星爲士，下星爲庶人。所和陰陽而理萬物也。君臣和集，如其常度，有變則占其人。」

〔二〇〕「家家」兩句：資治通鑑卷二五四載，僖宗廣明元年十二月五日，黃巢軍攻入長安，「其徒爲盜久，不勝富，見貧者往往施與之。居數日，各出大掠，焚市肆，殺人滿街，巢不能禁。尤憎官吏，得者皆殺之。」

〔二一〕「有時」兩句：言被擄後夫妻相見不得語。蔡琰悲憤詩：「或有骨肉俱，欲言不敢語。」張籍永嘉行：「婦人出門隨兵亂，夫死眼前不敢哭。」

〔二二〕橫波：眼波。文選卷一七傅毅舞賦：「眉連娟以增繞兮，目流睇而橫波。」李善注：「橫波，言目邪視如水之橫流也。」

〔二三〕「妝成」句：沈約攜手曲：「斜簪映秋水，開鏡比春妝。」

〔二四〕良媒：詩衛風氓：「匪我愆期，子無良媒。」

〔二五〕女弟：妹妹。女兄：姐姐。説文女部：「姊，女兄也。妹，女弟也。」

〔二六〕擊托：疑當作「擊柝」。孟子萬章下：「抱關擊柝。」趙岐注：「監門之職也。柝，門關之木也。擊，推之也。」

〔二七〕「前年庚子臘月五」至「梁上懸屍已作灰」，「秦婦」追述黃巢軍攻入京城情形。

〔二八〕全刀鋸：避免刀鋸之禍。

〔二九〕蟬鬢：崔豹古今注卷下：「魏文帝宮人有絶所寵者，有莫瓊樹、薛夜來、田尚衣、段巧笑四人，日夕在側。瓊樹乃制蟬鬢，縹緲如蟬翼，故曰蟬鬢。」

〔三〇〕六親：漢書卷四八賈誼傳：「建久安之勢，成長治之業，以承祖廟，以奉六親，至孝也。」應劭曰：「六親，父母兄弟妻子也。」

〔三一〕「朝飡」句：謂以人肉爲食。莊子盜跖：「盜跖乃方休卒徒於太山之陽，膾人肝而餔之。」飡，同餐。按舊唐書卷二〇〇下黃巢傳載：「時京畿百姓皆砦於山谷，累年廢耕耘。賊坐空城，賦輸無入，穀食騰踊，米斗三十千。官軍皆執山寨百姓，鬻於賊爲食，人獲數十萬。」

〔三二〕「蓬頭」句：新唐書卷二二五下黃巢傳：「賊衆皆披髮錦衣。」狵眉赤，借東漢赤眉軍指黃巢起義軍，見卷二天井闕注〔五〕。狵（máng），多毛犬。

〔三三〕衣裳顛倒：世説新語言語：「邊文禮見袁奉高，失次序。奉高曰：『昔堯聘許由，面無怍色，先生何爲顛倒衣裳？』文禮答曰：『明府初臨，堯德未彰，是以賤民顛倒衣裳耳。』」

〔三四〕「面上」句：新唐書卷二二五下黄巢傳載巢廣明元年十二月克京，立大齊政權，大行封拜。「取趫偉五百人號『功臣』，以林言爲之使，比控鶴府。」按，據此句及下文「短髮戴華簪」，巢軍將領蓋有受過髡、黥之刑者。新唐書卷二二五下黄巢傳載巢「喜養亡命」。

〔三五〕柏臺：即御史臺，掌彈劾百官。漢御史府列植柏樹，故稱。參見卷三和集賢侯學士分司丁侍御秋日雨霽之作注〔四〕。

〔三六〕蘭省諸郎：指秘書省郎官，掌圖籍。通典卷二六職官八秘書監：「龍朔二年，改秘書省爲蘭臺，改監爲太史，少監爲侍郎。咸亨初復舊，天授初改秘書省爲麟臺，神龍初復舊。掌經籍圖書，監國史，領著作、太史二局。」

〔三七〕「還將」兩句：言黄巢大齊朝官服飾不合禮儀。按新唐書卷二二五下黄巢傳載有類似情形：黄巢建立大齊政權，「求袞冕不得，繪弋綈爲之。無金石樂，擊大鼓數百，列長劍大刀爲衛。」

〔三八〕象笏：象牙朝笏。唐會要卷三二輿服下笏：「武德四年八月十六日詔：『五品已上執象笏，已下執竹笏。』舊制，三品已下，前挫後直；五品已上，前挫後屈。武德已來，一例上圓下方。……開元八年九月敕：諸笏，三品已上，前屈後直；五品已上，前屈後挫。並用象。九品已上，竹木，上挫下方。」三公：周朝指太師、太傅、太保，西漢指大司馬、大司徒、大司空。後泛指朝廷最高官員。

〔三九〕金魚：金魚袋，爲唐代三品以上官員佩飾。新唐書卷二四車服志：「高宗給五品以上隨身魚銀袋，以防召命之詐，出内必合之。三品以上金魚袋。垂拱中，都督、刺史始賜魚。天授二年，改佩魚皆爲龜。其後三品以上龜袋飾以金，四品以銀，五品以銅。中宗初罷龜袋，復給以魚，郡王、嗣王亦佩金魚袋。」兩史：指宰相。通典卷二一職官三宰相「中書令」：「隋初，改中書爲内史，置監、令各一人。尋廢監，置令二人。煬帝大業十二年又改内史爲内書，後復爲内史令。大唐武德初爲内史令，三年改爲中書令，亦置二人，龍朔二年，改爲右相。」

〔四〇〕五鼓：指五更鼓，拂曉時分。顔氏家訓書證：「漢魏以來，謂爲甲夜、乙夜、丙夜、丁夜、戊夜；又云鼓，一鼓、二鼓、三鼓、四鼓、五鼓。」

〔四一〕皇城：舊唐書卷三八地理一關内道「京師」：「皇城在西北隅，謂之西内。」

〔四二〕「昨日」句：此句及下文「逡巡走馬」二句蓋指中和元年三、四月間官軍反攻長安之事。據資治通鑑卷二五四載，中和元年三月，京城四面諸軍行營都統鄭畋傳檄諸藩鎮合兵攻長安。四月，「唐弘夫屯渭北，王重榮屯沙苑，王處存屯渭橋」。按沙苑與赤水鎮鄰近。長安志卷一七「渭南縣」：「赤水鎮，在縣東一十五里。」元和郡縣圖志卷一關内道一京兆府「渭南縣」注：「西至府一百三十里。」卷二關内道二同州注：「西至上都二百五十里。」同州治馮翊縣，「沙苑，一名沙阜，在（馮翊）縣南十二里。東西八十里，南北三十里。」

〔四三〕逡巡：疾行貌。史記卷六秦始皇本紀：「逡巡遁逃而不敢進。」

〔四四〕「大彭」兩句：陳寅恪韋莊秦婦吟校箋詩句校釋據蘇鶚蘇氏演義上「俗呼奴爲邦」、李匡乂資暇集下「呼奴爲邦」條及資治通鑑卷二〇七「長安三年九月」條「足下非張卿家奴，何郎之有」注「門生、家奴呼其主爲郎」，釋云：「俗語之用，原無定字，彭邦二音相近，故書爲邦者，宜得書爲彭。」「蓋奴呼主爲郎，主呼奴爲邦，或彭。故端己以此二者對列，極爲工整自然。可知此兩句詩意，只謂主人及奴僕，即舉家上下全體憂泣而已，非有所實指也。」

〔四五〕銜璧：指投降。左傳僖公六年：「冬，蔡穆侯將許僖公見楚子於武城。許男面縛銜璧。」杜預注：「縛手於後，唯見其面，以璧爲質，手縛故銜之。」

〔四六〕「簸旗」兩句：資治通鑑卷二五四載，中和元年四月，唐將程宗楚、唐弘夫率官軍攻入長安。巢軍退宿灞上，「詗知官軍不整，且諸軍不相繼，引兵還襲之，自諸門入，大戰長安中。宗楚、弘夫死，軍士重負不能走，是以甚敗，死者什八九。」敗績：潰敗，書湯誓：「夏師敗績，湯遂從之。」傳：「大崩曰敗績。」

〔四七〕「四面」兩句：資治通鑑卷二五四載，僖宗中和二年夏四月，「王鐸將兩川、興元之軍屯靈感寺，涇原屯京西，易定、河中屯渭北，邠寧、鳳翔屯興平，保大、定難屯渭橋，忠武屯武功。官軍四集，黃巢勢已蹙，號令所行，不出同華。民避亂，比皆入深山，築柵自保。農事俱廢。長安城中斗米直三十緡。賊賣(一作買)人於官軍以爲糧，官軍或執山寨之民鬻之。人直數百緡，以肥瘠論價。」厄束，困迫。司馬彪贈山濤：「今者絶世用，倥傯見迫束。」

〔四八〕「尚讓」兩句：尚讓，山東濮州(治所在今山東鄄城縣北)人。其兄尚君長從王仙芝起義，後詣闕請罪而被誅，王仙芝戰亡。尚讓爲兄報仇，率王仙芝餘部與黃巢合兵攻占長安。黃巢建立大齊政權，以尚讓爲太尉兼中書令。黃巢，山東曹州冤句(今山東曹縣西北)人。新唐書卷二二五下黃巢傳載中和二年五月，「於時畿民柵山谷自保，不得耕。米斗錢三十千，屑樹皮以食。有執柵民鬻賊以爲糧，人獲十萬數」。机：同几，桌案。刲(kuī)：割。

〔四九〕「溝壑」句：孟子梁惠王上：「孟子對曰：『凶年饑歲，君之民，老弱轉乎溝壑。』」

〔五〇〕六軍門：長安志卷六宮室四唐上「左右三軍飛龍院」：「太和門外之北從西，第一曰左羽林軍，第二曰左龍武軍，第三曰左神策軍，以上左三軍。九仙門外之北從東，第一曰右羽林軍，第二曰右龍武軍，第三曰右神策軍，以上右三軍。」據新唐書卷五〇兵志，北衙禁軍，肅宗時爲左右羽林軍、左右龍武軍、左右神武軍，總曰「北衙六軍」，後增置左右神策軍、左右神威軍，總曰「左右十軍」，元和間省神武、神威，故六軍爲左右羽林軍、左右龍武軍、左右神策軍。

〔五一〕七架營：陳寅恪韋莊秦婦吟校箋詩句校釋疑「架」爲「萃」之形誤。七萃，指天子禁衛軍。穆天子傳卷一：「賜七萃之士戰。」郭注：「萃，集也，聚也，亦猶傳有七輿大夫，皆聚集有智力者，爲王之爪牙也。」崔致遠諸葛爽相公二首其一：「必有百靈薦祉，七萃成功，遠揚郤元帥之高名，近繼郭汾陽之雄略。」宿衛禁軍中七軍爲左衛、右衛、前軍、後軍、左軍、右軍、驍騎。（據錢儀吉補晉兵志等） 餓殍：餓死之人。

〔五二〕廢市荒街：此指京城。舊唐書卷三八地理一關内道「京師」：「有東、西兩市。都内，南北十四街，東西十一街。」 麥苗秀：史記卷三八宋微子世家：「其後箕子朝周，過故殷虛，感宫室毁壞，生禾黍。箕子傷之，欲哭則不可，欲泣爲其近婦人，乃作麥秀之詩以歌詠之。」

〔五三〕「採樵」句：杏園，即杏花園，見卷四代書寄馬注〔四〕。按卷三過舊宅有云：「玉欄仙杏作春樵。」

〔五四〕「修寨」句：杜光庭録異記卷三載巧工劉萬餘爲黄巢所虜而志忠唐室，見京師積糧尚多，謀竭其糧，遂諫黄巢「自望仙門以北，周玄武、白虎諸門博築城池，置樓櫓却敵，爲禦捍之備」。巢從之，「歲餘，功不輟而城不周，以至於出太倉穀以支夫食，然後剥榆皮而充御厨，城竟不就」。 御溝柳：古今注卷上：「長安御溝謂之楊溝，謂植高楊於其上也。」

〔五五〕「華軒」兩句：舊唐書卷一九下僖宗紀載廣明元年十二月，黄巢入長安，「時宰相豆盧瑑、崔沆、故相左僕射劉鄴、太子少師裴諗、御史中丞趙蒙、刑部侍郎李溥、故相于琮皆從駕不及，匿於閭里，爲賊所捕，皆遇害。 將作監鄭綦、庫部郎中鄭係義不臣賊，舉家雉經而死。」新唐書卷二二五下黄巢傳載黄巢軍陷京師，「捕得官吏悉斬之，火爐舍不可貲，宗室侯王屠之無類矣。」甲第：指豪貴之門。史記武帝紀：「賜列侯甲第，僮千人。」集解：「漢書音義曰：有甲乙次第，故曰第。」

〔五六〕「含元殿」句：資治通鑑卷二五四載廣明元年十二月壬辰（十三日）：「巢即皇帝位於含元殿，畫皁繒爲衮衣，擊戰鼓數百，以代金石之樂，登丹鳳樓，下赦書，國號大齊，改元金統。……以妻曹氏爲皇后，以尚讓爲太尉兼中書令，趙璋兼侍中，崔璆、楊希古並同平章事，孟楷、蓋洪爲左右僕射，知左右軍事，費傳古爲樞密使，以太常博士皮日休爲翰林學士。」含元殿，長安志卷六：「丹鳳門内當中正殿曰含元殿，武后改曰大明殿，即龍首山之東麓也。」

〔五七〕「花萼樓」句：花萼樓，故址在今陝西西安市東。唐會要卷三十「興慶宮」：「開元二年七月二十九日，以興慶里舊邸爲興慶宮。……後於西南置樓，西北題曰花萼相輝之樓，南面題曰勤政務本之樓。」資治通鑑卷二五六載，光啓元年三月，僖宗還至京師，「荆棘滿城，狐兔縱横，上凄然不樂。」按，晉書卷六〇索靖傳：「靖有先識遠量，知天下將亂，指洛陽宫門銅駝，嘆曰：『會見汝在荆棘中耳！』」

〔五八〕「内庫」兩句：資治通鑑卷二五四載，廣明元年十二月五日，黄巢軍入京師，「居數日，各出大掠，焚市肆，殺人滿街，巢不能禁，尤憎官吏，得者皆殺之。」内庫，皇宫府庫，貯藏財物書籍等。李商隱行次西郊作一百韵：「萬國困杼軸，内庫無金錢。」新唐書藝文志一：「貞觀中，魏徵、虞世南、顔師古繼爲祕書監，請購天下書，選五品以上子孫工書者爲書手，繕寫藏於内庫，以宫人掌之。」天街，京城街道。韓愈早赴街西行香：「天街東西異，祇命遂成遊。」「妾身幸得全刀鋸」至「天街踏盡公卿骨」，「秦婦」追述「陷賊」三年之經歷。

〔五九〕遊奕軍：指巢軍之巡邏兵。資治通鑑卷二〇九載，唐中宗景龍二年三月，以論弓仁爲「朔方軍前鋒遊弈使」。注：「遊弈使，領遊兵以巡弈者也。」并引杜佑曰：「遊弈於軍中，選驍勇諳山川泉井者充，日夕邏候於亭障之外。」按，舊唐書卷二〇〇下黄巢傳載巢入京建號，封拜朝官，「朱温、張言、彭攢、季逵爲諸衛大將軍、四面游奕使。」奕、弈相通。

〔六〇〕鏁：同鎖。驪山：今陝西臨潼縣東南。唐時建有驪宫，又名温泉宫、華清宫。

〔六一〕棘子林：老子第三十章：「師之所處，荆棘生焉。大軍之後，必有凶年。」王弼注：「言師，凶害之物也。無有所濟，必有所傷，賊害人民，殘荒田畝，故曰『荆棘生焉』。」王融永明九年策秀才文五首其三：「石少不寃之人，棘林多夜哭之鬼。」

〔六二〕三峰路：指華山一帶。華山有蓮花、玉女、松檜三峰。華岳志卷一：「華山上有三峰。」

〔六三〕金天神：指華岳神，一本原注云「華岳三郎」。唐玄宗於先天元年（七一三）八月二日封爲金天王。唐大詔令集卷七四典禮岳瀆山川蘇頲封華岳神爲金天王制：「門下，惟岳有五，太華其一。表峻皇居，合靈興運。朕恭膺大寶，肇業神京。至誠所祈，神契潛感。頃者亂常悖道，有甲兵而竊發；仗順誅逆，猶風雨之從助。永言幽贊，寧忘仰止。厥功茂矣，報道斯存。宜封華岳神爲金天王。仍令龍景觀道士鴻臚卿員外置越國公葉法善，備禮告祭，主者施行。」唐文粹卷五〇唐玄宗西岳太華山碑銘：「皇天眷祐，饗我烈祖。奄有萬方，逮乎六葉。郊天地，望山川。精意必達，墜典咸甄。亦命州將，四時告虔。加視王秩，進號金天。」南部新書辛集：「華岳金天王廟，明皇御制碑。廣明中，其石忽鳴，隱隱然聲聞數里，浹旬而後定。明年，巢寇犯闕，其廟亦爲賊火焚爇，仍隳其門觀。」

〔六四〕殘枿（niè）：指樹木斫後復生的枝條。枿，同蘖。文選卷三張衡東京賦：「山無槎枿，畋不麑胎。」薛綜注：「斜斫曰槎。斬而復生曰枿。」引漢書曰：「昔先王山不槎蘖，畋不殺胎。」

〔六五〕中國：此指京城。

〔六六〕神水：廟中所貯靈異之水，供拜祭者禱告祈願。

〔六七〕陰兵：神兵。陸機辯亡論上：「神兵東驅，奮寡犯衆。」王鐸謁梓潼張惡子廟：「惟報關東諸將相，柱天功業賴陰兵。」

〔六八〕歆：享。奠饗：祭神的物品。

〔六九〕愧恧(nǜ)：自愧。方言卷六：「山之東西，自愧曰恧。」駱賓王夏日遊德州序：「章句繁蕪，心神愧恧。」

〔七〇〕犧牲：牛羊類祭品。

〔七一〕責望：責備，埋怨。東諸侯：指淮南節度使兼東面都統高駢。資治通鑑卷二五三載，唐僖宗廣明元年七月，「黄巢自采石渡江，圍天長、六合，兵勢甚盛。……(駢)畏怯不敢出兵，但命諸將嚴備自保而已。且上表告急，稱『賊六十餘萬屯天長，去臣城無五十里』。先是，盧攜謂『駢有文武長才，若悉委以兵柄，黄巢不足平。』朝野雖有謂駢不足恃者，然猶庶幾望之。及駢表至，上下失望，人情大駭，詔書責駢散遣諸道兵，致賊乘無備渡江。駢上表言『臣奏聞遣歸，亦非自專。今臣竭力保衛一方，必能濟辦。但恐賊迤邐過淮，宜急敕東道將士善爲禦備』。遂稱風痹不復出戰。」卷二五四載唐僖宗中和元年正月，「上遣使趣高駢討黄巢，道路相望，駢終不出兵。」二月，「加淮南節度使高駢東面都統」。五月，高駢移檄四方謂將討黄巢，發巡内兵八萬屯東塘。「諸將數請行期，駢托風濤爲阻，或云時日不利，竟不發」。

〔七二〕楊震關：即潼關。楊震，字伯起，弘農華陰人。後漢書卷五四楊震列傳載其少好學，明經博覽，時稱「關西孔子楊伯起」。年五十始入仕，官至司徒、太尉，廉正耿直，屢上疏請除奸猾，終爲佞臣所譖，飲酖自盡，露棺道側。漢順帝即位，「朝廷咸稱其忠，乃下詔除二子爲郎，贈錢百萬，以禮改葬於華陰潼亭，遠近畢至。」注：「墓在潼關西大道之北，其碑尚存。」胡曾關西：「楊震幽魂下北邙，關西踪迹遂荒凉。」按，或謂「楊震」爲楊僕之訛，非。楊僕移關指函谷關，漢書卷六武帝紀：「（元鼎）三年冬，徙函谷關於新安，以故關爲弘農縣。」注引應劭曰：「時樓船將軍楊僕數有大功，耻爲關外人，上書乞徙東關，以家財給其用度。武帝意亦好廣闊，於是徙關於新安，去弘農三百里。」李商隱荆山：「楊僕移關三百里，可能全是爲荆山。」

〔七三〕荆山：在今河南靈寶縣閿鄉南。元和郡縣圖志卷六河南道虢州「湖城縣」：「荆山，在縣南，即黄帝鑄鼎之處。」

〔七四〕「陝州」兩句：陝州（治所在今河南陝縣）主帥指王重盈。據唐方鎮年表卷四，唐僖宗中和元年至光啓三年間，王重盈任陝虢節度使。司空圖太尉瑯琊王公河中生祠碑：「公（王重盈）幼推至性，動必有方，色養不違，友于兼備。……且移孝資忠，自家移國。信風行而草偃，若傳命於置郵。故亂離已前，委寄即重，效彰理劇，誠著讓夷。課定最於西河，榮遂臨於分陝。車未及境，寇已陷城。僵仆如邱，煙埃翳日。公乃唱大順，振義聲，招輯逋逃，撫循瘡痏。誅榛薙梗，漸闢桀郊。撲魅驅狸，潛消沴氣。檄馳東夏，饋賑西師。」

〔七五〕「蒲津」兩句：蒲津，又名蒲坂津，黄河渡口之一，在今山西永濟縣。津上有關，名蒲津關，爲山川要隘。此代指蒲州，即河中府。戢（jí）兵：止兵不用。左傳宣公十二年：「夫武，禁暴，戢兵，保大，定功，安民，和衆，豐財者也。」新唐書卷一八五鄭畋傳載中和元年畋爲行軍司馬李昌言所襲，「登城好語曰：『吾方入朝，公能戢兵愛人，爲國滅賊乎？能，則守此矣。』遂委軍去。」晏然：太平貌。按，蒲津主帥指河中節度使王重榮。據兩唐書本傳及資治通鑑卷二五四、二五五載，自廣明元年末至中和三年四月官軍復京師，王重榮固守河中未失，並多次打敗巢軍。如廣明元年十二月敗巢將朱温、黄鄴，與義武節度使王處存結盟營於渭北，屯兵沙苑；中和元年五月，與昭義節度使高潯合兵攻克華州；九月，高潯失華州，奔河中。二年二月，巢將同州刺史朱温攻河中，爲王重榮所敗。九月，朱温以同州降重榮。十一月，王遇以華州降重榮。舊唐書卷一九下僖宗紀載中和三年四月官軍復京師，楊復光上章告捷，稱「河中節度王重榮神資壯烈，天賦機謀，誓立功名，志安家國。至於屯田待敵，率士當衝，收百姓十萬餘家，降賊黨三萬餘衆。」司空圖故鹽州防禦使王縱追述碑稱王重榮任河中節度使，「四鄰閉境以相觀，一柱中天而獨立。……羈制奸豪，保安封守。而又處勞期逸，推俸皦徒。環築解城，峻增關壘。」

〔七六〕新安：縣名，今屬河南。

〔七七〕鄉曲：鄉村。莊子胠篋：「治邑屋州閭鄉曲者，曷嘗不法聖人哉。」白居易種桃杏：「路遠誰能念鄉曲，年深兼欲忘京華。」

〔七八〕却坐：退坐。支頤：手托下頷。

〔七九〕東畿縣：即新安縣。元和郡縣圖志卷五河南道一河南府：「新安縣，畿，東至府七十里。」

〔八〇〕近甸：指東都近郊。周禮天官大宰：「以九賦斂財賄，……三曰邦甸之賦。」賈公彥疏：「郊外曰甸，百里之外，二百里之內。」

〔八一〕二百壥：古稱一夫所居之地爲一廛。周禮地官遂人：「上地，夫一廛，田百畮，萊五十畮，餘夫亦如之。」壥，同廛。此「二百壥」蓋非實指。

〔八二〕褐絁（shī）：粗綢。白居易村居苦寒：「褐裘覆絁被，坐卧有餘温。」新唐書食貨志一：「丁隨鄉所出，歲輸絹二匹，綾、絁二丈。」

〔八三〕「千間倉」句：詩小雅甫田：「乃求千斯倉，乃求萬斯箱。」

〔八四〕「自從」兩句：洛下，即洛陽。洛下所屯師旅，蓋指武寧節度時溥所遣征西軍。參見卷二重圍中逢蕭校書注〔四〕。

〔八五〕「匣中」句：寫寶劍。越絶書卷一一越絶外傳記寶劍：「純鈞之劍，「觀其光，渾渾如水之溢於塘。」泰阿之劍，「觀其釽，巍巍翼翼，如流水之波。」」白居易李都尉古劍：「湛然玉匣中，秋水澄不流。」郭震古劍篇：「精光黯黯青蛇色，文章片片緑龜鱗。」

〔八六〕「旗上」句：通典卷六六禮二十六「旌旗」：「後周太常寺畫辰，旂畫青龍，……旗畫白虎，旐畫元（玄）武，皆加雲氣。其旛物在軍，亦畫其事號。」新唐書儀衛上載左右武衛白旗仗有青龍、白虎幢。

〔八七〕「山中」句：新唐書卷二二五下黄巢傳載中和二年五月，鄭畋等攻黄巢，「於時畿民栅山谷自保，不得耕，米斗錢三十千，屑樹皮以爲食。有執栅民鬻賊以爲糧，人獲十萬錢。」賈氏談録：「僖、昭之時，長安士族多避寇南山中。」

〔八八〕「來時曉出城東陌」至「夜宿霜中卧荻花」，「秦婦」追述逃出長安途中之見聞。

〔八九〕「仍聞」兩句：指徐州時溥與泗州于濤之戰事及徐州軍亂。據崔致遠桂苑筆耕集有關記載，中和年間徐、泗屢有兵事，如卷一一答襄陽郄將軍書作於中和二年七月四日，云：「某自去年春知寇侵秦甸，帝幸蜀川，欲會兵於大梁，遂傳檄於外鎮，練成軍伍，選定行期，便被武寧忽興戎役，先侵泗境，後犯淮壖。……見某自五月初再謀征討，已排勁卒欲援令公，兼差都押衙韓汶先賫一百萬貫救濟都統軍前。盡載舟舡，將臨道路。又興兵甲，來擾疆陲。把斷淮河，蔟成寨栅。是以行計猶阻，群情莫安。細察徐州所爲，是作黄巢外應。不然則何以每見當軍臨發，即將凶黨奔衝，又乃執稱泗濱，阻絶汴路。且臨淮則城孤氣寡，劣保疲羸；彭門則地險兵强，恐行狂悖。以兹斟酌，可見端倪。」卷八泗州于濤常侍：「況屬彭門叛亂，仍當汴路艱難。」汴路，指汴河水路。元和郡縣圖志卷九河南道五徐州：「按自隋氏鑿汴以來，彭城南控埇橋，以扼汴路，故其鎮尤重。」彭門，即彭城，今江蘇徐州市。資治通鑑卷二五四載，中和元年八月，武寧軍亂，牙將時溥爲留後，節度使支詳爲牙將陳璠所殺。「溥表璠爲宿州刺史，璠到官貪虐。溥以都將張友代，還殺之。」

〔九〇〕「野色」兩句：陳寅恪據丙本「野色」作「野宿」，疑「野色」爲「『宿野』二字之訛倒」，并云：「『河津』爲汴河之津，『宿野』爲宿州或宿遷即泗州之野。」按，從上、下句對偶及前後文義看，陳説是。

〔九一〕金陵：指鎮海軍治所潤州，今江蘇鎮江市。參見卷四陪金陵府相中堂夜宴注〔一〕。按，時周寶爲鎮海節度使。

〔九二〕「戎馬」句：謂江南無戰事。鄙，邊邑、郊外。國語齊：「昔者聖王之治天下也，參其國而伍其鄙。」注：「鄙，郊以外也。」老子第四十六章：「天下無道，戎馬生於郊。」鹽鐵論未通篇：「聞往者未伐胡越之時，……當此之時，却走馬以糞。其後師旅數發，戎馬不足，牸牡入陣，故駒犢生於戰地。」

〔九三〕「誅鋤」兩句：新唐書卷一八六周寶傳：「黄巢據宣、歙，徙寶鎮海軍節度使兼南面招討使。巢聞，出采石，略揚州。僖宗入蜀，加檢校司空。時群盜盤結，……寶練卒自守，發杭州兵戍縣鎮，判八都。」

〔九四〕固護：文選卷一一鮑照蕪城賦：「觀棋局之固護，將萬祀而一君。」李善注：「固護，言牢固也。」金湯：漢書卷四五蒯通傳：「通説范陽令徐公：『必將嬰城固守，皆爲金城湯池，不可攻也。』」師古曰：「金以喻堅，湯喻沸熱不可近。」

〔九五〕滔滔：大水貌。此喻戰亂。晉書卷四九王尼傳：「洛陽陷，（尼）避亂江夏，常嘆曰：『滄海横流，處處不安也。』」

〔九六〕平如砥：詩小雅大東：「周道如砥，其直如矢。」

〔九七〕相公：指鎮海軍節度使周寶。見卷四陪金陵府相中堂夜宴注〔一〕。「妾聞此老傷心語」至篇終，「秦婦」感慨時事，意欲東奔金陵。

【集評】王國維敦煌發見唐朝之通俗詩及通俗小説：「詩爲長慶體，叙述黄巢焚掠，借陷賊婦人口中述之。語極沉痛詳盡，其詞復明淺易解，故當時人人喜誦之，至製爲障子。北夢瑣言謂莊貴後諱此詩爲己作，至撰家戒，不許垂秦婦吟障子，則其風行一時可知矣。」（東方雜志第十七卷第八號，署名靜庵）

羅振玉秦婦吟跋：「今讀此篇，於寇盗之殘暴，生民之水火，軍人之畏葸肆虐，千載而下，猶驚心駭目。」（敦煌零拾，上虞羅氏自刊本）

【附録】

（一）韋莊諱言秦婦吟之原由

北夢瑣言卷六載韋莊諱言秦婦吟乃因公卿「多垂訝」其中「内庫燒爲錦繡灰，天街踏盡公卿骨」一聯。唐詩紀事、唐才子傳、十國春秋韋莊傳均承此説，至近人陳寅恪之後多有異議，略可總爲以下三説：

第一，陳寅恪「觸新朝宫闈之隱情」説。陳氏韋莊秦婦吟校箋駁斥北夢瑣言之説不可信：其一，舊唐書卷一八二高駢傳載中和二年僖宗責高駢詔所引駢表中「園陵開毁，宗廟焚燒」語、杜甫諸將五首中「早時金盌出人間」、「洛陽宫殿化爲烽」，均與莊「内庫」一聯相類，莊當非以此爲諱。其二，即使此二句果有所甚忌諱，則删之或改之可也，不必禁絶全詩。陳先生據詩中所述從長安達洛陽之路程，綜合參證有關史料，指出當時西奔成都或東奔洛陽均須經近楊復光軍防地，而西蜀創業垂統之君王建及其開國元勛多爲楊軍舊將，秦婦避難之事「適觸新朝宮闈之隱情，所以諱莫如深，志希免禍。」

第二，譏斥官軍、觸犯公卿説。徐嘉瑞秦婦吟本事一文（國文月刊二十期）謂莊之禁絶全詩，主要原因有三：其一，「内庫」一聯及「宦者流星如血色」二句觸怒宦官田令孜。其二，寫洛下屯師搶劫，觸犯時溥及其部下。其三，「金天神」一段諷刺僖宗太過，爲王建所不喜。俞平伯讀陳寅恪秦婦吟校箋一文（文史第十三輯）認爲莊深諱此詩之原由「在於説官軍之惡甚於黄巢；包圍長安之官軍們，其所造惡業又有過於一般之官軍。而此軍之諸將後又摇身一變爲蜀國之當權派，其中之頭目王建且爲韋莊北面親事者。秦婦吟之言如彼，作者之遭遇若此，一似冤家路窄，固宜深諱不言，引爲家戒也，曷足怪乎？」並具體指出其中與新安老翁及金天神兩段對話最爲顯著：前者述官軍搶劫之惡過於黄巢；後者借華岳山神譴責唐朝擁兵的山東藩鎮，且暗斥官軍屠殺生民。

第三，觸及王建隱私説。馬茂元、劉初棠韋莊諱言秦婦吟之由及其他一文（文史第二十二輯）謂王建本人出身即爲賊，（按，新五代史王建世家載建「少無賴，以屠牛、盗驢、販私鹽爲事，里人謂之『賊王八』。」）其所部軍紀與詩中所寫巢「賊」相類似，且王建早年所在之忠武軍曾投降巢軍；王建後爲楊復光忠武八都將之一，其駐地又爲「秦婦」東奔洛陽所必經之地。因此，詩中咒罵巢軍、揭露官軍罪惡，均觸及王建隱私，深犯王建的忌諱。

以上三説雖不盡相同，但有兩點共識：其一，秦婦吟觸犯王建。其二，韋莊諱言秦婦吟在天復元年（九〇一）入蜀依王建之後，陳寅恪謂此詩「觸新朝宮闈之隱情」，則更在梁開平元年（九〇七）王建立國之後。但這兩點均有可疑之處：其一，如王國維所説，此詩「語極沉痛詳盡，其詞復明淺易解」（敦煌發見唐朝之通俗詩及通俗小説），對官軍的譏刺也很明確，即新安老翁所述一段揭露洛下官軍肆虐搶掠。但洛下官軍具體所指則難以確考，檢兩唐書楊復光傳及資治通鑑卷二五四、二五五，王建所屬忠武軍中和年間行迹如下：中和元年五月，忠武監軍楊復光詣蔡州説秦宗權合兵鎮壓巢軍。宗權即遣王叔將兵從。叔逗留不進，復光斬之，併其軍，分忠武軍爲八都，王建爲八都將之一。復光率師攻南陽，敗朱温、何勤，收鄧州，追至藍橋，丁母喪而還。九月，屯武功。二年正月，復光擢南面行營都監使。七月，至河中與東面招討使王重榮合兵。九月，勸降朱温。十月，謀求助李克用攻巢軍。三年六月，復光卒河中，「其部下忠武八都都頭鹿晏弘、晉暉、王建、韓建等各以其衆散去」（舊唐書僖宗紀）。舊唐書楊復光傳稱其「慷慨有大志，善撫士卒，及死之日，軍中慟哭累日。身後平賊立功者，多是復光部下門人故將也」。由此推斷，秦婦吟中洛下官軍（卷二重圍中逢蕭校書云「底事征西將，年年戍洛陽」、卷三贈戍兵云「洛陽何用久屯兵」）當非王建所屬忠武軍，則譏刺洛下官軍與王建無關。再者，北夢瑣言卷六載時人號稱韋莊爲「秦婦吟秀才」，知秦婦吟在莊及第前已盛傳（據唐國史補卷下，秀才乃唐時對舉子的通稱。北夢瑣言卷三載「夏侯孜相國未偶，伶傳風塵，……時人號曰『不利市秀才』」）。若此詩確有譏刺王建之處，則王建不可能不知。而史載王建「雄猜多機略，意嘗難測」（舊五代史王建傳）、「多忌好殺」（十國春秋前蜀高祖本紀），則韋莊及第後應聘入蜀爲王建書記，不合情理。其二，細讀北夢瑣言卷六所述「爾後公卿亦多垂訝，莊乃諱之。時人號『秦婦吟秀才』，他日撰家戒」云云，公卿垂訝、韋莊諱之及時人號「秦婦吟秀才」，時間上前後相貫，當在韋莊及第之前。「撰家戒」雖爲「他日」之事，但承前叙述，蓋亦在入蜀之前，即孫光憲北夢瑣言自序所謂「秦中平時舊説」，而非蜀中事。此尚有兩點參證（參見陳尚君唐代文學叢考「花間」詞人事輯，中國社會科學出版社一九九七年）：一則據北夢瑣言自序，此書按時代編次，卷十五末存自注殘文「自唐至梁」，前十五卷主要記晚唐事；二則孫光憲約乾寧三年（八九六）前後生於蜀。少好學，廣交蜀中文士、官紳。天成元年（九二六）出蜀至江陵。韋莊仕蜀（九〇一至九一〇）正值孫光憲少年。若莊撰家戒在入蜀後或更在王建立國之後，光憲廣交蜀中文士、官紳，當親知此事，叙述中似應指明以取信，今並無説明，蓋自序中已云「頃逢故鳳翔楊玭少尹，多話秦中平時舊説，常記於心」，此即楊玭所話秦中事，故不再附言聞之何人。

考有關韋莊與秦婦吟的記載，現僅有北夢瑣言一説，未見異議。陳寅恪信其所載公卿垂訝、時人號「秦婦吟秀才」、韋莊諱言並撰家戒禁之等等，而不信其原由在「内庫」一聯，提出兩點質疑（見上文）。但這兩點似不足爲疑。高駢表及杜甫詩中語所指與「内庫」一聯不盡相同，「天街」句似不僅指「園陵開毁」，亦指巢軍殺官僚。（資治通鑑卷二五四載廣明元年十二月，巢軍入京後，「各出大掠，焚市肆，殺人滿街，巢不能禁。尤憎官吏，得者皆殺之。」「黃巢殺唐宗室在長安者無遺類。」）且用語之直露刺目遠過於高駢表及杜甫詩。唐才子傳卷十「韋莊」條引此聯，下句作「天街踏盡却重回」，不論爲韋莊「後來避謗所改」（見羅振玉敦煌零拾秦婦吟附跋），抑或後人所改，均可參證公卿垂訝、韋莊諱言與「内庫」一聯有關。再説，韋莊何不删去或改易此聯而要禁絶全詩？北夢瑣言按「事類相近」（見自序）將此事與李遠因賦詩句「人事三杯酒，流年一局棋」而被唐宣宗目爲「非牧人之才，不與郡守」、晉相和凝因少時好爲曲子詞而被契丹稱爲「曲子相公」二事歸屬同類，知時人號稱韋莊「秦婦吟秀才」並非褒獎之辭，實含譏諷。此詩題材之重大、結構之恢宏、叙事之詳盡、描述之生動、手法之多樣等確爲「端己平生諸作之冠」（陳寅恪語），而其下語則淺易直露，故王國維既稱其「語極沉痛詳盡」，又指出其「語取易解，有類俳優」（敦煌發見唐朝之通俗詩及通俗小説），「秦婦吟秀才」一稱之諷意蓋在其「有類俳優」，有損士君子之德。其中「内庫」一聯即屬「有類俳優」，且有傷於公卿之尊嚴，故尤爲公卿所垂訝，並非全詩僅此二句「有類俳優」，則删之或改之均不能消去此詩在公卿眼中的「俳優」味，且此詩已廣爲流傳，即使禁絶全詩，「以此止謗，亦無及也」（北夢瑣言語）。

據上述淺析，「内庫燒爲錦繡灰，天街踏盡公卿骨」等「有類俳優」的詩句，是秦婦吟爲公卿所垂訝、韋莊諱言並禁絶的原由。在未見到確鑿反證資料之前，尚不能否定北夢瑣言的説法。

（二）韋藹編浣花集是否未收秦婦吟

王國維唐寫本韋莊秦婦吟殘詩跋：北夢瑣言云云，「是莊貴後諱言此詩，故弟藹編浣花集不以入集，遂不傳於世。」（國學季刊一卷四號）

王國維敦煌發見唐朝之通俗詩及通俗小説：「惟語取易解，有類俳優，故其弟藹編浣花集時，不以入集。」（東方雜志第十七卷第八號，署名靜庵）

羅振玉秦婦吟跋：北夢瑣言云云，「是今集不載，乃遵莊之戒，故世無傳本。」（敦煌零拾，上虞羅氏自刊本）

陳寅恪韋莊秦婦吟校箋：「且此詩爲端己平生諸作之冠，而其弟藹所編之浣花集竟不收入，則端己『撰家誡不許垂秦婦吟障子』之説尤屬可信。」（寒柳堂集，上海古籍出版社一九八〇年版）

按，韋藹編浣花集是否收録秦婦吟，無史料確證，實難斷定。今本浣花集散佚頗多（據韋藹浣花集序，原録詩千餘首，今存本集十卷並補遺僅三百二十餘首），故不可據今本無秦婦吟而斷定韋藹編集時未録此詩。據北夢瑣言所載韋莊諱言並於「他日」撰家戒禁絶此詩及後世幾乎未有評及者而考定藹未録此詩，雖屬可信，但仍爲揣度之論。

（三）秦婦吟研究史簡述（參考顔廷亮、趙以武輯秦婦吟研究彙録，上海古籍出版社一九九〇年）

一九〇七年，法國伯希和（Paul Pelliot）在敦煌莫高窟劫得大量寫卷，將精好者寄歸法國，所餘部分攜至北京。羅振玉見之，就所見及聞於伯希和者作莫高窟石室祕録一文（一九〇九年發表於東方雜志第六卷第十一、十二期。後收入東方文庫第七十一種考古零拾，國粹學報社又印成單行本，改名爲鳴沙石室祕録），其中著録秦人吟一目，實即秦婦吟之誤。此爲秦婦吟見於我國書録之始。

英籍匈牙利人斯坦因（Aurel Stein）在伯希和之前已劫得大批寫卷運歸英國。一九一二年，日人狩野直喜旅歐，從斯坦因處録得若干種寫卷攜以東歸，内有秦婦吟殘本。後王國維見之，並參閲狩野所録其他寫本，作敦煌發見唐朝之通俗詩及通俗小説一文（一九二〇年發表於東方雜志十七卷八期）。此爲我國人得見秦婦吟原文之始。

一九二三年，羅振玉、王國維獲伯希和所録寄天復五年張龜寫本及梁貞明五年安友盛寫本。次年，羅氏將此兩種寫本互校之全文收入敦煌零拾，此爲我國人得見秦婦吟全文之始。王氏據伯希和所録寄兩本與狩野所録殘本互校，並作校記，成韋莊的秦婦吟一文（一九二三年發表於國學季刊一卷四號），此爲我國人正式校勘秦婦吟之始。

大英博物館東方部主任小翟理斯（Lionel Giles）據其在館中所發見的三種寫本及伯希和處兩種寫本，作秦婦吟之考證與校釋一文，於一九二六年發表於通報二十四卷第四、五合期，一九二七年張蔭麟譯爲中文。此爲我國人得讀秦婦吟與韋莊事實合證之始。

嗣後，學界對秦婦吟的研究漸趨深廣，校箋類主要有郝立權韋莊秦婦吟箋（一九三二年發表於齊大月刊二卷二期）、黄仲琴秦婦吟補注（一九三三年發表於中山大學文史學研究所月刊一卷五期）、周雲青秦婦吟箋注（商務印書館一九三四年）、陳寅恪秦婦吟校箋（一九三六年自印）、徐嘉瑞秦婦吟本事（一九四四年發表於國文月刊二十七期）、劉修業秦婦吟校勘續記（一九四七年發表於學原一卷七期）、俞平伯讀陳寅恪秦婦吟校箋（一九八二年發表於文史第十三輯）、馬茂元、劉初棠秦婦吟注（見中華活頁文選，上海古籍出版社一九八三年）等；論述辨析類主要有黄廣生韋莊自禁秦婦吟原因再析（吉林大學學報，一九七九年第四期）、王水照師關於韋莊秦婦吟評價的兩個問題（復旦學報社科版增刊古典文學論叢，上海人民出版社一九八〇年）、馬茂元、劉初棠韋莊諱言秦婦吟之由及其他（一九八四年發表於文史第二十二輯）、張天健秦婦吟諱因考（河南大學學報一九八五年第二期）等。

少年行〔一〕

五陵豪客多，買酒黄金醆〔二〕。醉下酒家樓，美人雙翠幰〔三〕。揮劍邯鄲市〔四〕，走馬梁王苑〔五〕。樂事殊未央〔六〕，年華已云晚。

【箋注】

〔一〕少年行：即結客少年場行，樂府雜曲。樂府詩集卷六六雜曲歌辭六結客少年場行題解引廣題曰：「按結客少年場，言少年時結任俠之客，爲游樂之場，終而無成，故作此曲也。」

〔二〕黄金醆：黄金杯。醆，同盞。

〔三〕翠幰（xiǎn）：彩色車幔。

〔四〕「揮劍」句：高適邯鄲少年行：「邯鄲城南遊俠子，自矜生長邯鄲里。千場縱博家仍富，幾度報讎身不死。」

〔五〕梁王苑：見卷六送福州王先輩南歸注〔四〕。

〔六〕未央：未盡。楚辭離騷：「及年歲之未晏兮，時亦猶其未央。」王逸注：「央，盡也。」

閨　月

明月照前除，煙華蕙蘭濕。清風行處來，白露寒蟬急。美人情易傷，暗上紅樓立〔一〕。欲言無處言，但向姮娥泣〔二〕。

【箋注】

〔一〕紅樓：指富家閨閣。白居易秦中吟十首其一議婚：「紅樓富家女，金縷繡羅襦。」

〔二〕姮娥：即嫦娥，代指月。

閨　怨

戚戚彼何人〔一〕，明眸利於月。啼妝曉不乾，素面凝香雪。良人去淄右〔二〕，鏡破金簪折〔三〕。空藏蘭蕙心〔四〕，不忍琴中說。

【箋注】

〔一〕戚戚：憂傷貌。

〔二〕淄右：淄水（即今山東淄河）之西。江淹別賦：「又若君淄右，妾家河陽。」

〔三〕「鏡破」句：喻夫妻離別。孟棨本事詩情感載南朝陳後主之妹樂昌公主與其夫太子舍人徐德言，見世方亂，預知將要分離，遂將一鏡破爲兩半，各持其半以作他日相會之憑信。

〔四〕蘭蕙心：喻芳心雅性。屈原離騷：「余既滋蘭之九畹兮，又樹蕙之百畝。」曹植七啓：「佩蘭蕙兮爲夜修，燕婉絶兮我心愁。」

平陵老將〔一〕

白羽金僕姑，腰懸雙轆轤〔二〕。前年葱嶺北〔三〕，獨戰雲中胡〔四〕。匹馬塞垣老，一身如鳥孤。歸來辭第宅，却佔平陵居。

【箋注】

〔一〕此詩借漢文帝時雲中郡守魏尚喻唐將，與王維老將行相類，疑與卷一贈邊將作於同時，即咸通初年。漢書卷四〇馮唐傳：「魏尚，槐里人也。」按元和郡縣圖志卷二關内道二京兆下，唐興平縣本漢平陵縣，有槐里城。

〔二〕「白羽」兩句：金僕姑，矢名。左傳莊公十一年：「乘丘之役，公以金僕姑射南宫長萬。」轆轤，亦作鹿盧，劍名。漢書卷七一雋疏于薛平彭傳：「（雋）不疑冠進賢冠，帶櫑具劍。」晉灼曰：「古長劍首以玉作井鹿盧形，上刻木作山形，如蓮花初生未敷時。今大劍木首，其狀似此。」古樂府艷歌羅敷行：「腰中鹿盧劍，可直千萬餘。」杜牧重送：「手撚金僕姑，腰懸玉轆轤。」

〔三〕葱嶺：漢代西域西部，今帕米爾高原和昆侖山脉西部諸山。漢書卷九六西域傳上：「西則限以葱嶺。」師古曰：「西漢舊事云：其山高大，上悉生葱，故以名焉。」

〔四〕雲中：郡名，戰國時趙武靈王置，秦漢時治所在今内蒙古托克東北。按漢書卷四〇馮唐傳，魏尚守雲中，「匈奴遠避，不近雲中塞。虜嘗一入，尚帥車騎擊之，所殺甚衆」。尚後因小故而被削爵，復以馮唐之諫而再拜雲中守。

王維老將行：「莫嫌舊日雲中守，猶堪一戰取功勳。」

乞彩箋歌〔一〕

浣花溪上如花客〔二〕，緑闇紅藏人不識。留得溪頭瑟瑟波〔三〕，潑成紙上猩猩色〔四〕。手把金刀擘彩雲，有時剪破秋天碧。不使紅霓段段飛，一時驅上丹霞壁。蜀客才多染不供〔五〕，卓文醉後開無力〔六〕。孔雀銜來向日飛，翩翩壓折黄金翼。我有歌詩一千首，磨礱山岳羅星斗〔七〕。開卷長疑雷電驚，揮毫只怕龍蛇走。班班布在時人口〔八〕，滿軸松花都未有〔九〕。人間無處買煙霞，須知得自神仙手。也知價重連城璧〔一〇〕，一紙萬金猶不惜。薛濤昨夜夢中來〔一一〕，殷勤勸向君邊覓。

【校記】

［軸］向校：「全唐詩作袖，非。」

【箋注】

〔一〕按韋藹天復三年癸亥（九〇三）所作浣花集序謂莊自廣明元年庚子（八八〇）至天復三年作詩「千餘首」；又謂莊於天復二年「浣花溪尋得杜工部舊址」，「因命芟夷，結茅爲一室」。此詩云「浣花溪上如花客」、「我有歌詩一千首」，疑作於天復三年。　彩箋：指浣花箋。杜甫將赴成都草堂途中有作先寄嚴鄭公五首其三：「竹寒沙碧浣花溪」，九家集注引梁益記曰：「溪水出湔江，居人多造彩箋，故號浣花。」

〔二〕浣花溪：亦名百花潭。今四川成都市西郊，爲錦江支流。方輿勝覽卷五一「成都府」：「浣花溪，在城西五里，一名百花潭。按吳中復冀夫人任氏碑記云：『夫人微時以四月十九日見一僧墜渠，爲濯其衣，百花滿潭，因名百花潭。』」

〔三〕瑟瑟：碧緑貌。白居易閑遊即事：「寒食青青草，春風瑟瑟波。」

〔四〕猩猩色：猩紅色。

〔五〕蜀客：指司馬相如，漢武帝時著名辭賦家。

〔六〕卓文：即卓文君。參見卷一聽趙秀才彈琴注〔五〕。

〔七〕磨礱（lóng）：磨勵。漢書卷五一枚乘傳：「磨礱底厲，不見其損，有時而盡。」

〔八〕班班：後漢書卷八〇下趙壹傳載其與友人書曰：「余畏禁，不敢班班顯言，竊爲窮鳥賦一篇。」注：「班班，明貌。」

〔九〕松花：即松花紙。李石續博物志卷十：「元和中，元稹使蜀，營妓薛濤造十色花箋以寄，元稹於松花紙上寄詩贈薛濤。」

〔一〇〕連城璧：史記卷八一廉頗藺相如列傳：「趙惠文王時，得楚和氏璧。秦昭王聞之，使人遺趙王書，願以十五城請易璧。」

〔一一〕薛濤：字洪度，成都樂妓，工詩，與元稹、白居易、王建、劉禹錫等人唱和。韋臯鎮蜀時欲奏以校書郎而罷，世稱薛校書。李肇唐國史補卷下：「有樂妓而工篇什者，成都薛濤。」李匡乂資暇集卷上：「薛陶箋，松花箋代以爲薛陶箋，誤也。松花箋其來舊矣，元和初，薛陶尚斯色而好製小詩，惜其幅大，不欲長，乃命匠人狹小之。蜀中才子既以爲便，後減諸箋亦如是，特名曰薛陶箋。今蜀紙有小樣者皆是也，非獨松花一色。」費著箋紙譜：「紙以人得名者，有謝公，有薛濤。……濤僑止百花潭，躬撰深紅小彩箋，裁書供吟，獻酬賢傑，時謂之薛濤箋。晚歲居碧鷄坊，創吟詩樓，偃息於上。後段文昌再鎮成都。太（大）和歲（八二七—八三五），濤卒，年七十三。文昌爲撰墓志。」直齋書録解題卷一九「薛濤集一卷」注稱「濤得年最長，至近八十」。鑒戒録卷十「蜀才婦」：「薛濤者，容姿既麗，才調尤佳，言謔之間，立有酬對。大凡營妓比無校書之稱，韋南康鎮成都日欲奏之而罷，至今呼之。」

上春詞〔一〕

曈曨赫日東方來〔二〕，禁城煙煖蒸青苔。金樓美人花屏開，晨粧未畢車聲催。幽蘭報煖紫芽拆，天花愁艷蝶飛迴〔三〕。五陵年少惜花落，酒濃歌極翻如哀。四時輪環終又始，百年不見南山摧〔四〕。遊人陌上騎生塵，顔子門前吹死灰〔五〕。

【校記】

〔曈曨〕才調集作瞳曨。　〔未畢〕才調集作未罷。　〔拆〕才調集作坼。

【箋注】

〔一〕上春：農曆正月。初學記卷三歲時部上春引梁元帝纂要曰：「正月，孟春，亦曰孟陽、孟陬、上春、初春……。」

〔二〕曈曨：當作瞳曨，日初出漸明貌。

〔三〕天花：指桃花。詩周南桃夭：「桃之夭夭，灼灼其華。」

〔四〕「百年」句：詩小雅天保：「如南山之壽，不騫不崩。」

〔五〕顔子：即孔子弟子顔回，字子淵，春秋時魯人。孔門中以德行著稱，安貧守道，處陋巷而不改其樂。

搗練篇〔一〕

月華吐艷明燭燭〔二〕，青樓婦唱搗衣曲。白袷絲光織魚目〔三〕，菱花綬帶鴛鴦簇。臨風縹緲疊秋雪，月下丁東搗寒玉〔四〕。樓蘭欲寄在何鄉〔五〕，憑人與繫征鴻足。

【校記】

〔東〕向校：「全唐詩作冬。」

【箋注】

〔一〕搗練篇：即搗衣曲，屬唐新樂府，王建、劉禹錫有作。樂府詩集卷九四新樂府辭五搗衣曲題解：「蓋言搗素裁衣，緘封寄遠也。」

〔二〕燭燭：月明照貌。文選卷二九蘇武詩四首其四：「燭燭晨明月，馥馥我蘭芳。」

〔三〕袷（jiá）：夾衣。魚目：述異記卷上：「南海有明珠，即鯨魚目瞳。鯨死而目皆無精，夜可以鑒，謂之夜光。」

〔四〕寒玉：喻白練。

〔五〕樓蘭：漢西域城國，今新疆羅布泊西。

長安春

長安二月多香塵，六街車馬聲轔轔〔一〕。家家樓上如花人，千枝萬枝紅艷新。簾間笑語自相問，何人占得長安春。長安春色本無主，古來盡屬紅樓女。如今無奈杏園人〔二〕，駿馬輕車載將去。

【校記】

〔載〕向校：「全唐詩作擁。」按，才調集作擁。

【箋注】

〔一〕六街：資治通鑑卷二〇九載，唐睿宗景雲元年六月，「中書舍人韋元徼巡六街。」注：「長安城中左右六街，金吾街使主之，左右金吾將軍掌晝夜巡警之法，以執御非違。」司空圖省試：「閑繫長安千匹馬，今朝似減六街塵。」張泌題華嚴寺木塔：「六街晴色動秋光，雨霽憑高只易傷。」

〔二〕「如今」兩句：唐摭言卷三：「慈恩寺題名遊賞賦咏雜記」條載新進士曲江宴遊事：「進士關宴常寄其間。既徹饌，則移樂泛舟，率爲常例。宴前數日，行市駢闐於江頭。其日，公卿家傾城縱觀於此，有若中東床之選者，十八九鈿車珠鞍，櫛比而至。」杏園人：指新進士。見卷一嘉會里閑居注〔四〕。

贈峨嵋山彈琴李處士〔一〕

峨嵋山下能琴客，似醉似狂人不識。何須見我眼偏青〔二〕，未見我身頭已白。茫茫四海本無家，一片愁雲颺秋碧。壺中醉卧日月明〔三〕，世上長遊天地窄。晉朝叔夜舊相知，蜀郡文君小來識〔四〕。後生常建彼何人，贈我篇章苦雕刻〔五〕。名卿名相盡知音，遇酒遇琴無閒隔。如今世亂獨倏然，天外鴻飛招不得。余今正泣楊朱淚〔六〕，八月邊城風刮地。霓旌絳旆忽相尋，爲我尊前橫綠綺〔七〕。一彈猛雨隨手來，再彈白雪連天起〔八〕。淒淒清清松上風。咽咽幽幽隴頭水〔九〕。吟蜂遶樹去不來，別鶴引雛飛又止〔一〇〕。錦鱗不動惟側頭。白馬仰聽空豎耳〔一一〕。廣陵故事無人知〔一二〕，古人不說今人疑。子期子野俱不見〔一三〕，烏啼鬼哭空傷悲。坐中詞客悄無語，簾外月華庭欲午。爲君吟作聽琴歌，爲君留名係仙譜〔一四〕。

【校記】

〔不識〕才調集作不測。　〔日月明〕「明」，原注：「一作長。」　〔爲君留名〕才調集作爲我留名。

【箋注】

〔一〕詩云「余今正泣楊朱淚，八月邊城風刮地」，蓋作於天復元年（九〇一）秋初至成都時。參見補遺漢州詩注〔一〕。

〔二〕眼偏青：晉書卷四九阮籍列傳：「籍又能爲青白眼，見禮俗之士，以白眼對之。及嵇喜來弔，籍作白眼，喜不懌而退。喜弟康聞之，乃賫酒挾琴造焉，籍大悅，乃見青眼。」

〔三〕「壺中」句：後漢書卷八二下方術列傳費長房傳載，有賣藥翁懸一壺於肆頭，市罷則跳入壺中。費長房見而異之，奉酒脯往拜，與翁俱入壺中，「唯見玉堂嚴麗，旨酒甘肴盈衍其中，共飲畢而出。」

〔四〕「晉朝」兩句：叔夜，即嵇康，字叔夜。魏晉間名士。三國志卷二一魏書王粲傳附嵇康，注引嵇喜傳康曰：「善屬文論，彈琴詠詩，自足於懷抱中。」文君，即卓文君。見卷一聽趙秀才彈琴注〔五〕。

〔五〕「後生」兩句：才調集卷三録此詩，題注：「識者咸云有數百歲，有常建贈詩在。」常建，唐肅宗、代宗時詩人，開元十五年（七二七）進士，官盱眙尉。殷璠河嶽英靈集卷上：「建詩似初發通莊，却尋野徑百里之外，方歸大道，所以其旨遠，其興僻，佳句輒來，唯論意表。」

〔六〕楊朱淚：淮南子説林訓：「楊子見逵路而哭之，爲其可以南可以北。」高誘注：「道九達曰逵。閔其別也。」

〔七〕緑綺：琴名。見卷一三用韻注〔五〕。

〔八〕「一彈」兩句：藝文類聚卷四一樂部一論樂引韓子曰：「師曠一奏之，有雲從西北方來；再奏之，大風至，大雨隨之。」

〔九〕「淒淒」兩句：薛道衡從駕幸晉陽：「澗水鳴嗚咽，松風遠更清。」樂府古辭隴頭歌辭：「隴頭流水，鳴聲幽咽。」

〔一〇〕「別鶴」句：藝文類聚卷四一樂部一論樂引韓子曰：「師曠援琴一奏，有玄鶴來集，再奏而列，三奏而延頸鳴，舒翼而舞，音中宫商。」

〔一一〕「錦鱗」兩句：荀子勸學：「昔者瓠巴鼓琴而流魚出聽，伯牙鼓琴而六馬仰秣。」

〔一二〕「廣陵」句：晉書卷四九嵇康傳：「康將刑東市，太學生三千人請以爲師，弗許。康顧視日影，索琴彈之，曰：『昔袁孝尼嘗從吾學廣陵散，吾每靳固之。廣陵散於今絶矣！』……初，康游於洛西，暮宿華陽亭，引琴而彈。夜分，忽有客詣之，稱是古人，與康共談音律，辭致清辯，因索琴彈之，而爲廣陵散，聲調絶倫，遂以授康，仍誓不傳人，亦不言其姓字。」

〔一三〕子期：即鍾子期，春秋時楚人，精音律，善聽琴。列子湯問：「伯牙善鼓琴，鍾子期善聽。伯牙鼓琴，志在高山，鍾子期曰：『善哉！峨峨兮若泰山。』志在流水，鍾子期曰：『善哉！洋洋兮若江河。』伯牙所念，鍾子期必得之。」子野：即師曠，字子野，春秋時晉國樂師。左傳襄公十四年：「叔向曰：『子野之言君子哉！』」

注：「子野，師曠字。」

〔一四〕「爲君」句：白居易琵琶行：「莫辭更坐彈一曲，爲君翻作琵琶行。」

【集評】

殷元勛注、宋邦綏補才調集補注卷三：按此則廣陵故事數語，殆有無窮亡國之感，莫可告訴者。楊朱之泣，非止爲一身悲也。

南陽小將張彥硤口鎮稅人場射虎歌〔一〕

海内昔年狎太平〔二〕，横目穰穰何崢嶸。天生天殺豈天怒，忍使朝朝餵猛虎。關東驛路多丘荒，行人最忌稅人場。張彥雄特制殘暴，見之叱起如叱羊。鳴弦霹靂越幽阻，往往依林猶抵拒。草際旋看委錦茵，腰間不更抽白羽〔三〕。老饕已斃衆雛恐〔四〕，童稚揶揄皆自勇。忠良効順勢亦然，一劍猜狂敢輕動〔五〕。有文有武方爲國，不是英雄伏不得。試徵張彥作將軍，幾箇將軍願策勳。

【箋注】

〔一〕向校：「全唐詩注：『一作白居易詩。』」按，當作韋莊詩。佩文韻府卷二二「陽」韻「場」字條引此詩亦作韋莊。考此詩題作白居易，首見於汪立名所編白香山詩集卷三九補遺，注云「出文苑英華」，全唐詩卷四六二白居易詩補遺承之。按文苑英華卷三四四録此詩而未署名，前接白居易官牛、馴犀。汪立名蓋承前誤斷爲白居易詩。按文苑英華爲類編詩文總集，同類中同題之作依次排列，後者題標「同前」；同一作者之作依次排列，後者署「前人」。凡未署名者均屬佚名，非依前省略，要考定其作者只能據可靠旁證（如卷三三六鄭女彈箏歌，據明萬曆顧端刻本華陽集屬顧況詩），而不可依排列次序承前斷定（如卷一八七朱延齡秋山極天靜之後落日山照曜、李胄文宣王廟古松之後幽人折芳桂及秋風生桂枝、卷一八九白居易太社觀獻捷之後觀劍南獻捷、張友正錦帶佩吳鈎之後雲母屏風隔坐、薛能國學試風化天下之後府試古鏡等，全唐詩均作無名氏），故本詩存録於文苑英華而未署名，不可遽斷爲白居易詩作。　硤口鎮：今河南陝縣東南硤石鎮。　税人場：指傷人害命之所。按，太平廣記卷四三三引北夢瑣言：「唐大順、景福已後，蜀路劍、利之間，白衛嶺石筒溪虎尤甚，號税人場。商旅結伴而行，軍人帶甲列隊而過，亦遭攫搏。時遞鋪卒有周雄者，膂力心膽有異於常，日夜行役，不肯規避，仍持托杈利劍，前後於税人場連斃數虎，行旅賴之。西川書記韋莊作長語以賞之，蜀帥補軍職以壯之。」所載之人、地與本詩不合，或韋莊另有歌周雄詩作而失傳。

〔二〕狎太平：安享太平。

〔三〕白羽：指箭。國語吳語：「萬人以爲方陣，皆白裳、白旂、素甲、白羽之矰，望之如荼。」韋昭注：「矰，矢名，以白羽爲衛。」

〔四〕老饕：指虎。饕，即饕餮，傳説中的惡獸名。

〔五〕猜狂：狂猛。説文解字犬部：「猜，恨賊也。」

雜體聯錦〔一〕

携手重携手，夾江金綫柳。江上柳能長，行人戀尊酒。尊酒意何深，爲郎歌玉簪。玉簪聲斷續，鈿軸鳴雙轂〔二〕。雙轂去何方，隔江春樹緑。樹緑酒旗高，淚痕沾綉袍。袍縫紫鵝濕，重持金錯刀〔三〕。錯刀何燦爛，使我腸千斷。腸斷欲何言，簾動真珠繁。真珠綴秋露，秋露沾金盤。金盤湛瓊液，仙子無歸跡〔四〕。無跡又無言，海煙空寂寂。寂寂古城道，馬嘶芳岸草。岸草接長堤，長堤人解攜。解攜忽已久，緬邈空回首。回首隔天河，恨唱蓮塘歌〔五〕。蓮塘在何許，日暮西山雨。

【箋注】

〔一〕雜體聯錦：雜體詩中回文之一種，上聯末尾與下聯開頭字句重複，形成連貫流轉之勢。嚴羽滄浪詩話詩體：「論雜體則有：……迴文，起於竇滔之妻，織錦以寄其夫也。」按晉書卷九六列女傳竇滔妻蘇氏：「滔，苻堅時爲秦州刺史，被徙流沙。蘇氏思之，織錦爲迴文旋圖詩以贈滔，宛轉循環以讀之，詞甚悽惋。」

〔二〕鈿軸：指鈿車。

〔三〕金錯刀：女子所用錯金之刀。張衡《四愁詩》：「美人贈我金錯刀，何以報之英瓊瑶。」孟浩然《峴潭作》：「試垂竹竿釣，果得查頭鯿。美人騁金錯，纖手鱠紅鮮。」貫休《上裴大夫》：「我有一端綺，花彩鸞鳳群。佳人金錯刀，何以裁此文。」《夜夜曲》：「孤燈耿耿征婦勞，更深撲落金錯刀。」

〔四〕「真珠」四句：文選卷二張衡西京賦：「立修莖之仙掌，承雲表之仙露，屑瓊蕊以朝餐，必性命之可度。」李善注引三輔故事曰：「武帝作銅露盤承天露，和玉屑飲之，欲以求仙。」

〔五〕蓮塘歌：疑指樂府雜曲西洲曲，古辭有云：「采蓮南塘秋，蓮花過人頭。」

撫盈歌〔一〕

鳳縠兮鴛綃，霞疏兮綺寮〔二〕。玉庭兮春晝，金屋兮秋宵。愁瞳兮月皎，笑頰兮花嬌。羅輕兮濃麝，室煖兮香椒〔三〕。鑾輿去兮蕭屑〔四〕，七絲斷兮泬寥〔五〕。主父卧兮漳水〔六〕，君王幸兮雲軺〔七〕。鉛華窅窕兮穠姿〔八〕，棠公肸蠁兮靡依〔九〕。翠華長逝兮莫追，晏相望門兮空悲〔一〇〕。

【校記】

〔春晝〕「晝」，向校：「原作畫，今依全唐詩本。」

【箋注】

〔一〕此詩疑爲朱温弑昭宗而作，蓋在天祐元年（九〇四）末。撫盈歌：左傳襄公二十五年載齊大夫崔杼弔棠公，見其妻棠姜美而娶之。莊公與棠姜通，崔杼欲殺莊公。後莊公宴饗莒子，崔杼稱病，「（莊）公問崔子，遂從姜氏。姜入於室，與崔子自側户出，公拊楹而歌。」莊公入而被殺。

〔二〕「霞疏」句：文選卷二張衡西京賦：「何工巧之瑰瑋，交綺豁以疏寮。」薛綜注：「疏，刻穿之也。」李善注：「交結綺文，豁然穿以爲寮也。……蒼頡篇曰：『寮，小窗也。』古詩曰：『交疏結綺窗。』」

〔三〕「室煖」句：漢書卷六六車千秋傳詔：「曩者，江充先治甘泉宫人，轉至未央椒房。」師古曰：「椒房，殿名，皇后所居也。以椒和泥塗壁，取其温而芳也。」

〔四〕蕭屑：寂寥。温庭筠觱篥歌：「含商咀徵雙幽咽，軟縠疎羅共蕭屑。」

〔五〕七絲：七弦琴。泬（xuè）寥：楚辭九辯：「泬寥兮天高而氣清。」王逸注：「泬寥，曠蕩空虚也。」

〔六〕主父：指崔杼。

〔七〕雲軺：雲車。

〔八〕窅窕（yǎo tiǎo）：猶窈窕，美好貌。

〔九〕棠公：春秋時齊棠邑大夫。 肸蠁（xī xiǎng）：本指聲音或氣息彌漫，此喻棠公神靈。杜甫朝獻太清宮賦：「若肸蠁而有憑，肅風飆而乍起。」

〔一〇〕「翠華」兩句：翠華，指天子車駕，此指齊莊公。左傳襄公二十五年載崔杼弒齊莊公，「晏子立於門外。……門啓而入，枕尸股而哭。」

歲晏同左生作〔一〕

歲暮鄉關遠，天涯手重携。雪埋江樹短，雲壓夜城低。寶瑟湘靈怨〔二〕，清砧杜魄啼〔三〕。不須臨皎鏡，年長易凄凄。

【箋注】

〔一〕按才調集録此詩列臺城、雪夜泛舟遊南溪之間，當作於避地江南時。 歲晏：即歲暮。

〔二〕「寶瑟」句：楚辭遠遊：「使湘靈鼓瑟兮，令海若舞馮夷。」湘靈，湘水之神。

〔三〕杜魄啼：見卷二春日注〔五〕。

秋霽晚景

秋霽禁城晚，六街煙雨殘〔一〕。牆頭山色健，林外鳥聲歡。翹日樓臺麗〔二〕，清風劍佩寒。

玉人襟袖薄，斜憑翠闌干。

【箋注】

〔一〕六街：見補遺長安春注〔一〕。

〔二〕翹日：懸日。

靈席〔一〕

一閉香閨後，羅衣盡施僧。鼠偷筵上果，蛾撲帳前燈。土蝕釵無鳳〔二〕，塵生鏡少菱〔三〕。有時還影響〔四〕，花葉曳香繒。

【校記】

〔靈〕原注：「一作虛。」按，文苑英華作虛。

【箋注】

〔一〕本詩及其後舊居、悼亡姬三首，文苑英華卷三〇五輯入悲悼五哭妓類，合題悼亡姬五首；又靈席云「羅衣盡施僧」、舊居云「故人楊子家」，與悼楊氏妓琴弦云「昨日施僧裙帶上」，似悼同一人，疑此六詩均悼亡姬楊氏琴弦之作。悼亡姬三首其三云「六七年來春又秋，也同歡笑也同愁。纔聞及第心先喜，試説求婚淚便流」，悼楊氏妓琴弦云「只住人間十八年」，知楊氏死時年僅十八，蓋楊氏約十二歲始爲莊之侍婢，莊及第後放良並納爲妾，時楊氏約十五、六歲。（唐律疏議卷十三户婚：「婢爲主所幸，因而有子，即雖無子，經放爲良者，聽爲妾。」新唐書太宗紀載貞觀元年二月丁巳，「詔民男二十、女十五以上無夫家者，州縣以禮聘娶。」）又悼亡姬三首其二云「只今已作經年別」，知楊氏妓已去世一年，則此六詩殆作於乾寧末或光化初年。靈席：即靈床，人死後虛設的坐卧之具。

〔二〕釵無鳳：中華古今注卷中：「釵子，蓋古笄之遺象也。……始皇又以金銀作鳳頭，以玳瑁爲脚，號曰鳳釵。」

〔三〕鏡少菱：古稱背刻菱花的六角形銅鏡爲菱鏡。趙飛燕外傳：飛燕始加大號，婕妤奏上二十六物以賀，有「七出菱花鏡一奩」。楊凌明妃怨：「匣中縱有菱花鏡，羞對單于照舊顏。」

〔四〕影響：身影聲響。

舊居〔一〕

芳草又芳草，故人楊子家。青雲容易散，白日等閒斜。皓質留殘雪，香魂逐斷霞。不知何處笛，一夜叫梅花〔二〕。

【箋注】

〔一〕參見前詩靈席注〔一〕。

〔二〕梅花：指笛曲梅花落。見卷七章江作注〔二〕。

邊上逢薛秀才話舊〔一〕

前年同醉武陵亭〔二〕，絶倒閑譚坐到明。也有絳脣歌白雪〔三〕，更憐紅袖奪金觥。秦雲一散如春夢〔四〕，楚市千燒作故城。今日皤然對芳草〔五〕，不勝東望涕交横。

【箋注】

〔一〕詩云「東望涕交橫」，則「楚市」當指東楚，即廣陵等城。史記卷一二九貨殖列傳：「彭城以東，東海、吳、廣陵，此東楚也。」考資治通鑑卷二五七、二五八、二五九，自光啓三年（八八七）至景福元年（八九二），「朱全忠連年攻時溥，徐、泗、濠三州民不得耕穫。」景福元年二月，「溥困甚，請和於全忠。」同時，秦彥、畢師鐸、孫儒、楊行密等部先後在揚州、蘇州、潤州等地連年交戰，烽煙不斷。至景福元年六月，楊行密敗孫儒，殺之，帥衆歸揚州。「先是，揚州富庶甲天下，時人稱揚一、益二。及秦、畢、孫、楊兵火之餘，江、淮之間，東西千里掃地盡矣。」故此詩云「楚市千燒作故城」。又詩題稱「邊上」，蓋在鄜州（卷九鄜州留別張員外有云「塞北相逢朔漠中」），時在乾寧三年（八九六）春（見卷九丙辰年鄜州遇寒食注〔一〕）。詩中「前年同醉武陵亭」云云，指乾寧元年及第後往江南迎家過宋州時情事（見注〔二〕）。新及第而遇友人，不免暢懷酣醉，宴樂達旦。

〔二〕武陵亭：不詳，或即宋州（治所在今河南商丘縣南）武陵驛，李嘉祐有詩宋州東登望題武陵驛。

〔三〕白雪：指陽春白雪，古曲名。文選卷四五宋玉對楚王問：「客有歌於郢中者，其始曰下里巴人，國中屬而和者數千人；……其爲陽春白雪，國中屬而和者不過數十人。」

〔四〕秦雲：蓋喻指歌舞。參見卷六鷓鴣注〔八〕。岑參感遇：「昔來唯有秦王女，獨自吹簫乘白雲。」又，《列子・湯問》載秦青善歌，「聲振林木，響遏行雲。」

〔五〕皤然：髮白貌。南史卷五七范雲傳附范縝：「年二十九，髮白皤然，乃作傷暮詩、白髮詠以自嗟。」

和人春暮書事寄崔秀才

半掩朱門白日長，晚風輕墮落梅妝〔一〕。不知芳草情何限，只怪遊人思易傷。纔見早春鶯出谷，已驚新夏燕巢梁。相逢只賴如澠酒〔二〕，一曲狂歌入醉鄉。

【箋注】

〔一〕落梅妝：太平御覽卷九七〇果部七梅引宋書曰：「武帝女壽陽公主人日卧於含章簷下，梅花落公主額上，成五出之華，拂之不去，皇后留之。後有梅花妝，後人多效之。」

〔二〕如澠酒：見卷八鄠杜舊居二首其二注〔二〕。

【集評】

郝天挺注、廖文炳解唐詩鼓吹注解卷一〇：（廖文炳解）首言朱扉半掩，白日初長，晚風又墮落梅之妝矣。此時芳草之情無限而遊人之思易傷，蓋以春光徂謝，不知其有感耳。若時序遷流，初見出谷之春鶯，又逢巢梁之紫燕，人生若夢，爲時幾何！固應相逢而飲美酒，狂歌而入醉鄉也，徒損遊思何爲哉？　前六句皆暮春書事，未見寄意。

朱三錫東嵒草堂評訂唐詩鼓吹卷一〇：前四句寫和人暮春書事，後四句寫寄崔秀才。看他起手寫朱門白日、晚風落梅，亦即尋常寫春事耳，讀去自覺有晝長人靜、春暮感懷之意。三「不知芳草」，四「只怪遊人」，妙！妙！此必作詩之人春思傷人，聊以解嘲耳。五「才見早春」，六「已驚新夏」，自是描寫「暮春」二字，讀詩人看來亦只爲形容「暮春」二字，不知「鶯出谷」、「燕巢梁」已寓有求友知止之意。相逢索醉，不過爲遊思所困，寄語秀才及時行樂也。

胡以梅唐詩貫珠卷四九：朱門，仕宦之居，因與白日相鮮而用之，言貴爲仕宦，遇春日舒長之候，足動人春思矣。又值晚風吹動，梅落壽陽公主之額，不知芳草與人有何限之情，乃覺遊人之思容易感傷。此謂已不能遊，而怪人之遊也。倏忽之間，時已臨夏，惟有飲酒狂歌入於醉鄉，方不傷懷耳。

使院黄葵花〔一〕

薄妝新着澹黄衣，對捧金爐侍醮遲〔二〕。向月似矜傾國貌，倚風如唱步虚詞〔三〕。乍開檀炷疑聞語〔四〕，試與雲和必解吹〔五〕。爲報同人來看好，不禁秋露即離披〔六〕。

【校記】

〔來看〕向校：「全唐詩作看來。」

【箋注】

〔一〕使院：見卷四代書寄馬注〔六〕。

〔二〕「薄妝」兩句：本草綱目卷一六草之五黄蜀葵：「時珍曰：（黄葵）六月開花，大如碗，鵝黄色。紫心六瓣而側，旦開午收暮落，人亦呼爲側金盞花。」醮（jiào），祭祀。

〔三〕步虚詞：樂府詩集卷七八録庾信步虚詞十首，題解引樂府解題曰：「步虚詞，道家曲也，備言衆仙縹緲輕舉之美。」

〔四〕檀炷：寇宗本草衍義卷一九「黄蜀葵花」：「葉心有紫檀色。」

〔五〕雲和：指琴瑟。周禮春官大司樂：「孤竹之管，雲和之琴瑟。」

〔六〕離披：散亂枯萎貌。楚辭九辯：「白露既下降百草兮，奄離披此梧楸。」

咸陽懷古〔一〕

城邊人倚夕陽樓，城上雲凝萬古愁。山色不知秦苑廢〔二〕，水聲空傍漢宮流。李斯不向倉中悟，徐福應無物外游〔三〕。莫怪楚吟偏斷骨〔四〕，野煙蹤跡似東周。

【校記】

〔悟〕原注：「一作死。」文苑英華作死。按作「死」誤，史載李斯腰斬於咸陽在徐福入海求仙之後。

【箋注】

〔一〕按才調集録此詩列癸丑年下第獻新先輩與綏州作之間，蓋亦作於景福二年（八九三）下第後游咸陽時。

〔二〕秦苑：見卷一灞陵道中作注〔三〕。

〔三〕「李斯」兩句：蓋謂若非李斯佐秦併天下，則無徐福入海求仙之事。史記卷八七李斯列傳載斯少時因「厠中鼠」、「倉中鼠」悟得「人之賢不肖譬如鼠矣，在所自處耳！」乃從荀卿學帝王之術。學成後入秦，佐秦王政，「二十餘年，竟并天下，尊主爲皇帝，以斯爲丞相。」卷六秦始皇本紀載，始皇二十八年，南登琅邪，「齊人徐市等上書，言海中有三神山，名曰蓬萊、方丈、瀛洲，仙人居之。請得齋戒，與童男女求之。於是遣徐市發童男女數千人入海求仙人。」正義引括地志云：「亶洲在東海中，秦始皇使徐福將童男女入海求仙人，止在此洲，共數萬家，至今洲上人有至會稽市者。吳人外國圖云亶洲去琅邪萬里。」據十洲記，徐福，字君房，道士。太平廣記卷四引廣異記載唐開元中，有人入海求仙方，遇徐福。按梁玉繩史記志疑卷三四謂市與芾同，音轉爲福。

〔四〕楚吟偏斷骨：蓋指李斯臨刑懷念故土。斯爲楚之上蔡人，史記卷八七李斯列傳載斯爲趙高所陷害，「二世二年七月，具斯五刑，論腰斬咸陽市。斯出獄，與其中子俱執，顧謂其中子曰：『吾欲與若復牽黄犬俱出上蔡東門逐狡兔，豈可得乎！』遂父子相哭，而夷三族。」左傳成公九年載楚國樂師鍾儀囚於晉國，操琴作楚聲，范文子曰：「樂操土風，不忘舊也。」

【集評】

郝天挺注、廖文炳解唐詩鼓吹注解卷一〇：（廖文炳解）此詩專傷秦事也。言當夕陽之時，倚樓而望，見城上之雲凝結萬古之愁焉。此地爲秦時舊都，秦苑蕭蕭，山色若不知其廢；漢宫鬱鬱，水聲空傍之而流。一姓如此，異代可知，所以爲萬古之愁也。若夫秦之致此，李斯逐客，不先悟於倉中；徐福求仙，徒遍游於海上。所以楚客之吟，悲堪斷骨！而野煙茫昧，長望咸陽，亦似禾黍離離之日也。

金聖嘆選批唐才子詩卷八下：（評前四句）萬古當時，歷歷皆是夕陽；夕陽少時，沉沉又是萬古。此事至爲顯淺，且又明在眼前，然而無人不在其中，無人曾悟其事，此獨忽然提着，如爲真正苦吟斷骨人也。三、四，「不知秦苑」、「還傍漢宫」，妙！妙！寫出山色水聲，一似不解之甚者，然山色水聲，則奈何欲其能解耶？可想其措意之無聊也。（評後四句）此即寫咸陽二事，言賢者貴在自托，胡能尚不去耶？即題中「懷古」二字也。

朱三錫東嵒草堂評訂唐詩鼓吹卷一〇：一曰城邊人倚樓耳，中間插「夕陽」二字，讀之便覺城上景色加倍衰颯，則此句中已盡有次句之意，而必更作「城上」一語者，只爲欲提出「萬古愁」三字以起下二句也。三「不知秦苑廢」偏寫山色，四「空傍漢宫流」偏寫水聲，妙！妙！言此理日在眼前却無一人悟着，殊屬不解。五、六即秦二事言之，以見賢者貴在自托，胡爲不急去耶？

胡以梅唐詩貫珠卷四二：人謂己也，夕陽樓，外景，言夕陽之候而己倚樓，内意則夕陽言末季之時也。第二有「雲凝」二字，句便鬆，且愁雲亦現成，當時昭宗已被播遷，「萬古愁」亦心事，非爲古來也。三、四妙在第四有變换，寫其實事而以「空」字點明之，連上句俱活。五、六雖言秦時事，謂李斯仕秦，贊成始皇暴虐，以致徐福有遺世之舉。然其心事亦言如此亂世，在位者必蹈李斯之禍，而徐福之事爲可慕而不可無也。且當是時，宰相崔胤黨朱温，結兵構禍，以李斯比之，擬己以徐福，欲作物外之遊，其意不一。結言有楚詞之吟，消骨之痛者，蓋如東周君徒建空名，終爲强暴吞滅，即哀郢之餘音耳。情致凄惋，而詩思仍精，才人處末世，真可痛歟！

殷元勛、宋邦綏才調集補注卷三：此詩借秦以喻唐，漢宫特陪説耳。腹聯言李斯以荀卿學術禍秦，肆然破壞典型，焚書坑儒，故致徐福輩避禍而逃於物外耳，以比朱温清流白馬之禍，名士幾盡而已，不得不避禍而遠依王建也。人之云亡，邦國殄瘁，眼看朝市宫室有黍離之痛矣，是以哀吟斷骨而寄慨於咸陽之蔓草荒煙，如周既東遷，離離禾黍時也。

吴汝綸桐城先生評點唐詩鼓吹卷一五：此傷唐亡。闓生案：五、六兩句一意，言若非邪佞專權，則賢人不至遠引。舊解非。

和同年韋學士華下途中見寄〔一〕

緑楊城郭雨凄凄，過盡千輪與馬蹄。送我獨遊三蜀路〔二〕，羡君新上九霄梯。馬驚門外山如活，花笑尊前客似泥〔三〕。正是清和好時節〔四〕，不堪離恨劍門西〔五〕。

【箋注】

〔一〕按韋莊入蜀凡兩次，一在乾寧四年（八九七）四月，自華州奉詔隨諫議大夫李洵宣諭兩川（見卷十過樊川舊居題注及注〔一〕）；一在天復元年（九〇一）春應聘爲西蜀書記（見韋藹浣花集序）。本詩題云「華下途中」，當作於乾寧四年五月。同年：指同年及第者。李肇唐國史補卷下：「進士爲時所尚久矣。……俱捷謂之同年。」韋學士：不詳。文獻通考卷二九選舉二「唐登科記總目」載：「乾寧元年進士二十八人，諸科三人。」徐松登科記考卷二四考得進士五人，明經科一人，其中韋姓僅韋莊一人。

〔二〕三蜀：文選卷四左思蜀都賦：「三蜀之豪，時來時往。」劉淵林注：「三蜀，蜀郡、廣漢、犍爲也。本一蜀國，漢高祖分置廣漢，漢武帝分置犍爲。」

〔三〕客似泥：指客醉如泥。後漢書卷七九下儒林傳下周澤傳載澤爲太常卿，「常卧疾齋宫。其妻哀澤老病，窺問所苦。澤大怒，以妻干犯齋禁，遂收送詔獄謝罪。當世疑其詭激。時人爲之語曰：『生世不諧，作太常妻，一歲三百六十日，三百五十九日齋。』」注：「漢官儀此下云『一日不齋醉如泥』。」

〔四〕清和：張衡歸田賦：「於是仲春令月，時和氣清。」謝靈運遊赤石進帆海：「首夏猶清和，芳草亦未歇。」

〔五〕劍門：縣名，治所在今四川劍閣縣東北。元和郡縣圖志卷三三劍南道下劍州：「劍門縣，本漢葭萌縣地，聖曆二年分普安、永歸、陰平三縣置劍門縣，因劍門山爲名也。」

【集評】

楊逢春唐詩繹卷二三：首二華下途中，起；三寫寄詩，四寫學士；五、六寫途中景況，出語新警；七、八和詩之情，結時地雙清。

江皋贈別

金管多情恨解携〔一〕，一聲歌罷客如泥。江亭繫馬緑楊短，野岸維舟春草齊。帝子夢魂煙水闊〔二〕。謝公詩思碧雲低〔三〕。風前不用頻揮手，我有家山白日西〔四〕。

【箋注】

〔一〕解携：離別。

〔二〕「帝子」句：楚辭湘夫人：「帝子降兮北渚，目眇眇兮愁予。」王逸注：「帝子，謂堯女也。降，下也。言堯二女娥皇、女英，隨舜不反，没於湘水之渚，因爲湘夫人。」

〔三〕謝公：指謝靈運（三八五—四三三），祖籍陳郡陽夏（今河南太康附近），襲封康樂公。晉、宋之際著名山水詩人。

〔四〕白日西：指長安。參見卷三東遊遠歸注〔七〕。

【集評】

金聖嘆選批唐才子詩卷八下：（評前四句）此言因聽金管遂成爛醉。去者不發，送者亦停，看他反繫馬，反維舟，又爲贈別之新例也。「繫馬」是送者，「維舟」是去者。（評後四句）後言不用相思，無勞吟咏，子去之後我便欲去矣。

趙臣瑗山滿樓箋注唐詩七言律卷六：人生當解攜之時，不能無恨，歌以遣之，酒以慰之，所必然矣。至於馬欲去而反繫，舟欲開而反維，寫出將別而不忍遽別之況，最爲情摯之筆也；五、六却又逆料別後相思，勢不得不托之於夢，勢不得不托之於詩，然而煙水闊則夢固無憑，碧雲低則詩終隔絶，此寫人生不能無別，而別之苦已凄然言外，最爲情摯之筆也。七是索引放開，八是各尋歸路，此非脱略，亦莫可如何云耳，真最爲情摯之筆也。

奉和左司郎中春物暗度感而成章〔一〕

纔喜新春已暮春，夕陽吟殺倚樓人。錦江風散霏霏雨，花市香飄漠漠塵〔二〕。今日尚追巫峽夢〔三〕，少年應遇洛川神〔四〕。有時自患多情病，莫是生前宋玉身〔五〕。

【箋注】

〔一〕據詩中「錦江」、「花市」語，當作於天復元年（九〇一）春應聘爲西蜀書記之後。左司郎中：尚書省屬官，掌左司（吏、户、禮三部十二司）事務，見卷八南省伴直注〔三〕。唐六典卷一尚書都省：「左司郎中一人，右司郎中一人，並從五品上。」「左右司郎中、員外郎，各掌付十有二司之事，以舉正稽違。省署符目，都事監而受焉。凡都省，掌舉諸司綱紀與其百僚之程式，以正邦理，以宣邦教。」

〔二〕錦江：今四川成都市南。華陽國志蜀志：「錦江，織錦濯其中則鮮明，濯他江則不好，故命曰錦里。」花市：趙樸成都古今記：「正月，燈市。二月，花市。三月，蠶市。」

〔三〕巫峽夢：見卷二楚行吟注〔三〕。

〔四〕洛川神：文選卷一九曹植洛神賦，李善題注引漢書音義：「如淳曰：宓妃，宓羲氏之女，溺死洛水爲神。」

〔五〕「有時」兩句：宋玉九辯以悲秋起興，自傷身世，有云「悲哉秋之爲氣也，蕭瑟兮草木摇落而變衰。憭慄兮若在遠行，登山臨水兮送將歸」、「坎廩兮貧士失職而志不平，廓落兮羈旅而無友生」、「悼余生之不時兮，逢此世之俇攘」等。

【集評】

金聖嘆選批唐才子詩卷八下：一，才新春，已暮春，此是寫度；二，忽襯「夕陽」二字，此是寫暗度也，言春光一總九十日來，可謂遥遥甚遠，如何不覺不知，魆地才新已暮。原來九十日，每日瞥眼有一夕陽，於是草草不過十數夕陽，早是菁華一齊頓歇也；三、四，晝之，言初然是風，既而是雨，始飄猶香，到地遂爲塵也。　前解（前四句），寫春物暗度；後解（後四句），寫左司郎中。「今日」之爲言老年也，言老年猶尚不禁花事，然則少時又不知何等唤奈何也。

黄周星唐詩快卷一二：真要吟殺，非虚語也。　語語俱是情種。

奉和觀察郎中春暮憶花言懷見寄四韻之什〔一〕

天畔峨嵋簇簇青，楚雲何處隔重扃。落花帶雪埋芳草，春雨和風濕畫屏。對酒莫辭銜暮角，望鄉誰解倚高亭。惟君信我多惆悵，只願陶陶不願醒〔二〕。

【箋注】

〔一〕此詩蓋與前一首作於同時。　觀察郎中：不詳，疑指郎中出爲觀察使。

〔二〕陶陶：醉酒貌。

傷灼灼〔一〕

嘗聞灼灼麗於花，雲髻盤時未破瓜〔二〕。桃臉曼長横緑水，玉肌香膩透紅紗。多情不住神仙界，薄命曾嫌富貴家。流落錦江無處問，斷魂飛作碧天霞。

【校記】

〔嘗聞〕才調集作常聞。

【箋注】

〔一〕才調集卷三録此詩，題注：「灼灼，蜀之麗人也。近聞貧且老，殂落於成都酒市中，因以四韻弔之。」全唐詩同。灼灼：張君房麗情集：「灼灼，錦城官中奴，御史裴質與之善。裴召還，灼灼每遣人以軟紅絹聚紅淚爲寄。」按此詩當作於天復元年（九〇一）應聘爲西蜀書記之後。

〔二〕破瓜：指十六歲。「瓜」字可拆爲二八字，故稱。

【集評】

黄周星唐詩快卷三：「薄命曾嫌富貴家」七字真可泣鬼矣，因此一句並「多情」一句亦可泣鬼，又因此二句遂覺前後六句皆可泣鬼。

趙臣瑗山滿樓箋注唐詩七言律卷六：以灼灼命名，本言其麗如花也，詩却輕輕換一「於」字，便見得花猶不如，妙！妙！此一句是提綱，下三句皆承寫「麗於花」三字，猶爲皮相，至五曰「多情」、六曰「薄命」，則寫盡麗人行徑矣，蓋天下未有麗人而不多情者，亦未有麗人而不薄命者。乃其寫多情也則曰「不住神仙界」，寫薄命也則曰「曾嫌富貴家」，此又是異樣多情、異樣薄命，從來寫麗人者都寫不到，亦寫不出。七陡用「流落錦江」接住上文，而又將「無處問」作一頓，跌出「斷魂飛作碧天霞」，與首句「麗於花」字面遥相掩映，寫得灼灼身前身後一片靈奇，並非濁質凡胎所能效顰學步，真絶世妙筆也。……開口便用「嘗聞」二字領起，見生平並無一面，極口贊嘆，要非徇於所私。

胡以梅唐詩貫珠卷三四：五、六曲盡薄命佳人情性，不朽名言。結更神化，挽到灼灼之艷。

漢州〔一〕

北儂初到漢州城，郭邑樓臺觸目驚。松桂影中旌旆色。芰荷風裏管絃聲。人心不似經離亂，時運還應却太平。十日醉眠金雁驛〔二〕，臨岐無限眼波横。

【校記】

〔無限眼波〕才調集作無恨臉波。

【箋注】

〔一〕按乾寧四年（八九七）四月，莊隨李洵宣諭兩川，六月至梓州，秋已還至樊川（參見卷十過樊川舊居注〔一〕）。元和郡縣圖志卷三三劍南道下梓州注：「西至漢州二百一十里。」詩中「芰荷」句爲夏秋之景，又云「十日醉眠金雁驛」，當非乾寧四年所作。考莊天復元年（九〇一）春應聘爲西蜀奏記（見韋藹浣花集序），此詩當作於是年夏。春啓程入蜀，夏秋間至漢州（治所在今四川廣漢市）。元和郡縣圖志卷三一劍南道上漢州注：「東北至上都一千九百一十里，……南至成都府一百里。」

〔二〕金雁驛：疑在金雁橋（今四川廣漢市東北）附近。資治通鑑卷二七四載後唐明宗天成元年，任圜討李紹琛，李敗據漢州，「任圜進攻其柵，縱火焚之。李紹琛引兵出戰於金雁橋。」注：「金雁橋，在漢州雒縣東雁江之上，俗傳曾有金雁，故名。」讀史方輿紀要卷六七四川二漢州：「雁橋，州治北一里，亦曰金雁橋，以跨雁水上也。」

【集評】

郝天挺注、廖文炳解唐詩鼓吹注解卷一〇：（廖文炳解）人在太平之時見離亂而驚心，及當離亂而見有太平之地，則轉以爲可訝，猶且觸目驚已。此言初到漢州，驚心於樓臺郭邑者，蓋以舉世紛擾，獨此有管絃旌旆之樂，經離亂而不似離亂，未太平而還應太平，故不覺其驚疑無定耳。若其十日醉眠又臨歧路，捨此少安之地，其又何之耶？所以傷時傷别，不自知其臉波之横也。

朱三錫東喦草堂評訂唐詩鼓吹卷一〇：此篇與前首（指汧陽縣閣）同意，總是見太平而驚喜耳。

吴汝綸桐城先生評點唐詩鼓吹卷一五：（評後四句）此傷心語。

長安清明〔一〕

早是傷春夢雨天，可堪芳草更芊芊。内官初賜清明火〔二〕，上相閑分白打錢〔三〕。紫陌亂嘶紅叱撥〔四〕。緑陽高映畫鞦韆。遊人記得承平事，暗喜風光似昔年。

【校記】

〔夢雨〕文苑英華作暮雨。　〔高映〕文苑英華作高影。

【箋注】

〔一〕據詩尾聯意，蓋作於詩人亂後返居長安時，即景福或乾寧年間。

〔二〕「内官」句：内官，指後宫嬪妃、六儀、美人、才人等。宋敏求春明退朝録卷中：「周禮『四時變國火』，謂春取榆柳之火，夏取棗杏之火，季夏取桑柘之火，秋取柞楢之火，冬取槐檀之火。而唐時，惟清明取榆柳火以賜近臣戚里。」

〔三〕白打：蹴踘戲名。兩人對踢爲白打，三人角踢爲官場，勝者有采。汪雲程蹴踘圖譜「二人場户」：「每人兩踢名打二曳，開大踢名白打。」王建宫詞之八二：「寒食内人常白打，庫中先散爲金錢。」

〔四〕紅叱撥：李石續博物志卷四：「天寶中，大宛進汗血馬，一曰紅叱撥，二曰紫叱撥，三曰青叱撥，四曰黄叱撥，五曰丁香叱撥，六曰桃花叱撥。」

【集評】

郝天挺注、廖文炳解唐詩鼓吹注解卷十：（廖文炳解）首言清明爲夢雨傷春之候，而青青芳草又極芊綿，此情何以堪也。余來長安之地，見昔年此日内官初賜清明之火，上相閑分白打之錢，固朝家錫予之常；而叱撥嘶於紫陌，鞦韆映於緑楊，乃士女遊戲之樂。此皆舊日昇平之事。今雖當亂離之會，而風光無異，遊人猶當暗喜也，奈傷春夢雨、芊芊芳草何哉！　首聯切清明，中二聯切長安。詳玩末聯，上四條確是追憶昇平事，不然則此兩句未得着落。「暗喜風光」者，見風光以似昔而可喜，其餘則皆異昔而可傷也。此正反應首句意。

朱三錫東喦草堂評訂唐詩鼓吹卷十：題曰長安清明，眼見此日清明猶似昔年之清明，而此日長安已非昔日之長安。曰「早是」、曰「可堪」，皆觸景感懷口吻也。「内官」、「上相」，皆追憶昔年昇平之事；「叱撥」、「鞦韆」，皆追憶昔年昇平之景；獨是昇平雖異，而風光不改。曰「暗喜」者，乃遊人暗喜耳。

錢謙益、何焯唐詩鼓吹評注卷十：天下之人皆無家，而權奄諛相處堂燕樂如昇平全盛之時，曰「暗喜」者，正反言其不堪也。

胡以梅唐詩貫珠卷四九：傷春夢雨，是感觸情緒之意，可堪更加以芳草芊芊之茂乎！中四句皆清明之故事，景物與昇平時無異，其風光似同昔年，但奸臣亂國，其實並非昇平之時，此所以傷春耳。詩蓋處朱温之世，不敢明言，是作歇後語也。

姚姬傳七言今體詩鈔卷六：傷亂而作此，故佳。若正序承平而爲是語，則無味矣。

吳汝綸桐城先生評點唐詩鼓吹卷一五：亂後猶似太平，泄沓可嘆！

悼亡姬三首〔一〕

其一

鳳去鸞歸不可尋，十洲仙路彩雲深〔二〕。若無少女花應老，爲有姮娥月易沉。竹葉豈能銷積恨〔三〕，丁香空解結同心〔四〕。湘江水闊蒼梧遠〔五〕，何處相思弄舜琴〔六〕。

其　二

默默無言惻惻悲，閑吟獨傍菊花籬。只今已作經年別，此後知爲幾歲期。開篋每尋遺念物，倚樓空綴悼亡詩。夜來孤枕空腸斷，窗月斜暉夢覺時。

其　三

六七年來春又秋，也同歡笑也同愁。纔聞及第心先喜，試說求婚淚便流。幾爲妒來頻斂黛，每思閑事不梳頭。如今悔恨將何益，腸斷千休與萬休。

【箋注】

〔一〕參見補遺靈席注〔一〕。　按後兩首，文苑英華卷三〇五分别題作獨吟、悔恨。

〔二〕十洲仙路：見卷一尹喜宅注〔四〕。

〔三〕竹葉：酒名。見卷六題袁州謝秀才所居注〔三〕。

〔四〕「丁香」句：丁香，丁香花蕾，喻哀愁；結同心，喻男女情愛。蕭衍有所思：「腰中雙綺帶，夢爲同心結。」李商隱代贈之一：「芭蕉不展丁香結，同向春風各自愁。」

〔五〕「湘江」句：見卷二合歡蓮花注〔三〕。

〔六〕舜琴：禮記樂記：「昔者舜作五絃之琴以歌南風。」

【集評】

金聖嘆選批唐才子詩卷八下：（評其一）前解寫亡。「十洲」七字即「不可尋」三字，「若無」十四字即「鳳杳鸞冥」四字。相其三、四，悟此姬不止是色，直是時時在病，忽忽多情人也，看「少女」、「嫦娥」字可知。「少女」，風也。後解寫悼。（按此選録本詩「鳳去鸞歸」作「鳳杳鸞冥」、「空解結同心」作「從此折同心」、「弄舜琴」作「續舜琴」。）

下邽感舊〔一〕

昔爲童稚不知愁，竹馬閑乘遶縣遊。曾爲看花偷出郭，也因逃學暫登樓。招他邑客來還醉，儳得先生去始休〔二〕。今日故人無處問，夕陽衰草盡荒丘。

【箋注】

〔一〕按太平廣記卷一七五：「韋莊幼時，常在華州下邽縣僑居，多與鄰巷諸兒會戲。及廣明亂後，再經舊里，追思往事，但有遺踪，因賦詩以記之。又途次逢李氏諸昆季，亦嘗賦感舊詩。下邽詩曰……。又逢李氏弟兄詩曰……。」塗次逢李氏兄弟感舊有云「今日相逢俱老大，憂家憂國盡公卿」，則此二詩蓋作於乾寧四年（八九七）華州駕前任左拾遺時。　下邽（guī）：唐華州屬縣，治所在今陝西渭南市北下邽鎮。

〔二〕儳（chǎn）：指吵鬧亂語。禮記曲禮上：「長者不及，毋儳言。」注：「儳，猶暫也，非類雜也。」疏：「長者正論甲事，未及乙事，少者不得輒以乙事雜甲事，暫然雜錯師長之説。」

【集評】

余成教石園詩話卷二：韋端己下邽感舊云：「招他邑客來還醉，儳得先生去始休。」逢李氏兄弟感舊云：「曉傍柳陰騎竹馬，夜隈燈影弄先生。」寫幼時與鄰巷諸兒會戲塾中光景如畫。味兩詩，可以知其少時之狡獪無賴，不畏老成也。

塗次逢李氏兄弟感舊

御溝西面朱門宅〔一〕，記得當時好弟兄。曉傍柳陰騎竹馬，夜偎燈影弄先生。巡街趁蝶衣裳破，上屋探雛手脚輕。今日相逢俱老大，憂家憂國盡公卿。

【箋注】

〔一〕御溝：見卷二立春日作注〔二〕。

龍　潭〔一〕

激石懸流雪滿灣，九龍潛處野雲閑。欲行甘雨四天下，且隱澂潭一頃間。浪引浮槎依北岸，波分晚日見東山。垂髯儻遇穆王駕，閬苑周遊應未還〔二〕。

【校記】

〔激石〕原注：「一作石激。」　〔九〕原注：「一作五。」　〔欲行甘雨四天下〕原注：「一作漸收雷電九峰下。」　〔隱〕原注：「一作飲。」　〔澂〕原注：「一作溪。」　〔頃〕原注：「一作水。」　〔晚〕原注：「一作曉。」　〔見〕原注：「一作浸。」　〔垂髯〕兩句　原注：「一作回瞻四面如看畫，須向遊人不欲還。」

【箋注】

〔一〕檢浣花集諸版本，本詩初見於清康熙間席刻本補遺，原注：「一作僧應物詩。」不詳輯自何處。全唐詩同。按唐詩紀事卷七四録作僧應物詩，文字稍異（即原注之異文）。龍潭：疑指九龍潭，今河南登豐縣東嵩山頂。

〔二〕「垂髯」兩句：穆天子傳：閬苑，傳説爲昆侖頂仙人居所。見卷一尹喜宅注〔四〕。

飲散呈主人

夢覺笙歌散，空堂寂寞秋。更聞城角弄〔一〕，煙雨不勝愁。

【校記】

〔寂寞秋〕才調集作寂寂愁。　〔城角弄〕才調集作城角暮。

【箋注】

〔一〕城角弄：城上角聲。弄，演奏樂曲。

即事

亂世時偏促，陰天日易昏。無言搔白首〔一〕，憔悴倚東門〔二〕。

【箋注】

〔一〕搔白首：杜甫春望：「白頭搔更短，渾欲不勝簪。」

〔二〕倚東門：詩陳風東門之枌序：「東門之枌，疾亂也。」

勉兒子

養爾逢多難，常憂學已遲。辟疆爲上相，何必待從師。

贈姬人

莫恨紅裙破，休嫌白屋低〔一〕。請看京與洛，誰在舊香閨。

【箋注】

〔一〕白屋：指貧屋。漢書卷六四上吾丘青王傳：「三公有司或由窮巷，起白屋，裂地而封。」師古曰：「白屋，以白茅覆屋也。」

春愁

自有春愁正斷魂，不堪芳草思王孫〔一〕。落花寂寂黃昏雨，深院無人獨倚門。

【箋注】

〔一〕「不堪」句：楚辭招隱士：「王孫遊兮不歸，春草生兮萋萋。」

摇落〔一〕

摇落愁天酒易醒，凄凄長是别離情。黄昏倚柱不歸去，腸斷緑荷風雨聲。

【校記】

〔愁天〕才調集作秋天。

【箋注】

〔一〕摇落：指秋景。楚辭九辯：「悲哉秋之爲氣也，蕭瑟兮草木摇落而變衰。」杜甫、李商隱、鄭谷均作有摇落詩。

令狐亭〔一〕

若非天上神仙宅，須是人間將相家。想得當時好風月，管絃吹殺後庭花〔二〕。

【校記】

〔風月〕才調集作烟月。

【箋注】

〔一〕令狐亭：疑在猗氏縣（治所在今山西臨猗縣西南）令狐城。太平寰宇記卷四六河東道七蒲州「猗氏縣」：「令狐城，……在縣西四十五里。」

〔二〕殺：收煞。後庭花：即玉樹後庭花。陳書卷七八皇后列傳論：「後主每引客對貴妃等遊宴，則使諸貴人及女學士與狎客共賦新詩，互相贈答，采其猶艷麗者以爲曲詞，被以新聲，選宫女有容色者以千百數，令習而哥之，分部迭進，持以爲樂，其曲有玉樹後庭花、臨春樂等，大指所歸，皆美張貴妃、孔貴嬪之容色也。」

江上別李秀才〔一〕

前年相送灞陵春，今日天涯各避秦〔二〕。莫向尊前惜沈醉，與君俱是異鄉人。

【箋注】

〔一〕據首聯知莊「前年」尚在長安，「今日」已避難至江上，蓋作於中和三年（八八三）春末往潤州途中。

〔二〕避秦：指避亂。陶淵明桃花源記：「自云先世避秦時亂，率妻子邑人來此絶境。」

【集評】

趙蕃、韓淲選謝枋得注唐詩絶句卷五：客中送客，最易傷懷。此詩後兩句絶妙，唐人餞別詩，如「今日送君須盡醉」、「勸君更盡一杯酒」，又不如「莫向尊前惜沉醉」一句有味。

黄周星唐詩快卷一六：不深不淺，亦是離別當行之作。

唐汝詢唐詩解卷三〇：此亦傷亂之詩。相送灞陵，猶不忍別，今乃避亂天涯乎。異鄉之人，一別長絶，安可惜醉也？

周珽唐詩選脈會通評林：顧璘曰：真情語，故別。周珽曰：夫客中送客，最易傷懷；且別非爲功名、爲省覲，而各爲避亂免禍，如之何可惜一沉醉！（轉録自陳伯海主編唐詩彙評）

姬人養蠶

昔年愛笑蠶家婦，今日辛勤自養蠶。仍道不愁羅與綺，女郎初解織桑籃。

長干塘別徐茂才〔一〕

亂離時節別離輕，別酒應須滿滿傾。纔喜相逢又相送，有情爭得似無情。

【箋注】

〔一〕長干塘，疑指長干里，今江蘇南京市中華門外。此詩蓋作於中和、光啓年間客潤州時。

白牡丹

閨中莫妒新妝婦，陌上須慚傅粉郎〔一〕。昨夜月明渾似水〔二〕，入門唯覺一庭香。

【箋注】

〔一〕傅粉郎：本指三國魏何晏，後借指美少年或情郎。三國志卷九魏書曹爽傳附何晏傳，裴松之注引魏略：「（何）晏前爲尚主，得賜爵爲列侯，又其母在內，晏性自喜，動靜粉不離手，行步顧影。」世說新語容止：「何平叔（晏）

美姿儀，面至白，魏明帝疑其傅粉。正夏月，與熱湯餅。既啖，大汗出，以朱衣自拭，色轉皎然。」

〔二〕渾：全然。杜甫峽中即事：「雷聲忽送千峰雨，花氣渾如百和香。」

多情

一生風月供惆悵，到處煙花恨別離。止竟多情何處好〔一〕，少年長抱長年悲。

【校記】

〔多情〕向校：「萬首絶句作古離別。」按，全唐詩作古離別。　〔長年〕「長」，向校：「全唐詩作少。」

【箋注】

〔一〕止竟：究竟。

憫耕者〔一〕

何代何王不戰爭，盡從離亂見清平。如今暴骨多於土，猶點鄉兵作戍兵〔二〕。

【箋注】

〔一〕按鄭谷巴江云「詔書罪己方哀痛，鄉縣征兵尚苦辛」，題注「時僖宗省方南梁」，嚴壽澂、黄明、趙昌平鄭谷詩集箋注繫於光啓二年（八八六）所作。本詩云「猶點鄉兵作戍兵」，疑爲同時之作。

〔二〕鄉兵：州郡地方兵。　戍兵：邊防軍。

壺關道中作〔一〕

處處兵戈路不通，却從山北去江東〔二〕。黄昏欲到壺關寨，匹馬寒嘶野草中。

【箋注】

〔一〕按卷四夏初與侯補闕有約……題注「却過昭義、相州路歸金陵作」，壺關道爲昭義（治潞州）通相州之要道，則本詩當作於陳倉迎駕未成歸金陵過壺關之時，約光啓二年（八八六）秋冬之際。壺關：縣名，治所在今山西壺關縣西。據元和郡縣圖志卷一五河東道四潞州，壺關縣「西北至州三十里。本漢縣也，屬上黨郡。山形似壺，於此置關，故名壺關。隋開皇十六年分壺關置上黨縣，大業二年省壺關併入上黨，武德四年重置。」讀史方輿紀要卷四一山西四潞安府：「唐復曰潞州，天寶初曰上黨郡，乾元初復故，尋置昭義軍節度。」引王應麟語：「上黨於河北爲兵衝者，以東下壺關則至相州，南下太行則抵孟州也。」「長治縣」條云：「壺關山，府東南十三里，延袤百餘里，東接相州，崖徑險狹，形如壺口。」

〔二〕「處處」兩句：據資治通鑑卷二五六，光啓二年六月，王重榮、李克用合兵討朱玫，山南諸鎮奉詔協力，歷時數月，至十二月，朱玫爲部將王行愈所殺，襄王李熅奔河中而爲王重榮所殺。此外，汴州朱全忠與蔡州秦宗權亦不時交戰。

題酒家

酒緑花紅客愛詩，落花春岸酒家旗。尋思避世爲逋客〔一〕，不醉長醒也是癡〔二〕。

【箋注】

〔一〕逋客：見卷四對雨獨酌注〔二〕。

〔二〕不醉長醒：見卷三東遊遠歸注〔六〕。

殘　花

江頭沉醉泥斜暉〔一〕，却向花前慟哭歸。惆悵一年春又去，碧雲芳草兩依依。

【箋注】

〔一〕泥斜暉：猶戀斜暉。泥，沉湎。

寄舍弟

每吟富貴他人合，不覺汍瀾又濕衣〔一〕。萬里日邊鄉樹遠〔二〕，何年何路得同歸。

【校記】

〔萬里〕原作「黄里」，據萬首唐人絶句校改。

【箋注】

〔一〕汍（wuán）瀾：流淚貌。後漢書卷二八下馮衍傳下：「淚汍瀾而雨集兮，氣滂浡而雲披。」

〔二〕日邊：指長安。見卷三東遊遠歸注〔七〕。

僕者楊金〔一〕

半年辛苦葺荒居，不獨單寒腹亦虚。努力且爲田舍客，他年爲爾覓金魚〔二〕。

【箋注】

〔一〕據詩意，當作於及第前，蓋避居婺州時。

〔二〕金魚：唐時爲三品以上官員佩飾，此代指高官。參見補遺秦婦吟注〔三九〕。

【集評】

黄周星唐詩快卷一六：金魚乃可爲僕覓乎？端己又有女僕阿汪詩云：「他年待我門如市，報爾千金與萬金。」總是才人貧賤時無聊憤激之語。

春陌二首

其一

滿街芳草卓香車，仙子門前白日斜。腸斷東風各回首，一枝春雪凍梅花。

其二

嫩煙輕染柳絲黄，勾引花枝笑憑牆。馬上王孫莫回首，好風徧逐羽林郎〔一〕。

【箋注】

〔一〕羽林郎：漢唐時皇帝禁衛軍。漢書卷一九上百官公卿表上：羽林，「武帝太初元年（前一〇四）初置，名曰建章營騎，後更名羽林騎。又取從軍死事之子孫養羽林，官教以五兵，號羽林孤兒。」師古曰：「羽林，亦宿衛之官，言其如羽之疾，如林之多也。一説羽所以爲王者羽翼也。」唐代禁軍亦設羽林軍，參見補遺秦婦吟注〔五〇〕。

中酒〔一〕

南鄰酒熟愛相招〔二〕，蘸甲傾來緑滿瓢〔三〕。一醉不知三日事，任他童稺作漁樵。

【箋注】

〔一〕按「南鄰」句蓋暗用杜甫居浣花草堂事，則本詩或作於天復二年（九〇二）結茅於浣花溪杜甫舊址之後。中酒：酒酣。

〔二〕「南鄰」句：杜甫居浣花草堂作有南鄰詩，又作客至詩云：「肯與鄰翁相對飲，隔籬呼取盡餘杯。」

〔三〕蘸（zhàn）甲：酒斟滿而蘸指甲。朱翌猗覺寮雜記卷上：「酒斟滿，捧觴必蘸指甲。牧之云：『爲君蘸甲十分飲。』夢得云：『蘸甲須歡便到來。』」按，所引詩句見杜牧後池泛舟送王十、劉禹錫和樂天以鏡换酒。

暴雨

江村入夏多雷雨，曉作狂霖晚又晴〔一〕。波浪不知深幾許，南湖今與北湖平。

【箋注】

〔一〕狂霖：暴雨。左傳隱公九年：「凡雨，自三日以往爲霖。」

晏起〔一〕

邇來中酒起常遲，卧看南山改舊詩〔二〕。開户日高春寂寂，數聲啼鳥上花枝。

【校記】

〔邇〕原注：「一作爾。」〔開〕原注：「一作閉。」

【箋注】

〔一〕詩云「卧看南山改舊詩」，蓋作於鄠杜閑居時。

〔二〕南山：蓋指終南山，今陝西西安市南。元和郡縣圖志卷二關内道二京兆府「鄠縣」：「終南山，在縣東二十里。」

【集評】

趙蕃、韓淲選謝枋得注唐詩絶句卷五：此詩寫盡幽人隱士之樂。吟此詩，想見此風景，令人有超然高舉、逍遥塵外之志。

幽居春思

緑映紅藏江上村，一聲雞犬似仙源〔一〕。閉門盡日無人到，翠羽春禽滿樹喧。

【校記】

〔思〕原注：「一作詩。」〔仙源〕萬首唐人絶句作山源。

【箋注】

〔一〕「一聲」句：陶淵明桃花源記有云：「阡陌交通，鷄犬相聞。」

思歸引〔一〕

越鳥南翔雁北飛〔二〕，兩鄉雲路各言歸。如何我是飄飄者，獨向江頭戀釣磯。

【箋注】

〔一〕據詩意，蓋作於龍紀、大順年間客居婺州時。

〔二〕「越鳥」句：喻思戀故土。參見卷一和薛先輩見寄初秋寓懷即事之作二十韻注〔二〇〕。

與小女

見人初解語嘔啞，不肯歸眠戀小車。一夜嬌啼緣底事，爲嫌衣少縷金花。

虎　跡

白額頻頻夜到門〔一〕，水邊蹤跡漸成群。我今避世棲巖穴〔二〕，巖穴如何又見君。

【箋注】

〔一〕白額：指白額虎。世説新語自新載西晉周處「年少時凶强俠氣，爲鄉里所患。又義興水中有蛟，山中有白額虎，並皆暴犯百姓，義興人謂爲三横」。後周處殺虎斬蛟，改悔自新，終爲忠臣孝子。王維老將行：「射殺山中白額虎，肯數鄴下黄鬚兒。」

〔二〕棲巖穴：指隱居山林。見卷一對酒注〔二〕。

買酒不得

停樽待爾怪來遲，手挈空瓶毷氉歸〔一〕。滿面春愁消不得，更看溪鷺寂寥飛。

【箋注】

〔一〕毷氉（mào sào）：鬱悶。李肇國史補卷下：「進士爲時所尚久矣。……不捷而醉飽謂之打毷氉。」

得故人書

正向溪頭自采蘇，青雲忽得故人書〔一〕。殷勤問我歸來否，雙闕而今畫不如〔二〕。

【箋注】

〔一〕青雲：指隱居之所。南史衡陽元王道度傳附蕭鈞：「身處朱門，而情遊江海；形入紫闥，而意在青雲。」

〔二〕雙闕：本爲宫殿門前兩側樓觀，此代指京城。

洪州送僧遊福建〔一〕

八月風波似鼓鼙〔二〕，可堪波上各東西。殷勤早作歸來計，莫戀猿聲住建溪〔三〕。

【箋注】

〔一〕此詩作於景福元年（八九二）八月，參見卷六洪州送西明寺省上人遊福建注〔一〕。

〔二〕鼓鼙（pí）：軍鼓。禮記樂記：「君子聽鼓鼙之聲，則思將帥之臣。」

〔三〕建溪：即閩江上游，今福建南平市東南。

聞迴戈軍〔一〕

上將麾兵又欲旋，翠華巡幸已三年〔二〕。營中不用栽楊柳〔三〕，願戴儒冠爲控弦。

【校記】

〔欲旋〕萬首唐人絶句作去旋。

【箋注】

〔一〕詩中「翠華巡幸」，當指廣明元年（八八〇）十二月僖宗西幸。詩云「已三年」，則當作於中和三年（八八三）。據資治通鑑卷二五五，唐僖宗中和三年初數月間，李克用等屢敗黃巢軍。「（四月）甲辰，克用等自光泰門入京師，黃巢力戰不勝，焚宮室遁去。……楊復光遣使告捷，百官入賀」。考異引張彭耆舊傳曰：「中和三年，北路奏黃巢正月十日敗走，收復長安訖。三月，北路行營收城，將士並回戈。」

〔二〕「翠華」句：見卷二辛丑年注〔四〕。

〔三〕「營中」句：蓋化用「細柳營」之名，意謂營門不用太嚴。史記卷五七絳侯周勃世家載漢文帝勞軍，至周亞夫細柳軍，「軍士被甲，鋭兵刃，彀弓弩，持滿。天子先驅至，不得入。先驅曰：『天子且至！』軍門都尉曰：『將軍令曰軍中聞將軍令，不聞天子之詔。』居無何，上至，又不得入。於是上乃使使持節詔將軍：『吾欲入勞軍。』亞夫乃傳言開壁門。……既出軍門，群臣皆驚。文帝曰：『嗟乎，此真將軍矣！』」

南鄰公子〔一〕

南鄰公子夜歸聲，數炬銀燈隔竹明。醉憑馬鬃扶不起〔二〕，更邀紅袖出門迎。

【箋注】

〔一〕此詩蓋與前中酒爲一時之作。南鄰：參見補遺中酒注〔二〕。

〔二〕馬鬃（zōng）：馬頸上的長毛。

憶小女銀娘〔一〕

睦州江上水門西〔二〕，蕩槳揚帆各解攜。今日天涯夜深坐，斷腸偏憶阿銀犁。

【箋注】

〔一〕此詩蓋作於大順、景福年間游江西時。

〔二〕睦州：治所在今浙江建德東。

女僕阿枉

念爾辛勤歲已深，亂離相失又相尋。他年待我門如市〔一〕，報爾千金與萬金。

【校記】

〔阿枉〕萬首唐人絶句作阿汪。

【箋注】

〔一〕門如市：喻顯貴。史記卷一二〇汲鄭列傳：「下邽翟公有言，始翟公爲廷尉，賓客闐門。」又戰國策齊一：「令初下，群臣進諫，門庭若市。」

河清縣河亭〔一〕

由來多感莫憑高，盡日衷腸似有刀。人事任成陵與谷〔二〕，大河東去自滔滔。

【箋注】

〔一〕河清縣：治所在今河南孟津縣。元和郡縣圖志卷五河南道一河南府：「河清縣，本漢軹縣地，縣西有柏崖故城，即東魏將侯景所築。武德初於城東置大基縣，八年省。咸亨四年重置，先天元年，以犯玄宗廟諱改名河清。」

〔二〕「人事」句：見卷三北原閑眺注〔六〕。

鍾陵夜闌作〔一〕

鍾陵風雪夜將深，坐對寒江獨苦吟。流落天涯誰見問，少卿應識子卿心〔二〕。

【箋注】

〔一〕此詩蓋作於大順二年（八九一）冬。參見卷六不出院楚公注〔一〕。鍾陵：縣名，治所在今江西南昌市。元和郡縣圖志卷二八江南道四洪州：「南昌縣，漢高帝六年置。隋平陳，改爲豫章縣。寶應元年六月改爲鍾陵縣，十二月改爲南昌縣。」

〔二〕「少卿」句：漢李陵，字少卿；蘇武，字子卿。漢書卷五四李廣蘇建傳載李陵與蘇武曾同爲侍中，交情素厚。蘇武出使匈奴而被拘，次年，李陵與匈奴戰而敗降。蘇武被流放到北海牧羊，李陵奉命前往勸降，蘇武曰：「臣事君，猶子事父也，子爲父死亡所恨。願勿復再言。」李陵喟然嘆曰：「嗟乎，義士！」後李陵以武帝駕崩相告，「武聞之，南鄉號哭，歐血，旦夕臨。」昭帝即位後數年，蘇武得以歸漢，李陵置酒餞行，灑淚訣別。

悼楊氏妓琴弦〔一〕

魂歸寥廓魄歸煙〔二〕，只住人間十八年。昨日施僧裙帶上，斷腸猶繫琵琶絃。

【箋注】

〔一〕參見補遺靈席注〔一〕。　按，此詩全唐詩重見於朱褒詩，文字稍異：歸煙，作歸泉；十八年，作十五年。萬首唐人絶句注：「或作朱褒，非。」

〔二〕寥廓：廣遠貌。楚辭遠游：「下峥嶸而無地兮，上寥廓而無天。」

寄禪月大師〔一〕

新春新霽好晴和，間闊吾師鄙吝多〔二〕。不是爲窮常見隔，祗應嫌醉不相過。雲離谷口俱無著，日到天心各幾何〔三〕。萬事不如棋一局〔四〕，雨堂閑夜許來麽。

【箋注】

〔一〕此詩録自陳尚君全唐詩續拾卷五二（輯自貫休禪月集卷一九，題作韋相公莊寄禪月大師）。　禪月大師：即貫休。宋高僧傳卷三〇梁成都府東禪院貫休傳：「釋貫休，字德隱，俗姓姜，金華蘭溪登高人也。……入蜀，時王建將圖僭，得休甚喜，署號禪月大師。至梁乾化二年（九一二）終於所居，春秋八十一。……韋莊嘗贈詩曰：『豈是爲窮常見隔，祇因嫌酒不相過。』」貫休有詩酬韋相公見寄。按王建於後梁太祖開平元年（九〇七）九月即皇帝位，國號大蜀。「以前東川節度使兼侍中王宗佶爲中書令，韋莊爲左散騎常侍、判中書門下事。」（見資治通鑒卷二六六）則此詩蓋作於開平二年（九〇八）春。

〔二〕「間闊」句：世説新語德行：「周子居常云：『吾時月不見黄叔度，則鄙吝之心已復生矣。』」注引典略云：「黄憲字叔度，汝南慎陽人。時論者咸云『顔子復生』。」按周子居名乘，亦汝南人，與黄憲同舉孝廉。　間闊，闊别。

鄙吝，淺俗。

〔三〕「雲離」兩句：謂彼此離鄉入蜀猶雲離谷口，漂泊不定，且盛年已過，時日無多。卷七桐廬縣作：「潭心倒影時開合，谷口閑雲自卷舒。」

〔四〕「萬事」句：李遠有詩句：「人事三杯酒，流年一局棋。」（北夢瑣言卷六）

【附録】

貫休酬韋相公見寄

鹽梅金鼎美調和，詩寄空林問訊多。秦客弈棋拋已久，楞嚴禪髓更無過。萬般如幻希先覺，一丈臨山且奈何。原注：「日到天心乃相公之日，老僧日去山乃一丈耳。」空諷平津好珠玉，不知更得及門麽。

韋曲〔一〕

滿耳鶯聲滿眼花，布衣藜杖是生涯。時人若要知名姓，韋曲西頭第一家。

【箋注】

〔一〕此詩録自陳尚君全唐詩續拾卷五二（輯自類編長安志卷九）。韋曲：在唐長安城南郊（今陝西長安縣）。參見卷五江外思鄉注〔一〕。又，類編長安志卷九：「韋曲在樊川，唐韋安石之别業，林泉花竹之勝境。」

浣花詞　凡五十四首

怨王孫〔一〕

錦里〔二〕，蠶市〔三〕，滿街珠翠，千萬紅妝。玉蟬金雀〔四〕，寶髻花簇鳴璫，繡衣裳〔五〕。日斜歸去人難見，青樓遠，隊隊行雲散。不知今夜何處，深鎖蘭房〔六〕，隔仙鄉。

【校記】

〔裳〕唐五代詞作長。

【箋注】

〔一〕向校：「全唐詩注：『與河傳、月照梨花二詞同調。』彊村校記：『原本三字缺，據毛本補。』」（按彊村校記見彊村叢書本尊前集，所稱「原本」指梅禹金藏明鈔本；「毛本」指毛晉刻本。下同。）王輯本作河傳。按詞律卷六張元幹怨王孫注：「此與前韋莊『錦浦』一首字句平仄聲響俱同。只此篇『倚風』句叶韻，韋作『花深柳暗』，不叶韻耳。查李珣河傳，此句原用叶韻，是爲一調何疑？且韋莊又有『錦里蠶市』一首，花間不載者，原名作怨王孫，其所用『玉蟬金雀』四字句亦不叶上『里』字、『市』字之韻，是此句可叶可不叶，河傳與怨王孫正同也。況『院』字用仄，尤爲顯而易見哉。但宋人不作河傳而作怨王孫，故列此而仍其名。……又按，月照梨花亦即此調，并以附後。」

〔二〕錦里：華陽國志蜀志：「錦江，織錦濯其中則鮮明，濯他江則不好，故命曰錦里。」

〔三〕蠶市：事物紀原卷八歲時風俗部蠶市引仙傳拾遺曰：「蜀蠶叢氏王蜀，教人蠶桑，作金蠶數千，每歲首出之，以給民家。每給一，所養之蠶必繁孳，罷即歸於王。王巡境内，所止之處，民成市。蜀人因其遺習，每年春有蠶市也。」五國故事卷上：「蜀中每春三月爲蠶市，至時貨易畢集，闤闠填委，蜀人稱其繁盛。」

〔四〕玉蟬金雀：女子頭飾。王建宫詞：「玉蟬金雀三層插，翠髻高叢緑鬢虛。」

〔五〕「寶髻」兩句：李白宫中行樂詞：「山花插寶髻，石竹繡羅衣。」璫，耳珠。古詩爲焦仲卿妻作：「腰若流紈素，月着明月璫。」

〔六〕蘭房：指女子閨房。潘岳哀永逝文：「委蘭房兮繁華，襲窮泉兮朽壤。」

定西蕃〔一〕

挑盡金燈紅燼，人灼灼〔二〕，漏遲遲，未眠時。斜倚銀屏無語，閒愁上翠眉〔三〕。悶殺梧桐殘雨滴相思。

【校記】

〔蕃〕向校：「彊（村）校：『毛本蕃作番。』全唐詩本同。」按，百家詞本花間集作番。

【箋注】

〔一〕向校：「金奩作高平調。」

〔二〕灼灼：姿色艷麗貌。陸機擬青青河畔草：「粲粲妖容姿，灼灼美顔色。」

〔三〕「閒愁」句：江總宛轉歌：「翠眉結恨不復開，寶鬟迎秋度前亂。」古今注卷下雜注：「(梁)冀婦改驚翠眉爲愁眉。」

【集評】

況周頤餐櫻廡詞話：韋端已定西蕃云：「挑盡金燈紅燼，人灼灼，漏遲遲，未眠時。」韋有傷灼灼詩，序云：「灼灼，蜀之麗人也。近聞貧且老，殂落於成都酒市中，因以四韻弔之。」……定西蕃所云「灼灼」，疑指其人盛時。其又一闋云：「塞遠久無音問，愁消鏡裏紅。」是時玉容消息，即已不堪回首矣。

俞陛雲五代詞選釋：佳處亦在結句，情景兼到，與飛卿更漏子詞「空堦滴到明」句相似。

又

芳草叢生結縷，花艷艷，雨濛濛，曉庭中。塞遠久無音問，愁銷鏡裏紅〔一〕。紫燕黃鸝猶在，恨何窮〔二〕。

【校記】

〔結縷〕向校：「彊校：『結縷，毛本作縷結。』全唐詩同。」按，百家詞本花間集作結縷。〔在〕向校：「原作生，全唐詩作至。彊校云：『生字疑在誤。』今從彊校改。」按，百家詞本花間集作在。

【箋注】

〔一〕「愁銷」句：意謂鏡中紅顏因憂愁而消瘦。

〔二〕紫燕：羅願爾雅翼卷一五釋鳥燕：「燕有兩種，越燕小而多聲，頷下紫，巢於門楣上，謂之紫燕，亦謂之漢燕。」

清平樂〔一〕

瑣窗春暮〔二〕，滿地梨花雨。君不歸來情又去，紅淚散沾金縷〔三〕。　夢魂飛斷煙波，傷心不奈春何。空把金針獨坐，鴛鴦愁繡雙窠〔四〕。

【箋注】

〔一〕向校：「金奩作越調。」

〔二〕瑣窗：刻有連環文飾的窗户。後漢書卷二四梁冀傳：「冀乃大起第舍……窗牖皆有綺疎青瑣，圖以雲氣仙靈。」注：「綺疎謂鏤爲綺文。青瑣謂爲瑣文，而以青飾之也。」

〔三〕「君不歸來」兩句：李白離别難：「不覺别時紅淚盡，歸來無淚可沾巾。」

〔四〕雙窠(kē)：即一對。窠，指刺繡時所畫的花界格子。教坊記：「聖壽樂舞，衣錦皆各繡一大窠，皆隨其衣本色。」

又

緑楊春雨，金綫飄千縷〔一〕。花拆香枝黄鸝語〔二〕，玉勒雕鞍何處。　碧窗望斷燕鴻，翠簾睡眼溟濛。寶瑟誰家彈罷，含悲斜倚屏風。

【箋注】

〔一〕金綫：喻柳絲。

〔二〕花拆香枝：謂花在枝頭綻開。

浣溪沙〔一〕

清曉妝成寒食天，柳毬斜裊間花鈿〔二〕。捲簾直出畫堂前〔三〕。　指點牡丹初綻朵，日高猶自憑朱欄。含嚬不語恨春殘。

【校記】

〔猶〕向校：「金奩作獨，非。」

【箋注】

〔一〕向校：「金奩作黃鐘宮。」

〔二〕柳毬：即柳圈。舊俗，清明節戴柳圈髮飾以去毒避邪。段成式酉陽雜俎卷一忠志：「三月三日，賜侍臣細柳圈，言帶之免蠆毒。」張炎慶春宮序云：「都下寒食，游人甚盛，水邊花外，多麗環集，各以柳圈祓禊而去，亦京洛舊事也。」花鈿：即花釵。舊唐書卷四五輿服志：「内外命婦服花釵。」注：「施兩博鬢，寶鈿飾也。」

〔三〕畫堂：本指宮殿中畫飾之堂，後泛指裝飾華麗的堂室。漢書卷一〇成帝紀：「孝成皇帝，元帝太子也。母曰王皇后，元帝在太子宮生甲觀畫堂。」應劭曰：「畫堂，畫九子母也。」師古曰：「畫堂，但畫飾耳，豈必九子母乎？霍光止畫室中，是則宮殿中通有綵畫之堂室。」

又

欲上鞦韆四體慵，擬交人送又心忪〔一〕。畫堂簾幕月明風。此夜有情誰不極，隔墻梨雪又玲瓏〔二〕。玉容憔悴惹微紅。

【校記】

〔交〕向校：「金奩作教。」

【箋注】

〔一〕忪（zhōng）：惶恐。

〔二〕梨雪：即梨花。岑參白雪歌送武判官歸京：「北風卷地白草折，胡天八月即飛雪。忽如一夜春風來，千樹萬樹梨花開。」玲瓏：空明貌。李白玉階怨：「却下水晶簾，玲瓏望秋月。」

又

惆悵夢餘山月斜，孤燈照壁背窗紗〔一〕。小樓高閣謝娘家〔二〕。暗想玉容何所似，一枝春雪凍梅花。滿身香霧簇朝霞〔三〕。

【校記】

〔山月斜〕李校：「茅、玄、雪諸本均作三月斜，非。」〔背窗紗〕李校：「鄂本、毛本作背紅紗，非。」按，百家詞本花間集、金奩集、全唐詩作背紅紗。〔凍梅花〕李校：「王輯本校作凍梨花，非。」

【箋注】

〔一〕孤燈照壁：江總和張記室源傷往詩：「空帳臨窗鏡，孤燈向壁然。」

〔二〕謝娘家：見浣花集卷一嘆落華注〔五〕。

〔三〕香霧：杜甫月夜：「香霧雲鬟濕，清輝玉臂寒。」

【集評】

湯顯祖評花間集卷一：以「暗想」句問起，見下二句形容快絶。

沈際飛評正草堂詩餘别集卷一：爲花錫寵。又云：美人洵花真身，花洵美人小影。

李冰若栩莊漫記：「梨花一枝春帶雨」、「一枝春雪凍梅花」，皆善於擬人，妙於形容，視滴粉搓酥以爲美者，何啻仙凡！

又

緑樹藏鶯鶯正啼〔一〕，柳絲斜拂白銅堤〔二〕。弄珠江上草萋萋〔三〕。　日暮飲歸何處客，繡鞍驄馬一聲嘶。滿身蘭麝醉如泥〔四〕。

【校記】

〔堤〕向校：「全唐詩、金奩集俱作隄。」按，百家詞本花間集作隄。

【箋注】

〔一〕「綠樹」句：王涯閨人贈遠五首其四：「啼鶯綠樹深，語燕雕梁晚。」

〔二〕白銅堤：隋書卷一三音樂志上：「初(梁)武帝之在雍鎮，有童謡云：『襄陽白銅蹄，反縛揚州兒。』識者言，白銅蹄謂馬也。白，金色也。及義師之興，實以鐵騎，揚州之士，皆面縛，果如謡言。故即位之後，更造新聲，帝自爲之詞三曲。」唐人多作「白銅鞮」或「白銅堤」，以指襄陽行樂之地。孟郊獻襄陽于大夫：「襄陽青山郭，漢江白銅堤。」朱慶餘送陳摽：「春風慎行李，莫上白銅鞮。」

〔三〕「弄珠」句：文選卷四張衡南都賦：「耕父揚光於清泠之淵，游女弄珠於漢皋之曲。」李善注引韓詩外傳：「鄭交甫將南適楚，遵波江皋臺下，乃遇二女，佩兩珠，大如荊鷄之卵。」張子容春江花月夜二首其二：「初逢花上月，言是弄珠時。」李白峴山懷古：「弄珠見游女，醉酒懷山公。」佩文韻府卷三「江韻」引無名氏詩：「弄珠江上草，無日不萋萋。」

〔四〕醉如泥：見浣花集補遺和同年韋學士華下途中見寄注〔三〕。

又

夜夜相思更漏殘，傷心明月憑欄干。想君思我錦衾寒〔一〕。　咫尺畫堂深似海，憶來唯把舊書看。幾時攜手入長安〔二〕。

【校記】

〔憑欄干〕李校：「雪本作倚欄干，非。」

【箋注】

〔一〕「傷心」兩句：白居易寄湘靈：「遥知别後西樓上，應憑欄干獨自愁。」

〔二〕攜手入長安：李白贈崔侍郎：「長安復携手，再顧重千金。」

【集評】

湯顯祖評花間集卷一：「想君」、「憶來」二句，皆意中意，言外言也。水中着鹽，甘苦自知。

陳廷焯詞則大雅集卷一：從對面設想，便深厚。

劉瑞潞唐五代詞鈔小箋：按此亦爲姬作也。末致思歸之意，與菩薩蠻「洛陽城裏風光好」一闋同意。

況周頤餐櫻廡詞話：韋端己浣溪沙云：「咫尺畫堂深似海，憶來唯把舊書看。」謁金門云：「新睡覺來無力，不忍把君書迹。」一意化兩，並皆佳妙。

李冰若花間集評注卷二引鄭文焯語：善爲淡語，氣古使然。

李冰若栩莊漫記：「想君思我錦衾寒」句，由己推人，代人念己，語彌淡而情彌深矣。

俞陛雲五代詞選釋：端己相蜀後，愛妾生離，故鄉難返，所作詞本此兩意爲多。此詞冀其「攜手入長安」，則兩意兼有。端己哀感諸作，傳播蜀宫，姬見之益慟，不食而卒。惜未見端己悼逝之篇也。

菩薩蠻〔一〕

紅樓别夜堪惆悵〔二〕，香燈半捲流蘇帳。殘月出門時，美人和淚辭〔三〕。琵琶金翠羽〔四〕，絃上黃鶯語。勸我早歸家，綠窗人似花。

【校記】

〔紅樓〕李校：「雪本作江樓，非。」〔半捲〕李校：「雪本作半掩。」按，百家詞本花間集作半掩。

【箋注】

〔一〕向校：「金奩作中呂宮。」張惠言詞選卷一謂「此詞蓋留蜀後寄意之作。」夏承燾韋端已年譜（詞學季刊一卷四號）謂「菩薩蠻『人人盡説江南好』、『如今却憶江南樂』諸首，中和三年客東南後作。『洛陽城裏春光好』一首，客洛陽作。……或據『如今却憶江南樂，當時年少春衫薄』句，疑端已游江南不應已四十餘歲。案此疑有二説可破。詩集卷一有耒陽縣詩，同卷三用韻亦云『瀟湘期釣侶。』是端已早年曾客江南，此詞或非指中和間四十餘歲南游，一也。又卷七南游富陽江中作云：『浪迹花應笑，衰容鏡每知。』前二首黃藤山下聞猿則云：『好笑五陵年少客，壯心無事也沾纓。』時端已五十餘歲，亦稱年少。蓋詞章泛語，不可爲考據，二也。」俞平伯讀詞偶得云：「皋文當時似疏於考證韋氏之生平，而夏君之説亦有可商處，如『洛陽城裏春光好』下句爲『洛陽才子他鄉老』，其非在洛陽作甚明，若曰『長安才子他鄉老』，始是客洛陽時之口吻也。夏君又曰：『時端已已五十餘歲，亦稱年少，蓋詞章泛語，不可爲考據』，是則弘通之論也。惟似與前説違異，今亦不得詳辨。據夏譜，端已客江南已逾中年，其入蜀已在暮年，而詩詞中輒曰『年少』，固不必拘泥，所謂『不以文害辭，不以辭害志』也。蓋生活者，不過平凡之境，文章者，必須美妙之情也。如彼美妙之文章，述如此平凡之生活，其間不得不有相當之距離者，勢也。遇此等空白，欲以考證填之，事屬甚難。此是一般的情形，又不獨詩詞然耳。如皋文説此詞謂『江南即指蜀』，良亦未必，但固不妨移用。彼雖曾客洛陽，而詞中洛陽則明明非洛陽而是長安，端已固京兆杜陵人也，『秦婦吟秀才』，固一長安才子也。洛陽既可代長安，則江南緣何不可代蜀耶？——雖不能證實。故僅就詞中之字面，有時不足斷定著作之先後也。」

〔二〕紅樓：富家閨閣。白居易議婚：「紅樓富家女，金縷繡羅襦。」

〔三〕「美人」句：曹鄴姑蘇臺：「美人和淚去，半夜閶門開。」

〔四〕「琵琶」句：太平御覽卷五八三引明皇雜録載天寶中，「有中官白秀貞自蜀使迴，得琵琶以獻。其槽以邏沙檀爲之，温潤如玉，光輝可鑒，有金縷紅文蹙成雙鳳。貴妃每抱是琵琶奏於梨園，音韻凄清，飄如雲外。」

【集評】

湯顯祖評花間集卷一：詞本菩薩蠻，而語近江南弄、夢江南等，亦作者之變風也。

周珽刪補唐詩選脈箋釋會通評林卷六〇：菩薩蠻一詞倡自青蓮，嗣後温飛卿輩輒多佳句，然高艷涵養有情，覺端己此首大饒奇想。

許昂霄詞綜偶評：語意自然，無刻畫之痕。

張惠言詞選卷一：此詞蓋留蜀後寄意之作。一章言奉使之志本欲速歸。

譚獻復堂詞話：亦填詞中古詩十九首，即以讀十九首心眼讀之。

陳廷焯雲韶集卷一：情詞凄婉，柳耆卿之祖。婉約。

陳廷焯詞則大雅集卷一：深情苦調，意婉詞直，屈子九章之遺。詞至端己，語漸疏，情意却深厚，雖不及飛卿之沈鬱，亦古今之絶構也。

陳廷焯白雨齋詞話卷八：韋端己菩薩蠻四章，辛稼軒水調歌頭、鷓鴣天等闋，間有樸實處，而伊鬱即寓其中，淺率粗鄙者不得藉口。

張德瀛詞徵卷一：詞有與風詩意義相近者，……韋端己「紅樓別夜」，匪風怨也？

俞平伯讀詞偶得：韋氏此詞凡五首，實一篇之五節耳。（評「紅樓別夜堪惆悵」一首）此言離別之始也。……「美人」句從對面説出，若説我辭美人則徑直矣。下片述其初心。「早歸」二字一章主腦。「綠窗人似花」，早歸固人情也，説得極其自然。「琵琶」二句取以加重色彩，金翠羽者，其飾也；黄鶯語者，其聲也。……此詞殊妥貼，閒閒説出，正全開篇光景，其平淡處皆有妙境也。王靜庵人間詞話揚後主而抑温韋，與周介存異趣。兩家之説各有見地，只王氏所謂「畫屏金鷓鴣，飛卿語也，其詞品似之；絃上黄鶯語，端己語也，其詞品似之。」頗不足以使人心折。鷓鴣、黄鶯，固足以盡温韋哉？轉不如周氏「嚴妝淡妝」之喻，猶爲妙譬也。

又

人人盡説江南好，遊人只合江南老。春水碧於天，畫船聽雨眠。　壚邊人似月，皓腕凝雙雪〔一〕。未老莫還鄉，還鄉須斷腸〔二〕。

【校記】

〔一〕雙雪　詞綜作霜雪。

【箋注】

〔一〕「爐邊」兩句：史記卷一一七司馬相如傳載相如與卓文君「俱之臨邛，盡賣其車騎，買一酒舍酤酒，而令文君當爐。」西京雜記卷二：「文君姣好，眉色如遠山，臉際常若芙蓉，肌膚柔滑如脂。」杜牧偶見：「有箇當壚明似月，馬鞭斜揖笑回頭。」

〔二〕須斷腸：必斷腸。

【集評】

許昂霄詞綜偶評：或云江南好處如斯而已耶？然此景此情，生長雍、冀者實未曾夢見也。

張惠言詞選卷一：此述蜀人勸留之辭，即下章云「滿樓紅袖招」也。江南即指蜀，中原沸亂，故曰「還鄉須斷腸」。

譚獻評詞辨卷一：强顔作愉快語，怕腸斷，腸亦斷矣。

陳廷焯雲韶集卷一：一幅春江圖畫。意中是思鄉，筆下却説江南風景好，真正淚溢中腸，無人省得。結言風塵辛苦，不到暮年，不得回鄉，預知他日還鄉必斷腸也，與第二語口氣合。

陳廷焯詞則大雅集卷一：諱蜀爲江南，是其良心不死處。端己人品未爲高，然其情亦可哀矣。

陳廷焯白雨齋詞話足本卷一：端己菩薩蠻云：「未老莫還鄉，還鄉須斷腸。」又云：「凝恨對斜暉，憶君君不知。」歸國遥云：「别後只知相愧，淚珠難遠寄。」應天長云：「夜夜緑窗風雨，斷腸君信否。」皆留蜀後思君之辭。時中原鼎沸，欲歸不能。端己人品未爲高，然其情亦可哀矣。

俞平伯讀詞偶得：此作清麗婉暢，真天生好言語，爲人人所共見。就章法論，亦有其勝場也。起首一句已扼題旨，下邊的「江南好」，都是從他人口中說出，而游人可以終老於此，自己却一言不發。「春水」兩句，景之芊麗也；「壚邊」二句，人之姝妙也。「壚邊」更暗用卓文君事，所謂本地風光也，「皓腕」二句，其描寫殆本西京雜記及美人賦。「綠窗人似花」「壚邊人似月」，何處無佳麗乎，遥遥相對，真好看殺人也。如此說來，原情酌理，游人只合老於江南，千真萬確矣。他自己卻偏說「未老莫還鄉」，然則老則仍須還鄉歟？忽然把他人所說一筆抹殺了。思鄉之切透過一層，而作者之意猶若不足，更足之曰「還鄉須斷腸」。原來這個「莫還鄉」是有條件的，其意若曰：因爲「須斷腸」，所以未老則不還鄉；若没有此項情形，則何必待老而始還鄉乎。豈非又把上文誇説江南之美盡情塗抹乎？古人用筆，每有透過數層處，此類是也。

又

如今却憶江南樂，當時年少春衫薄。騎馬倚斜橋，滿樓紅袖招〔一〕。翠屏金屈曲〔二〕，醉入花叢宿〔三〕。此度見花枝，白頭誓不歸。

【校記】

〔江南樂〕　李校：「湯本作西湖樂，非。」

【箋注】

〔一〕「滿樓」句：王建夜看揚州市：「夜市千燈照碧雲，高樓紅袖客紛紛。」

〔二〕金屈曲：蓋指一種可屈折伸縮的屏風。初學記卷二五器物部屏風引陸翽鄴中記：「石季龍作金鈿屈膝屏風，衣以白縑，畫義士、仙人、禽獸。」輟耕録卷七「屈戌」：「今人家窗户設鉸具，或銅或鐵，名曰環鈕，即古金鋪之遺意，北方謂之屈戌。其稱甚古，梁簡文詩『織成屏風金屈戌』、李商隱詩『鎖香金屈戌』、李賀詩『屈膝銅鋪鎖阿甄』，『屈膝』當是屈戌。」按，所引詩句見梁簡文帝烏棲曲、李商隱魏侯第東北樓堂郢叔言别聊用書所見成篇、李賀宫娃歌。

〔三〕花叢：指青樓。

【集評】

張惠言詞選卷一：上云「未老莫還鄉」，猶冀老而還鄉也。其後朱温篡成，中原愈亂，遂決勸進之志，故曰「如今却憶江南樂」，又曰「白頭誓不歸」，則此詞之作，其在相蜀乎。

譚獻評詞辨卷一：（評「如今却憶江南樂」句）半面語。（評「此度見花枝」二句）意不盡而語盡。「却憶」、「此度」四字，度人金針。

陳廷焯雲韶集卷一：風流自賞，決絶語，正是淒楚語。

李冰若栩莊漫記：端己此二首自是佳詞，其妙處如芙蓉出水，自然秀艷。按韋曾二度至江南，此或中和時作，與入蜀後無關。張氏詞選好爲附會，其言不足據也。

俞平伯讀詞偶得：張氏（指張惠言）之言似病拘泥穿鑿，惟大旨不誤。起句即承上文而來，當年之樂當年不自知，如今回憶，江南正有樂處也。上章「江南好」，好是人家說的；此章「江南樂」，樂是自己說的，故並不犯複。樂處何在？偏重於人的方面，更偏重於人家對他的恩情——知遇之感。此章與下章皆從此點發揮，說出自己終老他鄉之緣由，而早歸之夙願至此真不可酬矣。下片說出一種決心，有咬牙切齒，勉强掙扎之苦。……「此度」兩句，一章之主意。譚獻曰：「意不盡而語盡」，此評極精。把話說得斬釘截鐵，似無餘味，而意却深長，愈堅決則愈纏綿，愈忍心則愈溫厚，合下文觀，此恉極明晰。若當時只作此一章，結尾殆不會如此，善讀者必審之也。

又

勸君今夜須沈醉，尊前莫話明朝事〔一〕。珍重主人心，酒深情亦深。　須愁春漏短，莫訴金杯滿。遇酒且呵呵，人生能幾何〔二〕。

【校記】

〔莫訴金杯滿〕　李校：「雪本作莫壓金杯滿，厭，誤壓。王衍詞：『莫厭金杯酒』。莫訴，莫辭之意。」按，所引王衍詞句見其醉花陰（者邊走）。

【箋注】

〔一〕「勸君」兩句：杜甫絶句漫興九首其四：「莫思身外無窮事，且盡生前有限杯。」

〔二〕「遇酒」兩句：曹操短歌行：「對酒當歌，人生幾何？」

【集評】

湯顯祖評花間集卷一：一起一落，直寫曠達之思，與郭璞游仙、阮籍述懷將無同調？

李冰若栩莊漫記：端己身經離亂，富於感傷，此詞意實沉痛。謂近阮公咏懷，庶幾近之，但非曠達語也。其源蓋出於唐風蟋蟀之什。

俞平伯讀詞偶得：上三章由早歸而説到不早歸，更説到誓不歸，可謂一步緊逼一步，有水窮山盡之勢。此章忽然寬泛，與上文似不稱，故自來選家每删此使上下緊接，完成章法。平心論之，此等見解亦非全無是處，但削趾適履，終嫌顛倒，竊謂不必。況依結構言，此章亦有可存之價值乎。「醉」字即從上章「醉入花叢宿」來。此章醉後口氣，故通脱而不凝煉，與前後異趣。端己在蜀功名顯達，特睠懷故國，不能自已耳。此章寫得恰好，自己之無聊與他人對己之恩遇，俱曲曲傳神。「珍重」二句，以風流藴藉之筆調，寫沉鬱潦倒之心情，寧非絶妙好詞，豈有删卻之必要哉。人之待我既如此其厚，即欲不强顔歡笑，亦不可得矣。上章不盡之意，俱於此章盡之，久留西川之故，至此大明。總之中原離亂，欲歸則事勢有所不能；西蜀遇我厚，欲歸則情理有所不許；所以説這裏，方才真正到水窮山盡地位，轉出結尾的本旨來。就章法言，又豈可删哉。「人生能幾何」句，有將以前「年少」、「白頭」……種種字樣一筆鈎卻氣象。

又

洛陽城裏春光好，洛陽才子他鄉老〔一〕。柳暗魏王堤〔二〕，此時心轉迷。桃花春水淥〔三〕，水上鴛鴦浴。凝恨對斜暉，憶君君不知。

【校記】

〔柳暗魏王堤〕　李校：「雪本作垂柳拂長堤，非。」

【箋注】

〔一〕洛陽才子：此蓋自比洛陽才子賈誼。

〔二〕魏王堤：見浣花集卷三中渡晚眺注〔二〕。

〔三〕「桃花」句：禮記月令：「仲春之月，……始雨水，桃始華。」　淥，清澈。

【集評】

張惠言詞選卷一：此章致思唐之意。

譚獻評詞辨卷一：（評「洛陽才子他鄉老」句）至此揭出。　項莊舞劍，怨而不怒之義。

陳廷焯詞則大雅集卷一：中有難言之隱。

陳廷焯白雨齋詞話足本卷一〇：韋端己菩薩蠻四章，辛稼軒水調歌頭、鷓鴣天等闋，間有樸實處，而伊鬱即寓其中。淺率粗鄙者不得藉口。

李冰若栩莊漫記：此首以詞意按之，似是客洛陽時作，與前諸首無可聯第處，亦無從推斷爲入蜀暮年之詞也。

俞平伯讀詞偶得：張（惠言）曰：「此章致思唐之意。」譚獻於「洛陽才子」句旁批曰：「至此揭出。」按，二家之説均是。……其實端己此詞，表面上看是故鄉之思，骨子裏説是故國之思。……更進一步説，不僅有故國之思，且兼有興亡之感焉。故此詞五章，重疊迴環，大有「言之不足故長言之」之概。上邊四章，一、二爲一轉折，三、四爲一轉折，全爲此章而發。此章全用中鋒，無一旁敲側擊之筆。夫洛陽城裏之春光何嘗不好，只是才子老於他鄉耳。「柳暗」句承首句而來。……此句想像之景，下接曰「此時心轉迷」，「迷」字下得固妙，「轉」字襯託亦非常得力。綜觀全作，首章之早歸，二章之待老而歸，既爲事實所不許，三、四章之泥醉尋歡，立誓老死異鄉矣，而一念之來，轉生迷罔，無奈之情一至於此。情致固厚，筆力又實在能够宛轉洞達，稱爲名作，洵非偶然。下片是眼前光景，「春水」直呼應二章之「春水碧於天」，用鴛鴦點綴，在無意間。江南好，洛陽未始不好，洛陽好而江南也未始不好，迷之謂也，不但心迷，眼亦迷矣。結尾二句，無限低回，譚評「怨而不怒」，已得詩人之旨。此等境界，妙在丰神，妙在口角，一涉言詮便不甚好。……又按，用魏王堤更有一種暗示。王粲七哀曰：「南登霸陵岸，回首望長安。」説者以爲出於三百篇之「念彼周京」（詩下泉）；而杜牧之「樂遊原上望昭陵」，説者又以爲出於粲。端己長安才子，涉想洛陽，偏提起貞觀往事來，殆亦此意耳。尺寸以求固可不必，惟古人詩詞往往包孕弘深，又託之故實，觸類引申，讀者宜自得之。

俞陛雲五代詞選釋：端己奉使入蜀，蜀王羈留之，重其才，舉以爲相，欲歸不得，不勝戀闕之思。此菩薩蠻詞四章，乃隱寓留蜀之感。首章言奉使之日，僚友贈行，家人泣别，出門惘惘，預訂歸期。次章「江南好」指蜀中而言，皓腕相招，喻蜀王縻以好爵；還鄉斷腸，言中原板蕩，阻其歸路。「未老莫還鄉」句猶冀老年歸去。而三章言「白頭誓不歸」者，以朱温篡位，朝市都非，遂決意居蜀，應樓中紅袖之招。見花枝而一醉，喻留相蜀王，但身不能歸，而懷鄉望闕之情，安能恝置？故四章致其鄉國之思。洛地風景，爲唐初以來都城勝處，魏堤柳色，回首依依。結句言「憶君君不知」者，言君門萬里，不知羈臣戀主之忱也。

歸國遥〔一〕

春欲暮，滿地落花紅帶雨〔二〕。惆悵玉籠鸚鵡〔三〕，單棲無伴侣。　南望去程何許，問花花不語。早晚得同歸去，恨無雙翠羽。

【箋注】

〔一〕向校：「金奩作雙調。」

〔二〕紅帶雨：狀落花。李賀將進酒：「況是青春日將暮，桃花亂落如紅雨。」

〔三〕玉籠鸚鵡：舊題漢郭憲洞冥記卷二：「元封五年，勒畢國貢細鳥，以方尺之玉籠盛數百頭形如大蠅，狀似鸚鵡，聲聞數里之間，如黄鵠之音也。」

【集評】

湯顯祖評花間集卷一：還不是解語花，不問也得。

又

金翡翠〔一〕，爲我南飛傳我意。罨畫橋邊春水〔二〕，幾年花下醉。　別後只知相愧，淚珠難遠寄〔三〕。羅幕繡幃鴛被，舊歡如夢裏〔四〕。

【校記】

〔橋邊〕李校：「雪本作邊橋，非。」

【箋注】

〔一〕翡翠：鳥名。藝文類聚卷九二鳥部下翡翠引廣志曰：「翡色赤，翠色紺，皆出交州興古縣。」

〔二〕罨（yǎn）畫橋：疑在湖州罨畫溪上。

〔三〕淚珠：舊題漢郭憲洞冥記載吠勒國人「乘象入海底取寶，宿於鮫人之舍，得淚珠，則鮫所泣之珠也，亦曰泣珠。」

〔四〕「舊歡」句：温庭筠更漏子（星斗稀）：「舊歡如夢中。」

【集評】

陳廷焯雲韶集卷一：「別後只知相愧」，真有此情。

陳廷焯詞則大雅集卷一：此亦菩薩蠻之意。

吳梅詞學通論第六章：端己菩薩蠻四章，惓惓故國之思，最耐尋味，而此詞「南飛傳意」、「別後知愧」，其意更爲明顯。陳亦峰（廷焯）論其詞謂「似直而紆，似達而鬱」，洵然。雖一變飛卿面目，而綺羅香澤之中別具疏爽之致。世以温韋并論，當亦難於軒輊也。菩薩蠻云：「未老莫還鄉，還鄉須斷腸。」又云：「凝恨對斜暉，憶君君不知。」應天長云：「夜夜緑窗風雨，斷腸君信否。」又云：「難相知，易相别。又是玉樓花似雪。」皆至蜀後思君之辭。是中原鼎沸，欲歸未能，言愁始愁，其情大可哀矣。

李冰若栩莊漫記：五代詞有語極樸拙而情致極深者，如韋相「别後只知相愧，淚珠難遠寄」是也。

又

春欲晚，戲蝶遊蜂花爛熳，日落謝家池館〔一〕，柳絲金縷斷〔二〕。睡覺緑鬟風亂，畫屏雲雨散〔三〕，閑倚博山長嘆〔四〕，淚流沾皓腕。

【校記】

〔春欲晚〕李校：「雪本作春欲曉，非。」

【箋注】

〔一〕謝家池館：指秦樓楚館。世説新語識鑒：「謝公在東山畜妓。」注引宋明帝文章志曰：「安縱心事外，疏略常節，每畜女妓，攜持游肆也。」謝靈運登池上樓：「池塘生春草，園柳變鳴禽。」

〔二〕「柳絲」句：戴叔倫賦得長亭柳：「雨搓金縷細，烟裊翠絲柔。」

〔三〕雲雨散：用巫山雲雨事。見浣花集卷二楚行吟注〔四〕。

〔四〕博山：香爐名。事物紀原卷八：「黄帝内經有博山爐，蓋王母遺帝者。其名起於此爾，漢晉以來盛用於此。」又西京雜記卷一：「丁諼又作九層博山香爐，鏤以奇禽怪獸，窮諸靈異，皆自然生動。」

【集評】

李冰若栩莊漫記：「柳絲金縷斷」，「斷」字極劣。

應天長〔一〕

緑槐陰裏黄鶯語，深院無人春晝午〔二〕。畫簾垂，金鳳舞，寂寞繡屏香一炷。 碧雲天，無定處，空有夢魂來去。夜夜緑窗風雨，斷腸君信否。

【校記】

〔黄鶯〕詞綜作黄鸝。

【箋注】

〔一〕向校：「金奩作雙調。劉毓盤校記云：『别本作馮延己(巳)詞，又作歐陽修詞。』」

〔二〕「緑槐」兩句：温庭筠訴衷情：「鶯語。花舞。春晝午。」

【集評】

焦循雕菰樓詞話：毛大可稱詞本無韻，是也。偶檢唐宋人詞，如……韋莊應天長用「語」「午」

語、「否」有。

張德瀛詞徵卷三：否，一音方矩切，一音方久切。五代時韋端己應天長以「否」叶「語」，馮正中蝶戀花以「否」叶「去」，張泌菩薩蠻以「否」叶「暮」。宋詞則從上韻者十之九，從下韻者僅十之一。

陳廷焯雲韶集卷一：端己菩薩蠻詞「凝恨對斜暉，憶君君不知」未嘗不妙，然不及「斷腸君信否」。

又

別來半歲音書絶，一寸離腸千萬結。難相見，易相别，又是玉樓花似雪。　暗相思，無處説〔一〕，惆悵夜來煙月。想得此時情切，淚沾紅袖黦〔二〕。

【箋注】

〔一〕「暗相思」兩句：白居易潛離別：「不得語，暗相思。」

〔二〕黦（yuè）：楊慎詞品卷一：「黦，黑而有文也，字一作黰。」升菴詩話卷一四：「韋莊應天長詞云：『想得此時情切，淚沾紅袖黦。』『黦』字義與『涴』同，而字則讀如『涴』字入聲始得其叶。」

【集評】

卓人月古今詞統引徐士俊云：以末一字而生一首之色。

王士禛花草蒙拾：花間字法，最著意設色，異紋細艷，非後人纂組所及。如「淚沾紅袖黦」、「猶結同心苣」、「豆蔻花間趖晚日」、「畫梁塵黦」、「洞庭波浪颭晴天」，山谷所謂古蕃錦者，其殆是耶？

陳廷焯雲韶集卷二四：押韻須如此，信筆直書，方無痕迹。

荷葉杯〔一〕

絶代佳人難得，傾國〔二〕。花下見無期，一雙愁黛遠山眉〔三〕，不忍更思維。　閑掩翠屏金鳳，殘夢。羅幕畫堂空，碧天無路信難通，惆悵舊房櫳〔四〕。

【箋注】

〔一〕向校：「金奩作雙調。」李校：「荷葉杯在本集（指花間集）中尚有温庭筠三首、顧夐九首，皆單調。韋調兩首乃雙調，雪本折爲單調四首，非。」

〔二〕「絶代佳人」兩句：漢書卷九七外戚傳上孝武李夫人傳載李延年歌曰：「北方有佳人，絶世而獨立。一顧傾人城，再顧傾人國。寧不知傾城與傾國，佳人難再得。」

〔三〕「一雙」句：吴融玉女廟：「愁黛不開山淺淺，離心長在草萋萋。」愁黛，即愁眉。黛，一種青黑色的畫眉顔料。

〔四〕房櫳：窗户。櫳，窗櫺。

【集評】

王奕清歷代詞話卷三引堯山堂外紀：韋端己思舊姬作荷葉杯詞云：「絶代佳人難得。……」又「記得那年花下。……」又小重山詞云：「一閉昭陽春又春。……」流傳入宫，姬聞之，不食死。

葉申薌本事詞卷上：韋莊，字端己，以才名寓蜀。王建割據，遂羈留之。莊有寵人，資質艷麗，兼擅詞翰。建聞之，託以教内人爲辭，强奪之。莊追念悒怏，每寄之吟詠，荷葉杯、小重山、謁金門諸篇皆爲是姬作也。其詞情意悽惋，人相傳誦，姬後聞之，不食而卒。……謁金門詞云：「空相憶……」

吴衡照蓮子居詞話卷一：韋相清空善轉，殆與温尉異曲同工。所賦荷葉杯，真能攄摽擗之憂，發踟躕之愛。

陳廷焯詞則別調集卷一：「不忍更思惟」五字，凄然欲絶！姬獨何心，能勿斷腸耶？

又〔一〕

記得那年花下，深夜。初識謝娘時〔二〕，水堂西面畫簾垂，携手暗相期。惆悵曉鶯殘月〔三〕，相別。從此隔音塵〔四〕，如今俱是異鄉人，相見更無因。

【校記】

〔那〕向校：「金奩作他。」

【箋注】

〔一〕詞律卷一録此詞誤作皇甫松詞，杜文瀾校注：「按詞譜云：唐教坊曲名，有單、雙二調。雙調只韋莊一體，即此詞，非皇甫松作。」

〔二〕謝娘：指歌妓。見浣花集卷一嘆落華注〔五〕。

〔三〕「惆悵」句：温庭筠更漏子（星斗稀）：「簾外曉鶯殘月。」

〔三〕「從此」句：謝莊月賦：「美人邁兮音塵闕，隔千里兮共明月。」

【集評】

湯顯祖評花間集卷一：情景逼真，自與尋常艷語不同。

許昂霄詞綜偶評：二闋語淡而悲，不堪多讀。

李冰若花間集評注卷二引鄭文焯云：鍾仲偉云「觀古今勝語，多非補假，皆由直尋。」于韋詞益諒其言。

又引蒿廬詞話：語淡而悲。

李冰若栩莊漫記：浣花集悼念亡姬之作甚多，荷葉杯、小重山當屬同類。楊湜宋人，紀宋事且多錯忤，其言不足據爲典要。即如此詞第二首，純爲追念所歡之詞，亦不似章臺柳也。……「惆悵曉鶯殘月，相別」，足抵柳屯田「楊柳岸、曉風殘月」一闋。

清平樂〔一〕

春愁南陌，故國音塵隔。細雨霏霏梨花白，燕拂畫簾金額。　盡日相望王孫，塵滿衣上淚痕。誰向橋邊吹笛〔二〕，駐馬西望銷魂。

【校記】

「梨花白」「花」，向校：「陽春集作蕊。」李校：「梨花白，王輯本校作梨蕊白。」「盡日」兩句向校：「陽春集作日斜空望王孫，羅衣印滿啼痕。」

【箋注】

〔一〕向校：「金奩作越調。劉毓盤校記云：『此首別作馮延已(巳)詞。』」按此詞見花間集，作韋莊詞。陽春集誤録。

〔二〕橋邊吹笛：杜牧寄揚州韓綽判官：「二十四橋明月夜，玉人何處教吹簫。」

【集評】

李冰若栩莊漫記：下半闋筆極靈婉。

又

野花芳草，寂寞關山道。柳吐金絲鶯語早，惆悵香閨暗老。　羅帶悔結同心〔一〕，獨憑朱欄思深。夢覺半床斜月，小窗風觸鳴琴。

【校記】

〔斜月〕李校：「雪本作殘月，非。」

【箋注】

〔一〕「羅帶」句：蕭衍有所思：「腰中雙綺帶，夢爲同心結。」盧綸古艷詩：「自拈裙帶結同心，暖處偏知香氣深。」同心結，喻示恩愛的羅帶連環結。

【集評】

湯顯祖評花間集卷一：坡老咏琴，已脱風幡之案，「風觸鳴琴」，是風是琴，須更轉一解。

許昂霄詞綜偶評：前闋寫遠，後闋説近。

陳廷焯雲韶集卷二四：起筆冷，清絶孤絶。

李冰若花間集評注引蒿廬詞話：「前半説遠，後半説近。」

李冰若栩莊漫記：昔愛玉溪生「三更三點萬家眠，露結爲霜月墮煙。鬭鼠上堂蝙蝠出，玉琴時動綺窗弦」二詩，以爲清婉超絶。韋相此詞以「惆悵香閨暗老」爲骨，亦盛年自惜之意，而以「夢覺半床斜月，小窗風觸鳴琴」爲點醒，其聲情綿邈，設色雋美，抑又過之。

俞陛雲五代詞選釋：此録其次章也。其首章云「故國音書隔」，又云「駐馬西望銷魂」，知此章亦思唐之意。其言悔結同心，倚闌深思者，身仕霸朝，欲退不可，徒費深思，迨夢覺而風琴觸緒，斜月在窗，寫來悲楚欲絶。

又

何處遊女，蜀國多雲雨。雲解有情花解語〔一〕，窣地繡羅金縷〔二〕。　妝成不整金鈿，含羞待月鞦韆。住在緑槐陰裏，門臨春水橋邊。

【校記】

〔窣〕原作窣，向校：「各本俱作窣。」今據以校改。　〔緑槐〕百家詞本花間集作緑楊。　〔春水〕向校：「金奩作流水。」

【箋注】

〔一〕花解語：開元天寶遺事卷下：「明皇秋八月，太液池有千葉白蓮數枝盛開，帝與貴戚宴賞焉。左右皆歎羨。久之，帝指妃示于左右曰：『爭如我解語花？』」

〔二〕窣（sù）地：拂地。

【集評】

李冰若栩莊漫記：末二句寫景如畫。

又

鶯啼殘月，繡閣香燈滅。門外馬嘶郎欲別，正是落花時節〔一〕。　妝成不畫蛾眉，含愁獨倚金扉。去路香塵莫掃，掃即郎去歸遲〔二〕。

【校記】

〔含愁〕李校：「湯本作含羞，非。」

【箋注】

〔一〕「門外」兩句：杜甫江南逢李龜年：「正是江南好風景，落花時節又逢君。」

〔二〕「去路」兩句：李白長干行：「門前遲行迹，一一生綠苔。苔深不能掃，落葉秋風早。」

【集評】

湯顯祖評花間集卷一：情與時會，倍覺其慘。如此想頭，幾轉法華。

沈際飛評正草堂詩餘別集卷一：杜少陵「正是江南好風景，落花時節又逢君」，一逢一別，感共深。

許昂霄詞綜偶評：三四與飛卿「門外草萋萋」二語意正相似。

望遠行〔一〕

欲別無言倚畫屏，含恨暗傷情。謝家庭樹錦鷄鳴〔二〕，殘月落邊城。　人欲別，馬頻嘶，緑槐千里長堤。出門芳草萋萋，雲雨別來易東西，不忍別君後，却入舊香閨。

【校記】

〔萋萋〕向校：「金奩作凄凄。」

【箋注】

〔一〕向校：「金奩作中吕宫。」

〔二〕錦鷄：鳥名，又名金鷄。杜牧朱坡：「迥野翹霜鶴，澄潭舞錦鷄。」

【集評】

俞陛雲五代詞選釋：古今詞話稱韋莊爲蜀王所羈，莊有愛姬，姿質艷美，兼工詞翰。蜀王聞之，託言教授宮人，强奪之去。莊追念悒怏，作荷葉杯諸詞，情意凄怨。荷葉杯之第一首言含怨入宮，次首回憶初見之時。小重山詞則明言「一閉昭陽」，經年經歲，「紅袂」、「黃昏」等句，設想其深宮之幽恨。望遠行亦紀送別之時。四詞中荷葉杯之前首及小重山，尤爲凄惻。

謁金門〔一〕

春漏促，金爐暗挑殘燭。一夜簾前風撼竹，夢魂相斷續。　有箇嬌嬈如玉，夜夜繡屏孤宿〔二〕，閑抱琵琶尋舊曲，遠山眉黛緑〔三〕。

【校記】

〔嬌嬈〕百家詞本花間集作嬌饒。

【箋注】

〔一〕向校：「金奩作雙調。」夏承燾韋端己年譜謂「謁金門、荷葉杯，或及第後悼亡作」。

〔二〕「夜夜」句：李白清平樂：「鸞衾鳳褥，夜夜常孤宿。」

〔三〕「遠山」句：温庭筠菩薩蠻（雨晴夜合玲瓏月）：「眉黛遠山緑。」

【集評】

湯顯祖評花間集卷一：情不知所起，一往而深。「閑抱琵琶尋舊曲」，直是無聊之思。

卓人月古今詞統卷五：徐士俊云：末兩句與「彈到斷腸時，春山眉黛低」相類，而花間、草堂語致自異，心手不知。

又

空相憶，無計得傳消息。天上常娥人不識，寄書何處覓。　新睡覺來無力，不忍把伊書跡。滿院落花春寂寂〔一〕，斷腸芳草碧。

【校記】

〔得傳〕向校：「草堂詩餘作與傳。」〔新睡〕向校：「草堂詩餘作春睡。」〔把伊〕向校：「金奩作看君。花庵作看伊。明玄覽齋巾箱本作把君。」李校：「把伊書跡，從晁本，諸明本同。鄂本、毛本作把君書跡，用第二人稱，詞意稍遜；別解：『君』亦可作第二人稱。」按，百家詞本花間集作把君。

【箋注】

〔一〕「滿院」句：韓偓浣溪沙（攏鬢新收玉步搖）：「深院不關春寂寂，落花和雨夜迢迢。」

【集評】

沈際飛評正草堂詩餘正集卷一：「天上」句，粗惡。「把伊書跡」四字頗秀。「落花寂寂」，淡語之有景（情）者。

江城子〔一〕

恩重嬌多情易傷，漏更長，解鴛鴦〔二〕。朱唇未動，先覺口脂香。緩揭繡衾抽皓腕，移鳳枕，枕潘郎〔三〕。

【校記】

〔恩重〕向校：「花草粹編作思重。」又云：「劉毓盤云：按江城子首句，諸家皆從平起，恩重句疑本作『嬌多恩重，情易傷』，傳鈔時誤從倒寫云云。其說甚是。」〔緩揭〕向校：「花草粹編作緩隔。」〔潘郎〕向校：「劉校本作檀郎。」

按，百家詞本花間集作檀郎。

【箋注】

〔一〕向校：「金奩作雙調。」

〔二〕鴛鴦：指繡有鴛鴦的佩帶。江總雜曲：「合歡錦帶鴛鴦鳥，同心綺袖連理枝。」

〔三〕潘郎：潘岳，代指情郎，見浣花集卷一同舊韻注〔一一〕。

【集評】

湯顯祖評花間集卷一：全篇摹畫屏境，而永賞其流連狼藉，音簡而旨遠矣。

李冰若花間集評注引況周頤云：「恩重嬌多情易傷」，此語非于情中極有閱歷者不能道。

又

髻鬟狼藉黛眉長，出蘭房，別檀郎〔一〕。角聲嗚咽，星斗漸微茫〔二〕。露冷月殘人未起，留不住，淚千行。

【箋注】

〔一〕檀郎：晉潘岳，小字檀奴，故亦稱檀郎。世説新語容止：「潘岳妙有姿容，好神情。」後世遂以檀郎爲女子對郎君的美稱。

〔二〕微茫：隱約貌。

【集評】

李冰若栩莊漫記：韋相江城子二首，描寫頑艷，情事如繪，其殆作於江南客游時乎。

河　傳〔一〕

何處，煙雨，隋堤春暮〔二〕。柳色葱蘢，畫橈金縷。翠旗高颭香風〔三〕，水光融。　青娥殿脚春妝媚〔四〕，輕雲裏，綽約司花妓〔五〕。江都宮闕〔六〕，清淮月映迷樓〔七〕，古今愁。

【校記】

〔畫橈〕李校：「晁本、玄本作畫撓，誤。」

【箋注】

〔一〕向校：「金奩作南呂宮。」

〔二〕隋堤：見浣花集卷四隋堤行注〔一〕。

〔三〕颭（zhǎn）：摇曳。

〔四〕青娥殿脚：開河記載隋煬帝御舟五百下江都，「於吴越間取民間女年十五、六者五百人，謂之殿脚女。……每船用彩纜十條，每條用殿脚女十人，嫩羊十口，令殿脚女與羊相間而行，牽之。」又大業拾遺記：「帝御龍舟，每舟擇妙麗長白女子千人，執雕版鏤金楫，號爲殿脚女。」

〔五〕「綽約」句：綽約，柔美貌。「司花妓，指隋煬帝幸江都時的御車女。顔師古隋遺録載大業十二年（六一六），煬帝幸江都，自長安至汴郡，日進御車女。「長安貢御車女寶兒，年十五，腰支纖墮，騃冶多態，帝寵愛之特厚。時洛陽進合蒂迎輦花，……帝命寶兒持之，號曰司花女。」

〔六〕江都宫闕：隋煬帝江都行宫，故址在今江蘇揚州市。

〔七〕迷樓：隋煬帝在江都所建樓名。白居易隋堤柳：「紫髯郎將護錦纜，青娥御史直迷樓。」迷樓記載隋煬帝晚年沉迷聲色，謂近侍曰：「今宫殿雖壯麗顯敞，苦無曲房小室，幽軒短檻。若得此，則吾期老于其中也。」近侍高昌薦舉浙人項昇。昇製圖奏進，煬帝大悦，詔令按圖造樓，經歲而成，「樓閣高下，軒窗掩映。幽房曲室，玉闌朱楯，互相連屬，迴環四合，曲屋自通。千門萬牖，上下金碧。……人誤入者，雖終日不能出。帝幸之，大喜，顧左右曰：『使真仙遊其中，亦當自迷也，可目之曰迷樓。』」

【集評】

湯顯祖評花間集卷一：「清淮月映」句，感慨一時，涕淚千古。

陳廷焯雲韶集卷一：蒼涼。浣花集中此詞最有骨。

李冰若栩莊漫記：全詞以「何處」領起，中段詞藻極爲富麗，而以「古今愁」三字結之，化實爲空，以盛映衰，筆極宕動空靈。

又

春晚，風暖，錦城花滿。狂殺遊人。玉鞭金勒，尋勝馳驟輕塵，惜良辰。　翠娥爭勸臨邛酒〔一〕，纖纖手〔二〕。拂面垂絲柳〔三〕。歸時煙裏，鐘鼓正是黄昏，暗銷魂。

【校記】

〔玉鞭〕李校：「毛本作玉邊，非。」　〔臨邛酒〕百家詞本花間集作臨歧酒。

【箋注】

〔一〕「翠娥」句：見菩薩蠻（人人盡説江南好）注〔一〕。臨邛，秦置縣名，治所在今四川邛崍縣。

〔二〕纖纖手：古詩十九首迢迢牽牛星：「纖纖擢素手，札札弄機杼。」

〔三〕「拂面」句：温庭筠題柳：「楊柳千條拂面絲，緑煙金穗不勝吹。」

【集評】

李冰若花間集評注引況周頤云：「歸時煙裏」三句，尤極融情入景之妙。

又

錦浦〔一〕，春女，繡衣金縷。霧薄雲輕，花深柳暗，時節正是清明。雨初晴。　玉鞭魂斷煙霞路，鶯鶯語，一望巫山雨〔二〕。香塵隱映，遥見翠檻紅樓，黛眉愁。

【校記】

〔霧薄〕李校：「鄂本作露薄，非。」〔遥見〕「見」，向校：「明巾箱本、全唐詩俱作望。」按，百家詞本花間集、詞綜作望。李校：「遥見，鄂本、毛本作遥望，誤。」

【箋注】

〔一〕錦浦：錦水之濱。

〔二〕巫山雨：見浣花集卷二楚行吟注〔四〕。

天仙子〔一〕

悵望前回夢裏期〔二〕，看花不語苦相思。露桃宫裏小腰肢〔三〕。眉眼細，鬢雲垂，唯有多情宋玉知〔四〕。

【校記】

〔露桃宫裏〕李校本花間集從鄂本作露桃花裏，校云：「他本均作露桃宫裏。」

【箋注】

〔一〕向校：「金奩作歌指調。」

〔二〕夢裏期：夢中相會。

〔三〕露桃宫：杜牧題桃花夫人廟：「細腰宫裏露桃新，脈脈無言幾度春。」

〔四〕多情宋玉：戰國時楚國辭賦家宋玉善賦男女情事，所作高唐賦、神女賦及登徒子好色賦，蕭統文選歸屬賦體

「情」類。

又

深夜歸來長酩酊〔一〕，扶入流蘇猶未醒〔二〕。醺醺酒氣麝蘭和。驚睡覺，笑呵呵，長道人生能幾何〔三〕。

【校記】

〔深夜〕李校：「雪本作夜深，非。」〔長道〕李校：「歷代詩餘校作常道；王輯本作長笑。」按，百家詞本花間集作長笑。

【箋注】

〔一〕酩酊：大醉貌。

〔二〕流蘇：即流蘇帳，飾以彩色繐子的帷帳。

〔三〕「長道」句：曹操短歌行：「對酒當歌，人生幾何。」

【集評】

湯顯祖評花間集卷一：有此手法，便不覺其酒氣，雖爛醉如泥受用矣。

李冰若栩莊漫記：此詞寫醉公子憨態如掬，與「門外猧兒吠」一詞可合看也。

又

蟾彩霜花夜不分〔一〕，天外鴻聲枕上聞。繡衾香冷懶重薰。人寂寂，葉紛紛，纔睡依前夢見君。

【校記】

〔依前〕李校：「雪本作依然，非。」

【箋注】

〔一〕蟾彩：月色。

【集評】

陳廷焯詞則別調集卷一：端己詞時露故君之思，讀者當會意于言外。

丁壽田等唐五代四大名家詞乙篇：「依前」別作「依稀」，但不若作「依前」勝。蓋着一「前」字，可知夢見非一次矣。

俞陛雲五代詞選釋：月冷霜嚴，雁啼月落，寫長夜見聞之淒寂。注重在結句醒而復睡，依舊夢之，可知其「長毋相忘」也。

又

夢覺雲屏依舊空〔一〕，杜鵑聲咽隔簾櫳。玉郎薄倖去無蹤〔二〕。一日日，恨重重，淚界蓮腮兩綫紅〔三〕。

【校記】

〔雲屏〕李校：「王輯本校作銀屏。」〔簾櫳〕李校：「晁本作簾攏，誤。」

【箋注】

〔一〕雲屏：雲母屏風。西京雜記卷一載趙飛燕爲皇后，其女弟「上襚三十五條」中有「雲母屏風」。

〔二〕玉郎：女子對丈夫或情人的昵稱。　薄倖：薄情。

〔三〕蓮腮：蕭繹采蓮曲：「蓮花亂臉色，荷葉雜衣香。」薛道衡昭君辭：「自知蓮臉歇，羞看菱鏡明。」

【集評】

湯顯祖評花間集卷一：以上四首俱佳絶，卒章何率意乃爾，豈强弩之末，江淹才盡耶？

李調元雨村詞話卷一：詞用「界」字始韋端己，天仙子詞云：「淚界蓮腮兩綫紅。」宋子京蝶戀花詞效之云：「淚胭脂，界破蜂黄淺。」遂成名句。

况周頤餐櫻廡詞話：韋詞運密入疏，寓濃于淡。如天仙子「蟾彩霜華」、「夢覺雲屏」二首及浣溪沙、謁金門、清平樂諸詞，非徒以麗句擅長也。

又

金似衣裳玉似身，眼如秋水鬢如雲。霞裙月帔一群群〔一〕。來洞口，望煙分〔二〕，劉阮不歸春日曛〔三〕。

【校記】

〔霞裙月帔〕「裙」，向校：「金奩作裾。」「帔」，向校：「金奩作帳。」〔不歸〕李校：「王輯本校作不來。」

【箋注】

〔一〕霞裙月帔：道仙服飾。孟郊同李益崔放送王煉師還樓觀兼爲群公先營山居：「霞冠遺彩翠，月帔上空虛。」

〔二〕煙分：煙霧。杜牧題劉秀才新竹：「數莖幽玉色，曉夕翠煙分。」

〔三〕劉阮：見浣花集卷一漁溏十六韻注〔五〕。曛：落日餘輝。

【集評】

湯顯祖評花間集卷一：無此結句，確乎當删。

李調元雨村詞話卷一：太白詞有「雲想衣裳花想容」，已成絶唱。韋莊效之，「金似衣裳玉似身」，尚堪入目。而向子諲「花想容儀柳想腰」之句，毫無生色，徒生厭憎。

李冰若栩莊漫記：此首正合題目，唐五代詞，詞意即用本題者多有之，似非强弩之末也。

丁壽田等唐五代四大名家詞乙篇：此詞蓋借用劉阮事詠美人寓耳。「曛」字極佳，宋初「紅杏枝頭春意鬧」之「鬧」字不能過也。

喜遷鶯〔一〕

人洶洶〔二〕，鼓鼕鼕〔三〕，襟袖五更風。大羅天上月朦朧〔四〕，騎馬上虛空〔五〕。香滿衣，雲滿路，鸞鳳遶身飛舞。霓旌絳節一群群〔六〕，引見玉華君〔七〕。

【箋注】

〔一〕向校：「金奩作黃鐘宮。」夏承燾韋端己年譜謂「喜遷鶯二首或第進士時作」，即乾寧元年（八九四）所作。

〔二〕人洶洶：謂人流盛大。

〔三〕鼓鼕鼕：馬縞中華古今注卷上：「唐舊制，京城內金吾昏曉傳呼以戒行者。馬周請置六街鼓，號之曰鼕鼕鼓。」

〔四〕大羅天上：道教所稱最高天界，此喻朝廷。段成式酉陽雜俎卷二「玉格」：「道列三界諸天，三界外曰四人境，四人天外曰三清，三清上曰大羅。」雲笈七籤卷二一天地部總叙天：「元始經云：大羅之境，無復真宰，惟大梵之氣包羅諸天。……故頌曰：三界之上，眇眇大羅。上無色根，雲層峨峨。」

〔五〕「騎馬」句：謂騎馬入朝。白居易醉後走筆酬劉五主簿長句之贈兼簡張大賈二十四先輩昆季：「步登龍尾上虛空，立去天顏無咫尺。」

〔六〕霓旌絳節：本指神仙儀仗，此喻朝廷儀仗。韓偓六言三首其三：「桃源洞口來否，絳節霓旌久留。」杜甫哀江頭：「憶昔霓旌下南苑，苑中萬物生顏色。」李商隱中元：「絳節飄颻宮國來，中元朝拜上清回。」

〔七〕玉華君：道家天帝，此借指皇帝。玉華爲道家語，或指鬢髮，或指丹藥。雲笈七籤卷十一黃帝內景經若得：「雲儀玉華俠耳門。」注：「雲儀、玉華，鬢髮之號。」酉陽雜俎玉格：「鹿皮公吞玉華而流蟲出尸。」又爲仙女名，李康成玉華仙子歌：「紫陽仙子名玉華，珠盤承露餌丹砂。」

又

街鼓動〔一〕，禁城開，天上探人回〔二〕。鳳銜金榜出雲來〔三〕，平地一聲雷。鶯已遷，龍已化〔四〕，一夜滿城車馬。家家樓上簇神仙，爭看鶴冲天〔五〕。

【校記】

〔出雲來〕李校：「鄂本、毛本均作出門來。毛本小注：『門，一作雲。』作『雲』是。」〔家家〕向校：「金奩作謝家。」

【箋注】

〔一〕街鼓：舊唐書卷七四馬周傳：「先是，京城諸街，每至晨暮，遣人傳呼以警衆。周遂奏諸街置鼓，每擊以警衆，令罷傳呼，時人便之，太宗亦加賞勞。」

〔二〕天上探人：謂入朝打探放榜之事者。徐夤放榜日：「喧喧車馬欲朝天，人探東堂榜已懸。」

〔三〕「鳳銜」句：謂奉詔放榜。黄滔放榜日：「吾唐取士最堪誇，仙榜標名出曙霞。」

〔四〕「鶯已遷」兩句：喻及第。韋絢劉賓客嘉話録：「今謂進士登第爲遷鶯者久矣，蓋自毛詩伐木篇，詩云『伐木丁丁，鳥鳴嚶嚶。出自幽谷，遷于喬木』，又云『嚶其鳴矣，求其友聲』，並無鶯字。頃歲試早鶯求友詩，又鶯出谷詩，別書固無證據，豈非誤歟？」龍已化：見浣花集卷一寄薛先輩注〔五〕。

〔五〕「家家」兩句：蓋謂京城貴家女爭看新進士。唐摭言卷三：「慈恩寺題名遊賞賦咏雜記」條載新進士曲江宴遊事：「其日，公卿家傾城縱觀於此，有若中東床之選者，十八九鈿車珠鞍，櫛比而至。」徐夤放榜日：「十二街前樓閣上，卷簾誰不看神仙。」鶴冲天，喻登第，見浣花集卷八癸丑年下第獻新先輩注〔四〕。

【集評】

湯顯祖評花間集卷一：讀張道陵傳，每恨白日鬼話，便頭疼欲睡。二詞（指喜遷鶯二首）亦復類此。

李冰若栩莊漫記：藝林伐山云世傳大羅天放榜蕊珠宮。韋相此詞所咏，雖涉神仙，究指及第而言，未得以鬼話目之。

思帝鄉〔一〕

雲髻墜〔二〕，鳳釵垂〔三〕，髻墜釵垂無力，枕函欹。翡翠屏深月落，漏依依。説盡人間天上兩心知。

【校記】

〔雲髻墜〕〔髻墜釵垂〕李校：「兩墜字湯本均作隊，雪本均作墮，並誤。」

【箋注】

〔一〕向校：「金奩作越調。」

〔二〕雲髻：高髻。妝臺記：「周文王於髻上加珠翠翹花，傳之鉛粉，其髻高，名曰鳳髻，又有雲髻，步步而搖，故曰步搖。」又云：「陳宮中梳隨雲髻，即暈妝。」曹植洛神賦：「雲髻峨峨，修眉聯娟。」

〔三〕鳳釵：見浣花集補遺靈席注〔二〕。

【集評】

俞陛雲五代詞選釋：調寄思帝鄉，當是思唐之作，而託爲綺詞。身既相蜀，焉能求諒於故君？結句言此心終不忘唐，猶李陵降胡，未能忘漢也。

又

春日遊，杏花吹滿頭。陌上誰家年少，足風流。妾擬將身嫁與，一生休。縱被無情棄，不能羞〔一〕。

【箋注】

〔一〕不能羞：不甚羞。

【集評】

卓人月古今詞統卷三：徐士俊評「妾擬將身嫁與，一生休」句云：「死心塌地。」

沈雄古今詞話詞品下卷：詞有寫情景入神者，……亦有言情得妙者，韋莊云：「妾擬將身嫁與，一生休。縱被無情棄，不能羞。」

賀裳皺水軒詞筌：小詞以含蓄爲佳，亦有作決絶語而妙者。如韋莊「誰家年少足風流。妾擬將身嫁與，一生休。縱被無情棄，不能羞」之類是也。牛嶠「須作一生拚，盡君今日歡」，抑亦其次。柳耆卿「衣帶漸寬終不悔，爲伊消得人憔悴」，亦即韋意，而氣加婉矣。

李冰若栩莊漫記：爽雋如讀北朝樂府「阿婆不嫁女，那得孫兒抱」諸作。

訴衷情〔一〕

燭燼香殘簾未捲，夢初驚。花欲謝，深夜月朧明。何處按歌聲〔二〕，輕輕，舞衣塵暗生，負春情。

【校記】

〔訴衷情〕李校：「訴衷情，從晁本、鄂本；他本均作訴中情。」〔簾未捲〕李校本花間集從晁本、鄂本作簾半捲，校云：「他本均作簾未捲，意稍遜。」按，百家詞本花間集、詞綜作半捲。〔夢初驚〕百家詞本花間集作夢初醒。〔謝〕原作榭，向校：「各本作謝。」按，百家詞本花間集、詞綜作謝。今據以校改。〔月朧明〕「朧」，向校：「全唐詩作籠。」按，百家詞本花間集、詞綜作籠。李校：「王輯本校作月籠明，非。」〔春情〕百家詞本花間集作春晴。

【箋注】

〔一〕向校：「金奩作越調。」

〔二〕按歌聲：依節拍歌唱。

【集評】

李冰若栩莊漫記：音節極諧婉。

又

碧沼紅芳煙雨靜〔一〕，倚蘭橈〔二〕。垂玉珮，交帶裊纖腰〔三〕。鴛夢隔星橋，迢迢〔四〕。越羅香暗銷，墜花翹〔五〕。

【校記】

〔静〕詞綜作淨。〔倚蘭橈〕李校：「鼂本作倚欄橈，雪本同，非，正德覆鼂本校正。」

【箋注】

〔一〕「碧沼」句：元稹賦得雨後花：「紅芳憐静色，深與雨相宜。」李商隱偶成轉韻七十二句贈四同舍：「青袍白簡風流極，碧沼紅蓮傾倒開。」

〔二〕蘭橈：蘭木船槳，代指蘭舟。蕭綱采蓮曲：「桂楫蘭橈浮碧水，江花玉面兩相似。」

〔三〕交帶：左右佩帶。

〔四〕星橋：即鵲橋。迢迢：遠貌。古詩十九首其九：「迢迢牽牛星，皎皎河漢女。」

〔五〕花翹：女子髮飾。

【集評】

楊慎詞品卷二：按此詞在成都作也。蜀之妓女至今有花翹之飾，名曰「翹兒花」云。

陳廷焯詞則别調集卷一：「鴛夢」五字，有仙氣，亦有鬼氣。

上行杯〔一〕

芳草灞陵春岸，柳煙深滿樓絃管。一曲離聲腸寸斷。　今日送君千萬〔二〕，紅縷玉盤金縷盞〔三〕，須勸，珍重意，莫辭滿。

【校記】

〔離聲腸寸斷〕李校：「離聲腸寸斷，從晁、玄、湯諸本，承一曲意。鄂、毛等諸本均作聞離腸寸寸斷，非。歷代詩餘校作離歌腸寸斷。」〔千萬〕李校：「千萬，湯本作十萬，誤；雪本作千里。」〔紅縷〕李校：「紅縷，從鄂本。他本均作紅鏤。紅縷狀玉盤中之鱠。」按，詞綜紅縷作紅鏤、金縷作金鏤。

【箋注】

〔一〕向校：「金奩作歇指調。」

〔二〕千萬：指千萬里。

〔三〕紅縷玉盤：韓翃宴楊駙馬山池：「鱠下玉盤紅縷細，酒開金甕緑醅濃。」

【集評】

陳廷焯雲韶集卷一：「勸君更進一杯酒，西出陽關無故人。」同此凄艷。

陳廷焯詞則閑情集卷一：殷勤悃款，令人情醉。

俞陛雲五代詞選釋：玩其詞意，今日送君而憶及當日灞陵餞別，殆在蜀中送友歸國，回思奉使之日，灞橋折柳，何等傷懷！君今無恙還鄉，勿辭飲滿，愈見己之窮年羈泊爲可悲也。

又

白馬玉鞭金轡，少年郎離別容易。迢遞，去程千萬里。　惆悵異鄉雲水，滿酌一杯勸和淚。須愧，珍重意，莫辭醉。

【校記】

〔異鄉〕李校：「王輯本校作萬重。」

女冠子〔一〕

四月十七，正是去年今日，別君時。忍淚佯低面，含羞半斂眉。　不知魂已斷，空有夢相隨。除却天邊月，没人知。

【箋注】

〔一〕向校：「金奩作歇指調。」

【集評】

湯顯祖評花間集卷一：直書情緒，怨而不怒，騷雅之遺也。但嫌與題義稍遠，類今日傳士家言。

卓人月古今詞統卷一：徐士俊云：衝口而出，不假妝砌。

沈際飛評正草堂詩餘别集卷一：月知不知都妙。

陳廷焯雲韶集卷一：起得灑落，「忍淚」十字，真寫得出。

陳廷焯詞則閑情集卷一：一往情深，不着力而自勝。

王闓運湘綺樓詞選：不知得妙，夢隨乃知耳。若先知那得有夢？惟有月知，則常語矣。

又

昨夜夜半，枕上分明夢見，語多時。依舊桃花面〔一〕，頻低柳葉眉。　半羞還半喜，欲去又依依。覺來知是夢，不勝悲。

【箋注】

〔一〕桃花面：妝臺記：「隋文宮中梳九真髻，紅妝，謂之桃花面。」又云：「美人妝面，既傅粉，復以胭脂調勻掌中，施之兩頰，濃者爲暈妝，淺者爲桃花妝。」陳子良新城安樂宮：「柳葉來眉上，桃花落臉紅。」

【集評】

李冰若栩莊漫記：韋相女冠子「四月十七」一首，描摹情景，使人怊悵。而「昨夜夜半」一首，稍爲不及，此結句意盡故也。若士（湯顯祖）謂與題意遠，實爲膠柱之見。唐詞不盡本題意，何足爲病？

更漏子〔一〕

鐘鼓寒，樓閣暝，月照梧桐金井〔二〕。深院閉，小庭空，落花香露紅。　煙柳重，春霧薄，燈背水窗高閣〔三〕。閑倚户，暗沾衣，待郎郎不歸。

【校記】

〔水窗〕李校：「水窗，王輯本校作小窗。」按，百家詞本花間集作小窗。　〔不歸〕向校：「金奩作未歸。」

【箋注】

〔一〕向校：「金奩作林鍾商調。」

〔二〕梧桐金井：李白贈别舍人弟臺卿之江南：「梧桐落金井，一葉飛銀床。」

〔三〕水窗：臨水之窗。白居易秋房夜：「水窗席冷未能卧，挑盡殘燈秋夜長。」

【集評】

陳廷焯雲韶集卷一：「落花」五字，凄絶秀絶。結筆楚楚可憐。

酒泉子〔一〕

月落星沉。樓上美人春睡，緑雲傾〔二〕。金枕膩，畫屏深。　子規啼破相思夢〔三〕，曙色東方纔動。柳煙輕，花露重，思難任。

【校記】

〔緑雲傾〕百家詞本花間集、全唐詩本均作緑雲欹。

【箋注】

〔一〕向校：「金奩作高平調。」

〔二〕緑雲：喻美人髮飾。李白邯鄲東亭觀妓：「清箏何繚繞，度曲緑雲垂。」

〔三〕「子規」句：見浣花集卷二春日注〔五〕。

【集評】

湯顯祖評花間集卷二：不做美的子規，故當夜半啼血。

木蘭花〔一〕

獨上小樓春欲暮，愁望玉關芳草路〔二〕。消息斷，不逢人，却斂細眉歸繡户。坐看落花空嘆息，羅袂濕斑紅淚滴〔三〕。千山萬水不曾行，魂夢欲教何處覓。

【校記】

〔細眉〕李校：「雪本作愁眉，非。」〔濕斑〕李校：「濕斑，鄂本作濕班，誤。」

【箋注】

〔一〕向校：「金奩作林鍾商調。」

〔二〕玉關：即玉門關，今甘肅敦煌縣西北。庾信竹杖賦：「親友離絶，妻孥流轉，玉關寄書，章臺留釧。」李白子夜吳歌：「秋風吹不盡，總是玉關情。」

〔三〕「羅袂」句：曹植洛神賦：「抗羅袂以掩涕兮，淚流襟之浪浪。」

【集評】

湯顯祖評花間集卷二：與「夢中不識路」、「打起黃鶯兒」可並不朽。

李冰若栩莊漫記：「千山」、「夢魂」二語，蕩氣回腸，聲哀情苦。

俞陛雲五代詞選釋：此詞意欲歸唐，與菩薩蠻第四首同。結句言水復山重，夢魂難覓，與沈休文詩「夢中不識路，何以慰相思」，皆情至之語。（按所引沈約詩見其別范安成）

小重山〔一〕

一閉昭陽春又春〔二〕。夜寒宮漏永，夢君恩。卧思陳事暗消魂。羅衣濕，紅袂有啼痕。

歌吹隔重閽〔三〕。遶庭芳草緑，倚長門〔四〕。萬般惆悵向誰論。凝情立，宮殿欲黄昏。

【校記】

〔羅衣濕〕李校：「湯本作羅衣温，非。」〔凝情〕向校：「金奩、草堂詩餘俱作顒情。」李校：「凝情立，鄂本、毛本作顒情立。」

【箋注】

〔一〕向校：「金奩作雙調。」

〔二〕昭陽：漢宮殿名。漢成帝時趙飛燕居之，貴傾後宮。班固兩都賦：「昭陽特盛，隆乎孝成。」後世借指皇后宮殿。

〔三〕歌吹：歌聲及器樂。重閽：重重宮門。

〔四〕長門：漢宮殿名，見浣花集卷一宮怨注〔四〕。

【集評】

楊湜古今詞話：韋莊以才名寓蜀，王建割據，遂羈留之。莊有寵人，資質艷麗，兼善詞翰。建聞之，托以教内人爲詞，强莊奪去。莊追念悒怏，作小重山及空相憶云……。情意悽怨，人相傳播，盛行於時。姬後傳聞之，遂不食而卒。

楊慎詞品卷二：韋莊小重山前段，今本「羅衣濕」下遺「新揾舊啼痕」五字。

湯顯祖評花間集卷二：向作「新揾舊啼痕」，語更超遠。又云：「宫殿欲黄昏」，何等凄絶！宫詞中妙句也。

茅暎詞的卷三：雨露難沾，自是恩不勝怨。

沈際飛評正草堂詩餘正集卷二：章法同趙德仁「樓上風和玉漏遲」，而宫閨稍異。又「紅袂有啼痕」與「羅衣濕」句複，秦詞「新啼痕間舊啼痕」亦始諸此。

李廷機新鐫注釋評林草堂詩餘卷三：宫詞有云「玉顔不及寒鴉色，猶帶昭陽日影來」。所謂怨而不怒，最爲得體者。

陳廷焯詞則別調集卷一：凄警。

李冰若栩莊漫記：猶是唐人宫怨絶句，而楊湜乃附會穿鑿，謂因建奪其寵而作。

夏承燾韋端己年譜「昭宗天復元年」條：（古今詞話云云）案詩集補遺有悼亡姬一首，及獨吟、悔恨、虚席、舊居四首，注：「俱悼亡姬作。」詩云：「若無少女花應老，爲有姮娥月易沉。」「湘江水闊蒼梧遠，何處相思弄舜琴。」與前詞「天上姮娥」，及（憶）［思］帝鄉「説盡人間天上，兩心知」，荷葉盃「碧天無路信難通」諸句，語意相類。疑詞亦悼亡姬作。楊湜所云，近於附會。以調名（憶）［思］帝鄉，詞有

「天上姮娥」句，云王建奪去。以「不忍把伊書跡」，云「兼善詞翰」。湜宋人，其詞話記東坡詞事，尚有誤者，此尤無徵難信。新五代史六三前蜀世家稱「〔王〕建雖起盜賊，而爲人多智詐，善待士。」似不致有此。又悔恨一首悼亡姬云：「纔聞及第心先喜，試説求婚淚便流。」是悼亡在初及第時，亦非入蜀後事也。

謁金門〔一〕

春雨足，染就一溪新緑〔二〕。柳外飛來雙羽玉〔三〕，弄晴相對浴。　樓外翠簾高軸，倚遍闌干幾曲。雲淡水平煙樹簇，寸心千里目〔四〕。

【箋注】

〔一〕此詞據草堂詩餘、全唐詩補。向校：「金奩作雙調。」

〔二〕「春雨」兩句：白居易立春日酬錢員外曲江同行見贈：「柳色早黄淺，水紋新緑微。」

〔三〕雙羽玉：羽玉，一作屬玉。爾雅翼卷一七釋鳥屬玉：「水鳥，似鴨而大，長頸赤目，紫紺色，似鵁鶄，漢以名觀。」

〔四〕「倚遍」三句：無名氏魚游春水(秦樓東風裏)：「幾曲闌干遍倚，……雲山萬重，寸心千里。」

【集評】

沈際飛評正草堂詩餘正集卷一：「染就」句，麗。説得雙羽有情。魚游春水詞「雲山萬重，寸心千里」亦自妙。此以上文布景，找一「目」字，意思完全，韻脚警策。

周珽删補唐詩選脈箋釋會通評林卷六〇：捲簾倚闌，睹溪鳥雙飛對浴，因起閨人之想，心目之間，何能自堪！寫情委婉。

黄蘇蓼園詞評：按端己以才名入蜀，後王建割據，遂被羈留爲蜀散騎常侍，判中書門下事。曰「弄晴對浴」，其自喻仕蜀乎。曰「寸心千里」，又可以悲其志矣。

俞陛雲五代詞選釋：此録其首章也。觀其次首有「天上嫦娥人不識」及「不忍把君書迹」句，則此首亦懷人之作。寫春晴景物，倚闌凝望，而相憶之情自見。

韋莊遺文

又玄集序〔一〕

謝玄暉文集盈編〔二〕，止誦「澄江」之句〔三〕；曹子建詩名冠古〔四〕，唯吟「清夜」之篇〔五〕。是知美稼千箱〔六〕，兩岐爰少〔七〕；繁絃九變，大護殊希〔八〕。入華林而珠樹非多，閱衆籟而紫簫惟一〔九〕。所以擷芳林下，拾翠巖邊〔一〇〕。沙之汰之，始辨辟寒之寶〔一一〕；載彫載琢，方成瑚璉之珍〔一二〕。故知頷下採珠〔一三〕，難求十斛；管中窺豹，但取一斑〔一四〕。自國朝大手名人，以至今之作者。或百篇之内，時記一章；或全集之中，唯徵數首。但掇其清詞麗句，録在西齋〔一五〕；莫窮其巨派洪瀾，任歸東海〔一六〕。總其記得者，才子一百五十人；誦得者，名詩三百首。長樂暇日〔一七〕，陋巷窮時。聊撼膝以書紳〔一八〕，匪攢心而就簡〔一九〕。此蓋詩中之鼓吹，名下笙簧〔二〇〕。擊鳧氏之鐘，霜清日觀〔二一〕；淬雷公之劍，影動星津〔二二〕。雲間分合璧之光〔二三〕，海上運摩天之翅〔二四〕。奪造化而雲雷噴涌，役鬼神而風雨奔馳〔二五〕。但思其食馬留肝〔二六〕，徒云染指〔二七〕；豈慮其烹魚去乙〔二八〕，或致傷鱗。自慚乎罽腹易盈〔二九〕，非嗜其熊蹯獨美〔三〇〕。然則律則既採，繁音是除。何知黑白之鵜〔三一〕，强識淄澠之水〔三二〕。左太冲十年三賦〔三三〕，未必無瑕；劉穆之一日百函〔三四〕，焉能盡麗。是知班、張、屈、宋〔三五〕，亦有蕪辭；沈、謝、應、劉〔三六〕，猶多累句。雖遺妍可惜，而備載斯難。亦猶執斧伐山，止求嘉木；挈瓶赴海，但汲甘泉。等同於風月煙花，各是其樝梨橘柚〔三七〕。昔姚合撰極玄集一卷〔三八〕，傳於當代，已盡精微。今更採其玄者，勒成又玄集三卷。記方流而目眩〔三九〕，閱麗水而神疲〔四〇〕。魚兔雖存，筌蹄是棄〔四一〕。所以金盤飲露，唯採沆瀣之精〔四二〕；花界食珍〔四三〕，但饗醍醐之味〔四四〕。非獨資於短見，亦可貽於後昆〔四五〕。採實去華，俟諸來者。時光化三年七月日〔四六〕。

【校記】

〔兩岐爰少〕全唐文作兩歧綦少。〔大護〕文苑英華、全唐文作大濩。〔唯徵〕文苑英華、全唐文作微徵。〔此蓋〕文苑英華、全唐文無「此」字。〔雲雷噴涌〕文苑英華作雷雲涌起；全唐文作雷雲噴涌。〔或致〕文苑英華、全唐文作或至。〔罽腹〕文苑英華作罽腸。〔班〕文苑英華作斑，誤。〔姚合撰〕文苑英華、全唐文作姚合所撰。〔但饗〕文苑英華、全唐文作但享。

【箋注】

〔一〕此文錄自中華書局上海編輯所一九五八年版唐人選唐詩本又玄集（即古典文學出版社影印日本江户昌平坂學問所官版本），以中華書局版文苑英華本及全唐文本參校。

〔二〕謝玄暉：謝朓，字玄暉，南朝齊陳郡陽夏（今河南太康附近）人。歷宣城太守等職，世稱謝宣城。善山水詩，有謝宣城集。

〔三〕「澄江」之句：指謝朓晚登三山還望京邑中名句「餘霞散成綺，澄江靜如練」。

〔四〕曹子建：曹植，字子建，沛國譙（今安徽亳縣）人。詩賦兼長，鍾嶸詩品卷上評其詩「粲溢今古，卓爾不群」。

〔五〕「清夜」之篇：曹植公讌詩：「清夜遊西園，飛蓋相追隨。」

〔六〕美稼千箱：詩小雅甫田：「曾孫之稼，如茨如梁。曾孫之庾，如坻如京。乃求千斯倉，乃求萬斯箱。」

〔七〕兩岐：杈生兩枝。後漢書卷三一張堪傳：「（堪）乃於狐奴開稻田八千餘頃，勸民耕種，以致殷富。百姓歌曰：『桑無附枝，麥穗兩岐。張君爲政，樂不可支。』」

〔八〕九變：周禮春官大司樂：「凡六樂者，一變而致羽物及川澤之示；再變而致贏物及山林之示；……若樂九變，則人鬼可得而禮矣。」注：「變猶更也，樂成則更奏也。」大護：傳說爲商湯之樂，亦作大濩。周禮春官大司樂「大濩」注：「大濩，湯樂也。湯以寬治民而除其邪，言其德能使天下得其所也。」護、濩，通「頀」。

〔九〕籟：管樂器。紫籥：籥爲紫竹所製，故稱。

〔一〇〕拾翠：曹植洛神賦：「或採明珠，或拾翠羽。」

〔一一〕辟寒之寶：開元天寶遺事「辟寒犀」條：「開元二年冬至，交趾國進犀一株，色黄如金。使者請以金盤置於殿中，温温然有暖氣襲人。上問其故，使者對曰：『此辟寒犀也。頃自隋文帝時，本國曾進一株，直至今日。』上甚悦，厚賜之。」

〔一二〕瑚璉：夏商時祭祀珍器。論語公冶長：「子貢問曰：『賜也何如？』子曰：『女器也。』曰：『何器也？』曰：『瑚璉也。』」何晏集解：「包曰：瑚璉，黍稷之器。夏曰瑚，商曰璉，周曰簠簋，宗廟之器貴者。」

〔一三〕頷下採珠：莊子列禦寇：「莊子曰：河上有家貧恃緯蕭而食者，其子没於淵，得千金之珠。其父謂其子曰：『取石來鍛之。夫千金之珠，必在九重之淵而驪龍頷下。子能得珠者，必遭其睡也。使驪龍而寤，子尚奚微之有哉？』」

〔一四〕「管中」兩句：世説新語方正：「王子敬數歲時，嘗看諸門生樗蒲。見有勝負，因曰：『南風不競。』門生輩輕其小兒，迺曰：『此郎亦管中窺豹，時見一斑。』子敬瞋目曰：『遠慚荀奉倩，近愧劉真長。』遂拂衣而去。」

〔一五〕西齋：指書齋。陸龜蒙以竹夾膝寄贈襲美：「添君雅具教多著，爲著西齋譜一通。」孫樵有孫氏西齋録，乃掇録陸長源唐春秋而成。

〔一六〕「莫窮」兩句：左思吴都賦：「百川派别，歸海而會。」

〔一七〕長樂：唐京城坊名，故址在今陝西西安市東。長安志卷八唐京城二：「朱雀街東第四街，即是皇城之東第二街，街東從北第一長樂坊。」

〔一八〕書紳：指書之紳帶以備忘。論語衛靈公：「子張書諸紳。」疏：「紳，大帶也。子張以孔子之言書之紳帶，意其佩服無忽忘也。」孫綽答許詢：「且戢讜言，永以書紳。」

〔一九〕就簡：指著述傳世。

〔二〇〕「此蓋」兩句：穆天子傳卷三：西王母吟曰：「吹笙鼓簧，中心翔翔。」郭璞注：「簧在笙中。」

〔二一〕鳧氏：周代鐘匠。周禮冬官考工記鳧氏：「鳧氏爲鐘，兩欒謂之銑。」霜清日觀：山海經中山經：「（豐山）有九鐘焉，是知霜鳴。」郭璞注：「霜降則鐘鳴，故言知也。」日觀，指泰山日觀峰。水經注卷二四汶水引應劭漢官儀云：「泰山東南山頂名曰日觀。日觀者，鷄一鳴時，見日始欲出，長三丈許，故以名焉。」

〔二二〕「淬雷公之劍」兩句：參見浣花集卷一同舊韻注〔一三〕。淬（cuì），本指將鑄件燒紅後浸入水中使之堅硬。此指淬礪，即磨礪。

〔二三〕合璧之光：指日月之光。漢書卷二一律曆志上：「日月如合璧，五星如連珠。」

〔二四〕摩天之翅：莊子逍遥遊：「鵬之背不知其幾千里也，怒而飛，其翼若垂天之雲。」

〔二五〕「奪造化」兩句：杜甫寄李十二白二十韻：「筆落驚風雨，詩成泣鬼神。」

〔二六〕食馬留肝：史記卷一二一儒林列傳載轅固生與黄生在景帝前就湯武之事爭辯不休，「於是景帝曰：『食肉不食馬肝，不爲不知味。言學者無言湯武受命，不爲愚。』遂罷。」正義引論衡云：「氣熱而毒甚，故食馬肝殺人。又盛夏馬行多渴死，殺氣爲毒也。」

〔二七〕染指：左傳宣公四年：「楚人獻黿於鄭靈公，公子宋與子家將見，子公之食指動，以示子家，曰：『他日我如此，必嘗異味。』及入，宰夫將解黿，相視而笑。公問之，子家以告。及食大夫黿，召子公而弗與也。子公怒，染指於鼎，嘗之而出。」黄滔謝試官：「非敢染黿，所希留馬，干瀆清嚴，下情不任惶惕屏營之至。」

〔二八〕烹魚去乙：見浣花集卷五和鄭拾遺秋日感事一百韻注〔七二〕。

〔二九〕鼴腹易盈：莊子逍遥遊：「偃鼠飲河，不過滿腹。」王先謙集解引李楨云：「偃，或作鼴，俗作鼹。」

〔三〇〕熊蹯：即熊掌。左傳宣公二年：「宰夫胹熊蹯不熟，殺之，寘諸畚，使婦人載以過朝。」本草綱目卷五一上獸之二熊集解引蘇頌曰：「冬蟄入穴，春月乃出，其足名蹯，爲八珍之一，古人重之，然胹之難熟。」

〔三一〕「何知」句：晉書卷一一四載記苻堅下載苻朗「食鵝肉，知黑白之處。人不信，記而試之，無毫釐之差。時人咸以爲識味」。

〔三二〕「强識」句：列子説符：「（白公）曰：『如以水投水，何如？』孔子曰：『淄澠之合，易牙嘗而知之。』」淄澠，二水名，在今山東。相傳二水異味，合則難辨。

〔三三〕「左太冲」句：晉書卷九二左思傳：「左思，字太冲，齊國臨淄人也。……造齊都賦，一年乃成。復欲賦三都。會妹芬入宫，移家京師，乃詣著作郎張載，訪岷邛之事。遂構思十年，門庭藩溷皆著筆紙，遇得一句，即便疏之。自以所見不博，求爲秘書郎。及賦成，時人未之重。」

〔三四〕「劉穆之」句：劉穆之，字道和，小字道民，東莞莒（今山東莒縣）人。曾任劉裕軍吏，宋書卷四二劉穆之傳載「穆之與朱齡石便尺牘，嘗於高祖座，與齡石答書。自旦至日中，穆之得百函，齡石得八十函，而穆之應對無廢也。」

〔三五〕班、張、屈、宋：指東漢班固、張衡，戰國時楚國屈原、宋玉，皆擅辭賦，有名篇聞於世。

〔三六〕沈、謝、應、劉：指南朝梁沈約、謝朓，漢末時魏應瑒、劉楨。

〔三七〕樝（zhā）梨橘柚：莊子天運：「故譬三皇五帝之禮義法度，其猶柤梨橘柚邪，其味相反，而皆可於口。」世説新語品藻：「桓玄問劉太常曰：『我何如謝太傅？』劉答曰：『公高，太傅深。』又曰：『何如賢舅子敬？』答曰：『樝梨橘柚，各有其美。』」樝，果木名，一名木桃，果味酸。柤，同樝。

〔三八〕姚合：陝州硤石（治所在今河南陝縣東南）人。唐憲宗元和間進士，調武功主簿，世稱姚武功。曾選王維、祖詠、李端等二十一人詩作凡百首（今缺一首），名極玄集，自序云：「合於衆集中更選其極玄者，庶免後來之非。」

〔三九〕方流：文選卷二六顔延之贈王太常：「玉水記方流，琁源載圓折。」李善注：「尸子曰：凡水，其方折者有玉，其圓折者有珠也。」

〔四〇〕麗水：水名，在處州麗水縣（今屬浙江）。元和郡縣圖志卷二六江南道二處州「麗水縣」：「麗水本惡溪，以其湍流阻險，九十里間五十六瀨，名爲大惡，隋開皇中改爲麗水，皇朝因之，以爲縣名。」

〔四一〕「魚兔」兩句：莊子外物：「筌者所以在魚，得魚而忘筌；蹄者所以在兔，得兔而忘蹄。」筌，竹笱，捕魚之具。蹄，兔弶，獵兔之具。

〔四二〕金盤飲露：見浣花集卷二白櫻桃注〔三〕。沆瀣之精：楚辭遠游：「餐六氣而飲沆瀣兮，漱正陽而含朝霞。」王逸注：「陵陽子明經：冬飲沆瀣。沆瀣者，北方夜半氣也。」

〔四三〕花界：即蓮花界，指佛界。白孔六帖卷八九「寺」目中有「花界、蓮花界」。羅鄴夏日宿靈巖寺宗公院：「花界已無悲喜念，塵襟自足是非妨。」

〔四四〕醍醐（tí hú）：精煉而成的奶酪，佛經用以比喻佛性。杜甫大雲寺贊公房四首其一：「醍醐長發性，飲食過扶衰。」仇注：「洙曰：釋經，言聞正法，如食醍醐然。」

〔四五〕後昆：後輩。韋縠才調集叙：「但貴自樂所好，豈敢垂諸後昆。」

〔四六〕光化三年：即九〇〇年。按，文苑英華、全唐文本署「時光化三年七月二日前左補闕韋莊述」。

乞追賜李賀皇甫松等進士及第奏〔一〕

詞人才子，時有遺賢。不霑一命於聖明，没作千年之恨骨。據臣所知，則有李賀〔二〕、皇甫松〔三〕、李群玉〔四〕、陸龜蒙〔五〕、趙光遠〔六〕、温庭筠〔七〕、劉德仁〔八〕、陸逵、傅錫〔九〕、平曾〔一〇〕、賈島〔一一〕、劉稚珪〔一二〕、羅鄴〔一三〕、方干〔一四〕，俱無顯遇，皆有奇才。麗句清詞，遍在詞人之口；銜冤抱恨，竟爲冥路之塵。伏望追賜進士及第，各贈補闕拾遺。見存惟羅隱一人〔一五〕，亦乞特賜科名，録升三級。便以特敕，顯示優恩。俾使已升冤人，皆霑聖澤；後來學者，更勵文風。

【箋注】

〔一〕此文録自中華書局版全唐文卷八八九。此奏表初載於唐摭言卷十「韋莊奏請追贈不及第人近代者」條及容齋三筆卷七「唐昭宗恤録儒士」條，全唐文蓋參合二者並擬此題。又，全唐文卷八二〇録吳融代王大夫請追賜方干等及第疏與韋奏辭句差同，夏承燾韋端己年譜「昭宗光化三年」條據唐才子傳卷七「方干」條載「大中中，干舉進士不第，隱居鏡中。王大夫廉問浙東，（節）嘉其操，將薦於朝，託吳融草表。行有日，王公以疾逝去，事不果成」，謂「此事實倡於王，或王逝後，端己取其奏上之，文實吳融作也。」按，夏説欠妥。其一，唐才子傳卷七「方干」條所載王大夫薦舉方干而請吳融草表之事，王定保唐摭言卷十「韋莊奏請追贈不及第人近代者」條早有記載：「王大夫廉問浙東，干造之，連跪三拜，因號『方三拜』。王公將薦之於朝，請吳子華（融）爲草表。無何，公遘疾而卒，事不諧矣。」（據北夢瑣言卷六所載，王大夫即王龜。傳璇琮主編唐才子傳校箋卷七「方干」條有詳考。）則王定保當不至於將吳融草表誤作韋莊奏表。其二，據奏表謂「見存者惟羅隱一人」，則當時方干已去世。但方干詩作謝王大夫奏表、哭王大夫及唐摭言卷一〇、唐才子傳所載都確證吳融草薦表乃至王大夫去世時方干尚在世。傳璇琮主編唐才子傳校箋卷七「方干」條據此考辨，指出全唐文卷八二〇所録吳融代王大夫請追賜方干等及第疏「必係將韋莊奏表混入，實非吳融之文」，是。

〔二〕李賀：字長吉（七九〇—八一六），河南府福昌縣昌谷（今河南宜陽縣西）人。唐宗室鄭王之後，父名晉肅。唐摭言卷十：「賀年七歲，以長短之製，名動京華。……他日舉進士，或謗賀不避家諱，文公（韓愈）特著諱辨一篇，不幸未登壯室而卒。」舊唐書卷一三七李賀傳稱其「手筆敏捷，尤長於歌篇。其文思體勢，如崇巖峭壁，萬仞崛起，當時文士從而效之，無能髣髴者。」

〔三〕皇甫松：字子奇，自號檀欒子，睦州新安（即清溪縣，今浙江淳安縣）人。劇談録卷下：「自大中、咸通之後，每歲試春官者千餘人。其間章句有聞，亹亹不絶。如何植、李玫、皇甫松……以文章著美；温庭筠……以詞賦標名；賈島、平曾、李陶、劉得仁……以律詩流傳；……皆苦心文華，厄於一第。然其間數公，麗藻英詞，播於海内。」

〔四〕李群玉：字文山，澧州（治所在今湖南澧縣）人。北夢瑣言卷六稱其「有詩名，散逸不樂應舉，親友强之，一上而已」。唐摭言卷十稱其「詩篇妍麗，才力遒健。咸通中，丞相修行楊公爲奥主，進詩三百篇，授麟臺讎校」。

〔五〕陸龜蒙：字魯望（？—約八八一），號天隨子、甫里先生，吴郡（今江蘇蘇州）人。新唐書卷一九六隱逸傳稱其「少高放，通六經大義，尤明春秋，舉進士，一不中，往從湖州刺史張摶游」。後居松江甫里，多所論撰。「光化中，韋莊表龜蒙及孟郊等十人皆贈右補闕。」北夢瑣言卷六：「唐末以左拾遺授之，詔下之日，疾終。光化三年，贈右補闕。吴侍郎傳貽史，右補闕韋莊撰誄文，相國陸希聲撰碑文，給事中顔蕘書，皮日休博士爲詩。」唐摭言卷十：「中和初，遘疾而終。」

〔六〕趙光遠：唐摭言卷十：「趙光遠，丞相隱弟子。幼而聰悟，咸通、乾符中，以爲氣焰温、李，因之恃才不拘小節，常將領子弟，恣遊狹斜，著北里志，頗述其事。」

〔七〕温庭筠：原名岐，字飛卿，太原（今屬山西）人。新唐書卷九一温大雅傳附傳謂廷（庭）筠「少敏悟，工爲辭章，與李商隱皆有名，號『温李』。然薄於行，無檢幅，又多作側辭艶曲，與貴胄裴諴、令狐滈等蒲飲狎昵。數舉進士不中第。思神速，多爲人作文」。

〔八〕劉德仁：亦作劉得仁。見浣花集卷一劉得仁墓注〔一〕。

〔九〕陸逵、傅錫：生平不詳。

〔一〇〕平曾：雲溪友議卷中：「平曾以憑人敖物，多犯諱忌，竟没於縣曹，知己者嘆其運蹇也。」全唐詩卷五〇八：「平曾，穆宗時人。唐以府元被黜者九人，曾其一也。長慶初，同賈島輩貶，謂之舉場十惡。……卒以恃才傲物没於縣曹。」

〔一一〕賈島：字浪仙，范陽（今北京市西南）人。初爲浮屠，名無本。後至東都洛陽，從韓愈學爲文，遂去浮屠。新唐書卷一七六韓愈傳附傳：「（島）累舉不中第。文宗時坐飛謗，貶長江主簿。會昌初，以普州司倉參軍遷司户，未受命卒，年六十五。」

〔一二〕劉稚珪：生平不詳。

〔一三〕羅鄴：唐摭言卷十：「羅鄴，餘杭人。家富於財。父則，爲鹽鐵小吏，有二子，俱以文學干進。鄴尤長七言詩，時宗人隱亦以律韻著稱，然隱才雄而粗疏，鄴才清而綿致。咸通中，崔安潛侍郎廉問江西，志在弓旌，竟爲幕吏所沮。既而俯就督郵，因兹舉事闌珊，無成而卒。」唐詩紀事卷六九「羅虬」條：「虬詞藻富贍，與宗人隱、鄴齊名，咸通、乾符中時號『三羅』。」

〔一四〕方干：字雄飛，新安人。卒後門人謚曰玄英先生。唐摭言卷十：「（干）幼有清才，爲徐凝所器，誨之格律。」鑒戒録八：「（干）每見人設三拜而已，謂禮數有三，識者呼爲方三拜，亦曰方十四郎。干爲人唇缺，連應十餘舉。有司議干才則才矣，不可與缺唇人科名。四夷所聞，爲中原鮮士矣。」

〔一五〕羅隱：字昭諫，餘杭（今屬浙江）人。五代史補卷一：「羅隱在科場恃才傲物，尤爲公卿所惡，故六舉不第。」（又見十國春秋卷八四）吳越備史卷一：「隱本名横，凡十上不中第，遂更名。」「卒年七十七歲。」郡齋讀書志卷一八云：「（隱）唐乾符中舉進士不第，從事諸鎮皆無合，久之而歸。……隱少聰敏，作詩著文，以譏刺爲主，自號江東生。」

【集評】

胡震亨唐音癸籤卷二六：韋莊在中朝時嘗奏詩人不第者十五人，歿者贈官，存者補賜進士第。嗟乎，彼謂一第足重人哉？莊亦擢是科者耳，建僭號而儼然爲之相，何取進士第？

葉矯然龍性堂詩話續編：唐昭宗光化三年，左補闕韋莊奏：「詞人才子，時有遺賢。不沾一命於聖明，沒作千年之恨骨。據臣所知，則有李賀、皇甫松、李群玉、陸龜蒙、趙光遠、温庭筠、劉得仁、陸逵、傅錫、平曾、賈島、劉稚珪、羅鄴、方干，俱有奇才。麗句清辭，遍在時人之口；抱恨啣冤，竟爲冥路之塵。伏望追賜進士及第。」韋莊此奏，雖爲憐才闡幽至意，然未免爲識者所笑。夫科第非褒封之物，且長吉召賦玉樓，修文天上，其視人間青紫，真一蚍子，寧復以一命爲介介者？予去歲過京口，見顧修遠所刊有李杜同榜登科詩十首，蓋爲李、杜惜一第也。其韋補闕之見歟？

爲蜀高祖答王宗綰書〔一〕

吾蒙主上恩有年矣。衣襟之上，宸翰如新〔二〕；墨詔之中，淚痕猶在。犬馬尚能報主，而況人之臣子乎！自去年三月東遷〔三〕，連貢二十表，而絶無一使之報。天地阻隔，叫呼何及！聞上至穀水，臣僚及宫僚千餘人皆爲汴州所害，至洛果遭弑逆〔四〕。自聞此詔，五内糜潰。方枕戈待旦，思爲主上報讎。今使來，不知以何宣告。

【校記】

〔東遷〕原作東還，據資治通鑑卷二六五所引校改。

【箋注】

〔一〕此文録自中華書局版全唐文卷八八九，蓋輯自十國春秋卷四〇前蜀六韋莊列傳（參見附録）。據資治通鑑卷二六五載，韋莊此文作於天祐二年（九〇一）十一月，時王建尚未稱帝，「高祖」乃其廟號，故本文題擬爲蜀高祖答王宗綰書，不妥。　蜀高祖：王建（八四七—九一八），字光圖，許州舞陽（今屬河南）人。新五代史卷六三前蜀世家：「（建）少無賴，以屠牛、盜驢、販私鹽爲事，里人謂之『賊王八』。後爲忠武軍卒，稍遷隊將。」歷壁州刺史、成都尹、西川節度使等。天復三年（九〇三）封蜀王。七年，後梁滅唐，建自稱帝，國號蜀，在位十二年。「建卒，謚建曰神武聖文孝德明惠皇帝，廟號高祖，陵曰永陵。」王宗綰：本姓李名綰。唐昭宗乾寧元年（八九四）五月，王建養爲義兒，更名曰王宗綰。歷武定軍節度使、馬步都指揮使兼中書令、北路行營都制置使等，蜀後主時封臨洮王。十國春秋卷三九王宗綰列傳稱其「爲人寬厚謹慎，功高不矜」。

〔二〕宸翰：帝王書迹。沈佺期立春日内出綵花應制：「花迎宸翰發，葉待御筵披。」

〔三〕東遷：資治通鑑卷二六四載，唐昭宗天祐元年（九〇四）正月丁巳，朱全忠遣牙將寇彦卿奉表請上遷都洛陽；壬戌，車駕發長安。二月乙亥車駕至陜，以東都宮室未成，暫留於陜。上告難於王建，建遣兵迎駕，至興平遇汴兵，不得進而還。三月丁巳，上復告急於王建、楊行密、李克用等。

〔四〕「聞上至穀水」三句：資治通鑑卷二六四載，唐昭宗天祐元年（九〇四）閏四月，汴州刺史朱全忠迫昭宗遷洛陽。

「丁酉，車駕發陝；壬寅，全忠逆於新安。……全忠令醫官許昭遠告醫官使閻祐之、司天監王墀、内部知韋周、晉國夫人可證等謀害元帥，悉收殺之。癸卯，上憩於穀水。自崔胤之死，六軍散亡俱盡，所餘擊毬供奉、内園小兒共二百餘人，從上而東。全忠猶忌之，爲設食於幄，盡縊殺之。豫選二百餘人大小相類者，衣其衣服，代之侍衛。上初不覺，累日乃寤。自是上之左右職掌使令皆全忠之人矣。甲辰，車駕發穀水，入宮，御正殿，受朝賀。」同書卷二六五載：唐昭宗天祐元年（九〇四）七月，「全忠使樞密使蔣玄暉伺察帝，動静皆知之。」八月壬寅，蔣玄暉遣龍武牙官史太等弒昭宗於椒殿。按，元和郡縣圖志卷五河南道一河南府「新安縣」注：「東至府七十里。」又云：「穀水，在縣南二里。」

【附録】

此文最早見于張唐英蜀檮杌卷上及資治通鑒卷二六五，文字有所出入：

蜀檮杌卷上：「昭宗遇弒，梁祖即位，遣使宣諭。興元節度使王宗綰馳驛白建。建謀興復，莊以兵者大事，不可倉卒而行，乃爲建答宗綰，教其略曰：『吾家受主上恩有年矣。衣衿之上，宸翰如新；墨詔之中，淚痕猶在。犬馬猶能報主，而況人之臣子乎！自去年二月車駕東還，連貢二十表，而絶無一使之報。天地阻隔，叫呼何及！聞上至穀水，臣僚及宮妃千餘人，皆爲汴州所害。及至洛，果遭弒逆。自聞此詔，五内糜潰。今兩川鋭旅，誓雪國恥。不知來使，何以宣諭？』示此告敕，令自決進退。梁使遂還。梁祖遣使通好，以建爲兄。莊得書笑曰：『此神堯驕李密之意也。』」（按四庫提要卷六六謂唐英熙寧中官至殿中侍御史。蜀檮杌一名外史檮杌，本前蜀開國記、後蜀實録。）

資治通鑒卷二六五載：唐昭宣帝天祐二年（九〇五）十一月，「昭宗之喪，朝廷遣告哀使司馬卿宣諭王建，至是始入蜀境。西川掌書記韋莊爲建謀，使武定節度使王宗綰諭卿，曰：『蜀之將士，世受唐恩，去歲聞乘輿東遷，凡上二十表，皆不報。尋有亡卒自汴來，聞先帝已罹朱全忠弒逆。蜀之將士方日夕枕戈，思爲先帝報仇。不知今兹使來以何事宣諭？

舍人宜自圖進退。』卿乃還。」

按，十國春秋卷三五前蜀一高祖本紀上依據資治通鑒，云：天復五年（即天祐二年）十一月，「唐遣告哀使司馬卿來宣昭宗之喪，至是始入蜀境。掌書記韋莊爲王謀，使武定節度使王宗綰諭之曰：『蜀將士世受唐恩，去歲聞乘輿東遷，凡上二十表，皆不報。尋有亡卒自汴來，聞先帝已罹朱全忠弑逆。蜀之將士方日夕枕戈，思爲先帝報仇。不知今茲使來以何事宣諭？舍人宜自圖進退。』卿乃還。」卷四〇前蜀六韋莊列傳則兼取蜀檮杌卷上及資治通鑒卷二六五，云：天復間，「昭宗既遇弑，全忠遣告哀使司馬卿宣諭蜀土。興元節度使王宗綰馳驛上白。高祖頗内懷興復，莊以兵者大事，不可倉卒而行，乃爲高祖答宗綰書曰：『吾蒙主上恩有年矣，衣襟之上，宸翰如新；墨詔之中，淚痕猶在。犬馬尚能報主，而況人之臣子乎？自去年三月東還，連貢二十表，而絶無一使之報，天地阻隔，叫呼何及。聞上至穀水，臣僚及宫僚千餘人皆爲汴州所害，至洛果遭弑逆。自聞此詔，五内糜潰。方枕戈待旦，思爲主上報讎。今使來，不知以何宣告？』且令宗綰以此意諭之，卿乃惶懼而返。」

峽程記〔一〕

三峽連山七百里，略無斷處，自非亭午，不見日月〔二〕。水經云：「杜宇所鑿以通江水〔三〕。」峽乃三峽之門，兩崖并峙，中貫一江，灎澦當其口〔四〕，真天險也。灎澦堆乃積石所成，江心突兀而出。水經所載：白帝城西有孤石，冬月石出二十餘丈，夏即没〔五〕。世俗相傳「灎澦大如象，瞿唐不可上；灎澦大如馬，瞿唐不可下」是也〔六〕。

六月下瞿唐，水高於堆，不知其幾。至峽口，則水洶湧逆流，舟人相顧失色。急水過堆，余曾冒險下峽。然舟人雖利之責之，不敢下也。瞿唐水漲，一瀉千里。故太白詩云：「朝辭白帝彩雲間，千里江陵一日還〔七〕。」急流處有漬有漩，緩棹隨漩乃得出。不與水爭，爭即舟埋水矣。三峽多猿，故酈道元曰：「猿啼三聲斷客腸〔八〕。」

【箋注】

〔一〕此文録自宛委山堂本説郛卷六五。按，崇文總目卷四、遂初堂書目皆著録峽程記，未署名。補五代史藝文志、十國春秋卷四十云：「（莊）又有峽程記一卷。」

〔二〕「三峽」四句：水經注卷三四江水：「自三峽七百里中，兩岸連山，略無闕處。重巖叠嶂，隱天蔽日，自非停午夜分，不見曦月。」亭午，正午。

〔三〕「水經云」句：水經注卷三四江水：「江水又東逕巫峽，杜宇所鑿以通江水也。」杜宇，古蜀國望帝。見卷二浣花集春日注〔五〕。

〔四〕灔澦：故址在瞿塘峽口，今四川奉節縣東。太平寰宇記卷一四八山南東道七夔州：「灔澦堆，周圍二十丈，在州西南二百步蜀江中心，瞿唐峽口。冬水淺，屹然露百餘尺，夏水漲，没數十丈，其狀如馬，舟人不敢進。又曰猶與，言舟子取途不決水脈，故曰猶與。」

〔五〕「水經所載」數句：水經注卷三三江水：「白帝山城水門之西，江中有孤石爲淫預石。冬出水二十餘丈，夏則没，亦有裁出處矣。」

〔六〕「世俗相傳」數句：李肇國史補卷下「叙舟楫之利」條：「蜀之三峽、陝之三門、南越之惡溪、南康之贛石，皆絶險之所，自有本處人爲篙工。大抵峽路峻急，故曰：『朝發白帝，暮徹江陵。』四、五月尤險時，故曰：『灧澦大如馬，瞿塘不可下；灧澦大如牛，瞿塘不可留；灧澦大如襆，瞿塘不可觸。』」

〔七〕太白詩：李白早發白帝城：「朝辭白帝彩雲間，千里江陵一日還。兩岸猿聲啼不住，輕舟已過萬重山。」

〔八〕「三峽多猿」數句：水經注卷三四江水：「每至晴初霜旦，林寒澗肅，常有高猿長嘯，屬引凄異，空谷傳響，哀轉久絶。故漁者歌曰：『巴東三峽巫峽長，猿鳴三聲淚沾裳。』」

附録一　詩文殘句

不隨妖艷開，獨媚玄冥節。（輯自海録碎事卷二二下「梅門」）

誰知閑卧意，非病亦非眠。（閑卧）

手從雕扇落，頭任漉巾偏。（同上）（輯自唐詩紀事卷六八。按貫休禪月集卷一二和韋相見示閑卧有「刻形求得相，事事未嘗眠」、「静嫌山色遠，病是酒杯偏」云云，凡二十韻。）

正當凋瘵之秋，好安凋瘵；勿使瘡痍之後，復作瘡痍。（輯自白孔六帖二四、類説一二引紀異録。又見唐詩紀事卷六八）

附録二　僞作考

酬張明府

愛君詩思動禪心，使我休吟待鶴鳴。更説郡中黄霸在，朝朝無事許招尋。

按：此詩見孫望全唐詩補逸卷之一四（輯自永樂大典卷一一〇〇〇）。陳尚君全唐詩補編全唐詩外編修訂説明：「按此爲皎然詩，見全唐詩卷八一九、萬首唐人絶句卷六三。」

遊牛首山

牛首見鶴林，梯徑繞幽岑。春光浮山外，天河宿殿陰。傳燈無白日，布地有黄金。休作狂歌老，回看不住心。

按：此詩見童養年全唐詩續補遺卷一七（輯自金陵梵剎志三三）。陳尚君全唐詩補編全唐詩外編修訂説明：「曹汎謂此詩即全唐詩卷二二七所收杜甫望牛頭寺，非韋詩。」

殘句

印將金鎖鎖，簾用玉鈎鈎。

按：太平廣記卷二〇〇引北夢瑣言、唐詩紀事卷六五「杜荀鶴」條、詩話總龜前集卷六引古今詩話、全唐詩卷七〇〇及向迪琮校訂本均作韋莊詩，誤，當屬韋説詩句。其一，今本瑣言卷七作韋説詩，云：「杜荀鶴曾得一聯詩云：『舊衣灰絮絮，新酒竹篘篘。』時韋相國説右司員外郎寄寓荆州。或語於韋公，曰：『我道「印將金鎖鎖，簾用玉鈎鈎。」即京兆大拜氣概，詩中已見之矣。』紀事末云「即京兆大拜之祥也」，全唐詩注引瑣言末云「即大拜之祥也」，均與今本瑣言同，而與廣記所引「莊後西蜀爲相」不同。且莊、説雖同爲京兆人，然「京兆」以指京兆公韋説爲妥，如瑣言卷五載「後唐相國韋公説仕梁爲中書舍人，軺於錢塘。……錢公（鏐）亦自尊大，唯京兆公長揖而已。」又檢今本瑣言及廣記所引瑣言述及王蜀約三十處，大多稱「僞蜀」，亦間稱「僞王蜀」、「王蜀」或「蜀」，僅一處稱「西蜀」，即廣記所引瑣言載韋莊和杜荀鶴詩句，末云「莊後西蜀爲相」。此蓋爲輯録者補述，而非瑣言中語。疑原本如紀事或今本瑣言作「京兆大拜氣概」或「京兆大拜之祥」，廣記編者覺韋莊稱「京兆大拜」不妥，故删而補述「莊後西蜀爲相」。其二，考韋説天祐元年（九〇四）遷右司員外郎（舊唐書昭宗紀），後因罪謫南海，遇赦還寓江陵，與高季興相知（新五代史豆盧革傳）。此與今本瑣言所述相符。其三，梁王朱全忠厚遇杜荀鶴，薦爲翰林學士、主客員外郎（參見舊五代史本傳、唐詩紀事卷六五、唐才子傳卷九），韋説仕梁爲中書舍人（見上引瑣言），後唐時遷禮部侍郎同平章事、中書侍郎、户部尚書等，總龜所引古今詩話述杜荀鶴詩句後接云「或稱於相國韋莊」，「莊」似當爲「説」之訛。

玉樓春

日照玉樓花似錦，樓上醉和春色寢。緑楊風送小鶯聲，殘夢不成離玉枕。　堪愛晚來韶景甚，寶柱秦箏方再品。青娥紅臉笑來迎，又向海棠花下飲。

按：此詞，歷代詩餘卷三一録作韋莊詞，向迪琮校訂本韋莊集依之，誤。尊前集、唐宋諸賢絶妙詞選卷一、草堂詩餘卷一、花草粹編卷一一、全唐詩八九六（調名木蘭花）等皆作歐陽炯詞，是。

小重山

春到長門春草青。玉階花露滴，月朧明。東風吹斷紫簫聲。宫漏促，簾外曉啼鶯。　愁極夢難成。紅妝流宿淚，不勝情。手挼裙帶遶階行。思君切，羅幌暗塵生。

又

秋到長門秋草黄。畫梁雙燕去，出宫牆。玉簫無復理霓裳。金蟬墜，鸞鏡掩休妝。　憶昔在昭陽。舞衣紅綬帶，繡鴛鴦。至今猶惹御爐香。魂夢斷，愁聽漏更長。

按：此二詞，花草粹編卷一二録作韋莊詞，誤。花間集卷三、唐宋諸賢絶妙詞選卷一、詞的卷之三、歷代詩餘卷三五等均作薛昭藴詞，是。

附録三　詩詞集評總論

一、詩評

高棅唐詩品彙七言絶句叙目：晚唐絶句之盛不下數千篇，雖興象不同，而聲律亦未遠。如韋莊後出，其贈别諸篇，尚有盛唐之餘韻，則其他從可知矣。

楊慎升菴詩話卷八：韋端己送别詩多佳。

胡應麟詩藪内編卷六：五言絶晚唐殊少作者，然不甚逗漏。七言絶，則李、許、杜、趙、崔、鄭、温、韋，皆極力此道。然純駁相揉，所當細參。

唐汝詢彙編唐詩十集癸集三：韋莊於晚唐中最超，其七絶有類盛唐者，律詩雖不甚雄，亦是可諷。

許學夷詩源辯體卷三二：韋莊字端己，律詩，七言勝於五言。五言如「拜書辭玉帳」、「月照臨官渡」、「爲儒逢世亂」三篇，略與許渾相類。至如「雪向寅前凍，花從子後春」、「繐帳扃秋月，詩樓鎖夜蟲」、「浪跡花應笑，衰容鏡每知」、「掃地留疎影，穿池浸落霞」、「草動蛇尋穴，枝摇鼠上藤」等句，較之於渾，則聲盡輕浮，語盡纖巧，而五言不可復振矣，要亦正變也。七言律如「萬里只攜孤劍去，十年空逐塞鴻歸」、「夜指碧天占晉分，曉磨孤劍望秦雲。紅旗不卷風長急，畫角閑吹日又曛」、「心如嶽色留秦地，夢逐河聲出禹門」、「千年王氣浮清洛，萬古坤靈鎮碧嵩」、「江聲似激秦軍破，山勢如匡晉祚危」等句，聲氣實雄於

(許)渾;如「殘雪嶺頭明組練,晚霞簷外簇旌旗」、「僧尋野渡歸吴嶽,雁帶斜陽入渭城」、「山好只因人化石,地靈曾有劍爲龍」、「載酒客尋吴苑寺,倚樓僧看洞庭山」等句,則對皆工巧,語皆襯貼;至如「芳草緑遮仙尉宅,落霞紅襯賈人船」、「堦前雨落鴛鴦瓦,竹裏苔封螮蝀橋」、「星分夜彩寒侵帳,蘭惹春香緑映袍」等句,則又入於纖巧矣。然以全集觀,亦有失之太重者。絶句在唐末諸人之上。

又,或問:唐人律詩以劉長卿、錢起、柳宗元、許渾、韋莊、鄭谷、李山甫、羅隱爲正變,古詩以元和諸子爲大變,何也?曰:律詩由盛唐變至錢劉,由錢劉變至柳宗元、許渾、韋莊、鄭谷、李山甫、羅隱,皆自一源流出,體雖漸降,而調實相承,故爲正變。……其爲正變也,如堂陛之有階級,自上而下,級級相對,而實非有意爲之。

又,或問:許渾、韋莊、鄭谷、李山甫、羅隱律詩,較元和諸子古詩,品第若何?曰:許渾、韋莊、鄭谷、李山甫、羅隱,譬今世之儒;元和諸子,如老、莊、楊、墨。今世之儒,安可與老、莊、楊、墨爭衡乎?

陸時雍唐詩鏡卷五四:韋莊七絶,聲格苦弱。

胡震亨唐音癸籤卷八:五代十國詩家最著者,多有唐遺士。韋端己莊體近雅正,惜出之太易,義乏閎深。

賀裳載酒園詩話又編:韋莊詩飄逸,有輕燕受風之致,尤善寫豪華之景。如「流水帶花穿巷陌,夕陽和樹入簾櫳」、「銀燭樹前長似晝,露桃花裏不知秋」、「繡户夜攢紅燭市,舞衣晴曳碧天霞」,穠麗殆不減於韓翃。至若聞再幸梁洋曰「興慶玉龍寒自躍,昭陵石馬夜空嘶」、贈邊將曰「手招都護新降虜,身着文皇舊賜衣」，尤爲警策。但美盡言內，又集中淺淡者亦多，未免如晉武帝之火浣布耳。

馮舒、馮班二馮先生評閲才調集卷三馮武凡例云：以韋端己領第三卷，以其氣宇高曠，辭調整贍也。　鈍吟（馮班）云：韋相詩聲調高亮，不用晚唐人細碎苦澀工夫，是此書律詩法也。　又云：韋詩調響，與晚唐諸家不同，大略不宜多，才弱也。七言四韻，平平説去，遒警動人。

翁方綱石洲詩話卷二：韋莊在晚唐之末，稍爲官樣，雖亦時形淺薄，自是風會使然，勝於「咸通十哲」多矣。

李調元雨村詩話卷下：五代自以韓偓、韋莊二家爲升堂入室，然執牛耳者，必推羅江東。

洪亮吉北江詩話卷六：韋端己秦中吟諸樂府，學白樂天而未到。聞再幸梁洋、過揚州謁蔣帝廟諸篇，學李義山、温方城而未到。然亦唐末一巨手也。

胡壽芝東目館詩見卷一：韋莊流麗中感慨頓挫，語關飛動。

余成教石園詩話卷二：韋端己莊疏曠不拘小節，後仕王建爲平章。浣花集十卷，其弟藹所編也。如「詠詩信行馬，載酒喜逢人」、「樹老風聲壯，山高臘候融」、「萬物不如酒，四時唯愛春」、「一杯今日酒，萬里故鄉心」、「靜極却嫌流水鬧，閑多翻笑野雲忙」、「老去不知花有態，亂來唯覺酒多情」，及憶昔、陪金陵府相中堂夜宴、題姑蘇凌處士莊、過內黄縣、南昌晚眺、投寄舊知、咸陽懷古、長安清明、古離別、立春日作、寄江南逐客、離筵訴酒、臺城、燕來、令狐亭、虎迹諸詩，感時懷舊，頗似老杜筆力。

宋育仁三唐詩品卷三：（韋莊）其源出於元稹，有排比之能，無温麗之采。專爲律體，時代所尚，章臺清瑟，秀發遥音。七古開宕，猶存初體。

丁儀詩學淵源卷八：（韋莊）詩典雅綺麗，風致嫣然。七絶則王建、李益之亞也。

二、詞評

張炎詞源卷下：詞之難於令曲，如詩之難於絶句，不過數十句，一句一字閒不得。末句最當留意，有有餘不盡之意始佳，當以唐花間集中韋莊、温飛卿爲則。

王世貞藝苑卮言：之詩而詞，非詞也；之詞而詩，非詩也。言其業，李氏、晏氏父子、耆卿、子野、美成、少游、易安至矣，詞之正宗也。温、韋艷而促，黄九精而險，長公麗而壯，幼安辨而奇，又其次也，詞之變體也。

王士禛花草蒙拾：弇州謂蘇、黄、稼軒爲詞之變體，是也；謂温、韋爲詞之變體，非也。夫温、韋視晏、李、秦、周，譬賦有高唐、神女而後有長門、洛神，詩有古詩録别而後有建安、黄初、三唐也。謂之正始則可，謂之變體則不可。

賀裳皺水軒詞筌：少游能曼聲以合律，寫景極凄惋動人。然形容處殊無刻肌入骨之言，去韋莊、歐陽炯諸家尚隔一塵。

李調元雨村詞話序：温、韋以流麗爲宗，花間集所載。南唐、西蜀諸人最爲古艷。

田同之西圃詞説引漁洋王司寇（士禛）云：詩之爲功既窮，而聲音之秘，勢不能無所寄，於是温、韋生而花間作。

能事。

周濟介存齋論詞雜著：詞有高下之別，有輕重之別。飛卿下語鎮紙，端己揭響入雲，可謂極兩者之

又云：端己詞清艷絶倫，初日芙蓉春月柳，使人想見風度。

吴衡照蓮子居詞話卷一：韋相清空善轉，殆與温尉異曲同工，所賦荷葉杯，真能攄摽擗之憂，發踟蹰之愛。

沈增植菌閣瑣談：劉公㦸謂詞須上脱香奩，下不落元曲，乃稱作手，亦一時名語。然不落元曲易耳，……若所謂上脱香奩者，則韋莊、光憲既與致光同時，延巳、熙震亦與成績并世，波瀾不二，風習相通，方當於此津逮唐餘，求欲脱之，是欲升而去其階已。

劉熙載藝概卷四：韋端己、馮正中諸家詞，留連光景，惆悵自憐，蓋亦易飄颻於風雨者。若第論其吐屬之美，又何加焉！

陳廷焯雲韶集卷一：端己詞艷，入人骨髓，飛卿之流亞也。

陳廷焯詞壇叢話：後主小令冠絶一時，韋端己亦不在其下。

陳廷焯詞則大雅集卷一：詞至端己，語漸疏，情意卻深厚，雖不及飛卿之沉鬱，亦古今絶構也。

陳廷焯白雨齋詞話卷一：韋端己詞，似直而紆，似達而鬱，最爲詞中勝境。

又云：余嘗謂後主之視飛卿，合而離者也；端己之視飛卿，離而合者也。

又云：孫孟文詞，氣骨甚遒，措語亦多警鍊。然不及温、韋處亦在此，坐少閑婉之致。

又云：馮正中詞，極沉鬱之致，窮頓挫之妙，纏綿忠厚，與温、韋相伯仲也。

同書卷五：千古詞宗，温、韋發其源，周、秦竟其緒，白石、碧山各出機杼，以開來學。

同書卷七：熟讀温、韋詞，則意境自厚。

同書卷八：唐宋名家，流派不同，本原則一。論其派别，大約温飛卿爲一體，皇甫子奇、南唐二主附之；韋端己爲一體，牛松卿附之。

又云：温、韋創古者也。晏、歐繼温、韋之後，面目未改，神理全非，異乎温、韋者也。蘇、辛、周、秦之於温、韋，貌變而神不變。聲色大開，本原則一。南宋諸名家，大旨亦不悖於温、韋，而各立門户，别有千古。

又云：詞有表裏俱佳，……有質過於文者，韋端己、馮正中、張子野、蘇東坡、賀方回、辛稼軒、張皋文是也。

張德瀛詞徵卷五：五代詞，嘲風笑月，惆悵自憐，其能如韋端己、鹿虔扆之寄託深遠者亦僅矣。

王國維人間詞話：「絃上黄鶯語」，端己語也，其詞品亦似之。

又云：温飛卿之詞，句秀也；韋端己之詞，骨秀也；李重光之詞，神秀也。

王國維人間詞話附録一：端己詞，情深語秀，雖規模不及後主、正中，要在飛卿之上。觀昔人顏、謝優劣論可知矣。

王國維人間詞話附録二樊志厚人間詞序二：温、韋之精艷，所以不如正中者，意境有深淺也。

況周頤蕙風詞話卷一：（五代詞）其錚錚佼佼者，如李重光之性靈、韋端已之風度、馮正中之堂廡，豈操觚之士能方其萬一。

況周頤歷代詞人考略卷五：韋文靖詞，與温方城齊名，熏香掬艷，眩目醉心，尤能運密入疏，寓濃於淡，花間群賢，殆甚少其匹。

顧憲融填詞百法卷下韋端已詞研究法：其詞清艷絶倫，如初日芙蓉，曉風楊柳。菩薩蠻諸闋，殆即詞中之十九首也。又思帝鄉斷句：「陌上誰家年少，足風流。妾擬將身嫁與，一身休。縱被無情棄，不能羞。」皆花間致語，與金荃諸什，濃淡各極其妙，讀者正可參看也。

蔡嵩雲柯亭詞論：花間以温、韋二派爲主，餘各家爲從。温派穠艷，韋派清麗。

王易詞曲史具體第三：（韋莊）有浣花集，其詞音響最高，與飛卿并稱温韋，詞家之大宗也。

吴梅詞學通論第六章：夫五代之際，政令文物，殊無足觀，惟兹長短之言，實爲古今之冠，大氐意婉詞直，首讓韋莊。

又云：陳亦峰（廷焯）論其詞謂「似直而紆，似達而鬱」，洵然。雖一變飛卿面目，而綺羅香澤之中别具疏爽之致。世以温韋并論，當亦難於軒輊也。

又云：五季時詞以西蜀、南唐爲最盛。而詞之工拙，以韋莊爲第一，馮延巳次之，最下毛文錫。……至諸家情至文生，纏綿忠愛，不獨爲蘇黄秦柳之開山，即宣和紹興之盛，皆兆於此矣。

胡適詞選第一編：（韋莊詞）長於寫情，技術樸素，多用白話，一掃温庭筠一派的縝麗浮文的習氣。

在詞史上，他要算一個開山大師。

汪東唐宋詞選評語：韋莊家世貴公子，銜命入蜀，遂被羈留。又寵姬爲王建所奪。雖身歷顯要，心所難堪。今按其詞，如歸國遥、菩薩蠻，眷懷故國，情溢於辭。其餘若訴衷情、女冠子、謁金門、應天長則並是傷離之作，所謂「情意凄怨」，固不獨古今詞話所指之荷葉杯、小重山二詞而已。（詞學第二輯）

龍沐勛唐五代宋詞選上册：莊詞與温庭筠并稱「温韋」，雖詞以小令擅長，而莊尤能運密入疏，寓濃於澹，不施脂粉，秀媚天然，視庭筠格調爲高矣。

附録四　序跋書録題解

韋藹　浣花集序（録自四部叢刊本浣花集）

余家之兄莊，自庚子離亂前，凡著歌詩文章數十通。屬兵火迭興，簡編俱墜，唯餘口誦者，所存無幾。爾後流離漂泛，寓目緣情。子期懷舊之辭，王粲傷時之製。或離群軫慮，或反袂興悲。四愁九愁之文，一咏一觴之作。迄於癸亥歲，又綴僅千餘首。庚申夏，自中諫□□□□。辛酉春，應聘爲西蜀奏記。明年，浣花溪尋得杜工部舊址，雖無没已久，而柱砥猶存。因命芟夷，結茅爲一室。蓋欲思其人而成其處，非敢廣其基構耳。藹便因閒日録兄之稿草中或默記於吟咏者，次爲□□□，目之曰浣花集，亦杜陵所居之義也。餘今之所製，則俟爲别録，用繼於右。時癸亥年六月九日藹集。

浣花集明朱子儋跋云「其弟藹嘗爲作序，今不存」。兹以毛氏緑君亭本補之。補遺及子儋跋文，又從一鈔本補得。辛酉三月孫毓修。

丁卯再板留菴先生舊題已失，謹爲録存於此。姜殿揚。

晁公武郡齋讀書志卷一八

韋莊浣花集五卷。

右僞蜀韋莊，字端已。仕王建至吏部侍郎、平章事。集乃其弟藹所編，以所居即杜甫草堂舊址，故名。僞史稱莊有集二十卷。今止存此。

陳振孫直齋書録解題卷一九

浣花集一卷。

蜀韋莊撰。唐乾寧元年進士也。

馬端臨文獻通考卷二四三《經籍考》七〇

韋莊浣花集五卷。

晁氏曰：僞蜀韋莊，字端己。仕王建至吏部侍郎、平章事。集乃其弟藹所編，以所居即杜甫草堂舊址，故名。僞史稱莊有集二十卷，今僅存此。

朱承爵浣花集跋（録自四部叢刊本浣花集）

韋莊，字端己。見素之孫。唐昭宗乾寧元年進士，授校書郎。王建開僞蜀，莊時在華州駕前，遷起居舍人。後爲蜀相，卒。所著有浣花集，其弟藹嘗爲作序，今不存，姑缺之。既刻其集，又考得遺詩二篇，附後作補遺云。朱承爵子儋拜記。

徐𤊹紅雨樓題跋卷一

唐韋莊浣花集。

韋莊詩，百家未收，但於鼓吹中見其七言近體及諸家所選數首而已。偶入秣陵，友人郭聖僕出韋詩一帙見示，乃宋板也。遂命工鈔録以備觀閱。時謝在杭方爲比部郎，亦喜其詩調新逸，亦寫一帙而去。萬曆丙午花朝東海徐惟起記。

永瑢、紀昀等四庫全書簡明目録卷一五集部二別集類一

浣花集十卷補遺一卷。

蜀韋莊撰。其弟(靄)[藹]編。原本五卷,後人析而爲十。補遺一卷,則毛晉所增也。莊在蜀得杜甫浣花溪草堂,因以名集。其詩音節頗高亮,在五代爲鐵中錚錚。

永瑢、紀昀等四庫全書總目卷一五一集部别集類四

浣花集十卷補遺一卷。編修汪如藻家藏本。

唐韋莊撰。莊字端己,杜陵人。乾寧(九)[元]年第進士,授校書郎,轉補闕。後仕蜀王建,至吏部侍郎同平章事。文獻通考載莊集五卷。此本十卷,乃毛晉汲古閣所刻,爲莊弟藹所編,前有藹序。疑後人析五爲十,故第十卷僅詩六首也。末爲補遺一卷,則毛晉所增。然如癸丑年下第獻新先輩一首,既見於卷八,又入補遺,殊爲失檢。全唐詩所録較此本多勉兒子、即事等篇共三十餘首。蓋藹序作於癸亥年六月,爲唐昭宗之天復三年,莊方得杜甫草堂,故以名集。自是以後篇什皆未載焉,故往往散見於諸書,後人遞有增入耳。

黄丕烈撰、繆荃孫輯蕘圃藏書題識卷七集類一

浣花集十卷,宋刻本。

此殘宋刻本浣花集四至十卷,余友陸子東蘿以青蚨一分得諸閶門外上塘街冷攤,特爲持贈余者。東蘿初不知爲宋刻本,但云「有舊人圖書葉陽生欲就君質之」。余曰:「此人余卻知之,余將爲言其詳。」

及觀後一無名氏跋，而益信余所知之人也。近因上津橋葉氏將刊其先世天士所著本事方釋義，向余借宋刊許學士本事方，因相往還，登眉壽堂，見爲號有「陽生道兄」，詢悉陽生即天士之父，素精於醫，曾治范伏菴太史初生時無穀道一證。此書所鈐印即其人也。末跋語云：「某因病久嗽不愈，以此償藥直。」知向時醫家脈藥相連，故云以此償藥直也。是書破爛不堪，命工粗加整理裝成，攜示葉氏。後訥人、丰帆輩各幡陽生手批醫書，皆云跋語字迹實係陽生公書。而康熙乙卯三月去陽生辭世之年庚申尚有六載，此跋洵不誣也。訥人云陽生公與汪鈍翁有唱酬之作，蓋精於詩者，一書之微多取印證。余喜而筆諸卷端。復翁。

余藏韋莊浣花集向有三本：一爲黑格精鈔本；一爲藍格舊鈔本；一爲毛氏影鈔宋本。三者之中影鈔爲上，然得此殘宋刻證之，則又在影鈔者上矣。蓋書以古刻爲第一，一字一句之誤猶可諦視版刻審其誤之由來，影鈔則已非廬山真面目，矧其爲泛泛傳鈔者乎。故余佞宋，雖殘鱗片甲亦在珍藏，勿以不全忽之。此册前缺序目及首三卷，若就影鈔本補全，誠爲兩美。然業無宋刻，即影鈔已失其真，故仍願離之則兩美也。欲卒讀者，有影鈔本在，取而觀之可耳。甲戌六月六日，復翁補書於第九卷尾，以此半葉係裝時補綴，非宋版本有，雖灰之無傷。

余家向藏毛氏影宋本浣花集在唐人諸集中，取對此，此實宋版，卷中徵禎玄樹避此四字，而玄樹有不盡避者，宋版時或有此。余初付裝，見者或疑此刻之非宋，而妄笑余佞宋之太甚，所信未必真然。裝成，同人傳觀，藏書家如周香嚴、賞鑒家如陶朗軒，皆以余言爲信，則誠可信矣，佞宋何嘗佞哉！

昔何義門學士跋宋刊許渾丁卯集云：「惜板刻黏塗，幸得毛豹孫影寫宋本一一補其缺失，差異於不知而妄作者。」今余收浣花集失其序目及首三卷，亦賴影宋本補全，即守義門之意也。宋刻出自陸東蘿所贈，此屬東蘿影鈔。蓋是書始終成於東蘿云。丁卯季夏裝。復翁記。

陸心源儀顧堂續跋卷一二宋槧浣花集跋

浣花集十卷，題曰杜陵韋莊。前有癸亥年六月九日莊弟韋藹序。宋諱有缺有不缺。每葉二十行，每行十八字，與臨安睦親坊陳宅本孟東野集行款匡格皆同，當亦南宋書棚本也。宋刊存卷四至十，前三卷黃蕘圃以影宋本鈔補。每卷有葉陽生白文方印，後有陽生跋。每册有士禮居朱文方印。前後有蕘圃三跋、陸損之跋。陽生，蘇州人，天士之父，與汪鈍翁酬唱，工詩能醫。

江標宋元本書行格表卷上

宋槧浣花集，行十八字。存卷四至卷十，前三卷係黃蕘翁以影宋本鈔補。宋諱有缺、不缺，南宋書棚本。儀顧堂續跋，又見皕宋樓藏書志。

孫祖同虛靜齋宋元明本書目

浣花集十卷補遺一卷。明正德朱子儋刻本，板匡左方有「江陰朱氏文房」六字。其補遺乃鈔朱氏刻成後補入者。收藏有葉氏篆竹堂藏書朱文圓印、靜補齋朱文長方印。

丁丙 善本書室藏書志卷二五

浣花集十卷，明刊本。

前有韋藹序，云「余兄莊自庚子亂離前著歌詩文章，兵火迭興，簡編俱墜。辛酉春爲西蜀奏記。明年，浣花溪尋得杜工部舊址，雖蕪没而柱砥猶存。因結茅一室，蓋欲思其人而成其處，非敢廣其基構耳。藹因閒日録兄之稿草，目曰浣花集，亦杜陵所居之義也。莊字端己，乾寧（九）〔元〕年第進士，授校書郎。後仕蜀王建至吏部侍郎、同平章事。文獻通考載莊集五卷。此乃毛子晉録君亭所刻十卷本，有片石山房一印。

王國維 浣花詞跋（録自唐五代二十一家詞輯）

宋史藝文志載韋莊浣花集十卷。歷代詩餘詞人姓氏則謂莊有集二十餘卷，其弟藹編定其詩爲五卷。今二十餘卷本不傳，則詞在集中與否亦不可知矣。全唐詩所載端己詞共五十四首，兹録爲一卷。中見於花間集者四十八首，見於尊前集者五首，見於草堂詩餘者一首。應天長第一闋亦見陽春集中，唯花間屬之端己。端己詞情深語秀，雖規模不及後主、正中，要在飛卿之上。觀昔人顔、謝優劣論可知矣。

光緒戊申季夏，海寧王國維。

張元濟涵芬樓燼餘書録 集部

浣花集十卷，明鈔本，四册。

江陰朱氏文房本，卷末朱子儋跋曰：「韋莊，字端己。見素之孫。唐昭宗乾寧元年進士，授校書郎。王建開僞蜀，莊時在華州駕前，遷起居舍人。後爲蜀相，卒。所著有浣花集，其弟藹嘗爲作序，今不存，姑缺之。既刻其集，又考得遺詩二篇，附後作補遺云。」是本與朱氏文房本行款全同，當必從之傳録。

萬曼唐集叙録 浣花集

唐昭宗天復三年癸亥（九〇三），韋藹編次其兄韋莊歌詩爲浣花集並爲之作序，序中首先説：「余家兄莊，自庚子亂離前，凡著歌詩文章數十通。屬兵火迭興，簡編俱墜，唯餘口誦者，所存無幾。」説在庚子（八八〇）以前，韋莊已有作品數十通，爲數頗不少；但經兵火，所存無幾。爾後迄癸亥歲，「又綴僅千餘首」。由於應聘爲西蜀奏記，定居成都浣花溪杜甫舊宅，流蕩生活從此結束，「便因閑日録兄之稿草中，或默記於吟詠者，次爲□□□，目之曰浣花集」。這裏空了三個字，顯然是若干通或若干卷。崇文總目載浣花集二十卷，晁公武郡齋讀書志亦云「僞史稱莊有集二十卷」，以意度之，所空乃「二十卷」三字，篇章數目，尚逾千首。癸亥爲韋莊入蜀之第三年，距韋莊之卒尚有七年，在此期内，雖躋高位，但不能無作，通庚子以前所佚，即使此二十卷千餘首幸存，則所散亡已甚多。況今傳本止十卷，通計才二百五十二首，這個數量，顯然是不足以代表韋莊的。

韋莊集，崇文總目除了浣花集外，還有幽居雜編一卷。補五代史藝文志仍有韋莊箋表一卷，諫草二卷，蜀程記一卷，峽程記一卷，今皆不傳。郡齋讀書志著録浣花集止五卷，而直齋書録解題才一卷。雖首數多少未必以卷數爲準，也可見浣花集自宋以來就殘缺不全了，今傳各本皆出自南宋書棚十卷本，但晁、陳乃未見此種。四庫全書提要云「疑後人析五爲十，故第十卷僅詩六首也」。

今傳刊本除宋槧外，最早的是明正德間朱承爵（子儋）朱氏文房刻本，四部叢刊曾據此影印。這個本子原闕韋藹序，遺詩僅補乞彩牋歌及詠白牡丹二詩，後毛晉又輯佚詩六十九首爲補遺一卷，四庫全書總目提要云：「全唐詩所録，較此本多勉兒子、即事等篇共三十餘首。」此外禪月集中，有寄禪月大師一首，也應補入。

宋槧，黃丕烈從陸東蘿得一殘本，僅存四至十卷，有葉陽生印記。陽生即葉天士之父，跋稱係某因病，久嗽不癒，以此償藥直的。黃氏跋云：「余藏浣花集向有三本，一爲黑格精鈔本，一爲藍格舊鈔本，一爲毛氏影鈔宋本。三本之中，影鈔爲上，然得此殘宋刻證之，則又在影鈔者上矣。」云云。後來又借東蘿影鈔補足序目及首三卷，裝成完帙，此本後歸皕宋樓（見藏書志卷七十一）。歸安陸心源跋云：

浣花集十卷，題曰杜陵韋莊，前有癸亥年六月九日莊弟韋藹序，宋諱有缺有不缺，每葉二十行，每行十八字，與臨安睦親坊陳宅本孟東野集行欵匡格皆同，當亦南宋書棚本也。宋刊存卷四至十，前三卷黃蕘圃以影宋本鈔補，每卷有葉陽生白文方印，後有陽生跋，每册有士禮居朱文方印，前後有蕘圃三跋，陸損之跋。陽生蘇州人，天士之父，與汪純翁酬唱，工詩能醫。

今此本當隨陸氏書並歸日本静嘉堂文庫。

韋莊詞，全唐詩共録五十四闋，夏承燾韋端己年譜稱：此五十四闋，見於花間集者四十八闋，見於尊前集者五闋，見於草堂詩餘者一闋。惟應天長「緑槐陰裏黄鸎語」一闋，花間屬端己者，亦誤入馮延巳陽春集中。

此外韋莊著作，有又玄集三卷，是繼姚合極玄集後的一個唐詩選本，有光化三年（九〇〇）自序。此本國内久佚，一九五七年夏承燾得日本享和三年（一八〇三）江户昌平坂學問所官版本攝影，由古典文學出版社出版。

自從斯坦因和伯希和在甘肅敦煌莫高窟盗劫大批唐人卷子寫本後，一九二〇年以來，國人漸知其中有韋莊的秦婦吟寫本，經過羅振玉、王國維諸人的探索，倫敦博物館的三本，巴黎國民圖書館的四本，都漸次影照傳抄流入中土，其中比較完整的有二本：一巴黎國民圖書館藏，題「右補闕韋莊撰」末署「天復五年（九〇五）乙丑歲十二月十五日郡金光明寺學仕張龜寫」；一倫敦博物館藏，末署「貞明五年（九一九）己卯歲四月十一日燉煌郡金光明寺學仕郎安友盛寫訖」。全詩共一千三百八十六字，乃中和三年（八八三）春作。國人對此詩的校勘整理有王國維校録本，載國學季刊一卷四號；羅振玉校録本，載入敦煌零拾；劉修業校録本，載學原第一卷第七期。此外仍有郝立權韋莊秦婦吟箋（齊大月刊二卷二期），黄仲琴秦婦吟補注（中大文史學研究所月刊一卷五期），周青雲秦婦吟箋注（商務印書館出版），陳寅恪讀秦婦吟（清華學報十一卷四期）及秦婦吟校箋等，久經沉埋的秦婦吟，乃得大顯於世。

饒宗頤詞集考別集類卷一唐五代詞集考

浣花詞，韋莊撰。

莊，字端己，京兆杜陵人。黄巢入長安，莊陷兵中，後由洛陽流寓江南，詩集中於金陵、蘇州、浙西、湖北、湖南、江西、安徽各地，皆有題咏。乾寧元年，五十九歲第進士，官至左補闕，應聘入蜀，後勸王建稱帝，定開國制度，武成三年（九一〇）七十五歲，卒（見蜀檮杌）。事詳唐詩紀事六八、唐才子傳卷一〇及夏承燾撰韋端己年譜（夏譜謂莊約少於飛卿二十歲）。

端己詞與庭筠齊名，號曰温、韋。張炎詞源云：「詞難於令曲，當以花間集中韋莊、温飛卿爲則。」莊弟藹編其詩爲浣花集，而詞則散見各書，向無專集。今傳者：花間集有四十八首；尊前集有五首；全唐詩三二（按，當爲八九二）附詞四、併收花間、尊前及草堂詩餘一首，共得五十四首。明正統間，吴訥編四朝名賢詞中之金奩集，有莊詞四十八首，與花間集相同。歷代詩餘又有玉樓春一首共五十五首，近向迪琮合上輯爲浣花詞集，附所校訂韋莊集之後。

王國維輯唐五代二十一家詞之浣花詞一卷（即全唐詩五十四首），有王忠慤全書本、六藝書局本。

劉毓盤唐五代宋詞集六十種輯本。

林大椿輯唐五代詞本。

向迪琮校訂韋莊集本。

劉金城韋莊詞箋注本。

附録五　傳記資料

舊唐書卷二〇上昭宗本紀：（天復三年）四月辛未朔，西川王建以兵攻秦、隴，乘茂貞之弱也，仍遣判官韋莊入貢，修好於全忠。［又見資治通鑑卷二六四］

李昉等太平廣記卷一六五引朝野僉載：韋莊頗讀書，數米而炊，秤薪而爨，炙少一臠而覺之。一子八歲而卒，妻斂以時服，莊剥取，以故席裹尸，殯訖，擎其席而歸。其憶念也，嗚咽不自勝，唯慳吝耳。

［按此則見今存六卷本卷一，辛文房唐才子傳卷第十、蔣一葵堯山堂外紀卷四〇、卓人月古今詞統卷八均承此説。此事頗可疑，誠如傅璇琮主編唐才子傳校箋卷第十「韋莊」條（周祖譔、賈晉華撰）所云：「宣和畫譜卷一一稱莊『性疎曠，不以小節自拘』。唐詩紀事卷六八亦謂莊『疎曠不拘小節』。與此處所載慳吝鄙瑣之狀，殊不相類。」且「頗讀書，數米而炊」云云，語意亦欠順暢。但據「張鷟乃武后、玄宗時人，與莊時代迥不相及」，似不可斷其所紀即非韋莊事。僉載作者張鷟卒開元中（參見兩唐書張薦傳），自當不及知韋莊事。檢宋代書録，僉載原二十卷（見新唐書藝文志二、崇文總目卷四、通志略藝文略第三等），又有補遺三卷（見郡齋讀書志卷一三、玉海卷五五引中興書目）。僉載及其補遺宋元之後均散佚。今

存一卷本、六卷本皆後人所輯（中華書局版趙守儼校點本「校點説明」謂一卷本出説郛，六卷本據太平廣記），所載鷟身後之事并非偶見，四庫提要「疑僉載乃鷟所作，補遺則爲後人附益。凡闌入中唐後事者皆應爲補遺之文。」余嘉錫辨證云：「蓋其中有係僉載補遺之文，有係後人取他書竄入也。」揣度均屬可信，則不可據張鷟之時代斷定今存僉載内容上所及時間之下限。韋莊此事雖可疑，今尚不能確斷其真僞，姑録於此以待再考。」

孫光憲北夢瑣言卷六：蜀相韋莊應舉時，遇黄寇犯闕，著秦婦吟一篇，内一聯云：「内庫燒爲錦繡灰，天街踏盡公卿骨。」爾後公卿亦多垂訝，莊乃諱之。時人號「秦婦吟秀才」。他日撰家戒，内不許垂秦婦吟障子。以此止謗，亦無及也。

又：唐吴郡陸龜蒙，字魯望，舊名族也。……唐末以左拾遺授之，詔下之日疾終。光化三年贈右補闕，吴侍郎融傳貽史，右補闕韋莊撰誄文，相國陸希聲撰碑文，給事中顔蕘書。

同書卷七：唐前朝進士陳詠，眉州青神人，有詩名，善弈棋。昭宗刼遷，駐蹕陜郊，是歲策名歸蜀，韋書記莊以詩賀之。又有鄉人拓善者屬和韋詩，其略云：「讓德已聞多士伏，沽名還得世人聞。」譏其比滌器當壚也。謬稱馮副使涓詩，以涓多諧戲故也。或云蜀之拓善者作此詩假馮公之名也。

又：王蜀先主初下成都，馮涓節制判掌其奏箋，歲久轉廳。以掌記辟韋莊郎中於權變之間，未甚愜旨。

同書卷一五：軍容使韓全誨以駕幸鳳翔，李茂貞比懷挾帝以令諸侯之意，懼朱全忠之盛也。西川王公建亦有此慮，乃結汴州同起軍助其迎駕。汴軍傳城，川軍乃攻興元，其帥王萬洪以無救援遂降成都。由是山南十四州並爲蜀有。方變謀却助鳳翔，於時命掌書記韋莊奉使至軍前。朱公大怒，自此與西川失歡，而汴帥軍罷。

同書卷二〇：沙門貫休，鍾離人也。風騷之外，精於筆札，舉止真率，誠高人也。然不曉時事，往往詆訐朝賢，他亦不知己之是耶非耶。……休公初至蜀，先謁韋書記莊，而長樂公後至，遂與相見，欣然撫掌曰：「我與你阿叔有分。」長樂怒而拂袖。他日謁之，竟不逢迎，乃曰：「此阿師似我禮拜也。」自是頻投刺字，終爲閽者所拒。休公謂韋公曰：「我得得爲渠入蜀，何意見怪？」〔按貫休有詩陳情獻蜀皇帝云：「河北江東處處災，唯聞全蜀勿塵埃。一餅一鉢垂垂老，千水千山得得來。」〕

李昉等太平廣記卷四三三引北夢瑣言：「唐大順、景福已後，蜀路劍、利之間，白衛嶺石筒溪虎尤甚，號税人場。商旅結伴而行，軍人帶甲列隊而過，亦遭攫搏。時遞鋪卒有周雄者，膂力心膽有異於常，日夜行役，不肯規避，仍持托杈利劍，前後於税人場連斃數虎，行旅賴之。西川書記韋莊作長語以賞之，蜀帥補軍職以壯之。」

同書卷一七五：韋莊幼時，常在華州下邽縣僑居，多與鄰巷諸兒會戲。及廣明亂後，再經舊里，追思往事，但有遺蹤，因賦詩以記之。又途次逢李氏諸昆季，亦嘗賦感舊詩。下邽詩曰：「昔爲童稚不知愁，竹馬閒乘遶縣遊。曾爲看花偷出郭，也因逃學暫登樓。招他邑客來還醉，纔得先生去始休。今日故人無處問，夕陽衰草盡荒丘。」又逢李氏弟兄詩曰：「御溝西面朱門宅，記得當時好弟兄。曉傍柳陰騎竹馬，夜限燈影弄先生。巡街趁蝶衣裳破，上屋探雛手脚輕。今日相逢俱老大，憂家憂國盡公卿。」

歐陽修新五代史前蜀世家：（乾寧四年）五月，（王）建自將攻東川，昭宗遣諫議大夫李洵、判官韋莊宣諭兩川，詔建罷兵。

又：（天復）七年（即後梁開平元年），梁滅唐，遣使諭建，建拒而不納。……秋九月己亥，建乃即皇帝位。封其諸子爲王，以王宗佶爲中書令，韋莊爲左散騎常侍、判中書門下事，唐襲爲樞密使，鄭騫爲御史中丞，張格、王鍇皆爲翰林學士，周博雅爲成都尹。……所用皆唐名臣世族：莊，見素之孫；格，濬之子也。[按資治通鑑卷二六六載：後梁開平元年九月，「蜀王會將佐議稱帝。……王用安撫副使、掌書記韋莊之謀，率吏民哭三日。己亥，即皇帝位，國號大蜀。辛丑，以前東川節度使兼侍中王宗佶爲中書令，韋莊爲左散騎常侍、判中書門下事。閬州防禦使唐道襲爲内樞密使。莊，見素之孫也。」又，張唐英蜀檮杌卷上載：「（天復）七年，（朱）全忠篡位，改元開平。巨人見青城山，鳳皇見萬歲縣。左右勸進，三遜而後從。九月僭即僞位，號大蜀，改元武成。以王宗佶爲中書令，韋莊爲散騎常侍、判中書門下事。」]

張唐英蜀檮杌卷上：武成二年，正月，祀南郊，御樓肆赦。以韋莊爲吏部侍郎，張格爲中書侍郎並平章事。因謂曰：「不恃權，不行私，惟至公是守，此宰相之任也。」

又：（武成三年）八月，吏部侍郎、平章事韋莊卒。莊字端己，杜陵人，見素之後。乾寧中舉進士。建奏爲掌書記。昭宗遇弑，梁祖即位，遣使宣諭。興元節度使王宗綰馳驛白建。建謀興復。莊以兵者大事，不可倉卒而行，乃爲建答宗綰，教其略曰：「吾家受主上恩有年矣。衣衿之上，宸翰如新；墨詔之中，淚痕猶在。犬馬猶能報主，而況人之臣子乎！ 自去年二月，車駕東還，連貢二十表，而絶無一使之報。天地阻隔，叫呼何及。聞上至穀水，臣僚及宫妃千餘人，皆爲汴州所害。及至洛，果遭弑逆。自聞此詔，五内糜潰。今兩川鋭旅，誓雪國耻。不知來使，何以宣諭？」示此告敕，令自決進退。梁使遂還。梁祖遣使通好，以建爲兄。莊得書笑曰：「此神堯驕李密之意也。」建之開國制度號令刑政禮樂，皆所定。拜平章事，卒。有浣花集二十卷。［按，資治通鑑卷二六七載：後梁開平四年，「秋七月，蜀門下侍郎兼吏部尚書、同平章事韋莊卒。」］

陳耀文花草粹編卷六韋莊謁金門「空相憶」詞末引古今詞話：韋莊以才名寓蜀，王建割據，遂羈留之。莊有寵人，姿質艷麗，兼善詞翰。建聞之，託以教内人爲詞，强莊奪去。莊追念悒快，作小重山及此詞。情意凄怨，人相傳播，盛行於時。姬後傳聞之，遂不食而卒。［按古今詞話，宋楊湜所撰，胡仔苕溪漁隱叢話已引録，後散佚，近人趙萬里有輯本，見其校輯宋金元人詞。苕溪漁隱叢話後集卷三十九云：「古今詞話以古人好詞世所共知者，易甲爲乙，稱其所作，仍隨其詞牽合爲説，殊無根蒂，皆不足信也。」所引近十條多有駁斥。然趙萬里輯本按語云：「楊湜此書，乃隸事之作，大都出於傳聞，且側重冶艷故實，與麗情集雲齋廣録相類似。胡仔責之未免過苛。」今考韋莊謁金門等詞本事蓋最早見引於花草粹編，其後蔣一葵堯山堂外紀卷四〇、卓人月古今詞統卷八、沈雄古今詞話詞評上卷、徐釚詞苑叢談卷七、王奕清等歷代詩餘卷一一三、鄭方坤五代詩話第四卷、張宗橚詞林紀事卷之二等均載此事，或未注明出處，或注輯自堯山堂外紀、詞統、樂府紀聞，其本源當同出楊湜古今詞話；所涉莊詞爲謁金門「空相憶」、荷葉杯「絶代佳人難得」、「記得那年花下」、小重山「一閉昭陽春又春」四首。檢明清人所録此事均未置異議，至今人夏承燾韋端己年譜始謂其「無徵難信」，然並無確證。今姑以傳聞移録於此。」

無名氏宣和書譜卷一一：韋莊，字端己，杜陵人也。官至平章事。性疎曠，不以小節自拘。唐乾寧中舉進士第，有詩云：「大道不將爐冶去，有心重築太平基。」時人以其有宰相器。李詢爲兩川宣諭使，辟爲判官。莊以中原多事，潛依王建，建奏爲掌書記，尋爲起居舍人。及建開國，委任於莊，制度號令刑政禮樂皆莊所定。當時以作字名於世，但今所見者少，觀借書諸帖，有行書法，非潛心於古而一意文詞翰墨間未易至此也。今御府所藏行書三：借書帖、借樂章帖、米團帖。

白居易、孔傳白孔六帖卷二四紀異録：韋莊爲西川管記，時王建聚兵甚衆，供費尤多。會有一縣宰託茲箕斂，爲部民所訟，建以用兵岐隴，征督無常，乃復用之。公乃爲建草牒詞云：「正當彫瘵之秋，好安彫瘵；勿使瘡痍之後，復作瘡痍。」由是因之爲口實。〔又見曾慥類説卷一二、計有功唐詩紀事卷六八〕

計有功唐詩紀事卷六八韋莊：

立春云：「青帝東來日馭遲，暖煙輕逐曉風吹。罽袍公子樽前覺，錦帳佳人夢裏知。雪浦乍開紅菜甲，彩幡新剪緑楊枝。殷勤欲獻宜春曲，題向花箋帖繡楣。」

長安清明云：「早是傷春夢雨天，可堪芳草更芊芊。内官初賜清明火，上相閑分白打錢。紫陌亂嘶紅叱撥，緑楊高映畫鞦韆。遊人記得承平事，暗喜風光似昔年。」

感懷詩云：「長年方悟少年非，人道新詩勝舊詩。十畝野塘留客釣，一軒春雨對僧棋。花間醉任黄鶯語，亭上吟從白鷺窺。大道不將爐冶去，有心重築太平基。」或謂此詩包括生成，果爲台輔。

莊應舉時，遇巢寇犯闕，著秦婦吟一篇，内一聯云：「内庫燒爲錦繡灰，天街踏盡公卿骨。」爾後公卿多垂訝，莊乃諱之。時人號秦婦吟秀才。又有「帝子夢魂煙水闊，謝公詩思碧雲低。」最爲警策。至若閑卧詩云：「誰知閑卧意，非病亦非眠。」又：「手從彫扇落，頭任漉巾偏。」識者知其不祥。後誦子美詩：「白沙翠竹江村暮，相送柴門月色新。」吟諷不輟。是歲卒於花林坊，葬於白沙。

莊，字端己，杜陵人，見素之後。曾祖少微，宣宗中書舍人。莊疎曠不拘小節，李詢爲兩川宣諭和協使，辟爲判官，以中原多故，潛欲依王建，建辟爲掌書記。尋召爲起居舍人，建表留之。後相建爲僞平章事。

莊爲王建管記時，一縣宰乘時擾民，莊爲建草牒云：「正當凋瘵之秋，好安凋瘵；勿使瘡痍之後，復作瘡痍。」時以爲口實。

莊集詩人一百五十人，得詩三百章，爲又玄集。序云：「此蓋詩中鼓吹，名下笙簧。擊鳧氏之鐘，霜清日觀；淬雷公之劍，影動星津。雲間分合璧之光，海上運摩天之翅。奪造化而雲雷噴湧，役鬼神而風雨奔馳。但思其食馬留肝，徒云染指；豈慮其烹魚去乙，或致傷鱗。」

洪邁容齋三筆卷七：唐昭宗光化三年十二月，左補闕韋莊奏：「詞人才子，時有遺賢。不霑一命於聖明，没作千年之恨骨。據臣所知，則有李賀、皇甫松、李群玉、陸龜蒙、趙光遠、温庭筠、劉得仁、陸逵、傅錫、平曾、賈島、劉稚珪、羅鄴、方干，俱無顯遇，皆有奇才。麗句清詞，遍在詞人之口；銜冤抱恨，竟爲冥路之塵。伏望追賜進士及第，各贈補闕、拾遺。見存惟羅隱一人，亦乞特賜科名，録升三署。」敕獎莊，而令中書、門下詳酌處分。

傅璇琮主編唐才子傳校箋卷第十韋莊：

莊字端己，京兆杜陵人也。

韋莊，兩唐書、兩五代史俱無傳。宋張唐英蜀檮杌卷上云：「莊字端己，杜陵人。」宣和書譜卷一一韋莊條、郡齋讀書志卷四中、唐詩紀事卷六八韋莊條、十國春秋卷四〇韋莊傳所載同。按杜陵本漢舊縣，北魏改爲杜城縣，北周廢入萬年縣，隋改大興縣，唐復爲萬年縣，屬京兆府京兆郡（據漢書卷二八上地理志上、魏書卷一〇六下地形志二下、隋書卷二九地理志上、新唐書卷三七地理志一）。萬年縣即今陝西省西安市。

蜀檮杌謂莊「見素之後」。新五代史卷六三王建世家載：「建雖起盜賊，而爲人多智詐，善待士。故其僭號，所用皆唐名臣世族：莊，見素之孫……」通鑑卷二六六亦載：「莊，見素之孫也。」考異注云：「韋見素，天寶之末爲相。」唐詩紀事卷六八、十國春秋本傳同。檢新唐書卷七四上宰相世系表四上韋氏南皮公房，有見素，相玄宗；其下僅列至三世孫，無莊。而同卷逍遥公房，有待價，相武后；三世孫應物，蘇州刺史；七世孫莊。按韋應物在中晚唐後詩名甚大，莊若果係其四世孫，不應本人及同時詩人均未提及，晚唐五代及宋代史料亦從未見載。新表謬誤甚多，宋洪邁容齋隨筆、清王鳴盛十七史商榷、沈炳震唐書宰相世系表、近人岑仲勉元和姓纂四校記等皆已指出。夏承燾韋莊年譜從新表，未確。今從蜀檮杌等，以莊爲見素之後。

唐詩紀事卷六八云：「曾祖少微，宣宗中書舍人。」十國春秋本傳襲之。按新表無少微，唐代文獻中亦未見。莊有哭麻處士詩，云：「少微何處墮，留恨白楊風。」（浣花集卷三）若其曾祖名少微，不應自觸家諱如此。唐詩紀事、十國春秋疑有誤。

莊生年未詳。夏譜定莊生年爲文宗開成元年（八三六），但所據不足。茲暫闕疑。

少孤貧力學，才敏過人。

按此未詳所出，恐係辛氏臆測。太平廣記卷一七五載：「韋莊幼時，常在華州下邽縣僑居，多與鄰巷諸兒會戲。及廣明亂後，再經舊里，追思往事，但有遺踪，因賦詩以紀之。又途次逢李氏諸昆季，亦嘗賦感舊詩。下邽詩曰：『昔爲童稚不知愁，竹馬閒乘遶縣遊。曾爲看花偷出郭，也因逃學暫登樓。招他邑客來還醉，才得先生去始休。今日故人無處問，夕陽衰草盡荒丘。』又逢李氏兄弟詩曰：『御溝西面朱門宅，記得當時好弟兄。晚傍柳陰騎竹馬，夜依燈影弄先生。巡街趁蝶衣裳破，上屋探雛手脚輕。今日相逢俱老大，憂國憂民盡公卿。』」（按原闕出處）此二詩浣花集未收，全唐詩卷七〇〇據廣記列於「集外補遺」。詩曰「不知愁」、「逃學」、「弄先生」，皆狀無憂無慮、活潑頑皮之態，則才子傳所謂「少孤貧力學」，恐非實。

從上引二詩可知，莊幼時曾居華州下邽縣及長安御溝之西。

莊應舉，正黄巢犯闕，兵火交作，遂著秦婦吟，有云：「内庫燒爲錦繡灰，天街蹈盡却重回。」亂定，公卿多訝之，號爲「秦婦吟秀才」。

此本北夢瑣言卷六以歌詞自娱條，云：「蜀相韋莊應舉時，遇黄寇犯闕，著秦婦吟一篇，内一聯云：『内庫燒爲錦繡灰，天街踏盡公卿骨。』爾後公卿亦多垂訝，莊乃諱之。時人號『秦婦吟秀才』。他日撰家戒，内不許垂秦婦吟障子，以此止謗，亦無及也。」唐詩紀事卷六八亦轉載此事。才子傳改「天街踏盡公卿骨」爲「天街蹈盡却重來」，與瑣言、紀事異。按今傳秦婦吟亦作「天街踏盡公卿骨」（全唐詩外編第二編，據敦煌寫本校録），才子傳誤。

按黄巢攻佔長安，在廣明元年庚子（八八〇）十二月（據通鑑及兩唐書僖宗紀）。據北夢瑣言所載，莊本年正在長安應舉。莊有雨霽晚眺，題下自注云「庚子年冬大駕幸蜀後作」；又有賊中與蕭韋二秀才同卧重疾二君尋愈余獨加焉恍惚之中因有題、重圍中逢蕭校書等詩（並浣花集卷二），可證莊時陷長安兵中。

秦婦吟云：「中和癸卯春三月，洛陽城外花如雪。」則此詩係中和三年癸卯（八八三）三月作於洛陽，非廣明元年作於長安。北夢瑣言所載未確，紀事與才子傳復襲其誤。據夏譜，莊於中和二年（八八二）離長安赴洛陽，居洛北鄉間。

關於秦婦吟諱因，陳寅恪謂瑣言所云不確，莊所憚者，並非唐朝廷中公卿，而是後來蜀中新貴。（詳參韋莊秦婦吟校箋）

乾寧元年，蘇檢榜進士，釋褐校書郎。

按蜀檮杌卷下云：「乾寧中舉進士。」宣和書譜卷一一所載同。直齋書録解題卷一九謂莊「唐乾寧元年進士」。徐松登科記考卷二四即繫莊爲乾寧元年（八九四）進士，是年狀元蘇檢，知貢舉李擇。才子傳謂莊及第後即授校書郎，此未詳所出。

李詢宣諭西川，舉莊爲判官。

按宣和書譜（卷一一）云「李洵爲兩川宣諭使，辟爲判官。」唐詩紀事（卷六八）所載同。此爲才子傳所本。而書譜、紀事復本新五代史卷六三王建世家云：乾寧四年（八九七）「五月，建自將攻東川，昭宗遣諫議大夫李洵、判官韋莊宣諭兩川，詔建罷兵」。通鑑卷二六一繫此事於乾寧四年四月。莊有過樊川舊居詩，題下自注云：「時在華州駕前奉使入蜀作。」（浣花集卷一〇）　按乾寧三年（八九六）七月，李茂貞進逼京師，韓建邀車駕幸華州（通鑑卷二六〇）。莊當隨駕奔華，次年遂有西蜀之使。

據夏譜，莊於光化三年（九〇〇）任左補闕，十二月奏請追賜李賀、皇甫松、陸龜蒙等進士及第。

後王建辟掌書記。尋徵起居郎，建表留之。

唐詩紀事卷六八載：「以中原多故，潛欲依王建，建辟爲掌書記。尋召爲起居舍人，建表留之。」才子傳本此，惟誤起居舍人爲起居郎。宣和書譜卷一一云：「建奏爲掌書記，尋爲起居舍人。」與紀事有異，未詳孰是。

按韋藹浣花集序云：「余家之兄莊……辛酉春，應聘爲西蜀奏記。」（浣花集卷首附録、全唐文卷八八九）辛酉爲昭宗天復元年（九〇一），則莊於是年春入蜀任王建掌書記。北夢瑣言卷七王超牋奏條載：「王蜀先主初下成都，馮涓節制判掌其奏牋。歲久轉廳，以掌記辟韋莊郎中，於權變之間，未甚愜旨。」此稱莊爲郎中，或其應辟時所帶之中朝銜。

又十國春秋本傳載：「高祖立行臺於蜀，承制封拜，以莊爲安撫副使。」按通鑑卷二六五載，昭宣帝天祐三年（九〇六），「十月丙戌，王建始立行臺於蜀，建東向舞蹈，號慟，稱：『自大駕東遷，制命不通，請權立行臺，用李晟、鄭畋故事，承制封拜。』仍以榜帖告諭所部州縣」。則莊於天祐三年十月遷蜀安撫副使。

及建開僞蜀，莊托在腹心，首預謀畫，其郊廟之禮，册書赦令，皆出莊手，以功臣授吏部侍郎同平章事。

按通鑑卷二六六載，後梁太祖開平元年（九〇七）九月，「蜀王會將佐議稱帝，皆曰：『大王雖忠於唐，唐已亡矣，此所謂「天與不取」者也。』……王用安撫副使、掌書記韋莊之謀，帥吏民哭三日；己亥，即皇帝位，國號大蜀」。此即才子傳所謂「托在腹心，首預謀畫」。蜀檮杌卷下載：「建之開國，制度號令，刑政禮樂，皆莊所定。」此爲才子傳所本。

又按新五代史卷六三王建世家載，天復七年（按即開平元年，時西蜀仍用天復年號），「秋九月己亥，建乃即皇帝位。……以……韋莊爲左散騎常侍、判中書門下事」。通鑑亦載，是年九月建即位後，「辛丑，以……韋莊爲左散騎常侍判中書門下事」。十國春秋卷三五前蜀高祖本紀載，武成元年（開平二年，九〇八）正月，「丁丑，以韋莊爲門下侍郎，同平章事」。蜀檮杌卷上載，武成二年（開平三年，九〇九）正月，「以韋莊爲吏部侍郎，張格爲中書侍郎，並平章事」。則莊於開平元年先以左散騎常侍拜相，二年轉門下侍郎，三年轉吏部侍郎。才子傳謂「以功臣授吏部侍郎同平章事」，似開平元年即授此職者，未確。

蜀檮杌卷下載，武成三年（開平四年，九一〇），「八月，吏部侍郎、平章事韋莊卒」。直齋書録解題卷一九亦謂莊「仕王建至吏部侍郎平章事」。十國春秋前蜀高祖本紀作七月。唐詩紀事卷六八載：「至若閑卧詩云：『誰知閑卧意，非病亦非眠。』又：『手從雕扇落，頭任漉巾偏。』識者知其不祥。後誦子美詩曰：『白沙翠竹江村暮，相送柴門月色新。』吟諷不輟。是歲卒於花林坊，葬於白沙。」十國春秋本傳云：「謚曰文靖。」

莊早嘗寇亂，間關頓躓，攜家來越中，弟妹散居諸郡。江西湖南，所在曾遊，舉目有山河之異。故於流離漂泛，寓目緣情，子期懷舊之辭，王粲傷時之製，或離羣軫慮，或反袂興悲，四愁九怨之文，一詠一觴之作，俱能感動人也。

按莊有避地越中作，云：「避世移家遠，天涯歲已周。」（浣花集卷七）又有寄湖州諸弟（同上）、夏口行寄婺州諸弟（卷六）、不出院楚公（題下自注云：「自三衢至江西作。」卷六）、湘中作（同上）等詩，才子傳「攜家來越中」云云，當據諸詩推斷。而「故於流離漂泛」以下，則本之韋藹浣花集序，云：「吾家之兄莊自庚子亂離前。……爾後流離漂泛，寓目緣情，子期懷舊之辭，王粲傷時之製，或離羣軫慮，或反袂興悲，四愁九怨之文，一詠一觴之作……。」

按莊秦婦吟詩末云：「適聞有客金陵至，見説江南風景異。自從大寇犯中原，戎馬不曾生四鄙。誅鋤竊盜若神功，惠愛生靈如赤子。城壕固護教金湯，賦稅如雲送軍壘。奈何四海盡滔滔，湛然一境平如砥。避難卻爲闕下人，懷安卻羨江南鬼。願君舉棹東復東，詠此長歌獻相公。」按唐人稱潤州爲金陵，則此詩乃上浙西節帥者，詩中表示欲南依意。通鑑卷二五四載，中和元年十一月，「加鎮海節度使周寶同平章事」。新唐書卷九僖宗紀載，光啓三年三月，「鎮海軍將劉浩逐其節度使周寶」。則中和三年周寶正以同平章事鎮潤州（鎮海節度），莊詩中之相公蓋謂周寶。又莊江上逢史館李學士詩云：「關河自此爲征壘，城闕於今陷鼓鼙。」此句下自注云：「時巢寇未平。」（卷四）按新唐書僖宗紀載，中和三年四月，「丙午，（李克用）復京師」，則莊於是年三、四月之交，即作秦婦吟後未久，離洛陽南遊。莊又有陪金陵府相中堂夜宴、觀浙西府相畋遊（均見浣花集卷四）等詩，知莊至江南後，即入潤州周寶幕府爲客。

莊又有避地越中作（卷七）、和陸諫議避地寄東陽進退未決見寄、婺州屏居蒙右省王拾遺車枉降訪病中延候不得因成寄謝（同上卷五）等詩。按光啓三年（八八七）三月潤州兵亂，逐節度使周寶，莊當在此時離浙西，避地居婺州。婺州屏居……詩云：「三年流落卧漳濱，王粲思家拭淚頻。」則莊寓居婺州亦不下三年。

莊又有東陽贈别、不出院楚公（題下注云「自三衢至江西作」）、袁州作、洪州送西明寺省上人遊福建、九江逢盧員外、南昌晚眺、湘中作、夏口行寄婺州諸弟等詩（均見浣花集卷六），則莊又曾離婺州經衢州往遊江西、湖北、湖南。據前考，莊至少寓居婺州三年，即光啓三年至昭宗龍紀元年（八八九）；而景福元年（八九二）莊已赴京應舉，故其漫遊江西湖湘，約在大順元年至二年間（八九〇——八九一）。

莊又有癸丑年下第獻新先輩（同上卷八），癸丑年爲景福二年（八九三），則莊當於景福元年返京應舉。自中和三年至景福元年，莊在江南，漂泛十年，才子傳所言不虛。

莊自來成都，尋得杜少陵所居浣花溪故址，雖蕪没已久，而柱砥猶存，遂誅茅重作草堂而居焉。

此本韋藹浣花集序，云：「辛酉春應聘爲西蜀奏記，明年浣花溪尋得杜工部舊址，雖蕪没已久，而柱砥猶存，因命芟夷結茅，爲一室。蓋欲思其人而成其處，非敢廣其基構耳。」莊於天復元年辛酉入蜀，其於浣花溪杜甫草堂舊址建房事，在翌年即天復二年（九〇二）。

性儉，秤薪而爨，數米而炊，達人鄙之。

此本張鷟朝野僉載，云：「韋莊頗讀書，數米而炊，秤薪而爨，炙少一臠而覺之。一子八歲而卒，妻斂以時服，莊剥取，以故席裹尸。殯畢，擎其席而歸。其憶念也，嗚咽不自勝，唯慳吝耳。」（太平廣記卷一六五引）按張鷟乃武后、玄宗朝人，與莊時代迥不相及。且宣和書譜卷一一稱莊「性疎曠，不以小節自拘」。唐詩紀事卷六八亦謂莊「疎曠不拘小節」。與此處所載慳吝鄙瑣之狀，殊不相類。且朝野僉載僅云「頗讀書」，未述其詩名仕宦，疑係另一人。才子傳徑引其文，作韋莊事，誤。

弟藹，撰莊詩爲浣花集六卷；及莊嘗選杜甫、王維等五十二人詩爲又玄集，以續姚合之極玄，今並傳世。

韋藹浣花集序云：「余家之兄莊自庚子亂離前，凡著歌詩文章數十通，屬兵火迭興，簡編俱墜，唯余口誦者，所存無幾。爾後流離漂泛，寓目緣情，……迄於癸亥歲，又綴，僅千餘首。……藹便因閒日，録兄之藁草中，或默記於吟詠者，次爲□□□，目之曰浣花集，亦杜陵所居之義也。餘今之所製，則俟爲別録，用繼於後。時癸亥年六月九日藹集。」癸亥年爲天復三年（九〇三）。按文中所闕三字，顯爲若干卷。蜀檮杌卷下稱莊「有浣花集二十卷」。崇文總目卷一一別集類、通志卷七〇藝文略八別集類所録同。郡齋讀書志卷四中別集類僅録五卷，並云：「集乃其弟藹所編，以所居即杜甫草堂舊址，故名。僞史稱莊有集二十卷，今止存此。」則序文所闕三字乃「二十卷」。直齋書録解題卷一九別集類録爲一卷。可知莊集自南宋以來即殘缺不全，才子傳云六卷，蓋其所見之本僅有此數，非韋藹所編原集如此，辛氏誤。今傳浣花集十卷，補遺一卷。全唐詩編爲六卷（卷六九五至卷七〇〇），全唐詩逸卷一四補一首。秦婦吟久佚，本世紀初於敦煌石室重新發現，共有九件寫本，其中年代最早者爲伯三三八一，卷末題曰：「天復五年十二月十五日敦煌郡金光明寺學仕張龜寫。」天復五年即天祐二年（九〇五）。全唐詩卷八九二又收莊詞五十四闋。

莊又玄集序云：「自國朝大手名人，以至今之作者……總其記得者，才子一百五十人，誦得者，名詩三百首。……昔姚合選極玄集一卷，傳於當代，已盡精微。今更採其玄者，勒成又玄集三卷。……時光化三年七月日左補闕韋莊述。」知又玄集編成於光化三年。按此集宋代公私書目均未見著録。劉克莊後村詩話後集卷二，謂唐人任華有雜言二篇寄李杜，見又玄集。又唐詩紀事卷六七徐振條，謂振雷塘、古意二詩韋莊取爲又玄集。宋史卷二〇九藝文志八總集類録莊又玄集三卷，採玄集一卷。按明胡應麟詩藪雜編卷二謂五代劉吉有續又玄集十卷，陳康圖有擬玄集十卷，則採玄集或亦五代人所續，館臣誤歸於莊。又玄集三卷今存，上卷録杜甫、王維等五十二人詩，中卷録杜牧等三十七人詩，下卷録馬戴等五十三人詩，共一百四十二人。才子傳謂「選杜甫、王維等五十二人詩爲又玄集」，此以上卷之數爲全書，殊誤。

崇文總目卷一二別集類又録莊諫疏集三卷，幽居雜編一卷。通志卷七〇藝文略八表章類録其韋文靖牋集一卷。宋史卷二〇八藝文志七別集類録其諫疏牋表四卷。十國春秋本傳謂其有「箋表一卷，蜀程記一卷，又有峽程記一卷」。今皆不傳。全唐文卷八八九存其文三篇。

又莊善行書，宣和書譜卷一二載：「當時以作字名於世，但今所見者少。觀借書諸帖，有行書法，非潛心於古而一意文詞翰墨間，未易至此也。今御府所藏行書三：借書帖、借樂章帖、米團帖。」此可補才子傳之未及。（周祖

譔　賈晉華）

傅璇琮主編唐才子傳校箋補正卷第十「韋莊」：

性儉，稱薪而爨，數米而炊，達人鄙之。

箋謂此出太平廣記卷一六五引朝野僉載，疑係另一人。按千唐誌齋藏誌有天寶九載韋氏墓誌云：「夫人之曾祖莊，皇許州司馬。」或即朝野僉載所載者，約當高宗時人。（陳尚君）

吳任臣十國春秋卷第四十：

韋莊字端己，杜陵人，唐臣見素之後也。曾祖少微，宣宗中書舍人。莊疎曠，不拘小節。幼能詩，以艷語見長。應舉時，遇黃巢犯闕，著秦婦吟云：「內庫燒爲錦繡灰，天街踏盡公卿骨。」人稱爲「秦婦吟秀才」。莊後作家戒，不許垂秦婦吟障子。

乾寧□年登進士第，爲判官，晉秩左補闕。高祖爲西川節度副使，昭宗命莊與李洵宣諭兩川，遂留蜀，同馮涓並掌書記，文不加點，而語多稱情。時有縣令擾民者，莊爲高祖草牒曰：「正當凋瘵之秋，好安凋瘵；勿使瘡痍之後，復作瘡痍。」一時以爲口實。尋擢起居舍人。

天復間，高祖遣莊入貢，亦修好於梁王全忠，談言微中，頗得全忠心，隨使押牙王殷報聘。昭宗既遇弒，全忠遺告哀使司馬卿宣諭蜀土。興元節度使王宗綰馳驛上白，高祖頗內懷興復，莊以兵者大事，不可倉卒而行，乃爲高祖答宗綰書曰：「吾蒙主上恩有年矣，衣襟之上，宸翰如新；墨詔之中，淚痕猶在。犬馬尚能報主，而況人之臣子乎？自去年三月東還，連貢二十表，而絕無一使之報。天地阻隔，叫呼何及。聞上至穀水，臣僚及宮僚千餘人皆爲汴州所害，至洛果遭弑逆。自聞此詔，五内糜潰，方枕戈待旦，思爲主上報讎。今使來，不知以何宣告？」且令宗綰以此意諭之，卿乃惶懼而返。

明年，高祖立行臺於蜀，承制封拜，以莊爲安撫副使。未幾，梁篡唐改元，莊與諸將佐詣高祖勸進曰：「大王雖忠於唐，唐已亡矣。此所謂天與不取也。」於是帥吏民哭三日，擁高祖即皇帝位。進左散騎常侍，判中書門下事。凡開國制度號令，刑政禮樂，皆由莊所定。頃之，梁復通好高祖，推高祖爲兄。莊得書笑曰：「此神堯驕李密之意也。」其機敏多此類。

累官至門下侍郎、吏部尚書、同平章事。武成三年，卒於花林坊，葬白沙之陽。是歲，莊日誦杜甫「白沙翠竹江村暮，相送柴門月色新」之詩，吟諷不輟，人以爲詩讖焉。謚曰文靖。有集二十卷，箋表一卷，蜀程記一卷，又有峽程記一卷。又有浣花集五卷，乃莊弟藹所編，以所居即杜氏草堂舊址，故名。

莊有美姬，善文翰，高祖託以教宮人爲詞，强奪去。莊作謁金門辭憶之，姬聞之不食而死。辭云：「空相憶，無計得傳消息。天上嫦娥人不識，寄書何處覓？　新睡覺來無力，不忍把伊書跡。滿院落花春寂寂，斷腸芳草碧。」

莊又常取唐人麗句，勒成又玄集，其自序云：「謝玄暉文集盈編，止誦『澄江』之句；曹子建詩名冠古，惟唫『清夜』之篇。是知美稼千箱，兩岐奚少；繁弦九變，大濩殊稀。入華林而珠樹非多，閲衆籟而紫簫唯一。所以擷芳林下，拾翠巖邊，沙之汰之，始辨辟寒之寶；載雕載琢，方成瑚璉之珍。故知頷下採珠，難求十斛；管中窺豹，但取一斑。思食馬留肝，徒云染指；豈烹魚去乙，或至傷鱗。自慚乎鼷鼠易盈，非嗜其熊蹯獨美。然則律者既采，繁者是除，何知黑白之鵝，强識淄澠之水。左太沖十年三賦，未必無瑕；劉穆之一日百函，焉能盡麗？班、張、屈、宋，亦有蕪辭；沈、謝、應、劉，猶多累句。雖遺妍可惜，而備載斯難。亦由執斧伐山，止求嘉木；挈瓶赴海，但汲井泉。等同於風月煙花，各是其櫨梨橘柚。魚兔雖存，筌蹄是棄。金盤飲露，惟挹沆瀣之精；花界食珍，僅享醍醐之味。」莊文詞甚多，不具録。

論曰：馮涓、韋莊，皆翩翩藝苑之雄也。或請以蜀王稱制，或勸以帝位抗梁，議論較殊，而其爲主之心同矣。周庠參贊帷幄，雍容風議，直言無隱，卒秉國鈞，殆所謂社稷臣者非邪。

附録六　韋莊年譜簡編（參考夏承燾韋端己年譜）

唐文宗開成元年丙辰（八三六）　一歲。

韋莊，字端己，京兆杜陵（今陝西西安市東南）人。生年不詳，此依夏承燾韋端己年譜之說。詳見〔附注一〕。

按莊之譜系，史載不一。新五代史前蜀世家稱莊爲「見素之孫」，資治通鑑卷二六六「後梁開平元年」條同，蜀檮杌卷上亦謂莊「見素之後」。而新唐書宰相世系表又列莊屬逍遥公房，韋徹之孫；見素出南皮公房。夏譜從新表。檢兩唐書韋見素傳，見素於天寶十三載拜相，卒寶應元年（七六二），年七十六。子諤、益。益子顗，歷大理少卿、御史中丞、户部侍郎等，卒於寶曆元年（八二五），其年輩遠長於莊，疑非莊之同祖兄弟。今仍依新表，以莊爲武后相韋待價之後，韋應物四世孫。另按，新五代史、新唐書宰相世系表均爲歐陽修所撰，似不應前後相左，「見素之孫」或指見素之裔孫，蜀檮杌「見素之後」同義，并非限指同一房系，則諸史所載並不矛盾。

唐文宗開成五年庚申（八四〇）　五歲。

正月，文宗崩，武宗即位。九月，回鶻爲黠戛斯所破，可汗兄弟温没斯等帥衆抵天德塞下。十月，天德軍使温德彝奏回鶻潰兵侵逼西城，邊人恐懼不安。莊咸通初所作贈邊將（卷二）即傷暮年之温德彝。

唐武宗會昌元年辛酉（八四一）　六歲。

回鶻烏介可汗屯天德軍境上，表請借振武，不許。

唐武宗會昌二年壬戌（八四二）　七歲。

居長安。卷六洪州送西明寺省上人遊福建云：「記得初騎竹馬年，送師來往御溝邊。」是年四月，天德軍討回鶻，可汗兄弟温没斯帥其國二千二百餘人來降。五月，盧龍節度使張仲武降回鶻那頡啜部七千帳，分配諸道。八月，回鶻烏介可汗掠河東。九月，詔河東、幽州、振武、天德各出大兵討回鶻。明年正月，大破之，降其部落二萬餘人。莊咸通初所作贈邊將（卷二）云「昔因征遠向金微，馬出榆關一鳥飛」、「手招都護新降虜」，即追憶會昌初唐軍討回鶻之事。

唐武宗會昌三年癸亥（八四三）　八歲。

是年前後僑居下邽，補遺下邽感舊云：「昔爲童稚不知愁，竹馬閑乘遶縣遊。」

唐宣宗大中六年壬申(八五二)　十七歲。

是年前後遷居虢州,此前是否一直僑居下邽,無考。按卷一冬日長安感志寄獻虢州崔郎中二十韻疑作於咸通二年(八六一)冬,有云「霧雨十年同隱遁」,知居虢已十年左右,遷虢約在大中五、六年間。卷一虢州澗東村居作、尹喜宅、題盤豆驛水館後軒、三堂東湖作、漁溏十六韻、三堂早春等皆虢州村居時所作。

唐懿宗咸通二年辛巳(八六一)　二十六歲。

秋,自虢州入長安應試。參見卷一冬日長安感志寄獻虢州崔郎中二十韻注(一)。

唐懿宗咸通三年壬午(八六二)　二十七歲。

下第。家歸鄠杜。秋,別家游瀟湘。參見卷一寄薛先輩、下第題青龍寺僧房等詩注(一)。

唐懿宗咸通四年癸未(八六三)　二十八歲。

游瀟湘。卷一章臺夜思、耒陽縣浮山神廟、卷二楚行吟等或此次游歷瀟湘時所作。

唐懿宗咸通十年己丑(八六九)　三十四歲。

冬,長安有詩獻薛能。參見卷一對雪獻薛常侍注(一)。按,莊咸通三年秋別鄠杜遊瀟湘,何年歸不詳。

唐懿宗咸通十一年庚寅(八七〇)　三十五歲。

再游江南,初識貫休。按貫休和韋相公見示閑卧云「脱穎三千士,馨香四十年」,知二人相交已四十年。（黄滔答陳磻隱論詩書云：「隔違之久，每思陸凱之風雅，馨香故人，秦樹吴江，梅花一枝爲之寓。滔無陸君之風雅，有故人之馨香。」）據唐詩紀事卷六十八「韋莊」條，莊閑卧詩作於病逝當年，即前蜀武成三年（九一〇），上溯四十年，二人初交約在咸通十一年左右。據傅璇琮主編唐才子傳校箋卷十「貫休」條（周祖譔、賈晉華校箋），休咸通初自婺州往洪州遊學，居鍾陵，後漫遊江西、吴越，乾符初返婺州（按休山居詩序云：「愚咸通四、五年中於鍾陵作山居詩二十四章。……洎乾符辛丑歲避寇於山寺，偶全獲其本。風調野俗，格力低濁，豈可聞於大雅君子。一日抽毫改之，或留之，除之，修之，補之。却成二十四首。」）則莊時當在江南。又按，咸通九年九月，徐州戍卒龐勛反，先後陷宿州、徐州、滁州、和州、濠州等，至十年九月始平。則莊再游江南亦當在咸通十一年。

唐懿宗咸通十四年癸巳（八七三）　三十八歲。

七月，懿宗崩，僖宗即位，年僅十二。按懿宗咸通年間時風奢華，史稱懿宗「器本中庸，流於近習，所親者巷伯，所昵者桑門，以蠱惑之侈言，亂驕淫之方寸。」（舊唐書懿宗本紀）莊中和年間作咸通詩（卷二）亦云「咸通時代物情奢」。

唐僖宗乾符元年甲午（八七四）　三十九歲。

是年末，濮州人王仙芝於長垣起義。史稱「自懿宗以來，奢侈日甚，用兵不息，賦斂愈急。關東連年水旱，州縣不以實聞，上下相蒙，百姓流殍，無所控訴，相聚爲盗，所在蜂起。州縣兵少，加以承平日久，人不習戰，每與盗遇，官軍多敗。是歲，濮州人王仙芝始聚衆數千，起於長垣。」（資治通鑑卷二五二「唐僖宗乾符元年」)莊中和年間所作咸通、憶昔(卷二)均於亂離中追憶懿宗年間奢侈之風。

唐僖宗乾符二年乙未(八七五)　四十歲。

正月,小馬坊使田令孜擢爲中尉,專制政事。南詔爲西川節度使高駢所敗,自是不復入寇。六月,王仙芝、尚君長克濮州、曹州,冤句人黄巢聚衆呼應。十一月,詔令淮南、忠武、宣武、義成、天平五軍節度使鎮壓仙芝軍。

唐僖宗乾符三年丙申(八七六)　四十一歲。

三月,以左僕射王鐸兼門下侍郎、同平章事。九月,王仙芝克汝州,東都大震;十月,南攻唐、鄧;十二月,攻蘄州,刺史裴渥與仙芝約斂兵,許爲仙芝奏官,詔授以左神策軍押牙兼監察御史。黄巢因官不及已,與仙芝分道而去。仙芝亦畏衆怒,不受官。

唐僖宗乾符四年丁酉(八七七)　四十二歲。

王仙芝克鄂州、安州、隨州,黄巢克鄆州、沂州。十一月,招討副使楊復光説諭仙芝,仙芝遣部將尚君長等請降。君長等途中爲諸道行營招討使宋威所劫取,被殺。莊詩贈雲陽縣裴明府(卷二)「已聞陳勝心降漢」,蓋指仙芝請降之事。

唐僖宗乾符五年戊戌(八七八)　四十三歲。

是年前後别鄠杜出關(咸通十一年游江南,何年歸不詳),詩作出關(卷九)有云「危時袛合身無著」、「仲宣何事獨辭家」。按卷十過渼陂懷舊作於乾寧四年(八九七),云「一别雲溪二十年」,知别鄠杜約在本年。

是年正月，王仙芝攻江陵，爲山南東道節度使李福及五百沙陀所敗；二月，又敗於曾元裕，被殺，部將尚讓率餘衆歸黄巢，推巢爲王，號衝天大將軍。三月，巢攻宋、汴。詔曾元裕守東都。巢引兵渡江，克虔、吉、饒、信等州。六月，詔以荆南節度使高駢徙鎮海（浙西）節度使。八月，巢軍攻宣州不克，轉入浙東，開山路攻福建諸州；十二月，克福州。

唐僖宗乾符六年己亥（八七九）　四十四歲。

流離南越。年末或明年初北歸。參見卷二又聞湖南荆渚相次陷没、家叔南游却歸因獻賀二詩注（一）。

正月，黄巢軍屢敗於高駢，遂進廣南；九月，克廣州；十月，自桂州沿湘江而下，歷衡、永，克潭州，乘勝進逼江陵，守將劉漢宏焚城而逃。莊詩又聞湖南荆渚相次陷没中「屍填漢水連荆阜，血染湘雲接楚波。莫問流離南越事，戰餘空有舊山河」，即寫當時戰事。

是年十月，詔徙高駢爲淮南節度使，充鹽鐵轉運使；以涇原節度使周寶爲鎮海節度使。

唐僖宗廣明元年庚子（八八〇）　四十五歲。

在京應舉，遇黄巢軍克長安，僖宗西逃。莊避難山中。參見卷二家叔南游却歸因獻賀、雨霽晚眺二詩注（一）。

唐僖宗中和元年辛丑（八八一）　四十六歲。

困長安城中。參見卷二賊中與蕭韋二秀才同卧重疾、辛丑年二詩注（一）。按莊避難山中後何時、何故又返長安城中，不詳。

是年十一月，加鎮海節度使周寶同平章事。

唐僖宗中和二年壬寅（八八二）　四十七歲。

秋尚困長安，秋後繞道雲陽，約年末至虢州。參見卷二贈雲陽縣裴明府、重圍中逢蕭校書、卷三聞官軍繼至未睹凱旋、新正日商南道中作寄李明府等詩注〔一〕。

唐僖宗中和三年癸卯（八八三）　四十八歲。

新正日因訪友往商南，後至洛陽，春夏間赴浙西。參見卷二長年、卷三新正日商南道中作寄李明府、洛陽吟、卷四江上逢史館李學士、題淮陰侯廟、補遺秦婦吟等詩注〔一〕。

是年四月，雁門節度使李克用等攻入京師，黃巢軍自藍田關退出。

唐僖宗中和四年甲辰（八八四）　四十九歲。

客周寶幕。參見卷四陪金陵府相中堂夜宴、送崔郎中往使西川行在、觀浙西府相畋遊等詩注〔一〕。

是年六月，黃巢敗走狼虎谷（泰山東南），爲甥林言所殺。七月，武寧節度時溥遣使獻黃巢及家人首併姬妾，僖宗御大玄樓（成都羅城正南門樓）受之。冬十月，關東藩鎮表請車駕還京。

唐僖宗光啓元年乙巳（八八五）　五十歲。

客浙西。參見卷四謁蔣帝廟注〔一〕。

是年三月，僖宗還至京師，赦天下，改元光啓。四月，宦官田令孜與河中節度使王重榮因爭奪榷鹽利益而構怨。七月，令孜遣邠寧節度使朱玫、鳳翔節度使李昌符攻河中。十二月，王重榮與河東節度使李克用合兵敗朱玫、李昌符，逼京師。令孜奉駕逃往鳳翔。

唐僖宗光啓二年丙午（八八六）　五十一歲。

客浙西。夏初，自江南經汴宋往陳倉迎駕，未成。秋，自孟津泛舟西入絳州，折道澤州、潞州、相州，年末還金陵。參見卷四聞再幸梁洋、夏初與侯補闕江南有約同泛淮汴西赴行朝、汴堤行、自孟津舟西上雨中作、垣縣山中尋李書記山居不遇留題河次店、含山店夢覺作、題貂黃嶺官軍、過内黃縣、解維及補遺壺關道中等詩注〔一〕。

是年正月，田令孜劫僖宗次寶鷄；三月，至興元。四月，朱玫自兼左右神策十軍使，帥百官奉襄王煴還京。五月，朱玫大行封拜以悦藩鎮，諸藩鎮受其命者十之六七，諸道貢賦多之長安而不之興元。六月，王重榮、李克用合兵討朱玫。十月，煴即皇帝位，改元建貞，遥尊僖宗爲太上元皇聖帝。十二月，朱玫爲部將王行瑜所殺，兵部侍郎判户部鄭昌圖奉煴奔河中，王重榮執煴殺之。

唐僖宗光啓三年丁未（八八七）　五十二歲。

春，浙西軍亂，莊南下經湖州、杭州，秋至越州。參見卷四酬吴秀才霅川相送、漳亭驛小櫻桃、卷七避地越中作注〔一〕。

是年三月，周寶募親軍千人號後樓兵，廩給倍於鎮海軍。寶溺於聲色，不親政事，爲鎮海軍將劉浩所逐，奔常州。十月，杭州刺史錢鏐克常州，擁周寶歸杭州。十二月，周寶卒於杭州樟亭。

唐僖宗文德元年戊申(八八八)　　五十三歲。

居越州。參見卷七避地越中作注〔一〕。

唐僖宗龍紀元年己酉(八八九)　　五十四歲。

約是年春移婺州。參見卷七南遊富陽江中作注〔一〕。

唐僖宗大順元年庚戌(八九〇)　　五十五歲。

客婺州幕。約夏秋間卜居蘭芷。參見卷五將卜蘭芷村居留別郡中在仕注〔一〕。按貫休入蜀後有詩和韋相公話婺州舊事，或即莊於蘭芷村居時事。

唐僖宗大順二年辛亥(八九一)　　五十六歲。

春，居蘭溪。秋，辭婺經衢州入江西。參見卷五和鄭拾遺秋日感事一百韻、燕來、卷六不出院楚公、卷七衢州江上別李秀才、補遺鍾陵夜闌作等詩注〔一〕。

唐昭宗景福元年壬子(八九二)　　五十七歲。

年初經夏口，遊巫山、湘中。春夏間歷袁州、撫州還洪州。秋，入京應舉。參見卷六袁州作、謁巫山廟、鷓鴣、卷七夏口行寄婺州諸弟、湘中作、撫州江口雨中作、南昌晚眺、卷八癸丑年下第贈新先輩等詩注〔一〕。

唐昭宗景福二年癸丑(八九三)　　五十八歲。

下第，作癸丑年下第獻新先輩(卷八)。是年或遊絳州、汧陽、綏州、宜君等地，參見卷八寄江南諸弟、題汧陽縣馬跑泉李學士別業、絳州過夏留獻鄭尚書、綏州作等詩注〔一〕。

唐昭宗乾寧元年甲寅（八九四）　五十九歲。

進士及第（據直齋書録解題卷一九），授校書郎（唐才子傳卷十），作南省伴直（卷九）。春，返江南迎家入京，卷九與東吳生相遇題注：「及第後出關作。」

唐昭宗乾寧二年乙卯（八九五）　六十歲。

在江南。約年末攜家還京。參見卷五江上逢故人注〔一〕。

是年二月，義勝節度使董昌稱帝。六月，鎮海節度使錢鏐發兵擊之。七月，李克用逼京師，昭宗遷石門鎮。八月，昭宗還京，宫室焚毁，寓尚書省；十月，還大内。

唐昭宗乾寧三年丙辰（八九六）　六十一歲。

寒食前後客鄜州，作丙辰年鄜州遇寒食城外醉吟七言五首（卷八）、鄜州留别張員外（卷八）。七月，隨駕至華州，下邽感舊、塗次逢李氏兄弟感舊二詩蓋途經下邽時所作。

是年七月，鳳翔節度使李茂貞逼京師，昭宗遷鄜州，經渭北、富平、下邽，至華州。茂貞入長安，中和以來所葺宫室、市肆，焚毁殆盡。

唐昭宗乾寧四年丁巳（八九七）　六十二歲。

在華州駕前，遷左拾遺。鄭谷轉都官郎中（見唐才子傳卷九），有詩賀左省新除韋拾遺賀韋莊。（按鄭詩云：「初升諫署是真仙，浪透桃花恰五年。垂日郎官居末座，著緋人吏立階前。」「垂日」句即鄭谷自謂「浪透桃花」喻科舉及第，莊乾寧元年進士及第，至乾寧四年首尾「恰五年」。又登科記考卷二四考得景福元年至乾寧元年間及第進士中韋姓僅韋莊一人。再者，韋莊、鄭谷二人有詩作交往，莊有和鄭拾遺秋日感事一百韻。）四月，莊以判官隨右諫議大夫李洵宣諭兩川（此據資治通鑑卷二六一。新五代史前蜀世家作五月），六月至梓州。秋，還過鄠杜。參見卷十過樊川舊居注〔一〕。

是年二月，西川節度使王建將攻東川，克渝州、瀘州，通峽路。四月，昭宗以右諫議大夫李洵爲宣諭使入川和解。五月，王建自將兵五萬攻東川。六月，李洵至梓州，諭建，建謂戰士之情不可奪。十月，建克梓州，十二月，還成都。

唐昭宗光化元年戊午（八九八）　六十三歲。

八月，昭宗還京，莊當亦隨駕還京。

唐昭宗光化三年庚申（九〇〇）　六十五歲。

遷補闕。七月，成又玄集（自序署「光化三年七月日」）。十二月，表奏李賀、皇甫松、李群玉、陸龜蒙等贈補闕、拾遺。（參見唐摭言卷十「韋莊奏請追贈不及第人近代者」條及容齋三筆卷七「唐昭宗恤録儒士」條）。按，莊遷左補闕抑或右補闕，難以確考，自左拾遺升遷，或爲左補闕。據韋藹浣花集序知莊是年夏已爲「中諫」，即補闕（容齋四筆卷一五「官稱別名」條謂唐人稱諫議大夫爲大諫，補闕別稱中諫，拾遺別稱小諫），今存日本江户昌平坂學問所官版本又玄集（古典文學出版社一九五八年影印）自序作於光化三年七月，署「左補闕韋莊述」，容齋三筆卷七「唐昭宗恤録儒士」條亦載「唐昭宗光化三年十二月，左補闕韋莊奏」云云；而天復五年（九〇五）十二月張蠙寫本秦婦吟則題「右補闕韋莊撰」，北夢瑣言卷六「陸龜蒙追贈」條亦載陸卒後，「光化三年，贈右補闕。吳侍郎融傳貽史，右補闕韋莊撰誄文」云云。

是年二月，以西川節度使王建兼中書令。六月，清海節度使崔胤結援汴州朱全忠害良相王摶，專制朝政。七月，以西川節度使王建兼東川、武信軍兩道都指揮制置等使。九、十月，河北諸鎮皆聽命於朱全忠。十一月，左軍中尉劉季述、右軍中尉王仲先幽昭宗，矯詔令太子裕即皇帝位。十二月，朱全忠遣使與崔胤謀討季述、仲先。

唐昭宗天復元年辛酉（九〇一）　六十六歲。

春，應聘爲西川節度使王建掌書記（據韋藹浣花集序）。

是年正月，司空門下侍郎同平章事崔胤潛令左神策軍指揮使孫德昭等殺季述、仲先等，迎昭宗還宫，黜太子爲德王。四月，改元天復。閏六月，崔胤謀誅宦官事泄，胤遂矯詔令全忠以兵迎車駕。十月，全忠兵趨京師。十一月，宦官韓全誨等迫昭宗逃往鳳翔。十二月，西川王建外結好於全忠，而潛使掌書記韋莊勸茂貞堅守，許以救助。全忠聞之大怒，與西川失歡。詳見（附注二）。

唐昭宗天復二年壬戌（九〇二）　六十七歲。

尋得杜甫浣花草堂舊址，「因芟夷，結茅爲一室。」（見韋藹浣花集序）

是年，王建先後取利州、興元、洋州、興州，並有山南西道諸州。十二月，李茂貞與朱全忠議和。

唐昭宗天復三年癸亥（九〇三）　六十八歲。

四月，王建攻秦、隴。莊奉命入貢，修好於全忠。（見舊唐書昭宗紀、資治通鑑卷二六四）六月，韋藹編成浣花集，序署「時癸亥年六月九日藹集」。秋，貫休入蜀。參見傅璇琮主編唐才子傳校箋卷十「貫休」條（周祖譔、賈晉華撰）。北夢瑣言卷二十載：「（貫）休初至蜀，先謁韋書記莊，而長樂公（馮涓）後至，遂與相見，欣然撫掌曰：『我與你阿叔有分。』長樂怒而拂袖。」休與莊交善，以詩唱和。

是年正月，昭宗還長安。二月，加朱全忠守太尉，充副元帥，進爵梁王。三月，全忠還至大梁。八月，加王建守司徒，進爵蜀王。

唐昭宗天祐元年甲子（九〇四）　六十九歲。

正月，朱全忠迫昭宗遷都洛陽。二月昭宗暫留陝州，詔王建迎駕未成；閏四月，至穀水（洛城西），全忠盡殺侍御，代以汴兵；至洛，御光政門，改元天祐。時西川仍稱天復。八月，朱全忠部將蔣玄暉弒昭宗於椒殿。昭宣帝即位，時年十三。

唐昭宣帝天祐二年乙丑（九〇五）　七十歲。

二月，朱全忠使蔣玄暉縊殺昭宗諸子於洛苑九曲池。十一月，告哀使司馬卿入蜀宣諭昭宗之喪，莊勸王建使武定節度使王宗綰諭司馬卿，謂蜀之將士日夕枕戈，思爲先帝報仇。

唐昭宣帝天祐三年丙寅（九〇六）　七十一歲。

十二月，王建始立行臺於蜀。

後梁太祖開平元年丁卯（九〇七）　七十二歲。

九月，王建即皇帝位，以莊爲左散騎常侍、判中書門下事。

是年三月，梁王朱全忠受禪，御金祥殿，改元開平，國號大梁。時惟河東、鳳翔、淮南稱天祐，西川仍稱天復。九月，蜀王王建用安撫副使掌書記韋莊之謀，帥吏民哭三日，即皇帝位，國號大蜀。

後梁太祖開平二年（蜀武成元年）戊辰（九〇八）　七十三歲。

正月，遷門下侍郎、同平章事。

是年正月，蜀改元武成。

後梁太祖開平四年（蜀武成三年）庚午（九一〇）　七十五歲。

八月（據蜀檮杌卷上。資治通鑑卷二六七、十國春秋前蜀高祖本紀均作七月），卒於成都花林坊，葬白沙之陽。謚文靖。（據蜀檮杌卷上、唐詩紀事卷六八）。佚詩閑臥作於是年（唐詩紀事卷六八「韋莊」條録其斷句），貫休有和詩和韋相公見示閑臥（禪月集卷十二）。

【附注一】

據夏承燾韋端已年譜轉述，陳思韋浣花年譜亦主開成元年説，但無考證。按浣花集卷四鑷白云：「新年過半百，猶嘆未收兵。」夏譜據同卷聞再幸梁洋、上元縣、夏初與侯補闕……等詩作考定鑷白詩作於光啓二年（八八六），又據「過半百」語逆推五十年，遂定於開成元年。此説影響最大，幾成定論，但也有異議，其中黄震雲韋莊生年小考（唐代文學研究第四輯，廣西師範大學出版社一九九三年十一月）及齊濤韋莊生平新考（文學遺產一九九六年第三期）兩文頗有參考價值。二人均考定卷一寄薛先輩爲咸通三年（八六二）寄狀元薛邁之作。黄文謂同卷和薛先輩、同舊韻二首當作於同時，後者云「方愁丹桂遠，已怯二毛生」，潘岳秋興賦序：「晉十有四年，余春秋三十有二，始見二毛。」唐詩人多用「二毛」指三十一、二歲，則韋莊當不例外，又謂鑷白詩作於中和二年（八八二）洛陽寓居時，遂定莊生於八三一年或稍後。齊文則據新唐書選舉志所載生徒入學「限年十四以上」，謂莊咸通三年應舉時至少十四歲，故至遲生於大中三年（八四九）。又據莊寄禪月大師（見禪月集卷一九，今輯入韋詩補遺）「雲離谷口自無著，日到天心各幾何」及貫休酬韋相公見寄「萬般如幻希先覺，一丈臨山且奈何」自注「日到天心，乃相公之日；老僧日去山一丈耳」，謂莊時爲蜀相，即九〇八年至九一〇年間，云「日到天心」，當不到六十歲，逆推五十九年，則莊最早生於八四九年至八五一年間，結合上述最遲年限，遂斷定韋莊生於八四九年，謂鑷白一詩作於八九九年。

細按黄、齊二説，尚不足以推翻陳、夏之説。其一，「二毛」乃泛稱，不足爲據。如庾信哀江南賦序云：「粵以戊辰之年，建亥之月，大盜移國，金陵瓦解。余乃竄身荒谷，公私塗炭。……信年始二毛，即逢喪亂。」「戊辰之年」指梁武帝太清二年（五四八），庾信時年三十六。而唐詩人所用「二毛」亦非限指三十一、二歲，有年逾四十仍稱「二毛」者，如杜甫四十一歲時（天寶十一載）所作曲江三章其二云「游子空嗟垂二毛」、四十六歲時（至德二載）所作得家書云「二毛趨帳殿，一命侍鸞輿」（參見仇兆鰲杜詩詳注）；亦有年未及三十二而稱「二毛」者，如韓偓夏課成感懷云：「誰憐愁苦多衰改，未至潘年有二毛。」依夏氏開成元年之説，咸通三年莊二十七歲，云「已怯二毛生」，亦在情理之中。其二，新唐書選舉志上云：「凡生十四以上，十九以下。」此爲生徒入學館年限，并非應舉年限，不可據此界定韋莊生年上限爲八四九年。若依齊説，莊咸通三年應舉，時年十四，則和薛先輩云「已怯二毛生」，實不可解。其三，莊寄禪月大師「雲離谷口自無著，日到天心各幾何」兩句，意謂彼此離鄉入蜀猶雲離谷口，漂泊不定，且盛年已過，時日無多。乃兼指年逾七十的貫休（據宋高僧傳卷三十曇域貫休傳，休卒於九一二年，享年八十一），不可據「日到天心」語而斷定莊年未六十。貫休之酬答詩正因莊詩兼指兩人而言，故特注明：「日到天心，乃相公之日；老僧日去山一丈耳。」莊詩言其同，「日到天心」指年庚，蓋二人年相若（依夏説，二人相差五歲）；休詩答其異，「日到天心」轉指功業。按夏譜之前，曲瀅生韋浣花年譜即已據貫休酬詩注語考定「端已至多不過活到六十許」。夏譜後記(二)釋云貫休詩注「殆喻其方當顯貴而已，文人誇飾之語，固不足據以定實際年齡」。夏氏或未知「日到天心」本出莊詩，然所釋貫休注語似不誤。其四，韋縠才調集編成於後蜀廣政中後期，即韋莊卒後四、五十年間(參見陳尚君唐代文學叢考唐人編選詩歌總集叙録，中國社會科學出版社一九九七年十月)，卷三録莊詩六十三首，與今本浣花集對勘，三十三首爲今本補遺所録；餘三十首見於本集，其次序之先後基本一致，錯落者僅四首。故現存浣花集雖散佚頗多，但基本保持了原本編排次序，大體屬編年類。卷四大多顯屬中和末年或光啓年間客浙西及西行迎駕往返途中所作，鑷白一詩若無確證，似不可定爲中和二年或光化二年(八九九)所作。

【附注二】北夢瑣言卷十五載：「軍容使韓全誨以駕幸鳳翔，李茂貞比懷挾帝以令諸侯之意，懼朱全忠之盛也。西川王公建亦有此慮，乃結汴州同起軍助其迎駕。汴軍傅城，川軍乃攻興元，其帥王萬洪以無救援遂降成都。由是山南十四州並爲蜀有。方變謀却助鳳翔，於時命掌書記韋莊奉使至軍前。朱公大怒，自此與西川失歡，而汴帥軍罷。」韋莊使鳳翔事雖僅見於此，但與有關史料參證，此事可以憑信。

其一，瑣言所載朱全忠、李茂貞交戰之事及王建襲取茂貞山南諸州之事均與史實相符。資治通鑑卷二六二、二六三載，天復元年閏六月，崔胤謀誅宦官事泄。「時朱全忠、李茂貞各有挾天子令諸侯之意。全忠欲上幸東都，茂貞欲上幸鳳翔。」胤遂矯詔令全忠以兵迎駕。十月，全忠兵逼京師。十一月，宦官韓全誨等迫昭宗遷鳳翔。西川王建外修好於全忠，責茂貞之罪，「而陰勸茂貞堅守，許之救援」，發兵五萬聲言迎駕，實襲山南諸州。二年二月，茂貞不出戰，全忠還河中；建取利州。六月，全忠復將兵至鳳翔城下。八月，建攻興元，節度使李繼密(本名王萬弘)請降，建遂並有山南西道。

其二，瑣言「方變謀刦助鳳翔」云云，乃補述川軍攻取興元之前事，亦與史實相合，即通鑑所載建「陰勸茂貞堅守，許之救援」之事。又，舊五代史卷一三六王建列傳謂「建外修好於汴，指茂貞罪狀，又陰與茂貞間使往來，且言堅壁勿和，許以出師赴援，因分命諸軍攻取興元。」新五代史卷六三王建世家謂「建間道遣人聘茂貞，許以出兵爲援，勸其堅壁勿和。遣王宗滌將兵五萬，聲言迎駕，以攻興元。」

其三，瑣言所載全忠與西川失歡之事，雖未明載於諸史，但依相關史料推斷，亦屬可信。通鑑卷二六四載天復三年四月，建出兵攻茂貞之秦、隴，遣判官韋莊入貢，「修好於全忠。全忠遣押牙王殷報聘。」按全忠已於三月還至大梁，川、汴若無失歡之事，則韋莊入貢後似不必再往大梁修好於全忠。又，通鑑卷二六三載，天復二年二月，全忠還軍河中。四月，「崔胤自華州詣河中，泣訴於朱全忠，恐李茂貞刦天子幸蜀，宜以時迎奉，勢不可緩。」崔胤、全忠知茂貞與王建已結援，故有此慮，則川、汴失歡亦在情理之中。

其四，瑣言載韋莊奉王建之命出使鳳翔，雖未見旁證，但亦合乎事理。按莊時爲建掌書記，且此前一直在朝爲官，歷拾遺、補闕等，又曾奉詔宣諭兩川。時昭宗在鳳翔，王建「遣人聘茂貞」，莊確屬合適人選。又，舊唐書卷二十上昭宗紀載天復三年四月，「西川王建以兵攻秦、隴，乘茂貞之弱也。仍遣判官韋莊入貢，修好於全忠。」細讀「仍遣」二字，亦覺此前莊曾奉命使鳳翔爲可信。

後記

韋莊爲唐末重要作家，存世作品以詩詞爲主。現就其版本流傳及補遺等情況作些探討和説明。

據史傳及諸家書録，韋莊著有浣花集二十卷（見蜀檮杌本傳、崇文總目、通志略藝文略。宋史藝文志作十卷、郡齋讀書志作五卷、直齋書録解題作一卷）、幽居雜編一卷（見崇文總目）、諫疏集三卷（見崇文總目。宋史藝文志著録諫疏箋表四卷、通志略藝文略著録韋文靖箋表一卷）、諫草一卷（見通志略藝文略、遂初堂書目、宋史藝文志）、蜀程記一卷（見宋史藝文志）、峽程記一卷（見宋史藝文志、補五代史藝文志）、小悼詩一卷（見徐松、葉德輝、趙士煒輯宋史藝文志附編秘書省續編到四庫闕書目）；編有又玄集三卷（見宋史藝文志。崇文總目作一卷、補五代史藝文志作五卷。按宋志又著録采玄集一卷，當爲同書異名）。其中存世者僅又玄集、浣花集，峽程記殘存片段而已。

浣花集爲莊弟藹編成于天復三年（九〇三）。序謂莊廣明元年（八八〇）前所作歌詩，「簡編俱墜，唯餘口誦者所存無幾」，至天復三年，「又綴僅千餘首……藹便因閑日録兄之稿草中或默記于吟咏者，次爲□□□，目之曰浣花集，亦杜陵所居之義也。餘今之所製，則俟爲別録，用繼于右。」據此可知，藹所編浣花集録詩千餘首，主要爲廣明元年至天復三年之間所作，此前詩作蓋僅「默記于吟咏者」，但其卷數似難確考。萬曼唐集叙録據崇文總目等書録推斷「次爲」後三空格爲「二十卷」三字。今存浣花集每卷録詩最多者不足五十首（卷一注「今體詩凡四十八首」，實爲四十五首），千餘首詩次爲二十卷，當可信。但今存十卷本已非韋藹所編原本，則又不可據今本每卷篇數推斷原本卷數，且藹序中所謂「别録」情況亦不詳。按姚合極玄集一卷（後人析爲二卷，韋莊又玄集序及宋人書録皆謂一卷），録詩一百首（據合自序）；韋莊光化三年（九〇〇）繼姚合而編輯又玄集三卷，録詩三百篇（據自序）；韋縠才調集自序亦云「總一千首，每一百首成卷」。從中似可見出時人編輯詩作習以百首成卷，則藹所編浣花集録詩千餘首似不及二十卷，或十餘卷。崇文總目及蜀檮杌所謂「二十卷」或合之「别録」而言亦未可知。

宋初館閣所藏二十卷本浣花集已不全，崇文總目附注「闕」。南宋時，郡齋讀書志著録五卷本乃殘存本，注云「僞史稱莊有集二十卷，今止存此」。直齋書録題解著録一卷本，當亦爲一殘本，書坊編爲一卷。宋史藝文志著録十卷本，與明清所見宋本卷數相符（參見附録四徐𤊹紅雨樓題跋、黄丕烈蕘圃藏書題識），疑爲同一種刊本。今存明清諸本均爲十卷（全唐詩合爲五卷），且編次全同（僅胡介祉谷園刻本卷十乞彩箋歌、和人春暮書事寄崔秀才、白牡丹三詩不見于他本），當同出南宋書棚本（參見陸心源宋槧浣花集跋）。至于五卷本與十卷本之關係，四庫提要「疑後人析五爲十，故第十卷僅詩六首也」。此説或屬可信，前文曾疑韋藹編輯浣花集循時人之習而以百首成卷，五卷本析爲十卷本，每卷約五十首，與今存十卷本每卷録詩均不足五十首相吻合。又按洪邁唐人萬首絶句成于晁氏讀書志後約四十年，而所録韋莊詩中近三十首不見于今存十卷本。洪氏所據版本不詳，若爲晁氏所録五卷本，且今存十卷本果如四庫館臣所疑，爲「後人析五爲十」而成，則析爲十卷後又多有散逸，致使每卷所録詩作多寡殊爲不等。

四部叢刊以明正德年間朱承爵刊本景印，今人向迪琮校本韋莊集取爲底本，以清康熙席鑒刻本、清中葉胡介祉谷園刻本、明舊鈔本及官本全唐詩本參校。現以向校本爲底本（向氏校記標明「向校」），并以毛氏緑君亭本（四庫全書本同）及才調集（四部叢刊影述古堂鈔本）、文苑英華（中華書局排印本）、萬首唐人絶句（文學古籍刊行社影印明嘉靖本）補校，凡録詩二百四十九首。

浣花集補遺蓋始于朱承爵，其跋云「既刻其集，又考得遺詩二篇，附後作補遺云」。此「遺詩二篇」即乞彩箋歌（未詳出處，胡刻本歸入卷十）、咏白牡丹（見萬首唐人絶句）。毛氏緑君亭本補遺三十二首（原爲三十三首，其中癸丑年下第獻新先輩已見卷八），在朱氏之外又補三十首（六首見文苑英華、二十四首見才調集）。席刻本補遺六十九首，在朱氏、毛氏之外再補三十七首（五首見才調集、二首見太平廣記、二十八首見萬首唐人絶句。另南陽小將張彦硤口鎮税人場射虎歌見文苑英華，未署名；龍潭不詳出處，唐詩紀事録作僧應物詩）。全唐詩本在席氏之外增悼楊氏妓琴弦（見萬首唐人絶句）及斷句三則。向校本依全唐詩本録入，又增入秦婦吟。今據陳尚君全唐詩續拾增入寄禪月大師、韋曲二首，凡七十三首。按全唐詩所輯斷句三則，一則非韋莊詩，今歸入附録僞作考；一則即寄禪月大師詩句，删去；一則確屬韋莊斷句，歸入附録詩文殘句。

韋莊詞作向無專集，花間集録四十八首，尊前集録五首，草堂詩餘、歷代詩餘各録一首，凡五十五首。後人所輯均不出于此：全唐詩卷八九二附詞四據花間、尊前、草堂輯得五十四首（王國維唐五代二十一家詞輯本、林大椿唐五代詞本同)；向校本浣花詞增入歷代詩餘所録一首，爲五十五首，以彊村叢書本尊前集、景宋紹興八年晁謙之刊本花間集爲底本，以四印齋景宋鄂州本、明湯顯祖評本、邵武徐榦光緒十四年刻本花間集及明正統吴訥四朝名賢詞本金奩集、全唐詩本、劉毓盤唐五代宋遼金元名家詞六十種輯本等參校。今以向校本爲底本(其校記注明「向校」)，并以李一氓校本花間集(其校記注明「李校」)及百家詞本花間集、林大椿輯唐五代詞本補校。另，向校本據歷代詩餘所增玉樓春(日照玉樓花似錦)，實非韋莊詞，今歸入附録僞作考。

韋莊遺文不多，今據全唐文等輯得三篇，校勘在各篇題注中有所説明。峽程記殘存不全，亦置于遺文類。

本書承蒙業師王水照教授悉心指導，釋疑解惑，並親筆修改某些難解篇章及所附韋莊年譜簡編，撰寫前言，題寫書名。在此謹向王先生深表謝忱和敬意！先生年逾花甲，教學、科研等工作繁重，書稿全文未敢請他審閲，書中紕漏錯誤之處自當由我本人負責，敬請讀者批評指教。

書中多處引用了陳尚君教授的研究成果，責任編輯丁如明先生審閲書稿付出了辛勤勞動，師兄高克勤先生也給予了熱情幫助，同門學友查屏球、林巖二君曾幫忙查找校對部分資料，在此一併致謝！

聶安福

二〇〇二年春

重版後記

拙著初版於二〇〇二年四月。同年十月，安徽師範大學中文系碩士研究生韋秀芳君即來信指出書中多處注文所標互見注碼有誤以及個別注釋欠妥。此次重版，對所有互見標注進行了核對，糾正了注碼錯誤，對幾處箋注作了修改。在此，謹向韋秀芳君表示謝意！同時歡迎讀者繼續批評指正。

聶安福

二〇一一年十一月

秋笳集	[清]吴兆騫撰　麻守中校點
漁洋精華録集釋	[清]王士禛著 李毓芙、牟通、李茂肅整理
聊齋志異會校會注會評本	[清]蒲松齡著　張友鶴輯校
敬業堂詩集	[清]查慎行著　周劭標點
納蘭詞箋注	[清]納蘭性德著　張草紉箋注
方苞集	[清]方苞著　劉季高校點
樊榭山房集	[清]厲鶚著　[清]董兆熊注 陳九思標校
劉大櫆集	[清]劉大櫆著　吴孟復標點
儒林外史彙校彙評	[清]吴敬梓著　李漢秋輯校
小倉山房詩文集	[清]袁枚著　周本淳標校
忠雅堂集校箋	[清]蔣士銓著　邵海清校 李夢生箋
甌北集	[清]趙翼著　李學穎、曹光甫校點
惜抱軒詩文集	[清]姚鼐著　劉季高標校
兩當軒集	[清]黄景仁著　李國章校點
惲敬集	[清]惲敬著　萬陸、謝珊珊、林振岳標校　林振岳集評
茗柯文編	[清]張惠言著　黄立新校點
瓶水齋詩集	[清]舒位著　曹光甫點校
龔自珍全集	[清]龔自珍著　王佩諍校點
龔自珍詩集編年校注	[清]龔自珍著　劉逸生、周錫䪖校注
水雲樓詩詞箋注	[清]蔣春霖著　劉勇剛箋注
人境廬詩草箋注	[清]黄遵憲著　錢仲聯箋注
嶺雲海日樓詩鈔	[清]丘逢甲著　丘鑄昌標點

湯顯祖戲曲集	[明]湯顯祖著　錢南揚校點
白蘇齋類集	[明]袁宗道著　錢伯城校點
袁宏道集箋校	[明]袁宏道著　錢伯城箋校
珂雪齋集	[明]袁中道著　錢伯城點校
隱秀軒集	[明]鍾惺著　李先耕、崔重慶標校
譚元春集	[明]譚元春著　陳杏珍標校
張岱詩文集(增訂本)	[明]張岱著　夏咸淳校點
陳子龍詩集	[明]陳子龍著 施蟄存、馬祖熙標校
牧齋初學集	[清]錢謙益著　[清]錢曾箋注 錢仲聯標校
牧齋有學集	[清]錢謙益著　[清]錢曾箋注 錢仲聯標校
牧齋雜著	[清]錢謙益著　[清]錢曾箋注 錢仲聯標校
牧齋初學集詩注彙校	[清]錢謙益著　[清]錢曾箋注 卿朝暉輯校
李玉戲曲集	[清]李玉著 陳古虞、陳多、馬聖貴點校
吴梅村全集	[清]吴偉業著　李學穎集評標校
歸莊集	[清]歸莊著
顧亭林詩集彙注	[清]顧炎武著　王蘧常輯注 吴丕績標校
安雅堂全集	[清]宋琬著　馬祖熙標校
吴嘉紀詩箋校	[清]吴嘉紀著　楊積慶箋校
陳維崧集	[清]陳維崧著　陳振鵬標點 李學穎校補

清真集箋注	[宋]周邦彦著　羅忼烈箋注
樵歌校注	[宋]朱敦儒著　鄧子勉校注
李清照集箋注(修訂本)	[宋]李清照著　徐培均箋注
陳與義集校箋	[宋]陳與義著　白敦仁校箋
蘆川詞箋注	[宋]張元幹著　曹濟平箋注
劍南詩稿校注	[宋]陸游著　錢仲聯校注
放翁詞編年箋注(增訂本)	[宋]陸游著　夏承燾、吴熊和箋注 陶然訂補
范石湖集	[宋]范成大撰　富壽蓀標校
于湖居士文集	[宋]張孝祥著　徐鵬校點
稼軒詞編年箋注(定本)	[宋]辛棄疾撰　鄧廣銘箋注
姜白石詞編年箋校	[宋]姜夔著　夏承燾箋校
後村詞箋注	[宋]劉克莊著　錢仲聯箋注
雁門集	[元]薩都拉著 殷孟倫、朱廣祁校點
揭傒斯全集	[元]揭傒斯著　李夢生標校
高青丘集	[明]高啓著　[清]金檀注 徐澄宇、沈北宗校點
唐寅集	[明]唐寅著　周道振、張月尊輯校
震川先生集	[明]歸有光著　周本淳校點
海浮山堂詞稿	[明]馮惟敏著 凌景埏、謝伯陽標校
滄溟先生集	[明]李攀龍著　包敬第標校
梁辰魚集	[明]梁辰魚著　吴書蔭編集校點
沈璟集	[明]沈璟著　徐朔方輯校
湯顯祖詩文集	[明]湯顯祖著　徐朔方箋校

樊南文集	[唐]李商隱著　[清]馮浩詳注 錢振倫、錢振常箋注
皮子文藪	[唐]皮日休著　蕭滌非、鄭慶篤整理
鄭谷詩集箋注	[唐]鄭谷著 嚴壽澂、黄明、趙昌平箋注
韋莊集箋注	[五代]韋莊著　聶安福箋注
張先集編年校注	[宋]張先著　吴熊和、沈松勤校注
二晏詞箋注	[宋]晏殊、晏幾道著　張草紉箋注
梅堯臣集編年校注	[宋]梅堯臣著　朱東潤編年校注
歐陽修詩文集校箋	[宋]歐陽修著　洪本健校箋
蘇舜欽集	[宋]蘇舜欽著　沈文倬校點
嘉祐集箋注	[宋]蘇洵著　曾棗莊、金成禮箋注
王荆文公詩箋注	[宋]王安石著　[宋]李壁箋注 高克勤點校
王令集	[宋]王令著　沈文倬校點
蘇軾詩集合注	[宋]蘇軾著　[清]馮應榴注 黄任軻、朱懷春校點
東坡樂府箋	[宋]蘇軾著　[清]朱孝臧編年 龍榆生校箋
欒城集	[宋]蘇轍著　曾棗莊、馬德富校點
山谷詩集注	[宋]黄庭堅著　[宋]任淵、史容、 史季温注　黄寶華點校
山谷詩注續補	[宋]黄庭堅著　陳永正、何澤棠注
山谷詞校注	[宋]黄庭堅著　馬興榮、祝振玉校注
淮海集箋注	[宋]秦觀撰　徐培均箋注
淮海居士長短句箋注	[宋]秦觀著　徐培均箋注

孟浩然詩集箋注(增訂本)	[唐]孟浩然著　佟培基箋注
王右丞集箋注	[唐]王維著　[清]趙殿成箋注
李白集校注	[唐]李白著　瞿蜕園、朱金城校注
高適集校注(修訂本)	[唐]高適著　孫欽善校注
杜詩趙次公先後解輯校	[唐]杜甫著　[宋]趙次公注 林繼中輯校
杜詩鏡銓	[唐]杜甫著　[清]楊倫箋注
錢注杜詩	[唐]杜甫著　[清]錢謙益箋注
岑參集校注	[唐]岑參著　陳鐵民、侯忠義校注
戴叔倫詩集校注	[唐]戴叔倫著　蔣寅校注
韋應物集校注(增訂本)	[唐]韋應物著　陶敏、王友勝校注
權德輿詩文集	[唐]權德輿撰　郭廣偉校點
韓昌黎詩繫年集釋	[唐]韓愈著　錢仲聯集釋
韓昌黎文集校注	[唐]韓愈著　馬其昶校注 馬茂元整理
劉禹錫集箋證	[唐]劉禹錫著　瞿蜕園箋證
白居易集箋校	[唐]白居易著　朱金城箋校
柳宗元詩箋釋	[唐]柳宗元著　王國安箋釋
柳河東集	[唐]柳宗元著　[宋]廖瑩中輯注
元稹集校注	[唐]元稹著　周相録校注
長江集新校	[唐]賈島著　李嘉言新校
三家評注李長吉歌詩	[唐]李賀著　[清]王琦等評注
樊川文集	[唐]杜牧著　陳允吉校點
樊川詩集注	[唐]杜牧著　[清]馮集梧注
温飛卿詩集箋注	[唐]温庭筠著　[清]曾益等箋注
玉谿生詩集箋注	[唐]李商隱著　[清]馮浩箋注 蔣凡校點

《中國古典文學叢書》已出書目

詩經今注	高亨注
楚辭今注	湯炳正、李大明、李誠、熊良智注
司馬相如集校注	[漢]司馬相如著　金國永校注
揚雄集校注	[漢]揚雄著　張震澤校注
張衡詩文集校注	[漢]張衡著　張震澤校注
阮籍集	[魏]阮籍著　李志鈞等校點
陶淵明集校箋(修訂本)	[晉]陶潛著　龔斌校箋
世説新語箋疏(修訂本)	[南朝宋]劉義慶撰　余嘉錫箋疏　周祖謨等整理
世説新語校釋	[南朝宋]劉義慶撰　[南朝梁]劉孝標注　龔斌校釋
鮑參軍集注	[南朝宋]鮑照著　錢仲聯增補集説校
謝宣城集校注	[南朝齊]謝朓著　曹融南校注集説
文心雕龍義證	[南朝梁]劉勰著　詹鍈義證
詩品集注(增訂本)	[梁]鍾嶸著　曹旭集注
文選	[梁]蕭統編　[唐]李善注
玉臺新咏彙校	吴冠文　談蓓芳　章培恒彙校
王梵志詩集校注(增訂本)	[唐]王梵志著　項楚校注
盧照鄰集箋注	[唐]盧照鄰著　祝尚書箋注
駱臨海集箋注	[唐]駱賓王著　[清]陳熙晉箋注
王子安集注	[唐]王勃著　[清]蔣清翊注
陳子昂集(修訂本)	[唐]陳子昂撰　徐鵬校點